Uni-Taschenbücher 828

Paul

UTB

Eine Arbeitsgemeinschaft der Verlage

Birkhäuser Verlag Basel und Stuttgart
Wilhelm Fink Verlag München
Gustav Fischer Verlag Stuttgart
Francke Verlag München
Paul Haupt Verlag Bern und Stuttgart
Dr. Alfred Hüthig Verlag Heidelberg
Leske Verlag + Budrich GmbH Opladen
J.C.B. Mohr (Paul Siebeck) Tübingen
C.F. Müller Juristischer Verlag – R.v. Decker's Verlag Heidelberg
Quelle & Meyer Heidelberg
Ernst Reinhardt Verlag München und Basel
F.K. Schattauer Verlag Stuttgart – New York
Ferdinand Schöningh Verlag Paderborn
Dr. Dietrich Steinkopff Verlag Darmstadt
Eugen Ulmer Verlag Stuttgart
Vandenhoeck & Ruprecht in Göttingen und Zürich
Verlag Dokumentation München

Dieter Sandner

Psychodynamik in Kleingruppen

Theorie des affektiven Geschehens in Selbsterfahrungs- und Therapiegruppen (Selbstanalytischen Gruppen)

Mit einem Geleitwort von
Prof. Dr. Dieter Ohlmeier

7 Abbildungen

Ernst Reinhardt Verlag München Basel

Sandner, Dieter, Dr. phil., geb. am 20.1.45 in Bleistadt/CSR., Studium der Psychologie, Soziologie und Philosophie an der Universität München, Dipl.-Psych. (1969), Magister Artium im Fach Soziologie (1973); 1969 – 1974 Geschäftsführer und sozialwissenschaftlicher Berater an der Katholischen Hochschulgemeinde München. 1971 – 1974 Lehrbeauftragter für Erwachsenenbildung an der Stiftungsfachhochschule München. 1973 – 1975 nebenamtlicher wissenschaftlicher Mitarbeiter für gruppenpsychologische Fragen an der Universität Ulm (Planungsgruppe soziale Studiengänge, Leiter: Dr. H. Radebold, sowie der Sektion für Gruppenpsychotherapie, Leiter: Dr. D. Ohlmeier). Von 1973 – 1977 psychoanalytische und gruppenanalytische Weiterbildung in München und Ulm. Seit 1975 Lehrbeauftragter für Gruppenpsychologie am Psychologischen Institut der Universität München (Abtl. f. Sozialpsychologie, Leiter: Prof. Dr. K. Lukasczyk). 1977 Promotion zum Dr. phil. an der Universität München. Seitdem wissenschaftlicher Assistent an der Forschungsstelle für Psychopathologie und Psychotherapie i. d. Max-Plack-Gesellschaft (Leiter: Prof. Dr. Dr. Paul Matussek) und Gruppentherapeut an der klinischen Abteilung dieses Instituts. Mitglied der Group Analytic Society (London) seit 1976.

CIP-Kurztitelaufnahme der Deutschen Bibliothek

Sandner, Dieter:
Psychodynamik in Kleingruppen: Theorie d. affektiven Geschehens in Selbsterfahrungs- u. Therapiegruppen (selbstanalyt. Gruppen) / Dieter Sandner. Mit e. Geleitw. von Dieter Ohlmeier. – München, Basel: E. Reinhardt, 1978.
(Uni-Taschenbücher; 828)
ISBN 3-497-00873-7

ISBN 3-497-00873-7

Printed in Germany
Einbandgestaltung: Alfred Krugmann, Stuttgart
Satz: Brönner & Daentler KG, Eichstätt
Druck: Presse-Druck, Augsburg
Aufbindung: Grimm & Bleicher, München

Geleitwort

Arbeit mit Kleingruppen ist heute eines der Hauptinstrumente zum Erwerb psychosozialer Kompetenz, sei es für die Erwachsenenbildung im allgemeinen und für den Umgang mit sozialen und institutionellen Problemen, sei es für die Therapie psychischer und psychosozialer Störungen.

Es ist jedoch bemerkenswert, daß wir bisher über keine kohärente Theorie der Kleingruppe verfügen: Sozialpsychologische Ansätze stehen sich vielfach ebenso unverbunden und unvollständig gegenüber wie andererseits psychoanalytische, und zwischen Sozialpsychologie und Psychoanalyse wurden kaum Brückenschläge unternommen.

Sind es nur scheinbar unvereinbare wissenschaftliche Positionen, die für diese schwer überschaubar, ja verwirrende Situation der Kleingruppentheorie und -methodik verantwortlich zu machen sind? Offenbar liegt darüber hinaus eine bemerkenswerte Theoriefeindlichkeit vor: Auf dem Felde der Gruppenarbeit herrscht vielfach immer noch intuitiver Pragmatismus und fröhlicher Pioniergeist, und man kann sich des Eindrucks nicht erwehren, daß das Bestreben nach stringenter theoretischer Grundlagenklärung und daraus abgeleiteten, methodisch verbindlichen Gruppentechniken gegenüber emphatischen Heilsverkündungen und -erwartungen zurücksteht. Handelt es sich dabei um die Folgen eines starken Bedürfnisses nach Gegengewichten gegen zunehmende Verwissenschaftlichung (im Sinne eines positivistischen Wissenschaftsverständnisses), gegen Bürokratisierung und »Verdatung« und damit Selbstentfremdung des modernen Lebens? Gerade die Arbeit mit und in einer Gruppe scheint für die Teilnehmer, aber ebenso auch für Gruppenleiter ein Reservat narzißtischer Ganzheits- und Unversehrtheitsphantasien und ihrer Verwirklichung in dem geschützten Raum der Gruppe zu gewährleisten. Als Anzeichen hierfür dürfte auch die Kreation immer neuer Gruppenmethoden, besonders im therapeutischen Bereich, gelten, die weder eine theoretisch-methodische noch klinische Bewährungsprobe bestanden haben.

Die vorliegende Arbeit meines langjährigen wissenschaftlichen und praktisch-therapeutischen Weggefährten Dieter Sandner erscheint mir als ein wichtiger Schritt zu einem systematischen Gesamtkonzept der Kleingrupppentheorie, der zur Überwindung konzeptioneller Zersplitterung und methodischer Polypragmasie beitragen wird. Hiermit kündigt sich an, daß die wissenschaftlichen Vorphasen – zunächst hypothetische Anfangserwartungen, sodann mannigfaltige Einzeluntersuchungen unter Verzicht auf einen Gesamtentwurf –

nunmehr einer dritten Entwicklungsphase der Kleingruppenforschung zu weichen beginnen: nämlich der systematischen Konzeptualisierung als verbindlichem theoretischen und methodischen Rahmen zukünftiger Gruppenarbeit.
Besondere Bedeutung hat hier die von *Sandner* sichtbar gemachte Konvergenz sozialpsychologischer und psychoanalytischer Ansätze, welche dazu beitragen kann, der Sozialpsychologie der Kleingruppe aus ihrer Tendenz zur Verkürzung des psychogenetisch-psychodynamischen Faktors (einschließlich der unbewußten und vorbewußten Anteile), der Psychoanalyse hingegen aus ihrer Unterschätzung gesellschaftlicher Einflüsse und sozialpsychologischer Mechanismen in menschlichen Beziehungen herauszuhelfen. Insofern werden von der vorliegenden Arbeit wesentliche Impulse zur Förderung psychosozialer Kompetenz ausgehen, die nicht lediglich Heilserwartungen befriedigt, sondern wissenschaftlich-überprüfbare Konzepte und Anleitungen zu konkretem Handeln anzubieten hat.

Kassel, April 1978 *Prof. Dr. Dieter Ohlmeier*

Inhaltsverzeichnis

Einleitung

In 40 Jahren Kleingruppenforschung ist eine Fülle von Befunden zutage gefördert worden (vgl. *Hare* 1967, VI – VII), aber nach wie vor zeichnet sich keine psychologische Theorie der Kleingruppe ab.[1]

Der praktisch arbeitende Psychologe oder Pädagoge findet sich einer Reihe von unterschiedlichen Theorieansätzen gegenüber, zwischen denen kaum Verbindungslinien bestehen (vgl. *Cartwright/Zander* 1968, 26 f). Den Theoretikern dieser unterschiedlichen Schulrichtungen fällt es sogar schwer, eine gemeinsame Sprache zu finden, mit Hilfe derer sie sich über ihre jeweiligen Untersuchungsgegenstände verständigen könnten (ibid, 30 f).

Sehr deutlich wird diese Situation in dem Standardwerk »Group dynamics« von *Cartwright/Zander* (1968). Auch in der neuesten Ausgabe dieses wohl für die Erforschung der psychischen Dynamik in kleinen Gruppen repräsentativsten Sammelbandes zeichnet sich noch keine einheitliche Theorie der Gruppendynamik ab (VIII, 28 ff). Es heißt dort im Vorwort:

> »Als wir uns entschlossen, diese Aufgabe (nämlich einen Reader über Gruppendynamik zusammenzustellen D.S.) anzugehen, boten sich zwei Alternativen an. Wir konnten versuchen, eine systematische Zusammenfassung zu schreiben in der Art eines gewöhnlichen Lehrbuches oder wir konnten eine Sammlung der bedeutenderen Publikationen zusammenstellen, um die Vielfalt der Ansätze, Methoden und Ergebnisse zu veranschaulichen. *Die Vorbereitung einer integrierten Zusammenfassung schien uns verfrüht.* (Unterstreichung von D.S.) Um theoretische Konsistenz zu erlangen, hätten wir wichtige Befunde weglassen müssen, die sich nicht gut in eine einzige Theorie eingefügt hätten und wir hätten große Bereiche der Theorie darstellen müssen, für die noch keine hinlängliche empirische Überprüfung vorliegt« (VIII)[2].

Vielfach hat es den Anschein als ob nach einer Reihe von vielversprechenden Ansätzen in den 50er Jahren die psychologische Kleingruppen*theorie* zunehmend den Forschern aus dem Blick geraten wäre und einer unüberschaubaren Menge von Detailuntersuchungen Platz gemacht hätte. Es wurden sozusagen mit immer subtileren Methoden immer kleinere Ausschnitte der psychischen Wirklichkeit in Kleingruppen untersucht, die Gesamtdynamik und der praktische Bezug der Forschung trat stark in den Hintergrund des Interesses.[3]

Im Rahmen dieser Arbeit ist es nicht möglich, im einzelnen zu klären und zu belegen, wie es zu dieser Entwicklung gekommen ist. Auffallend ist, daß Klassiker der Gruppenforschung wie z.B. *Sherif, Newcomb, Whyte, Mayo, Lewin* in ihrer Arbeit drei Momente vereinigten, die in der neueren Forschung zunehmend voneinander getrennt wurden: eine praktische Problemstellung, einen relativ umfassenden Erklärungsansatz und den Anspruch, ihre Theorie oder ihr Hypothesengeflecht empirisch überpüfbar zu machen (vgl. *Cartwright/Zander* 1968, 15 ff).

Wenn wir richtig sehen, so polarisiert sich die Gruppe der an Gruppenforschung beteiligten Wissenschaftler heute in zwei Lager:

(1.) Die an der Lösung von praktischen Fragen interessierten Forscher liefern eine Vielzahl von Erfahrungsberichten verbunden mit meist recht spekulativen unsystematischen Ideen zur Erklärung der Gruppenphänome.[4]
(2.) Dem Großteil der, meist der akademischen Sozialpsychologie zugehörigen, Gruppenforscher geht es vor allem darum, exakt formulierte Hypothesen über vermutete Zusammenhänge von relativ leicht isolierbaren Variablen des Gruppengeschehens aufzustellen und unter für jedermann wiederholbaren Versuchsanordnungen zu überprüfen. Für diese Gruppe von Forschern wird es zunehmend schwieriger, die (gesamte) Psychodynamik in realen Gruppen im Blick zu behalten und komplexere Beziehungen in diesen Gruppen anzugehen. Ihre Arbeitsweise isoliert sie zunehmend von den Vorgängen in natürlichen Gruppen und den dabei auftauchenden theoretischen und praktischen Problemen.[5]

Lange Zeit haben die experimentell orientierten Sozialpsychologen offenbar geglaubt, die Anhäufung von Ergebnissen, die aus den unterschiedlichsten Fragestellungen mit den verschiedensten theoretischen Annahmen und einer Vielfalt von Methoden gewonnen wurden, ermöglichten nach und nach die Konstruktion einer Gesamttheorie der Gruppe. Wenn wir uns die verschiedenen Zusammenfassungen dieser Befunde in den Handbüchern der Kleingruppenforschung ansehen, so hat sich dieser groß angelegte Versuch als wenig ergiebig erwiesen. Das zentrale Hindernis ist dabei wohl die geringe Vergleichbarkeit der Befunde gewesen. Es hat sich nämlich herausgestellt, daß die experimentelle Beantwortung ganz spezifischer Einzelhypothesen über den Zusammenhang relativ weniger Variablen zwar exakte, überprüfbare Ergebnisse zeitigte, die Ausklammerung der impliziten Vorannahmen und die Vielfalt der Vorannahmen, welche in die Versuchsanordnung eingehen, es praktisch aber außerordentlich schwierig machten, die Ergebnisse miteinander zu vergleichen.

Die Loslösung der experimentellen Forschung von Fragestellungen, die aus der praktischen Arbeit mit Gruppen sich ergeben, hat darüber hinaus zur Konstruktion von Theorien geführt, die theoretisch zwar eine gewisse Konsistenz aufweisen, in der praktischen Arbeit mit Gruppen aber nur schwer angewendet werden können.[6]

Die großen Schwierigkeiten, die der Konstruktion von Gruppentheorien aus der Vielfalt experimenteller Befunde innewohnen, dürften sich rapide verringern, wenn es gelingt,

(1) aus der praktischen Arbeit mit Gruppen relativ komplexe zusammenhängende Konzepte zu entwickeln,
(2) diese zu systematisieren, zu operationalisieren und damit
(3) sowohl einer theoretischen als auch einer experimentellen Kritik zugänglich zu machen.[7]

Dieser Ansatz, reale, natürliche Gruppen als Ausgangspunkt der Forschung zu nehmen, hat zwei Vorteile: Praxisnähe und die Notwendigkeit, relativ komplexe Theorien zur Erklärung der Gruppenprozesse zu entwickeln. Der große Nachteil, der bisher wohl viele Forscher von der Untersuchung solcher Gruppen abgehalten hat, ist allerdings, daß nicht so ohne weiteres, und auch nicht verantwortbar, der Gruppenprozeß manipuliert werden kann, um Anhaltspunkte für eine Präzisierung der Theorie zu gewinnen bzw. Hypothesen zu prüfen.

Glücklicherweise verfügen wir schon seit geraumer Zeit über ein Feld der Arbeit mit Gruppen, in dem in geradezu idealer Weise die Möglichkeit der systematischen Variation verschiedener Ausgangsbedingungen und der empirischen Erfassung der ablaufenden Prozesse verbunden ist mit der Möglichkeit, die Genese und Entwicklung einer quasi natürlichen Gruppe zu studieren: die Tradition der *National Training Laboratories* (NTL), die 1946 von Kurt *Lewin* begründet wurde (vgl. *Marrow* 1970; *Bradford* 1967; *Benne* 1972, 96 ff).

Im Rahmen dieser Tradition hat sich die Arbeitsform der sog. Trainingsgruppe (in der Literatur meist unter T-Gruppe gefaßt) herausgebildet, einer Kleingruppe, in der versucht wird, neben den inhaltlichen, thematischen Prozessen die psychische Dynamik, die sich für die Teilnehmer in der Gruppensituation und im Verlaufe des Gruppenprozesses ergibt, zum Gegenstand der eigenen Reflexion der Gruppenteilnehmer zu machen. Aus der Arbeit mit diesen T-Gruppen hat sich schließlich eine Teiltradition herausgebildet, in der die Bearbeitung vorgegebener Problemstellungen weitgehend zurücktritt und die Analyse einer nur mit minimaler Vorstrukturierung beginnenden Gruppe von Fremden zum Gegenstand der Gruppenarbeit gemacht wird: die sogenannten *Selbstanalytischen Gruppen.*

Unter Selbstanalytischen Gruppen verstehen wir mit *Dexter C. Dunphy* »Gruppen, in denen die Hauptaufgabe darin besteht, größere Sensitivität und Verständnis für die eigenen Motive, Emotionen und Abwehrmaßnahmen und die der Gruppenmitglieder zu entwickeln, ebenso wie für die zwischenmenschlichen Prozesse und Gruppenprozesse in der Gruppe selbst« (*Dunphy* 1974, 300).

Die Bezeichnung Selbstanalytische Gruppe legt die Assoziation nahe, es handele sich hierbei um Gruppen ohne Gruppenleiter, wie sie neuerdings unter der Bezeichnung *Selbsthilfegruppen* (*Moeller* 1977) vermehrt in der Literatur auftauchen. Das ist keineswegs der Fall. Selbstanalytische Gruppen arbeiten unter einem fachkundigen Leiter, der der Gruppe bei der Klärung der psychodynamischen Vorgänge behilflich ist, wenngleich die Klärungsarbeit grundsätzlich von allen Gruppenteilnehmern geleistet wird.[8]

Grundsätzlich wäre es natürlich auch möglich, im Feld der sog. Arbeitsgruppenforschung anzusetzen. Uns scheint aber, daß durch die Betonung des Erbringens einer bestimmten Arbeitsleistung die emotionale Dynamik in Gruppen, die von zentraler Bedeutung für alle Gruppenphänomene sein dürfte, zu sehr von mehr intellektuellen und organisatorischen Problemen überlagert wird (*Leber* 1975).

Wenn es gelingt, das skizzierte Feld der Selbstanalytischen Gruppen systematisch für die Gruppenforschung zu nutzen, ist es unserer Meinung nach am ehesten möglich, praktisch verwertbare und empirisch überprüfbare Theorien der Psychodynamik in Kleingruppen zu gewinnen.[9]

Dabei ist es wissenschaftsökonomisch günstig, nicht einfach mit irgendeiner Theorie zu beginnen, die aus der Arbeit mit solchen Gruppen gewonnen wurde, sondern möglichst viele der bislang publizierten Erklärungsansätze für die Prozesse in diesen Gruppen zu sichten, zu ordnen und miteinander in Beziehung zu setzen. Ein solches Vorgehen versetzt uns in die Lage, vielfältige Gesichtspunkte in einem zunächst rein logisch und konstruktiv gewonnenen Theorierahmen zu vereinigen und zu systematisieren. Daraus lassen sich dann vermutlich Untersuchungspläne entwickeln, mit Hilfe derer die Prozesse in den genannten Selbstanalytischen Gruppen weiter erforscht und geklärt werden können.[10]

Es geht dabei nicht so sehr darum, die empirischen Befunde zu den einzelnen Erklärungsansätzen zu berücksichtigen bzw. nur solche Erklärungsansätze heranzuziehen, die eine gewisse empirische Bestätigung erfahren haben, sondern in erster Linie um die in diesen Konzepten enthaltenen *Ideen* bzw. *Variablengeflechte*.

Die Arbeit gliedert sich in fünf Kapitel:

1. Das erste Kapitel ist der Eingrenzung des Untersuchungsfeldes (Selbstanalytische Gruppe), der Bestimmung und Abgrenzung des uns leitenden Gesichtspunktes (psychische Dynamik in diesen Gruppen) und einer genaueren Charakterisierung der theoretischen und praktischen Zielsetzungen gewidmet, die wir mit dieser Arbeit verfolgen.
2. Im zweiten Kapitel werden wir eine Modellüberlegung entwickeln über die psychische Dynamik in Selbstanalytischen Gruppen, die als Bezugsrahmen dienen soll für alle weiteren Überlegungen und Analysen dieser Arbeit. Im wesentlichen geht es dabei um die Annahme dreier voneinander unterscheidbarer Ebenen des Ge-

schehens, der sog. prä-ödipalen, der ödipalen und der reflexiv-interaktionellen Ebene, und die Herausarbeitung wichtiger Variablen, die u. E. bedingen, daß Selbstanalytische Gruppen jeweils auf eine bestimmte Ebene des Geschehens sich einpendeln und es ermöglichen, die Vorgänge auf der jeweiligen Ebene konzeptionell zu klären.

3. Auf dem Hintergrund der in Kapitel zwei entwickelten Modellüberlegung werden wir im dritten Kapitel die wichtigsten theoretischen Konzepte analysieren, ordnen und wechselseitig einander zuordnen, die aus der Arbeit mit Selbstanalytischen Gruppen gewonnen wurden. Es handelt sich dabei um die Überlegungen von *H.A. Thelen, P.E. Slater, G.S. Gibbard/J.J. Hartman* und von *W.G. Bennis.*
4. Daran wird sich im vierten Kapitel eine zusammenfassende Darstellung der in Kapitel drei ermittelten Befunde auf dem Hintergrund des in Kapitel zwei entwickelten Modells anschließen. Ziel ist hierbei die kritische Überprüfung dieses Modells anhand der untersuchten Ansätze. Wir werden dabei besonders die Bedeutung der Konzepte »psycho-soziale Kompetenz der Teilnehmer«, »objektive soziale Situation in der Gruppe«, »Leiterverhalten« sowie »Regression/Progression« herausarbeiten.
5. Im fünften Kapitel schließlich werden wir versuchen, die Bedeutung der, nach dem Durchgang durch das Material (Kapitel drei), modifizierten Modellüberlegung zur psychischen Dynamik in Selbstanalytischen Gruppen (Kapitel vier) für verschiedene Bereiche der Arbeit mit und der Erforschung von Kleingruppen fruchtbar zu machen: dem Bereich der T-Gruppenbewegung, der analytischen Gruppentherapie, der Entwicklung einer kritischen Betrachtung von Selbsterfahrungsgruppen, der empirischen Erforschung des Geschehens in Selbsterfahrungsgruppen und schließlich für die sozial-psychologische Kleingruppentheorie generell.

1. Gegenstand, Untersuchungsperspektive und Zielsetzung der Arbeit

Nachdem wir in der Einleitung versucht haben, die Überlegungen zu skizzieren, die uns veranlaßt haben, die sogenannten Selbstanalytischen Gruppen zum Gegenstand unserer Untersuchung zu machen, wollen wir in diesem ersten Kapitel drei uns wichtig erscheinende Abgrenzungen der Fragerichtung vornehmen.

Dabei wird es darum gehen,

a) *in historischer Weise* den Bereich der Selbstanalytischen Gruppen innerhalb der vielfältigen Ansätze auszugrenzen, die in der Tradition der NTL von 1947 bis heute entwickelt wurden;
b) den *Gesichtspunkt der psychischen Dynamik* in Selbstanalytischen Gruppen in Abgrenzung von der sogenannten Soziodynamik in seiner Bezogenheit auf die gesellschaftlichen Bedingungen, innerhalb derer jede Kleingruppe sich bewegt, als leitenden Gesichtspunkt unserer Analyse herauszuarbeiten und
c) die *Ziele,* die wir mit dieser Arbeit verfolgen, anhand einiger wichtiger Fragen aus dem Bereich der theoretischen Beschäftigung und der praktischen Arbeit mit Gruppen zu formulieren, die dann im fünften Kapitel einer Antwort näher gebracht werden.

1.1. Ausgrenzung des Untersuchungsgegenstandes: die Selbstanalytischen Gruppen

Gegenstand der vorliegenden Untersuchung sind die Konzepte, die innerhalb der Tradition der NTL aus der Arbeit mit sog. Selbstanalytischen Gruppen im Verlaufe der letzten 25 Jahre entwickelt wurden.

Die Bezeichnung »Selbstanalytische Gruppe« ist im deutschen Sprachraum bislang nicht gebräuchlich. Bei uns finden sich Bezeichnungen wie

- Sensitivitätstraining (*Däumling* 1968, 1970, 1973; *Sbandi* 1970),
- Gruppendynamisches Training (*Lutz/Ronellenfitsch* 1971; *Fritz* 1974; *Bödiker/Lange* 1975),
- Gruppendynamisches Laboratorium (*Sbandi* 1971/1972, 1973; *Vogl/Sbandi* 1976; *Däumling* u.a. 1974; *Fengler* 1975),
- Angewandte Gruppendynamik (*Däumling* u.a. 1974; *Fengler* 1975),

- T-Gruppe (*Lutz/Ronellenfitsch* 1971; *Däumling* u.a. 1974; *Spangenberg* 1974; *Nagl* 1974),
- Gruppendynamik (*Brocher* 1967; *Giere* 1970; *Gebert* 1972; *Horn* 1972; *Heigl-Evers* 1973; *Antons* 1973; *Heintel* 1974; *Seifert* 1975).

Es mag zunächst verwunderlich erscheinen, daß wir in dieser Arbeit für die Benennung des zu untersuchenden Bereichs einen Begriff einführen, der bei uns nicht verwendet wird, innerhalb der amerikanischen Literatur, aus der er stammt, sich noch nicht allgemein durchgesetzt hat und noch jüngeren Datums ist. Wir tun dies, weil wir meinen, daß *innerhalb der vielfältigen Ansätze,* die in der Tradition der NTL unter den Bezeichnungen Encountergruppe, Sensitivitätsgruppe oder T-Gruppe gefaßt werden, *diejenigen besonders erfaßt und herausgegriffen werden sollten, die sich schwerpunktmäßig um eine Analyse und konzeptionelle Erfassung der psychischen Dynamik innerhalb der jeweiligen Gruppe bemühen.*

Um den Gegenstand unserer Untersuchung von dem zu trennen, was wir weniger betrachten wollen, werden wir zunächst nicht, wie es vielfach üblich ist, eine *systematische* Abgrenzung der einzelnen Richtungen innerhalb der Tradition der NTL versuchen. Wir wollen vielmehr in einem knappen historischen Rückblick nachzeichnen, in welcher Weise und mit welchen Modifikationen sich aus den Intentionen und Erfahrungen des ersten gruppendynamischen Seminars von 1946 in New Britain (vgl. *Benne* 1972, 96 ff) in den letzten 30 Jahren die einzelnen Strömungen innerhalb der gruppendynamischen Bewegung herausgebildet haben.

1.1.1. Anfänge der T-Gruppenbewegung (1946 - 48)

Als Geburtsstätte der NTL bzw. als Beginn der sogenannten T-Gruppenbewegung wird allgemein ein Seminar betrachtet, das Kurt *Lewin* mit einigen Mitarbeitern im Jahre 1946 für Mitarbeiter der »Connecticut Interracial Commission« in New Britain durchführte.[2] Ziel des Seminars »war die Ausbildung wirksamer lokaler Führer zur Erklärung und Durchsetzung des Gesetzes über die gerechte Behandlung von Arbeitssuchenden« (*Benne* 1972, 96).[3]

Die 41 Teilnehmer des Seminars waren in drei Gruppen eingeteilt, in denen sie Probleme besprachen, die sie aus ihrer Arbeit bei der Durchsetzung des o. g. Gesetzes mitbrachten. »Die wichtigste Lehr- und Lernmethode war die Gruppendiskussion, ergänzt durch das Rollenspiel, um Verhaltensaspekte der behandelten Probleme zu diagnostizieren und alternative Lösungsmethoden einüben zu können« (96).

In jeder Gruppe war ein Beobachter damit betraut, die »Interaktionen und Verhaltenssequenzen nach einem zuvor entwickelten und geprüften Beobachtungsschema« zu kodieren und aufzuzeichnen. Diese Beobachter hatten ausgesprochene Forschungsfunktionen. Sie gehörten zu den von *Lewin* geleiteten Forschungszentrum für Gruppendynamik (vgl. *Lewin* 1945) und hatten zu untersuchen, welche Zusammenhänge zwischen bestimmten real abgelaufenen Prozessen in den Trainingsgruppen und ihrem Effekt für die praktische Arbeit der Trainingsteilnehmer bestanden (vgl. 96). Die Leiter der drei Gesprächs- bzw. Trainingsgruppen trafen sich jeden Abend mit den drei Beobachtern, »um ihre Prozeßbeobachtungen in den Gruppen zusammenzufassen und auf Tonband aufzunehmen. Auch das beobachtete Verhalten des Leiters, der Mitglieder und der Gruppe sollte analysiert, interpretiert und aufgenommen werden« (97).

Einige Teilnehmer des Trainings baten nach einiger Zeit, an diesen Besprechungen teilnehmen zu dürfen, und dabei entdeckten die Beteiligten nach *Benne, welch »elektrisierenden Effekt« die Rückmeldung der Verhaltensbeobachtungen der Beobachter auf die Teilnehmer hatte.*

»Dem Trainingsstab schien es, als sei man unversehens auf ein möglicherweise machtvolles Medium und Verfahren der Umerziehung (Reeducation) gestoßen. Wenn man die Gruppenmitglieder mehr oder weniger objektiv mit Daten über ihr Verhalten und dessen Folgen konfrontierte, und wenn sie sich ohne Abwehr am Nachdenken über diese Daten beteiligten, so konnte ihr Lernen über sich selbst, über die Reaktionen anderer auf sie, über Gruppenverhalten und Gruppenentwicklung im allgemeinen zu höchst bedeutsamen Resultaten führen. Zu dieser Zeit dachte man nicht daran, andere Inhalte auszuschließen, wie etwa vom Stab vorgetragene Fälle, Berichte der Teilnehmer über Situationen außerhalb der Gruppe oder die Darstellung von Geschehnissen im Rollenspiel. Die Idee war anfänglich die, den Dort-, Dann-Inhalt durch die Sammlung und Analyse von Daten über das Verhalten hier und jetzt zu ergänzen« (98).

Während *Benne* diese Entdeckung als zentrales Ereignis für die Entstehung der T-Gruppenbewegung hervorhebt und sonst nicht weiter auf die methodische Grundkonzeption des gesamten Seminars eingeht, scheint uns gerade eine Analyse dieser Konzeption Grunddimensionen zu liefern, denen entlang die gesamte T-Gruppenbewegung verfolgt und geordnet werden kann.

Die Grundidee *Lewin*s war: wenn es darum geht, Verhaltensänderungen im Sinne erweiterter Verhaltenskompetenzen beim Menschen herbeizuführen, so geschehe dies am besten in der Weise, daß sie von einem Pädagogen (1) im Medium einer Gruppe (2) in eine bestimmte Aufgabensituation (3) gebracht werden und dann gemeinsam in der Gruppe (4) sich ansehen, was sie konkret tun, wie sie diese Aufgabensituation angehen (vgl. *Marrow* 1970, 47 f).

Damit sind die vier Dimensionen genannt, die unserer Auffassung nach die gesamte T-Gruppenbewegung bestimmen:

1. Es werden für die Teilnehmer mehr oder weniger explizit formulierte *Lernziele* gesetzt, *die nicht nur kognitiver Art sind, sondern gerade und insbesondere emotionaler und aktionaler Art.* Es geht um Veränderung der individuellen Handlungskompetenzen, also um relativ umfassende Veränderungen der beteiligten Personen (vgl. *Marrow* 1970; *Lippitt* 1949; *Lubin/Eddy* 1973, besonders 1085 f).
2. Der *Gruppenleiter* oder Trainer versteht sich als »Change-Agent«, als Pädagoge, der eine Lernsituation plant, innerhalb derer die Teilnehmer ihre individuellen Handlungskompetenzen verändern oder erweitern können.
3. Als *Lernmedium* dient das Setting einer kleinen Gruppe von 10 – 15 Teilnehmern, in deren »Öffentlichkeit« sich alle Aktivitäten der Teilnehmer abspielen und dort von allen beobachtet werden können.
4. Charakteristisch für die von *Lewin* vertretene *Lernmethode* ist schließlich, daß gerade die *konkrete Weise des Vorgehens* der Gruppenmitglieder zum Gegenstand der Reflexion in der Gruppe gemacht wird. Nach *Lewin* ist es gerade die Untersuchung und Klärung des eigenen Verhaltens in einer Gruppe bzw. die Analyse der wechselseitigen konkreten Verhaltensdynamik der Mitglieder, was zu echten und dauerhaften Verhaltensänderungen führt. Er nannte dieses Konzept *Aktionsforschung* (Action research) (vgl. *Marrow* 1970 sowie *Benne* 1972, 122 ff).

Im Folgenden werden wir versuchen, die Entwicklung der gesamten T-Gruppenbewegung als Varianten innerhalb dieser vier Dimensionen aufzufassen.

In geschildertem Seminar von 1946 läßt sich die konkrete Ausprägung der vier Dimensionen in etwa wie folgt charakterisieren:

1. Das Lernziel für die Teilnehmer war eine vergrößerte Kompetenz in ihrer konkreten Arbeit für die Durchsetzung des Gesetzes über die gleiche Behandlung von Arbeitssuchenden.
2. Die didaktische Problemstellung der Gruppenleitung bestand darin, die bei der gerade genannten Arbeit entstehenden Probleme der Gruppe als zu bearbeitenden Gegenstand vorzulegen. Die Gruppenteilnehmer sollten darüber diskutieren und bestimmte Probleme im Rollenspiel nachspielen.
3. Die Gruppe war dabei gedacht als *thematische Arbeitsgruppe*, innerhalb derer die Mitglieder sich austauschen und gemeinsam bessere Lösungen für die Probleme der Teilnehmer in ihren Arbeitsbereichen erarbeiten sollten.
4. Die Methode der *Aktionsforschung*, d.h. die konkrete Betrachtung und Analyse des eigenen Gruppen- bzw. Arbeitsprozesses war in

diesem Seminar zunächst dem Leiterstab vorbehalten. Erst nachdem sich die Gruppenmitglieder an den abendlichen Besprechungen beteiligten, waren sie auch in diesen Prozeß einbezogen.[4]

Die Ergebnisse des Seminars in New Britain waren so vielversprechend, daß die drei Mitarbeiter *Lewins,* nämlich Ronald *Lippitt,* L.P. *Bradford* und K.D. *Benne*[5] für 1947 ein neues Seminar planten mit einer größeren Teilnehmerzahl (vgl. *Marrow* 1967, 149). Außerdem wurde der Teilnehmerkreis auf Interessenten aus dem ganzen Lande ausgeweitet (*Bradford* 1967, 137), und das ganze Unternehmen erhielt den Namen »National Training Laboratory in Group Development« (ibid, 139). Während der Vorbereitungsarbeiten zu diesem Projekt, an dem *Lewin* lebhaft Anteil nahm, verstarb dieser plötzlich im Januar 1947 (vgl. 98).

In Fortentwicklung der inhaltlich und methodisch recht wenig festgelegten Arbeitsweise der kleinen Diskussionsgruppen des Seminars von 1946 wurden jetzt in den Trainingsplan sogenannte »Basic skills training groups« (BST-Gruppen) fest eingeplant, mit denen eine Vielzahl von expliziten Lernzielen verfolgt wurde:

1. Internalisierung einer ganzen Reihe von theoretischen Konzepten, die für die Arbeit von »Change Agents« bedeutsam waren (z.B. »ein Schema des bewußten oder geplanten Wandels und der auf Seiten eines Agenten solchen Wandelns erforderlichen Fertigkeiten«, »Anzeichen und Kriterien der Gruppenentwicklung« ...) (100).
2. Die Gruppe sollte »Gelegenheit zur Einübung der Diagnose- und Handlungsfertigkeiten des Innovationsagenten, des Gruppenmitglieds, des Gruppenleiters geben« (101).
3. In den BST-Gruppen sollte die gesamte Reichweite »menschlicher Organisation« deutlich werden, von den interpersonalen Beziehungen zwischen zwei Gruppenmitgliedern über das Beziehungsgefüge der Kleingruppe bis zu Intergruppen-Beziehungen (101).
4. In den BST-Gruppen sollten den Teilnehmern Hilfen zuteil werden hinsichtlich der Ausarbeitung von Plänen »für die Anwendung des im Laboratorium Gelernten und für die zukünftige Weiterentwicklung ihrer selbst und ihrer Mitarbeiter« (101).
5. Sollten die Teilnehmer »ein objektiveres und genaueres Bild von sich selbst in ihrer Beziehung zu anderen in der Gruppe und zu der sich entwickelnden Gruppe als Ganzem gewinnen«.

Mit dieser Vielfalt von Lernzielen haben wir die Ausprägung der ersten (1) der vier im vorigen Abschnitt entwickelten Dimensionen bereits angegeben.

(2) Den Gruppenleitern oblag es, diese Lernziele mit unterschiedlichen Methoden in den jeweiligen BST-Gruppen zu realisieren.

(3) Dabei veränderte sich die Funktion der Kleingruppe: es waren nicht mehr freie Gesprächsgruppen über die Schwierigkeiten der Teilnehmer in ihren Praxisfeldern und eingestreute Rollenspiele, sondern stark strukturierte Trainingsgruppen (vgl. *Barrun/Krulee* 1948, besonders 15 – 28).

(4) Das Modell der Aktionsforschung wurde dabei in folgender Weise realisiert: jeder Gruppe wurde ein Beobachter zugeteilt, der direkt oder im Anschluß an die Gruppensitzungen der Gruppe seine Beobachtungen mitteilte (100).

Es verwundert nicht, daß sowohl die Teilnehmer als auch die Trainer durch die Vielzahl der Lernziele, die zugleich verfolgt wurden und deshalb nur unzureichend erreicht werden konnten, von dieser Art des Trainings unbefriedigt waren. Praktisch hatte sich im Verlauf der drei Trainingswochen von 1947 dann auch die Analyse der psychischen Dynamik innerhalb der BST-Gruppen als Schwerpunkt der meisten Gruppen durchgesetzt (vgl. *Bradford* 1948; *Benne* 1972, 100; *Bradford/French* 1948).

1.1.2. Klassische Periode der T-Gruppenbewegung (1949 – 1956)

Nach einer Auswertung des Laboratoriums von 1947 und des in ähnlicher Form durchgeführten Trainings von 1948 kam 1949 »der Kern der NTL-Mitglieder übereinstimmend zu der Auffassung, daß die Überfrachtung der BST-Gruppe eine Störung ihrer zentralen Funktion, *nämlich der Untersuchung und Analyse des aktuellen Verhaltens*, bedeute« (104).

Von 1949 – 1956 hat sich dann nach und nach eine Auslagerung all derjenigen oben genannten Trainingsziele der BST-Gruppen vollzogen, die nicht unmittelbar durch die Analyse der konkreten Hier-und-Jetzt-Situation zu erreichen waren. Die BST-Gruppe wurde zur Trainingsgruppe, wie sie bereits 1949 offiziell genannt wurde (vgl. 107).

Hier stellt sich die Frage, warum aus der Vielfalt der möglichen Lernziele einer Kleingruppe das Schwergewicht gerade auf die Klärung der direkt in der Gruppe vor sich gehenden Prozesse gelegt wurde. Soweit wir sehen, dürfte dies mit der von *Lewin* eingeführten spezifischen Methode der Aktionsforschung zusammenhängen, die sich in den Trainingsseminaren von 1947 – 1949 zunehmend praktisch als ein Verfahren herauskristallisiert hat, das eine ganze Reihe der oben genannten Lernziele integriert, und zwar unter dem Gesichtspunkt der *Analyse des eigenen Problemlösens in der Gruppe.*

Benne charakterisiert diese Methode treffend folgendermaßen:

»Das Problemlösen in der T-Gruppe erfordert, daß die gegenwärtigen Funktionsschwierigkeiten der Gruppe angegangen werden, seien es nun die Schwierigkeiten eines Mitglieds, Schwierigkeiten zwischen mehreren Mitgliedern, zwischen Mitgliedern und Trainer oder in der Arbeitsweise der Gruppe als Ganzem. Es erfordert weiterhin die Zusammenfassung der relevanten Daten über die Natur der jeweiligen Schwierigkeit, sodaß alternative Möglichkeiten, sie zu bewältigen, definiert werden können. Schließlich erfordert das Problemlösen aber auch irgendein Verfahren zur Prüfung der alternativen Möglichkeiten, wie sich eine entsprechende Situation zukünftig bewältigen ließe. Ein voller Zyklus des Problemlösens ist unmöglich, wenn nicht im Laboratorium von der Gruppe auf irgendeine Weise auch Hypothesen geprüft werden können. Probleme aus den äußeren Erfahrungen der Mitglieder können durch die T-Gruppe und in der T-Gruppe nicht realistisch gelöst werden, ebensowenig wie die Probleme größerer Organisationen und Kollektive. Wenn die Mitglieder der BST-Gruppen wirksame Verfahren zur Lösung menschlicher Probleme internalisieren sollten, so würden sie sich auf Schwierigkeiten konzentrieren müssen, die aus der aktuellen Erfahrung der Gruppen hervorgingen und die im Fortgang dieser Erfahrung realistisch geprüft werden konnten. Auf diese Weise hatte man ein Kriterium zur Aussonderung unangemessener Lernziele gefunden« (105).

Zentrales Lernziel des T-Gruppensettings für die Teilnehmer war also, »das Verständnis für interpersonale Vorgänge in den Gruppen zu verbessern und die Kompetenz des Umgangs mit solchen Situationen zu steigern« (107).

Bei der Frage nach der konkreten Ausprägung des Settings der T-Gruppe wird die besondere Rolle des Leiters oder Trainers einer solchen Gruppe deutlich: seine Aufgabe besteht vor allem darin, eine Situation zu schaffen, in der die alltäglichen Verhaltensarrangements der Teilnehmer in Frage gestellt werden und sie genötigt sind, gemeinsam nach und nach selbst zu definieren, was sie tun wollen und was nicht (vgl. *Benne* u.a. 1972, 63 ff.)

Der Trainer erzeugt diese Problemsituation, indem er gleich zu Anfang deutlich sagt, daß er der Gruppe kein Thema vorgeben möchte; er fügt noch an, daß gerade die so entstehenden Prozesse Gegenstand der Gruppenarbeit sein sollten und zieht sich dann zurück, schweigt (vgl. *Bradford* 1972, 158).

Neben dieser Grundfunktion der *Erzeugung eines »sozialen Vakuums«* (vgl. *Benne* 1972, 64) besteht die zweite zentrale Aufgabe des Trainers darin, den Gruppenmitgliedern bei der Analyse der beginnenden und fortschreitenden Gruppenprozesse behilflich zu sein. Er tut dies, indem er sich an manchen Stellen in den Gruppenprozeß einschaltet (interveniert) und seine Eindrücke den Teilnehmern als Klärungshypothese anbietet (vgl. *Bradford* 1972, 158 ff).

Wie schon deutlich geworden sein dürfte, gewinnt durch das vom Leiter erzeugte soziale Vakuum der in der konkreten T-Gruppe ablaufende dynamische Prozeß als solcher zentrale Bedeutung. Die *T-Gruppe* ist nicht mehr lediglich der Rahmen für Gruppendiskussionen von – der Gruppe relativ äußerlichen – Themen (wie im ersten Seminar von 1946) oder ein Medium, innerhalb dessen vielfältigste Lernaktivitäten verfolgt werden, sie *wird als solche sowohl zum Medium als auch zum Gegenstand des Lernens der Teilnehmer.*

Die Lernmethode besteht – wie oben schon angedeutet – im wesentlichen darin, im Sinne der Aktionsforschung die Beobachtungsdaten über die vielfältigen Eindrücke der Gruppenteilnehmer in der Öffentlichkeit der Gruppe wechselseitig auszutauschen. Damit hat das von *Lewin* entwickelte Konzept der Aktionsforschung im Rahmen der T-Gruppe eigentlich erst seine volle praktische und theoretische Bedeutung erlangt: es ermöglicht im überschaubaren Rahmen einer Gruppe sowohl konkretes Lernen als auch und zugleich die Erforschung der konkreten dabei vor sich gehenden psychischen Prozesse.

Diese Tradition der T-Gruppenarbeit, wie sie sich von 1949 – 1956 herausgebildet hat, hat wesentlich auch die theoretischen Ansätze bestimmt, wie sie in dem Sammelband von *Bradford* et al (englisch 1964, deutsch 1972) enthalten sind, die allgemein als die beste Arbeit über die Theorie der T-Gruppen betrachtet wird.

An dieser Stelle unserer historischen Überlegungen über die Entwicklung und Abgrenzung der verschiedenen Formen der Arbeit mit Trainingsgruppen, wie sie sich im Rahmen der NTL herausgebildet haben, läßt sich gut zeigen, warum wir für den Gegenstand unserer Analyse der psychischen Dynamik in Kleingruppen den Terminus Selbstanalytische Gruppe und nicht den Ausdruck T-Gruppe verwenden wollen:

Von 1949 – 1956 wurde im Rahmen der NTL mit der Bezeichnung T-Gruppe relativ einheitlich eine Arbeitsweise mit Kleingruppen benannt, bei welcher der Hauptakzent auf der *Analyse der in der Gruppe unmittelbar vor sich gehenden Prozesse* durch die Gruppenteilnehmer und den Gruppenleiter lag.

Obwohl die Bezeichnung Trainingsgruppe für diese Art der Arbeit in Kleingruppen etwas mißverständlich ist und der Ausdruck Selbstanalytische Gruppe treffender wäre, läge kein Grund vor, diesen Terminus durch die Bezeichnung Selbstanalytische Gruppe zu ersetzen.

Nun ist allerdings nach 1956 der Terminus T-Gruppe zunehmend zur Bezeichnung einer Vielzahl unterschiedlicher Weisen des Arbeitens mit Gruppen verwendet worden, wodurch es nicht mehr möglich ist, eindeutig die von 1949 – 1956 darunter verstandene Arbeitsweise, die wir als selbstanalytisch *identifiziert* haben, von anderen zu unterscheiden.

Wir meinen deshalb, daß es sinnvoll ist, die von 1949 – 1956 sich erstreckende Teiltradition der NTL mit dem Terminus Selbstanalytische Gruppe zu bezeichnen, um deutlich zu machen, an welcher konkreten Form von T-Gruppentheorie und T-Gruppenarbeit wir in erster Linie interessiert sind.

Wir werden deshalb in dieser Arbeit *alle weiteren Teilrichtungen der Arbeit mit Gruppen, deren Arbeitsziel die Analyse der psychischen Dynamik in der jeweils konkreten Gruppe durch den Gruppenleiter und die Mitglieder ist,* ebenfalls *mit der Bezeichnung Selbstanalytische Gruppe versehen.*

1.1.3. Aufspaltung der T-Gruppenbewegung in drei Teiltraditionen (1956 – 1964)

Schon Anfang der 50er Jahre, besonders augenfällig aber um das Jahr 1956, bahnte sich innerhalb der damaligen T-Gruppenbewegung eine Differenzierung in drei Richtungen an (vgl. *Benne* 1973, 134 – 136).

1. Eine Arbeitsweise, die vermutlich stark von Carl *Rogers* beeinflußt ist, deren Schwerpunkt auf der Fördrung der existenziellen Möglichkeiten, der kreativen nicht gelebten Potenzen der einzelnen Teilnehmer einer T-Gruppe lag (134). Hierbei ging es besonders um die Förderung der Sensitivität der einzelnen Gruppenteilnehmer für die vielfältigen Prozesse innerhalb ihrer selbst sowie zwischen sich und anderen. Diese Arbeitsweise wurde von ihren Hauptvertretern *Weschler, Massarik* und *Tannenbaum* (1962) als *Sensitivitätstraining* bezeichnet (vgl. 143 – 147).

Aufgabe des Gruppenleiters in einer solchen Sensitivitätsgruppe war es, die einzelnen Teilnehmer zu einer möglichst freien Äußerung ihrer Gefühle und Empfindungen anzuregen, wobei auch der Gruppenleiter von sich aus versuchte, möglichst echt und direkt seine Gefühle den Gruppenteilnehmern mitzuteilen (vgl. 143 f); ihm ging es weniger um eine Hilfe bei der Analyse von psychischen Problemen oder Prozessen, welche zwischen den Teilnehmern durch die Dynamik der Gruppensituation entstanden, sondern vielmehr um eine Erhellung grundlegender *individueller* Lebensprobleme (vgl. 144), die im Rahmen der Gruppe deutlich wurden.

Damit trat die Bedeutung der Gruppe, des Gruppensettings, in den Hintergrund zugunsten der individuellen, vor allem der intrapsychischen Problematik der Teilnehmer. Genauer genommen ist für die Klärung der o. g. individuellen Lebensprobleme eine Gruppe nicht unbedingt erforderlich.

Das Modell der Aktionsforschung verschiebt sich ebenfalls auf die konkrete Betrachtung der individuellen Dynamik der Teilnehmer mit dem entsprechenden Feedback der anderen Gruppenmitglieder. Die Analyse der psychischen Prozesse des real beobachtbaren sozialen

Verhaltens und der dabei aufscheinenden psychischen Dynamik in der Gruppe geht verloren bzw. wird im Konzept des Sensitivitätstrainings als weniger bedeutsam erachtet. Die o. g. Autoren betonen dann auch »... graduell haben wir uns von einer starken Betonung der Gruppenvariablen zu einer relativ stärkeren Beachtung der individuellen Dynamik und der Entfaltung einer unverkürzten funktionierenden Persönlichkeit fortbewegt« (144).

2. Die zweite Variante der Differenzierung des oben geschilderten T-Gruppen-Settings setzte ebenfalls beim einzelnen Gruppenteilnehmer an: die seit etwa 1955 sich allmählich herausbildende *Sonderform des berufsbezogenen Laboratoriums* (vgl. 126) und der damit verbundenen speziellen Form der T-Gruppe. In diesen »Laboratorien« wurde der Ansatz des ersten Seminars von 1946, in dem es ja um ein Trainieren spezifischer Verhaltenskompetenzen für die Lösung einer ganz bestimmten Arbeitsaufgabe ging, wieder aufgegriffen. Wesentlichen Anteil an der Entwicklung solcher berufsbezogener T-Gruppenarbeit hatten offenbar Auftraggeber aus Industrie, staatlicher Verwaltung und großer privater Organisationen, die seit 1955 in zunehmendem Maße sich an die NTL wandten und um spezifische Trainingskurse für leitende Mitarbeiter ansuchten (vgl. 126; 128). Da es diesen Auftraggebern nicht in erster Linie um die Förderung individueller Problemlösekapazitäten ihrer Mitarbeiter ging, sondern um die Vergrößerung der jeweiligen beruflichen Kompetenz, war es nötig, neben der Arbeit in den sogenannten Trainingsgruppen eine Reihe anderer Lernsituationen zu konzipieren und anzubieten, die es den Teilnehmern ermöglichten, sich eingehender mit ihrer beruflichen Situation auseinanderzusetzen. Hierzu gehören vor allem verschiedene Übungen zur Einübung von Mitgliedschafts- und Führungsfertigkeiten (vgl. 136), realtiv komplexe Planspiele zur Erarbeitung der spezifischen beruflichen Situation der Teilnehmer mit dem Ziel der Analyse der dabei auftretenden individuellen und interpersonellen Schwierigkeiten (vgl. 137 f) sowie die Vermittlung von theoretischen Konzepten über die psychische und soziale Dynamik im beruflichen Feld (vgl. 131 ff).

3. Die beiden genannten Differenzierungen des klassischen T-Gruppensettings, nämlich das *Sensitivitätstraining* und *die berufsbezogenen Laboratorien,* blieben nicht ohne Auswirkungen auf diejenigen Trainer, welche nach wie vor die Analyse des spontanen in einer T-Gruppe entstehenden Prozesses als Hauptinhalt und zentrale Aufgabe ihrer Trainertätigkeit betrachteten.

Sie machten sich vermehrt Gedanken über die spezifischen Lernziele, die sie in der jeweiligen T-Gruppe verfolgen wollten, über die Verknüpfbarkeit der Erfahrungen in der T-Gruppe mit den Erlebnissen und Problemen der Teilnehmer in den Lebensbereichen, aus denen sie kamen, über die hierfür günstigen Lernangebote (z.B. Übungen, Vermittlung theoretischen Wissens, Hervorhebung bestimmter Aspekte des Gruppenprozesses und der Vernachlässigung anderer usw.) (vgl. 135).

Für die Trainer, die noch stark in der Tradition der klassischen T-Gruppenarbeit standen, stand die Analyse des konkret und spontan in der jeweiligen Gruppe entstehenden Gruppenprozesses nach wie vor im Mittelpunkt. Es ging aber nicht mehr um die möglichst gruppennahe Analyse der psychischen Dynamik insgesamt, sondern um die Betonung von Gesichtspunkten, welche der jeweilige Trainer für die jeweils konkrete Gruppe aus seiner spezifischen bisherigen Erfahrung oder Lebensphilosophie heraus für betonenswert hielt. Die Trainer versuchten weiterhin, mit den Teilnehmern ihrer Gruppen in einem Prozeß der Aktionsforschung einzutreten, aber *es ging ihnen nicht mehr um eine systematische Klärung des Gesamtphänomens Gruppe.*

Die geschilderte dreifache Differenzierung der klassischen T-Gruppenarbeit vollzog sich im wesentlichen zwischen 1956 und 1964. Im Bereich der Sensitivitätstrainingsgruppen kulminiert sie in den Arbeiten von *Tannenbaum/Weschler/Massarik* (1961) und von *Weschler/Massarik/Tannenbaum* (1962); was die berufsbezogene Arbeitsweise angeht in der Arbeit von *Bennis/Schein* (1964) und für die relativ orthodoxen Vertreter in dem Sammelband von *Bradford* (1972).[6]

1.1.4. Entwicklung der T-Gruppenbewegung seit 1964

Von 1964 bis heute haben sich die drei geschilderten Strömungen innerhalb der T-Gruppenbewegung in fünf deutlich unterscheidbare selbständige Traditionen weiterentwickelt:

1. *Die Encounterbewegung* (*Rogers* 1974; *Burton* 1969)

Die Encounterbewegung stellt unserer Auffassung nach eine Weiterentwicklung des Sensitivitätstrainings dar in Richtung auf eine praktisch völlige Vernachlässigung von Gruppenprozessen bzw. der in einer Kleingruppe sich entwickelnden spezifischen psychischen Dynamik zugunsten der Förderung spontaner Äußerungen der Teilnehmer (vgl. hierzu besonders *Rogers* 1974 sowie *Lubin/Eddy* 1973, 1083 f).[7]

2. Die Arbeitsweise des »*self analytic classroom*« (*Gibbard* u. a. 1974; sowie *Gibbard/Hartman* 1973 C)

Unter »self analytic classroom« werden länger laufende didaktische Studiengruppen zur Einführung in die Gruppenpsychologie bzw.

psychische Dynamik in Kleingruppen im Rahmen des Psychologieunterrichts an Universitäten und Hochschulen verstanden. Im Mittelpunkt der Arbeit solcher Gruppen steht die Analyse der im jeweiligen Seminar ablaufenden psychodynamischen Prozesse.[8]

3. *Entwicklung einer Methodologie des Trainings in T-Gruppen*

Die dritte Variante oder Teiltradition stellt eine Fortentwicklung der bereits im letzten Abschnitt dargestellten modifizierten Form der T-Gruppenarbeit dar, wie sie besonders von *Argyris* vertreten wird (vgl. die *Argyris*-Kontroverse im J. Appl. Behav. Science von 1967, Nr. 2; sowie *Argyris* 1968).

Argyris greift – historisch gesehen – zurück auf die pädagogisch didaktische Grundabsicht der Planer des ersten Seminars von 1946 und versucht, über eine Präzisierung der jeweiligen Lernziele eine systematische *Theorie des Trainings* in T-Gruppen zu entwickeln. Insofern präzisiert er einerseits die Anliegen der Vertreter der sogenannten neoklassischen Richtung (1956 – 1964) innerhalb der NTL, zugleich aber gerät ihm noch mehr als diesen das Anliegen einer Analyse der psychischen Dynamik in T-Gruppen zugunsten einer Methodologie und Theorie individuellen Lernens aus dem Blick (vgl. auch *Bennis/Schein* 1965).

4. Die Arbeitsform der *Organisationslaboratorien*

Die Organisationslaboratorien stellen eine Weiterentwicklung der berufsbezogenen T-Gruppenarbeit dar. Hierbei geht es darum, ganze Arbeitsteams innerhalb von Organisationen in einer T-Gruppe zu versammeln und zu versuchen, die in der konkreten Zusammenarbeit vorhandenen Schwierigkeiten zu klären (vgl. *Gebert* 1972, besonders 196 – 230; *Bennis/Benne/Chin* 1975 sowie *Spandi* 1973, 204 f).

5. »*Instrumented T-Groups*«

Bei dieser Gruppenarbeit wird versucht, den Gruppenleiter und seine Interventionen zu ersetzen durch vielfältige Meßinstrumente, mit Hilfe derer die Gruppenmitglieder den eigenen Gruppenprozeß selbst erfassen und über die so gewonnenen Ergebnisse sich austauschen sollen (vgl. *Blake/Mouton* 1962; sowie *Benne* 1972, 147 – 150).

Von den genannten fünf Richtungen innerhalb der T-Gruppenbewegung seit 1964 interessieren wir uns in dieser Arbeit besonders für die unter 2 genannte Arbeitsweise des *self analytic classroom.* Aus dieser Tradition stammt auch der Begriff *Selbstanalytische Gruppe, der neuerdings weitgehend synonym mit self analytic classroom verwendet wird* (vgl. *Gibbard* u.a. 1974).[9]

Die wichtigsten Vertreter dieser Richtung sind: Dexter C. *Dunphy* (1968), Theodore M. *Mills* (1964), Philip *Slater* (1970), Richard D.

Mann (1966, 1967, 1970), Graham S. *Gibbard* (1969, 1974, *Gibbard/Hartman/Mann,* 1974, *Gibbard/Hartman,* 1973 A, B, C) und John J. *Hartman* (1969, *Hartman/Gibbard,* 1974 A, B).

Wie schon angedeutet, besteht das *Lernziel* in diesen Gruppen in der Analyse der vielfältigen Prozesse, die in einer bunt zusammengewürfelten Gruppe von Studenten im Zeitraum eines Studienjahres bei wöchentlich stattfindenden Sitzungen entsteht. Damit knüpft die Richtung des self analytic classroom an die Tradition der klassischen T-Gruppenarbeit von 1949 – 1956 an[10], was auch in der Ausprägung der drei weiteren für die T-Gruppenbewegung charakteristischen Dimensionen deutlich wird:

Der Gruppenleiter sieht seine zentrale Aufgabe darin, den Teilnehmern Hilfen bei der Klärung und Analyse der vor sich gehenden Gruppenprozesse zu geben. Die Gruppe ist zentrales Ziel und Medium der Analyse, daher auch der Ausdruck Selbstanalytisches Seminar (self analytic classroom). Die Gruppenmitglieder betreiben gemeinsam mit dem Dozenten bzw. Trainer Aktionsforschung, indem sie die zu erarbeitenden gruppenpsychologischen Grundbegriffe aus dem konkreten dynamischen Prozeßverlauf bzw. den Verläufen in der Gruppe entwickeln.

Wir werden in dieser Arbeit die Konzepte, die aus der Tradition des self analytic classroom kommen und diejenigen aus der klassischen Periode der T-Gruppenarbeit unter der Bezeichnung Selbstanalytische Gruppe zusammenfassen, was einer der wichtigsten Vertreter der ersten Richtung selbst tut (vgl. *Mann* 1967, 33).

1.2. Der spezifische Blickwinkel der Untersuchung: Psychodynamische Prozesse

Wie aus dem historischen Abriß der Entwicklung der NTL im letzten Abschnitt zu ersehen ist, haben sich innerhalb dieser Bewegung vergleichsweise wenige Autoren mit der Frage befaßt, welche psychische Dynamik sich in den T-Gruppen entwickelte, mit denen sie arbeiteten. Dies läßt sich vermutlich erklären mit dem seit 1955 zunehmend einsetzenden Interesse öffentlicher und privater Institutionen an der Entwicklung vergrößerter individueller beruflicher Verhaltenskompetenzen ihrer Mitarbeiter (vgl. *Benne* 1972, 126 – 128, 136 f). Wenn einzelne in T-Gruppen trainiert werden sollten, um in ihrem Beruf besser arbeiten zu können, und die Trainer dafür recht beachtliche finanzielle Entschädigungen seitens der Auftraggeber erwarten konnten, so verwundert es nicht, daß die meisten Überlegungen der Trainer um Fragen der individuellen Verhaltensänderungen, der Trainierbarkeit der Teilnehmer und der dafür zu schaffenden Lernbedingungen kreisten.[11] Dabei traten Überlegungen zur psychischen Dynamik in dem Lernfeld der T-Gruppe in den Hintergrund.[12]

Demgegenüber rückte an den Universitäten, an denen die Aufgabenstellung darin bestand, Studenten in die psychischen Vorgänge in Gruppen einzuführen, nach und nach zunehmend die Klärung und Erforschung der psychischen Dynamik in den Mittelpunkt. Die Dozenten mußten von ihrer Aufgabenstellung her weniger Trainingserfolge aufweisen, sondern ihr Verständnis und das ihrer Studenten über die Prozesse in Gruppen fördern.

Unser Verständnis von Psychodynamik

Bisher war immer von psychischer Dynamik die Rede, ohne daß wir definiert haben, was wir darunter verstehen wollen. Der Begriff stammt aus der psychoanalytischen Tradition und stellt in diesem theoretischen Zusammenhang ein hypothetisches Konstrukt dar, intrapsychische Vorgänge zu benennen, die ein Individuum veranlassen, inneres oder äußeres Verhalten auf ein Objekt innerhalb oder außerhalb seiner selbst hin oder von diesem weg zu mobilisieren (vgl. *Deutsch/Krauss,* 1976, 123).

Wie *Rapaport* (1970, 51) zurecht betont, ist dieses Konzept nicht an die Annahme ganz bestimmter Triebe oder Bedürfnisse des Individuums gebunden. Hiermit soll vielmehr die in der gesamten Psychologie weitgehend unbestrittene Tatsache gefaßt werden, daß der bedürftige biologische Organismus Mensch in der Auseinandersetzung mit seiner Umwelt versucht, seine – wie auch immer gearteten und von der Umwelt beeinflußten – Bedürfnisse zu befriedigen. Diesen Prozeß der inneren und äußeren Auseinandersetzung eines Individuums mit seiner Umwelt im Spannungsfeld individueller Bedürftigkeit und umweltabhängiger realer Möglichkeiten der Bedürfnisbefriedigung, der eine ständige dynamische Vermittlungsleistung des Individuums zwischen diesen subjektiv erlebten Polen des Verhaltensfeldes darstellt, wollen wir in dieser Arbeit als *psychodynamischen Prozeß* bezeichnen.

Obwohl diese interaktionelle Sicht der psychischen Austauschprozesse zwischen Individuum und Umwelt der psychoanalytischen Betrachtungsweise zugrunde liegt (*Mitscherlich/Muck* 1969, 111 ff), ist der Begriff der Psychodynamik lange Zeit weitgehend auf die Benennung von Vorgängen innerhalb eines Individuums eingeengt gewesen, in der Freud'schen Terminologie auf die Auseinandersetzung zwischen den Instanzen Es, Ich und Über-Ich. Dies hat dazu geführt, daß der psychosoziale Gesichtspunkt (*Rapaport,* 1970, 66 f) wenig beachtet wurde und es schwierig war, psychoanalytische und sozialpsychologische Überlegungen aufeinander zu beziehen (vgl. *Lieberman* et al, 1972, 284 ff).[13]

Wir orientieren uns bei der Verwendung des Begriffs »Psychodynamik« vor allem an der britischen psychoanalytischen Tradition, der sogenannten »object-relations-theory« (vgl. *Sutherland* 1963, *Walton* 1975, 71 ff), deren Hauptvertreter Melanie *Klein* (1972, 1973), Hanna *Segal* (1974), *Bion* (1971), *Fairbairn* (1952), *Winnicott* (1974, 1976), *Guntrip* (1961, 1968) sowie *Erziel* (1960/61) und *Sutherland* (1963) sind. Diese Autoren führen, anknüpfend an Überlegungen von Melanie *Klein* (vgl. *Segal* 1974), die intrapsychische Dynamik konsequent auf verinnerlichte Beziehungen zwischen dem Individuum und wichtigen Bezugspersonen zurück. Dabei betonen sie einerseits die hierdurch entstandenen intrapsychischen Strukturen, zugleich aber die ständige Auseinandersetzung des Individuums mit der realen (sozialen) Außenwelt und die – aufgrund bestimmter verinnerlichter Beziehungsmuster – mehr oder weniger hieraus sich ergebende individuelle Veränderbarkeit dieser (intrapsychischen) Strukturen.

Die psychoanalytische Theorie wird von den Autoren des Objekt-Beziehungs-Ansatzes systematisch auf *interpersonelle Tatbestände* bezogen (vgl. *Walton* 1970, 71); es wird versucht, die psychoanalytischen Begriffe durchwegs innerhalb eines solchen Bezugsrahmens zu verstehen (vgl. *Sutherland* 1963). Der Begriff der Psychodynamik wird sowohl für verinnerlichte als auch für aktuelle Prozesse der interpersonellen Auseinandersetzung verwendet (vgl. *Guntrip* 1974, 117 ff sowie 367 ff).[14]

Nach diesen Vorüberlegungen zur Herkunft des Begriffes Psychodynamik und seiner Verwendung in der psychoanalytischen Objekt-Beziehungs-Theorie können wir jetzt *unsere Auffassung dieses Begriffes* verdeutlichen:

Wir verstehen unter Psychodynamik in einer Selbstanalytischen Gruppe das Insgesamt der bewußten und unbewußten wechselseitigen Beeinflussungsprozesse, deren Sender und Empfänger immer Individuen sind, aber Individuen, die versuchen, ihr Zueinander, ihre Bedürfnisse und Ängste in der Mehrpersonensituation einigermaßen befriedigend durch bewußte und unbewußte Übereinkünfte wechselseitig zu regeln.[15] Dabei wirken die von den Individuen implizit oder explizit einmal angenommenen Regeln des Zusammenlebens über das Verhalten derjenigen, die sich an diese Regeln halten, zurück; es findet ein ständiger wechselseitiger dynamischer Prozeß zwischen denen statt, die für bestimmte Einregulierungen sind und denen, die dagegen sind (vgl. *Sandner* 1976 B).

Wir wählen den Begriff psychische Dynamik als Schlüsselbegriff für unsere Überlegungen, weil damit die Aufmerksamkeit gelenkt wird auf das, was *in* den Teilnehmern einer Gruppe nach Aktion und Reaktion drängt, als Impuls oder Antwort auf die eigene Bedürfnislage einerseits und das wahrgenommene oder erwartete Verhalten der anderen, auf die Realisierung der eigenen Bedürfnisse in der Auseinandersetzung mit denen der anderen.

Wir sind allerdings nicht der Auffassung, daß sich diese spezifische psychische Dynamik in der Mehrpersonensituation der Gruppe *lediglich* aus der fortwährenden Interaktion der Mitglieder einer solchen Gruppe bzw. der Artikulation individueller Bedürfnisse, also aus individuellen Aktionen und Reaktionen ergibt.

Psychodynamik und Soziodynamik

In jeder Gruppe, die als solche längere Zeit bestehen bleiben soll, entwickeln sich rasch bestimmte Zugzwänge, sofern die Teilnehmer etwas gemeinsam unternehmen oder arbeiten wollen. Die Teilnehmer müssen sich wechselseitig arrangieren, koordinieren bzw. organisieren, um gemeinsam handeln zu können. Sobald dies der Fall ist, entsteht in jeder Gruppe eine spezifische Dynamik, die wir in Anlehnung an R. *Schindler* (1956/1957) als *Soziodynamik* bezeichnen wollen.

Wir verstehen darunter einen bestimmten Druck, der für die Mitglieder einer Gruppe entsteht, sich wechselseitig in bestimmter Weise zu organisieren, d.h., komplementär und untereinander koordiniert zu handeln, sofern sie bestimmte Aktionen durchführen wollen bzw. gemeinsam bestimmte Ziele realisieren. Das Phänomen dieses Drucks bzw. Zwangs zur Koordination der individuellen Aktivitäten, das wir mit dem Ausdruck Soziodynamik zu fassen versuchen, dürfte wohl in der Geschichte der Sozialpsychologie Anlaß gegeben haben, von der Psychologie *der* Gruppe, von Gruppenseele oder Psychodynamik *der* Gruppe zu sprechen.

Die Einführung des Begriffes Gruppendynamik durch Kurt *Lewin* (1945) als Sammelbezeichnung für die spezifische Dynamik, die sich in Kleingruppen im Unterschied zur Zweiersituation ergibt (vgl. z.B. die klassischen Arbeiten in *Cartwright/Zander* 1968), war im Rahmen der Kontroverse um den »psychischen Organismus Gruppe« sicherlich ein Fortschritt. Inzwischen wird aber dieser Terminus für eine solche Vielzahl von Konzepten gebraucht, daß er nur mehr eine Sammelbezeichnung für Bemühungen darstellt, die irgend etwas mit Problemen in Gruppen zu tun haben (vgl. *Cartwright/Zander* 1968, 4).

Selbstverständlich laufen die soziodynamischen Prozesse immer *vermittels* psychodynamischer Prozesse ab. Sowohl im Falle der Entwicklung einer gemeinsamen Zielsetzung der Gruppenmitglieder selbst als auch im Falle der von außen an eine Gruppe herangetragenen Zielsetzungen bzw. Anforderungen müssen die Gruppenmitglieder implizit oder explizit bereit sein, sich diesen Anforderungen zu stellen, sich mit ihnen auseinanderzusetzen.

Aus diesen Überlegungen wird deutlich, daß unter bestimmten Bedingungen, die in einer Gruppe entstehen, die Soziodynamik außerordentlich stark werden wird; dann nämlich, wenn ein starker äußerer Druck auf die Mitglieder einer Gruppe ausgeübt wird, dem sie sich nicht entziehen können. Unter diesen Bedingungen dürfte sich eine stark von diesem Druck geprägte psychische Dynamik entwickeln, bei der im Extremfall die individuellen Bedürfnisse der Gruppenteilnehmer völlig in den Hintergrund treten müssen. Dies ist z.B. bei Arbeitsgruppen unter sehr starkem Leistungsdruck der Fall, der von den, diese Gruppen umgebenden, Institutionen ausgeübt wird.

Andererseits ist eine Gruppensituation vorstellbar, in der von außen praktisch kein Druck auf die Gruppenteilnehmer ausgeübt wird und deshalb sich eine Psychodynamik entwickeln kann, die hauptsächlich von den Bedürfnissen eben dieser Gruppenteilnehmer bestimmt wird. Auch hierbei entsteht eine gewisse Soziodynamik, weil sich die Mitglieder einer solchen Gruppe zur Artikulation und Befriedigung der unterschiedlichen individuellen Bedürfnisse untereinander koordinieren müssen. Aber diese wird in erster Linie von der Interaktion und psychischen Dynamik der Teilnehmer bestimmt werden, in ihr wird die spontane psychische Dynamik der Teilnehmer in der Gruppensituation der bestimmende Faktor sein.

Die Selbstanalytischen Gruppen, mit denen wir uns in dieser Arbeit besonders befassen wollen, lassen sich wohl am ehesten auf dem Kontinuum

a) Arbeitsgruppen unter starkem äußeren Druck,
b) Arbeitsgruppen, deren Mitglieder zusammenkommen, um eine selbstgewählte Aufgabe anzugehen und
c) Gruppen ohne festgelegtes Arbeitsziel,

zwischen b und c einordnen: die Arbeitsaufgabe besteht darin, den eigenen Gruppenprozeß zu klären, aber es ist nicht festgelegt, welche Aspekte des entstehenden Gruppenprozesses die Gruppenteilnehmer klären wollen.[16]

Wir haben in dieser Arbeit bewußt einen bestimmten Typ von Gruppe, die Selbstanalytische Gruppe, zum Gegenstand unserer Analyse gewählt, weil wir annehmen, daß die in diesen Gruppen entstehende Soziodynamik hauptsächlich aus psychodynamischen Prozessen sich ergibt, und wir hoffen können, das Ineinander von Psycho- und Soziodynamik von der Psychodynamik her gerade in solchen Gruppen besonders gut studieren zu können. Deshalb werden wir im Folgenden uns um die Erhellung psychodynamischer Aspekte des Geschehens in diesen Gruppen bemühen und die dabei auftretenden soziodynamischen Vorgänge in den Hintergrund treten lassen.[17]

Weil wir in unserer Untersuchung den Zusammenhang zwischen dem sozialen Kontext, in dem sich die Teilnehmer einer Gruppe in ihrem sonstigen Leben befinden, nicht in unsere Überlegungen einbeziehen werden, halten wir es für wichtig, anzugeben, welche Vorstellungen *wir* von diesem Zusammenhang haben.

Exkurs über die gesellschaftlichen Bedingungen individuellen Verhaltens

Bei unseren Überlegungen zur psychischen Dynamik in Kleingruppen haben wir festgestellt, daß die Individuen, sofern sie sich im Kontext der Mehrpersonensituation der Gruppe austauschen wollen oder müssen, gezwungen sind, auf die dabei entstehende Soziodynamik Rücksicht zu nehmen. Darunter verstanden wir eine Dynamik, die entsteht aus der Notwendigkeit, zu gemeinsamen Regelungen über den Austauschprozeß zwischen den Mitgliedern der Gruppe zu gelangen, sowie aus der Logik der dabei zu Tage tretenden realen und sozialen Begrenzungen bzw. Kanalisierungen individuellen Verhaltens, individueller psychischer Dynamik.

Was für die Notwendigkeit der Regelung des gemeinsamen Handelns in diesen Gruppen gilt, gilt noch in vermehrtem Maße für die Regelung des Zusammenlebens einer großen Anzahl von Menschen in einer Gesellschaft.

Geschichtlich hat sich die Genese sozialer Normen, der Regelung des menschlichen Zusammenlebens immer vollzogen in der konkreten Auseinandersetzung einer Gruppe von Menschen mit der sie umgebenden Natur mit dem Ziel, die wichtigsten individuellen Bedürfnisse zu befriedigen.[18] Dafür mußten sich die Menschen notwendigerweise wechselseitig koordinieren, sich organisieren, um gemeinsam der Natur die Befriedigung ihrer wichtigsten Bedürfnisse abzuringen. Auf diese Weise entstanden die Vorformen der heutigen komplexen Struktur unserer Gesellschaft, die vielfältigen Institutionen, in denen bestimmte Bewältigungsmodelle für die Auseinandersetzung und den Austausch zwischen den Menschen und zwischen diesen und der Natur geregelt werden.

Wir können in diesem Zusammenhang nicht näher eingehen auf die konkrete Genese, Struktur und Fortentwicklung unserer Gesellschaft.[19] Für unsere Überlegungen ist hier vor allem bedeutsam, daß durch die konkrete Sozialstruktur unserer Gesellschaft – verstanden als das Insgesamt der mehr oder weniger aufeinander abgestimmten Institutionen, Einrichtungen zur Regelung der wichtigsten für die Erhaltung und Fortdauer dieser Gesellschaft unabdingbaren Problembereiche (vgl. P.K. *Schneider,* 1968, 67 ff) – das Zusammenleben aller Mitglieder in vielfältiger Weise geregelt wird. Durch die verschiedenen Sozialstrukturen werden mehr oder weniger die individuell möglichen Weisen oder Kanäle des Verhaltens, besonders der Befriedigung der wichtigsten Bedürfnisse, ausgegrenzt bzw. festgelegt. Die Mitglieder unserer Gesellschaft – Kinder ebenso wie Erwachsene – werden in dieser Sozialstruktur sozialisiert, indem sie in der Interaktion mit den für sie wichtigen Interaktionspartnern lernen, auf diese, und die ihrem Verhalten zugrunde liegenden sozialen Normierungen, sich mit dem eigenen Verhalten einzustellen (vgl. z.B. *Newcomb* 1959, besonders 197 ff).

Was wir in einer Selbstanalytischen Gruppe an psychischer Dynamik zwischen den Mitgliedern feststellen und analysieren können ist deshalb immer schon geprägt von den Einregulierungen individueller Weisen der Bedürfnisbefriedigung, die sie in den für sie wichtigen Gruppen, aus denen sie kommen, gelernt haben, in Gruppen, in denen die für eine bestimmte Gesellschaft allgemein geltenden Normierungen in spezifischer Weise, wie in einem Prisma gebrochen, als das Leben dieser Gruppen regelndes System von Normen dem Individuum als Verhaltenserwartungen seitens der anderen Gruppenmitglieder entgegen gebracht werden.

Unter diesem Blickwinkel stellt sich für den wissenschaftlichen Stellenwert unseres Vorhabens die Frage, was mit der Analyse der Konzepte gewonnen ist, welche die *psychische Dynamik* in Selbstanalytischen Gruppen zu erfassen suchen. Werden dadurch nicht Ergebnisse zutage gefördert, die unter anderen gesellschaftlichen Bedingungen anders sein könnten? Werden nicht vielleicht Prozesse verdinglicht und als allgemein menschlich hingestellt, die durchaus nicht so ablaufen müssen? (Vgl. z.B. *Argyris* 1975). Wäre es nicht erforderlich, in die Analyse der spezifischen psychischen Dynamik in solchen Gruppen die gesellschaftlichen Rahmenbedingungen einzubeziehen, innerhalb derer solche Gruppen stattgefunden haben (vgl. z.B. *Pohlen* 1975)?

Wir sind der Auffassung, daß alle diese Fragen in einer kritischen Theorie der psychischen Dynamik von Kleingruppen sorgfältig berücksichtigt werden müssen. Wir meinen aber, daß wir bei der Erstellung einer solchen Theorie vorläufig bei der Analyse des Geschehens ansetzen sollten, das wir konkret vorfinden und das schwer genug zu entwirren und konzeptionell zu fassen ist. Unserer Meinung nach ist es erst in einem zweiten Schritt möglich, zu fragen, warum sich in Selbstanalytischen Gruppen diese und nicht andere Probleme ergeben und ganz bestimmte psychodynamische Prozesse feststellbar sind (vgl. 5.3.).

1.3. Zielsetzungen der Untersuchung

Ziel dieser Untersuchung ist die Erarbeitung einer Modellvorstellung über die grundlegenden psychodynamischen Prozesse in Selbstanalytischen Gruppen. Es geht hierbei nicht um die Charakterisierung von Beziehungen zwischen angenommenen isolierten Variablenkombinationen (z.B. Leiterverhalten, Selbsteinschätzung der Teilnehmer), sondern um ein möglichst alle wesentlichen psychischen Vorgänge in einer Selbstanalytischen Gruppe erfassendes Gesamtmodell.

Die angestrebte Modellvorstellung zur psychischen Dynamik in Selbstanalytischen Gruppen soll einen Beitrag liefern für folgende fünf Bereiche der Kleingruppenforschung bzw. -arbeit:[20]

1. Das Feld der angewandten Gruppendynamik bzw. der Arbeit mit T-Gruppen

In dem völlig unübersichtlichen Bereich der Arbeit mit T-Gruppen (im weiteren Sinne) wäre es dringend erforderlich, eine Modellvorstellung zu entwickeln, die es über eine relativ oberflächliche Zuordnung der verschiedenen methodischen und theoretischen Ansätze hinaus (vgl. *Singer* et al, 1975) ermöglicht, den systematischen, inneren Zusammehang dieser verschiedenen Einstiege in das Phänomen T-Gruppe zu bestimmen.

2. Der Bereich der therapeutischen Arbeit mit Gruppen

Für die therapeutische Arbeit mit Gruppen ist es ebenfalls erforderlich, über eine Modellvorstellung zu verfügen, die nicht in erster Linie aus der Arbeit mit Menschen entstanden ist, die relativ große seelische Schwierigkeiten haben. Es ist wahrscheinlich, daß die einseitige Orientierung der meist psychoanalytisch orientierten Therapeuten auf sogenannte Übertragungsphänomene in Gruppen daher rührt, weil Gruppenteilnehmer mit übermäßigen seelischen Problemen vermehrt die Vergangenheit in der Gegenwart der Gruppe reproduzieren und wiederholen. Vielfach verlieren die Gruppentherapeuten oder Theoretiker der Gruppentherapie dabei die realen interaktionellen Probleme der psychischen Dynamik zwischen den Teilnehmern hier und jetzt in der jeweiligen Gruppe etwas aus dem Auge und sind von daher weniger in der Lage, dieses an der Realität in der Gruppe orientierte Verhalten entsprechend therapeutisch zu nutzen und zu würdigen.

3. Die Erarbeitung einer kritischen Theorie von Selbstanalytischen Gruppen

Obwohl der soziale gesellschaftliche Kontext der Gruppen, deren psychische Dynamik wir in dieser Arbeit analysieren, weitgehend – aus methodischen Gründen – ausgeklammert wird, wollen wir im Anschluß an unsere Untersuchung die Frage stellen, in welcher Weise gesellschaftliche Faktoren beim Zustandekommen der von uns herausgearbeiteten spezifischen Psychodynamik beteiligt sind. Zugleich wollen wir umrißhaft unsere Vorstellungen von den emanzipatorischen Möglichkeiten in Selbstanalytischen Gruppen darlegen.

4. Der Bereich der empirischen Forschung auf dem Gebiet der T-Gruppen bzw. von Kleingruppen

Wenn wir richtig sehen, krankt die gesamte empirische Forschung im Bereich kleiner Gruppen daran, daß es bislang nicht möglich ist, die wichtigsten Variablen anzugeben, welche die psychische Dynamik in Kleingruppen bestimmen (vgl. *Gerard/Miller* 1967, 288). Wenn ein solches Variablengeflecht erstellt werden könnte, wäre es möglich, verschiedene empirische Untersuchungen adäquat aufeinander zu beziehen. Wir könnten dann angeben, welche Variablen unbedingt berücksichtigt werden müßten, um zu sinnvollen und vor allem vergleich- und wiederholbaren empirischen Untersuchungen und Ergebnissen zu kommen. Außerdem ließe sich der wissenschaftliche Wert einer bestimmten empirischen Arbeit rasch ermitteln an den Angaben über die Variablen, welche berücksichtigt wurden und einem Vergleich mit denen, die dabei unbedingt berücksichtigt hätten werden müssen.

5. Den Bereich der Theorie von Kleingruppen

Wie wir in der Einleitung schon skizziert und im historischen Teil dieses Kapitels näher ausgeführt haben, sind wir der Auffassung, daß die Klärung der Vorgänge in Selbstanalytischen Gruppen einen günstigen Einstieg zur Erfassung der psychischen Dynamik in Kleingruppen schlechthin darstellt. Wenn es gelingt, die in den Selbstanalytischen Gruppen auftretenden Phänomene zu verstehen und zu erklären, wäre damit ein wichtiger Beitrag zur Gewinnung eines – möglicherweise die vielfältigen Ansätze innerhalb der Theorie von Kleingruppen integrierenden – *Grundrasters* geleistet. Dabei werden wir im Auge behalten müssen, daß ein solches Modell oder Raster lediglich Phänomene erfaßt, die unter unseren gesellschaftlichen Bedingungen in Gruppen gehäuft auftreten (vgl. hierzu *Ottomeyer* 1974, besonders 67 – 136; Autorenkollektiv 1975).

2. Modellüberlegung zur psychischen Dynamik in Selbstanalytischen Gruppen

2.1. Zum Problem der Einheit und Vielfalt der psychischen Phänomene in Gruppen

Inzwischen gewinnt vor allem innerhalb psychoanalytischer Überlegungen, aber auch im Bereich der arbeitsbezogenen Trainingsgruppen, zunehmend die Überlegung an Boden, *daß es vielleicht ein einheitliches Phänomen Kleingruppe, das immer und überall ähnlich funktioniert, nicht gibt* (vgl. *Singer* et al, 1975). Unter der Bezeichnung »Boundary Management« wird in den letzten Jahren zunehmend die Problematik diskutiert, die dem Praktiker sich stellt, wenn er innerhalb ein und derselben Gruppe unterschiedliche Trainings- bzw. Therapieziele erreichen möchte. Er muß dann durch die Planung des ganzen Gruppensettings und durch seine Intervention entscheiden, was er als innerhalb der Gruppe zu Bearbeitendes und zu Klärendes betrachten will und was er außerhalb belassen bzw. in den Hintergrund treten lassen möchte (vgl. *Astrachan* 1970, *Kernberg* 1975 sowie *Singer* et al 1975).

Im Rahmen dieser Überlegungen wird deutlich, daß Gruppen offenbar auf verschiedene Arbeitsniveaus sich bewegen können, die sich häufig spontan einstellen, aber wahrscheinlich auch systematisch herbeigeführt werden können. Hierfür bieten die Diskussionen über den Regressionsgrad in Gruppen im Bereich der psychoanalytischen Theoriebildung (vgl. *Pohlen* 1974, *Heigl-Evers* 1972) und die Überlegungen über die jeweils zu verfolgenden Lernziele innerhalb der vielfältigen Möglichkeiten von Trainingsgruppen reiches Anschauungsmaterial (vgl. *Argyris* 1970, *Singer* et al, 1975).

Wenn es so ist, daß Kleingruppen auf unterschiedlichen Niveaus mit unterschiedlichen Problemen sich bewegen können, so würde sich möglicherweise ein Teil der Schwierigkeiten bei der Herstellung von Querverbindungen zwischen verschiedenen Konzepten über die psychische Dynamik in Gruppen klären und bereinigen lassen. Voraussetzung hierfür wäre allerdings, daß es gelingt, wichtige Ebenen des Geschehens in Gruppen zu identifizieren und voneinander abzugrenzen (vgl. *Heigl-Evers/Heigl* 1973, besonders 138). Dabei wird von vornherein davon ausgegangen werden können, daß es sich um verschiedene Grundmöglichkeiten handelt, die in jeder Gruppe angelegt sind, zunächst nur theoretisch-abstrahierend aus der Gesamtdynamik herausgelöst werden können und im realen Leben von Gruppen *als solche* nur unter bestimmten – noch zu spezifizierenden

Bedingungen – phänomenologisch einigermaßen rein in Erscheinung treten.

Der Gedanke hat sich auch nahegelegt bei der nun schon mehr als 20 Jahre währenden Auseinandersetzung im psychoanalytischen Bereich über Psychoanalyse *der* Gruppe, Psychoanalyse *durch* die Gruppe und Psychoanalyse *in* der Gruppe (vgl. hierzu *Pohlen* 1972; *Foulkes* 1965; 18 ff; *Heigl-Evers* 1972; *Sandner* 1976 A).

Wenn man diese unterschiedlichen Konzeptionalisierungen der praktischen Arbeit mit (Therapie-) Gruppen nicht einfach als rigides Festhalten an fiktiven Positionen betrachten will, sondern vielmehr als in der Sache, d.h., den realen Gruppenprozessen begründet, wird man notwendig zu der Überlegung geführt, daß es sich um *verschiedene Einstiege in die Gesamtdynamik einer Gruppe bzw. um spezifische Strukturierungen dieser Dynamik* handeln könnte, und nicht um Hirngespinste der verschiedenen Theoretiker. Aus einer Betrachtung der Arbeitsweise dieser Praktiker und Erforscher der Gruppenarbeit drängt sich dann auch der Gedanke auf, daß sie durch ihre spezifische Arbeitsweise möglicherweise gerade die genannten unterschiedlichen Strukturierungen der psychischen Dynamik einer Gruppe fördern (vgl. *Turquet* 1974), die sie dann nachträglich als solche in ihren Gruppen phänomenal vorfinden und in Begriffe fassen (vgl. *Pohlen* 1972, *Heigl-Evers* 1972, *Sandner* 1975).

Unseres Wissens hat diese Erkenntnis der Möglichkeit unterschiedlichen Strukturierens ein und derselben Gruppe für die therapeutische Arbeit mit Gruppen und der Erfassung der dabei vor sich gehenden spezifischen Prozesse das Ehepaar *Heigl* und *Heigl-Evers* (1973) systematisch ins Auge gefaßt und als Konzept in die wissenschaftliche Diskussion gebracht.

2.2. Der Ansatz von Heigl-Evers/Heigl

In der ursprünglichen Formulierung der Theorie geht Frau *Heigl-Evers* (1966) von den Überlegungen zweier Autoren aus: von dem neo-analytischen Konzept von Harald *Schultz-Hencke* (1951), wie es ihr Lehrer Werner *Schwidder* (1959) vor allem vertreten hat und von den Überlegungen Raul *Schindlers* (1957/58) zur »Psychodynamik in der Gruppe«.

Nach *Schultz-Hencke* (1951) bildet jeder Mensch im Laufe seiner Entwicklung eine spezifische Persönlichkeitsstruktur aus, die sich charakterisieren läßt durch den Grad der individuellen freien Verfügung bzw. Gehemmtheit der für jeden Menschen in gleicher Weise vorhandenen und lebenswichtigen Grundantriebe, dem intentionalen, dem oralen, dem analen, dem urethralen und dem sexuell-genitalen

Antriebsbereich. Dieses individuelle Impuls/Hemmungsgleichgewicht, welches sich in der individuellen Entwicklung bzw. Sozialisation herausgebildet hat, ist von Person zu Person relativ stabil, kann aber durch entsprechende Versuchungs- oder Versagungssituationen, denen diese Person ausgesetzt ist, labilisiert werden. Die jeweilige Person ergreift dann bestimmte Abwehrmaßnahmen, um die gefürchteten Triebdurchbrüche zu verhindern.

Was die psychische Dynamik in Gruppen angeht, so geht die Autorin von Raul *Schindler* aus, dessen Grundthese lautet: Jede Ansammlung von Individuen wird überhaupt erst zu einer Gruppe, wenn sich diese Menschen »gegenüber einem gemeinsamen Ziel in einer Aktion zusammenschließen« (Heigl-Evers 1966, 45; Raul *Schindler* 1957/58). Um die jeweilige Aktion durchführen zu können, ist es erforderlich, daß sich die Gruppe organisiert, d.h., eine Rollenstruktur ausbildet, durch welche die Mitglieder der Gruppe ihre Aktivitäten so koordinieren, daß sie die gemeinsame Aktion sinnvoll durchführen und das gemeinsame Ziel erreichen können.

Die Autorin kombiniert diese beiden kurz skizzierten Ansätze in folgender Weise:

In der Mehrpersonensituation einer therapeutischen Gruppe von Neurosekranken findet eine Labilisierung der individuellen Impuls-Abwehr-Gleichgewichte statt, welcher die Gruppenmitglieder begegnen, indem sie sich spontan und weitgehend unbewußt zu einer gemeinsamen Aktion zusammenschließen gegen den Impuls, der für die Mehrzahl der Mitglieder in der jeweiligen Situation als besonders gefährlich erscheint und nahe daran ist, durchzubrechen, in der Gruppe deutlich sichtbar zu werden. Die dabei auftretende soziodynamische Rollenstruktur der Gruppe, d.h., die für die Verfolgung des Ziels der Impulsvermeidung jeweils notwendige *Gleichrichtung der individuellen Aktivitäten* ist durch folgende vier Grundpositionen gekennnzeichnet:

a) In der Alpha-Position verkörpert sich die Abwehr des gefürchteten Impulses, sie hat der Anführer der Gruppe inne; damit die Aktion erfolgreich durchgeführt werden kann sind verschiedene Vertreter der sogenannten Gamma-Position erforderlich, die nicht die Führung übernehmen, sondern sich Alpha anschließen; zugleich aber sind zur differenzierten Durchführung der Aktion sogenannte Vertreter der Beta-Position erforderlich, die sich dadurch auszeichnen, daß sie in gewisser Weise den abgewehrten Impuls in einer »ja-aber-Argumentation« noch zu einem gewissen Recht kommen lassen und schließlich taucht in solchen Gruppen nach *Heigl-Evers* regelmäßig die sogenannte Omega-Position auf, d.h., eine Person, die den abgewehrten Impuls, also den Gegner der Gruppe, verkörpert und der als Prügelknabe sich den Zorn der gesamten Gruppe zuzieht.

Frau *Heigl-Evers* faßt das bisher Ausgeführte in dem Satz zusammen: »Die Gruppe gestaltet sich also, wenn es um die Aktion einer neurotischen Triebabwehr geht, so wie es der Struktur der betreffenden Neurose entspricht« (1966, 52).

Das gerade geschilderte Grundmodell, das von der Autorin auch 1972 noch in dieser Form vertreten wurde, modifiziert sie 1973 gemeinsam mit ihrem Mann Franz *Heigl* in folgender Weise: in Anlehnung an das topographische Modell der Psychoanalyse nehmen sie drei Ebenen der jeweiligen Aktion zur Abwehr gehemmter Impulse an und schlagen parallel dazu drei voneinander unterscheidbare Formen der Gruppentherapie vor (vgl. 1973, 152).

a) Auf der ersten Ebene, die sie die *Ebene der manifesten Aktion* nennen, entwickeln die Gruppenteilnehmer »aus der aktuellen Gruppensituation heraus eine Verhaltensregulierung hinsichtlich des interpersonellen Umgangs in der Gruppe, wie er ihrer Meinung nach sein sollte« (134). Diese offiziellen und den Teilnehmern als solche bewußten Normen der Gruppe »haben unter tiefenpsychologischem Aspekt vornehmlich die Funktion, vor den jeweils stimulierten angstbesetzten Verhaltensweisen zu schützen, d.h., diese dem Bewußtsein der Teilnehmer fernzuhalten und ihren Vollzug zu verhindern« (134 f).

b) Da durch die manifeste Aktion die gefürchteten Impulse bzw. Verhaltenstendenzen in der Regel nur unzureichend vom Bewußtsein ferngehalten werden können, versuchen die Teilnehmer von Therapiegruppen spontan von Anfang an sozusagen eine zweite Abwehrfront zu errichten, indem sie sich auf die *Ebene der latenten* Aktion zu einem gemeinsamen psychosozialen Abwehrmanöver zusammenschließen, dessen Ziel den Teilnehmern weitgehend unbewußt ist (138 f). Diese Ebene deckt sich weitgehend mit dem bereits 1966 von Frau *Heigl-Evers* entwickelten Konzept der *Antriebs-Abwehr-Aktion einer Gruppe mit soziodynamischer Rollenverteilung* (vgl. *Heigl-Evers* 1966, 49 ff, besonders 52).

c) Die dritte Ebene des Verhaltens bzw. der »Aktion« der Gruppenteilnehmer ist schließlich gekennzeichnet durch das Entstehen individueller *unbewußter Phantasien,* die aus den frühesten Phasen der kindlichen Entwicklung herrühren, in der Gruppe zwischen den Teilnehmern »konfluieren« und ein *weitgehend gleichgerichtetes Verhalten der Teilnehmer* entstehen lassen, wie es vor allem von *Bion* (1971) und *Argelander* (1972) beschrieben und theoretisch zu erfassen versucht wurde (vgl. *Heigl-Evers/Heigl* 1973, 141).

Die Autoren betonen, »die Gruppe agiert auf dieser Ebene wie eine Entität«, und sie bezeichnen sie deshalb als *Ebene der unbewußten gemeinsamen Gruppenphantasien* (vgl. auch *Heigl-Evers/Heigl* 1976).

2.3. Kritische Würdigung des Ansatzes von Heigl-Evers/Heigl Entwicklung der eigenen Betrachtungsweise

Auffallend ist, daß *Heigl-Evers/Heigl* zwar meinen, es wäre sinnvoll, drei voneinander abgrenzbare therapeutische Verfahren des Umgangs mit Gruppen und damit korrespondierend drei Ebenen voneinander unterscheidbarer Gruppenphänomene zu konzipieren, aber nicht fragen, ob diesen drei Ebenen möglicherweise unterschiedliche Weisen des Funktionierens der jeweiligen Gruppe, eine unterscheidbare und zu unterscheidende interpersonelle psychische Dynamik zugrunde liegen könnte.

Ihrer Auffassung nach handelt es sich bei diesen drei Ebenen um verschiedene Zugangsmöglichkeiten zur jeweiligen Grundproblematik einer Gruppe. Sie nehmen an, daß es eine jeweils alle drei Ebenen übergreifende und sich lediglich auf ihnen unterschiedlich äußernde Problematik handelt. Allerdings stellen die drei hypothetisch durch die Gesamtpsychodynamik einer Gruppe gelegten Ebenen nicht willkürliche therapeutische Maßnahmen dar: nach Auffassung der Autoren sind die auf der interaktionellen Ebene getroffenen Maßnahmen, d.h., die bewußte Normenbildung in der Gruppe, Vorkehrungen für das Bewußtwerden von verpönten, stark verdrängten Triebregungen und falls diese Maßnahmen nicht ausreichen – was meist der Fall ist – nehmen die Gruppenteilnehmer unbewußt sozusagen eine zweite Absicherung vor, indem sie gemeinsam psychosoziale Abwehrmanöver in der Form der geschilderten Gruppenaktionen durchführen, deren normativer Charakter gleichsam hinter ihren Rücken entsteht.

1. *Die Abgrenzung einer Ebene reflexiv-interaktionellen Verhaltens*

Bei der Konzeption von *Heigl-Evers/Heigl* überrascht, daß zwar die Ebene der *reflexiv-interaktionellen Problematik* in Kleingruppen als solche gesehen wird: die Notwendigkeit jedes Teilnehmers, sich als einzelner mit den anderen Gruppenmitgliedern zusammenzuraufen, eine Struktur zu entwickeln, innerhalb derer die unterschiedlichen Bedürfnisse und Interessen der einzelnen auf einen Nenner gebracht werden können. Dieser Prozeß, der sich als Koordinations-, Integrations-, aber auch als Auseinandersetzungs- und Kampfprozeß in jeder Gruppe ergibt, sofern sie eine Gruppe wird, ist für die genannten Autoren aber *lediglich* eine Absicherungsmaßnahme gegen verdrängte, heraufdrängende Impulse. So gesehen beziehen sie das Verhalten der Gruppenteilnehmer *auf der Ebene bewußter Auseinandersetzung bzw. Gruppenbildung* immer schon auf dahinter vermutete Abwehrmaßnahmen, welche mit der realen Gruppensituation höchstens so viel zu tun haben als sie sich je nach den konkreten Individuen in der Gruppe verschieden darstellen, es dementsprechend zu verschiedenen Abwehrkonstellationen kommt.

Hierdurch entsteht der Eindruck, als ob es in Kleingruppen gar keine realen Probleme der Auseinandersetzung zwischen den bewußt wahrgenommenen unterschiedlichen Bedürfnissen der Mitglieder gäbe, sondern lediglich Konflikte ungelöster, aus der Kindheit stammender gehemmter Antriebe oder Bedürfnisse.

Wir sind der Auffassung, daß es sinnvoll ist, die von *Heigl/Heigl-Evers* gemachte *Unterscheidung zwischen bewußter und unbewußter Normbildung in Gruppen* nicht nur als unterschiedliche Maßnahmen im Dienste befürchteter Triebdurchbrüche zu betrachten. Wir ordnen dieses bewußte und unbewußte Geschehen zwei Ebenen des Verhaltens zu, auf denen unterscheidbare Mechanismen zur Bewältigung jeweils unterschiedlicher Probleme eingesetzt werden. Die in diesem Abschnitt beschriebene Ebene des Verhaltens in Gruppen, auf der eine unmittelbare und *bewußte* Auseinandersetzung zwischen den Gruppenteilnehmern stattfindet, werden wir in dieser Arbeit als *reflexiv-interaktionelle Ebene* des Geschehens bezeichnen. Damit wollen wir die spezifische Weise der bewußten und reflektierten Auseinandersetzung der Teilnehmer innerhalb der Gruppe, die sich auf reale Interaktionen zwischen den Teilnehmern bezieht, deutlich abgrenzen von unbewußten Auseinandersetzungen, die von den Teilnehmern nicht bewußt eingeleitet und ausgetragen werden. Für den Bereich des unbewußten Verhaltens werden wir im Folgenden zwei weitere Ebenen des Geschehens unterscheiden: die *prä-ödipale* und die *ödipale* Ebene des Verhaltens.

2. Die Abgrenzung einer Ebene prä-ödipalen Geschehens

Bei näherer Betrachtung des Ansatzes der genannten Autoren fällt weiterhin auf, daß sie bei der Schilderung der dritten Ebene ihrer Interventionstätigkeit, der *Ebene der unbewußten* und stark verdrängten, in der Gruppe sich einspielenden, *allen Gruppenmitgliedern gemeinsamen Phantasien*, implizit immer davon ausgehen, daß es sich dabei um Probleme handelt, wie sie sich in einer Phase der kindlichen Entwicklung stellen, in der das Kind bereits eine einigermaßen integrierte Gesamtpersönlichkeit entwickelt hat. Psychoanalytisch betrachtet ist dies dann der Fall, wenn das Kind von der ursprünglichen symbiotischen Beziehung mit einer Person soweit sich gelöst hat, daß es in die Auseinandersetzung mit zwei Personen, in der Regel Vater und Mutter, treten kann; wenn es von der prä-ödipalen zur ödipalen Problematik übergehen kann.

Heigl/Heigl-Evers führen die in ihrer Gruppenarbeit feststellbaren Phänomene von Gruppenphantasien, d.h., von Erscheinungen, die so anmuten, als ob die gesamte Gruppe wie unter einem Bann bestimmte Dinge tut oder fürchtet (vgl. *Sandner* 1975) auf ein unbewußtes Zusammenfließen von abgewehrten Impulsen ansonsten psychisch relativ selbständiger Individuen zurück. Eine Analyse desjenigen Theoretikers der psychoanalytischen Arbeit mit Gruppen, der sich am intensivsten und als erster um eine Klärung der sogenannten Gruppenphantasien bemüht hat, W.R. *Bion* (1972), ergibt hingegen, daß es sich hierbei um Prozesse handelt, die der sehr frühen kindlichen Entwicklung zugerechnet werden müssen (*Sandner* 1975). Seiner Meinung nach entstehen in Gruppen unter bestimmten Bedingungen Phänomene, die sehr der frühen Phase der Herausdifferenzierung von Ich und Nicht-Ich ähneln, es entsteht durch die unklare Gruppensituation erneut die Grundproblematik der Herausbildung der individuellen Identität aus der undifferenzierten Pluralität der Gruppe. Die dabei auftretenden Prozesse in der Gruppe ähneln seiner Auffassung nach weniger den Abwehrmaßnahmen bereits ausdifferenzierter Individuen gegen verbotene Impulse, sondern vielmehr der ganz frühkindlichen Dynamik der Auseinandersetzung mit der Umwelt, in der Regel der Mutter, bei der es für das Kind unklar ist, was innen und was außen ist.

In Gruppen von Erwachsenen ist diese Problematik, nämlich was ist überhaupt real, was bilde ich mir ein und was nicht, wer bin ich für die anderen und wer sind sie für mich, grundsätzlich immer vorhanden. Nicht nur das: unter bestimmten Bedingungen, die wir noch näher angeben werden, verhalten sich die Gruppenmitglieder ähnlich wie eine Ansammlung von ganz kleinen Kindern, die noch nicht zwischen sich und der Umwelt unterscheiden können, *die Psychodynamik wird von sogenannten prä-ödipalen Problemen bestimmt.*

3. *Die Ebene ödipalen Verhaltens in Gruppen*

In der Auseinandersetzung mit dem Konzept von *Heigl/Heigl-Evers* haben wir bisher versucht, herauszuarbeiten, daß es fruchtbar und von der Sache gefordert ist, *verschiedene Ebenen des Funktionierens von Gruppen zu unterscheiden.* Dabei haben wir vorläufig eingegrenzt, was wir unter *prä-ödipal* und unter *reflexiv-interaktionell* verstehen wollen, es ist aber bislang unklar geblieben, wie wir die dritte Ebene sehen, die von den Autoren als Ebene der »gemeinsamen psychosozialen Abwehrmanöver« charakterisiert wird.

Es fällt auf, daß die genannten Autoren diese psychosozialen Abwehrmanöver lediglich auf die individuellen Maßnahmen zur Eindämmung unterdrückter Impulse beziehen. Was in der Gruppensituation naheliegt, nämlich die Wiederbelebung der jeweiligen Familienkonstellation,[1] in welcher die einzelnen Gruppenteilnehmer ihre Grundmodi des sozialen Kontaktes und der Artikulation und Befriedigung bzw. Unterdrückung und Abwehr ihrer Bedürfnisse als Person ausgebildet haben, wird nicht als zentrales Strukturierungsprinzip des Gruppengeschehens betrachtet. Diese Ebene des Verhaltens in Gruppen, wonach (unter bestimmten Bedingungen) die Teilnehmer versuchen, wechselseitig diejenigen Arrangements bzw. Rollenkonstellationen wieder herzustellen, die sie in ihre Kernfamilie, gelernt haben, wollen wir in Anlehnung an das *Freud'*sche Paradigma und die Ausführungen von *Gibbard/Hartman* (1973 C) *als ödipale Ebene des Geschehens in Gruppen bezeichnen.* Diese Betrachtungsweise, die *Freud* selber in seiner einzigen explizit gruppenpsychologischen Arbeit »Massenpsychologie und Ich-Analyse« (GW XIII, 71 – 161) auch verwendet, hat erst in neuester Zeit in die Überlegungen von Gruppentherapeuten bzw. -analytikern Eingang gefunden (*Battegay* 1976, *Foulkes* 1972, *Gibbard/Hartman* 1973 C, *Heising/Wolff* 1976, *König* 1976, *Kutter* 1971, 1973, 1976, *Ohlmeier* 1973, 1975 B, 1976, *Sandner* 1975, 1976 A, *Slater* 1970).

Unsere bisherigen Überlegungen über die eventuelle Fruchtbarkeit der Hypothese von der Unterscheidung einer prä-ödipalen, ödipalen und reflexiv-interaktionellen Ebene des Verhaltens in Selbstanalytischen Gruppen haben wir angestellt, um die Komplexität psychischer Dynamik in diesen Gruppen zu reduzieren.[2] In der Realität überlagern sich diese drei Ebenen des Geschehens vielfach. Gerade die Analyse der Konzepte, die aus der Feldarbeit mit Selbstanalytischen Gruppen entwickelt wurde, legt aber den Gedanken nahe, daß es unter noch zu spezifizierenden Bedingungen *zu einem schwerpunktmäßigen Einschwingen von Gruppen auf eine der drei genannten Ebenen des psychodynamischen Funktionierens kommt.*[3]

Wenn das so ist, wäre es natürlich für die theoretische Klärung und Erfassung der psychischen Dynamik in diesen Gruppen wichtig, angeben zu können,

1. unter welchen Bedingungen eine Gruppe auf welche Ebene sich einpendelt,
2. welche Beziehungen zwischen den verschiedenen Funktionsebenen bestehen bzw. wie sie einander zuzuordnen sind und
3. unter welchen Bedingungen Gruppen von einer Ebene auf die andere übergehen.

Zur Klärung dieser Fragen haben wir eine Modellüberlegung entwickelt, die wir im folgenden Abschnitt schildern wollen: sie soll als Bezugsrahmen für die Analyse und wechselseitige Zuordnung der zu untersuchenden Konzepte über die psychische Dynamik Selbstanalytischer Gruppen in dieser Arbeit dienen.

2.4. Modellüberlegung

Wir gehen davon aus, daß jeder Mensch im Laufe seiner individuellen Entwicklung in der Auseinandersetzung mit den für ihn wichtigen Einzelnen und Gruppen bestimmte *interpersonale oder psycho-soziale Verhaltungskompetenzen* erwerben muß, um als Erwachsener sich in Gruppen als Person von anderen abgrenzen zu können und in einen fruchtbaren und für alle Beteiligten möglichst befriedigenden sozialen Austauschprozeß eintreten zu können.[4] Unter psycho-sozialer Kompetenz in Gruppen verstehen wir:

(1) Die Fähigkeit, sich in einer unbekannten (diffusen) Gruppensituation als Person zu bewahren und abzugrenzen, ohne übermäßige Angst und Abwehrmaßnahmen (der Erwerb dieser psycho-sozialen Kompetenz ist das »Lernziel» der prä-ödipalen Phase der kindlichen Entwicklung);
(2) Die Fähigkeit, sich in einer Kleingruppe mit dem Problem der Autorität, der Rivalität und der Sexualität auseinander zu setzen, ohne diese Probleme verleugnen, verdrängen, projizieren etc. zu müssen (diese psycho-soziale Kompetenz wird unser Auffassung nach mit der positiven Bewältigung der ödipalen Konstellation erworben);
(3) Die Fähigkeit, sich mit den realen Möglichkeiten des emotionalen und arbeitsmäßigen Austausches in einer Kleingruppe auseinander zu setzen (diese psycho-soziale Kompetenz entspricht der erwachsenen Form der Auseinandersetzung in kleinen Gruppen, die wir reflexiv-interaktionell genannt haben).[5]

Wir nehmen an, daß jedes Individuum im Laufe seiner Entwicklung die für ihn in interpersonellen Situationen erforderlichen Verhaltenskompetenzen in recht unterschiedlicher Weise erworben hat, und meinen, daß gerade die individuellen Defizite im Bereich interpersoneller Verhaltenskompetenzen bzw. bestimmter Grundmodi der Auseinandersetzung mit bedeutsamen Anderen sich in Gruppensituationen besonders deutlich zeigen.[6]

Der Grundgedanke unseres Modells ist deshalb folgender:

Je nachdem, welchen Grad der psycho-sozialen Kompetenz, die in einer Selbstanalytischen Gruppe zusammengekommenen Individuen in ihrer Gemeinsamkeit repräsentieren, und je nachdem, in welche gemeinsame Situation sie durch das vom Gruppenleiter geschaffene Setting und seine Interventionen gebracht werden, pendelt sich die jeweilige Gruppe auf einem der drei im letzten Abschnitt ausgegrenzten Niveaus ein: dem prä-ödipalen, dem ödipalen oder dem reflexiv-interaktionellen.[7]

Neben der vom einzelnen Gruppenteilnehmer verkörperten konkreten Konfiguration von Verhaltenstendenzen spielt in dieser Modellüberlegung die *Situation,* in welche die Teilnehmer durch den Gruppenleiter gemeinsam gebracht werden, also eine besondere Rolle. Das bedeutet zweierlei: einmal wird die Gruppe auch dann nicht lange auf dem prä-ödipalen Niveau der Gruppe verbleiben, welches der Gruppenleiter z.B. hervorzurufen versucht, wenn die meisten Gruppenmitglieder in diesem Bereich weniger Probleme haben. Zum anderen aber werden dabei Teilnehmer, die oberflächlich recht gut sozial angepaßt sind, aber ausgesprochen prä-ödipale Schwierigkeiten haben, unter Umständen psychotisch reagieren.

Das Modell impliziert somit eine Abfolge von aufeinander aufbauenden Entwicklungsstadien von prä-ödipal bis reflexiv-interaktionell, die positiv durchlaufen sein müssen, um in dem nächst höheren Stadium stabil bleiben und »funktionieren« zu können.

Ein hypothetisches Modell des »Funktionierens«[8] *von Selbstanalytischen Gruppen auf drei verschiedenen Niveaus.*

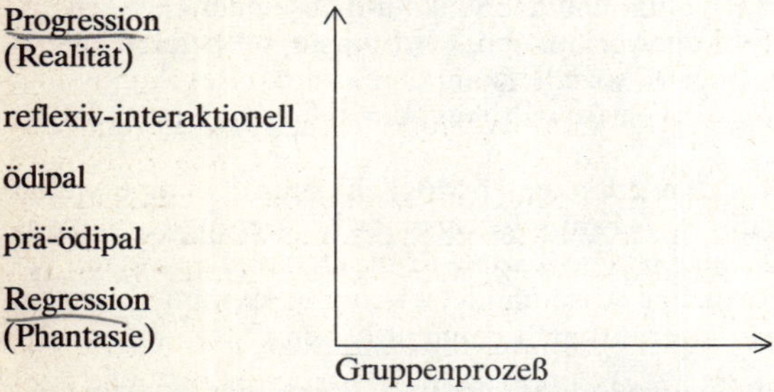

Im einzelnen liegen unserem Modell folgende Annahmen zugrunde, die zugleich Ausgangshypothesen für die zu erstellende Analyse und wechselseitige Zuordnung der Konzepte über Selbstanalytische Gruppen bilden. Diese Annahmen haben wir aus der Lektüre der Literatur über Selbstanalytische und Therapeutische Gruppen, aus der eigenen mehrjährigen praktischen Arbeit mit Selbstanalytischen Gruppen sowie vielen Gesprächen mit Kollegen über ihre Gruppen entwickelt:[9]

1. Wir nehmen drei unterscheidbare Niveaus des Funktionierens von Selbstanalytischen Gruppen an: ein prä-ödipales, ein ödipales und ein reflexiv-interaktionelles.

Was wir darunter verstehen wollen, haben wir im letzten Abschnitt skizziert, da diese Annahmen für unsere gesamte Überlegung von grundlegender Bedeutung sind, werden wir sie im nächsten Abschnitt ausführlich und systematisch darstellen bzw. entwickeln. (vgl. unter 2.5.)

2. Innerhalb jedes Niveaus entsteht unserer Auffassung nach eine spezifische psychische Dynamik, die aus der jeweils spezifischen Beziehung der Gruppenmitglieder zum Gruppenleiter, zu den anderen Mitgliedern und der Gesamtgruppe sich ergibt bzw. aus der spezifischen psychischen Situation, in welche die Gruppenteilnehmer durch diese Beziehungen gelangen.

Wie diese psychische Dynamik auf dem Hintergrund der drei von uns angenommenen Niveaus des Funktionierens von Gruppen aufgrund psychologischer Überlegungen sich darstellen dürfte, werden wir ebenfalls im nächsten Abschnitt entwickeln.

3. Auf welches Niveau sich eine Selbstanalytische Gruppe einpendelt hängt ab

a) von der Persönlichkeitsstruktur der Gruppenteilnehmer bzw. ihrer spezifischen psycho-sozialen Kompetenzen (vgl. oben),
b) von der Situation, in die die Gruppenteilnehmer vom Gruppenleiter gebracht werden durch das von ihm erzeugte Setting (Anzahl der Teilnehmer, Häufigkeit der Treffen, Regeln, unter denen gearbeitet werden soll, institutioneller Rahmen usw.),
c) von der spezifischen Interventionsstrategie bzw. -weise, die der Gruppenleiter zeigt bzw. verfolgt.

Was den Faktor Persönlichkeitsstruktur der Gruppenteilnehmer angeht, so verstehen wir darunter – wie in der Einleitung zu diesem Abschnitt schon angedeutet – den Grad, in dem diese Teilnehmer in ihrer Entwicklung die für jeden Menschen erforderliche Bewältigung der frühkindlichen Ablösungsproblematik von der Mutter (Zweierbeziehung) und die kindliche Problematik der Gewinnung eines Ortes in seiner Familie (Dreierbeziehung) bewältigt hat, und aus diesem Grunde fähig ist, sich als Person in einer Mehrpersonensituation zurechtzufinden. Anders ausgedrückt: inwieweit die Teilnehmer die prä-ödipale und die ödipale Problematik bewältigt haben, daß sie sich der interaktionellen Realität in der Hier- und Jetzt-Situation der Selbstanalytischen Gruppe überhaupt stellen können.

Der Faktor »Situation, in welche die Teilnehmer gebracht werden«, ist deshalb von Bedeutung, weil wir annehmen, daß bei den Teilnehmern dadurch in jedem Fall unterschiedliche »Bereiche« ihrer Persönlichkeit angesprochen werden bzw. sie sich eben mit einer Situation konfrontiert sehen, welche prä-ödipale, ödipale oder reflexiv-interaktionelle Probleme *provoziert* bzw. nahelegt.

Für die Regulation der für die Teilnehmer entstehenden Situation ist – mindestens im Anfangsstadium von Selbstanalytischen Gruppen – das Verhalten des Gruppenleiters außerordentlich wichtig, da er objektiv und subjektiv von den Teilnehmern her gesehen die strategisch wichtigste Position innehat. Wir können annehmen, daß je nachdem, wie er interveniert, d.h., wieviel und welche Art Struktur er der diffusen, völlig unklaren Situation in der Gruppe zu geben versucht, die Gruppenmitglieder als einzelne und in ihrer Gesamtheit dazu tendieren, prä-ödipale bzw. ödipale Probleme zu reaktivieren.

4. Wir nehmen weiter an, daß das jeweils in einer Gruppe sich einpendelnde Problem-Niveau eine Art Fließgleichgewicht darstellt, d.h., sich mehr oder weniger rasch ändern kann. Dies ergibt sich schon allein aus der einfachen Überlegung, wonach die Gruppenmitglieder mit dem jeweils schwerpunktmäßig vorhandenen Problem-Niveau

unterschiedlich »zufrieden« sind sowie aus der Tatsache, daß jedes der drei Niveaus eine Kompromißbildung aus den unterschiedlichen Tendenzen der Gruppenmitglieder darstellt (vgl. *Sandner* 1976 B, sowie *Stock/Thelen*).

5. Es spricht vieles dafür, daß die Bewältigung der Probleme, die sich auf dem reflexiv-interaktionellen Niveau des Funktionierens von Gruppen stellen, eine hinreichende Klärung und psychische Verarbeitung der Probleme auf den beiden anderen Ebenen voraussetzt, ebenso wie die Bearbeitung der ödipalen Problematik die Bewältigung der prä-ödipalen erfordert. Ist dies nicht der Fall, so wird jede Gruppe, wenn sie auf der refelxiv-interaktionellen Ebene arbeiten möchte auf ödipale oder prä-ödipale Probleme *regredieren*, d.h., in den für diese Phase der menschlichen Entwicklung charakteristischen Problemen sich bewegen. Sofern die prä-ödipalen Probleme einigermaßen bearbeitet werden können, pendelt sich in der jeweiligen Gruppe dann eine ödipale Problematik ein; die Gruppe erfährt eine *Progression* auf diese »höhere« bzw. mehr psycho-soziale Kompetenzen erfordernde Ebene des Verhaltens.

6. Die Bearbeitung der psychischen Probleme eines bestimmten Verhaltensniveaus geschieht innerhalb der unter (2) geschilderten drei Beziehungspolaritäten: Mitglied – Mitglied, Mitglied – Leiter, Mitglied – Gesamtgruppe.

Dabei dominieren auf der prä-ödipalen Ebene die *privaten Phantasien* der Teilnehmer, die – wie wir zu zeigen versuchen werden – sich zu unausgesprochenen, nichtsdestoweniger aber das Verhalten der Gruppenmitglieder regulierenden, ihnen allen gemeinsamen Phantasien über die Gruppe »konfluieren«.

Je weiter eine Gruppe fortschreitet und ihre Mitglieder nach und nach ihre privaten Phantasien in der Gruppe äußern und somit einer gemeinsamen Betrachtung zugängig machen können, umso mehr tritt die *Klärung der psychischen Realitäten* innerhalb der Gruppe in den Vordergrund. Es kommt zu einer konsensuellen Validierung der gemeinsamen Phantasien oder aber es stellt sich heraus, daß ihnen lediglich individuelle Bedeutung zukommt, die in die Gruppenteilnehmer oder in den Gruppenprozeß insgesamt hineingesehen wird (vgl. die Theorie von *Shepard/Bennis* 1956).

7. Trotz der geschilderten grundsätzlichen Regressions- bzw. Progressionsabfolge der drei angenommenen Verhaltensniveaus ist es denkbar, daß aus Angst- und Abwehrgründen Schein-Progressionen bzw. Regressionen in bereits bewältigte Verhaltensbereiche erfolgen.[10]

Für die konzeptionelle Erfassung der psychischen Dynamik in Selbstanalytischen Gruppen sind von zentraler Bedeutung die Hypothesen 1 und 2 des gerade geschilderten Gesamtbezugsrahmens unserer Überlegungen:

1. Die Klärung dessen, was wir mit prä-ödipaler, ödipaler und reflexiv-interaktioneller Ebene meinen und
2. die genauere Herausarbeitung der angedeuteten drei Beziehungspolaritäten (Mitglied – Mitglied, Mitglied – Leiter, Mitglied – Gesamtgruppe), welche die psychische Dynamik auf den drei genannten Ebenen in ihrer unterschiedlichen qualitativen Ausprägung bestimmen.

Wir werden deshalb im nächsten Abschnitt versuchen, diese beiden Hypothesen zu präzisieren, um sie als Bezugsrahmen der zu analysierenden Konzepte über Selbstanalytische Gruppen verwenden zu können.

2.5. Herleitung und Abgrenzung der drei angenommenen Ebenen des Geschehens in Selbstanalytischen Gruppen

Wir wollen in diesem Abschnitt die Präzisierung der im Abschnitt 2.3. in einem ersten Durchgang aus der Kritik der Position von *Heigl-Evers/Heigl* entwickelten und im Abschnitt 2.4. im Zusammenhang mit der angestellten Modellüberlegung verwendeten Grundparameter unserer Überlegungen vornehmen. Dabei werden wir in zwei Schritten vorgehen bzw. folgende Fragen zu klären versuchen:

a) Welche Phänomene *interpersoneller* Art haben die Autoren im Auge, auf die wir uns beziehen, wenn wir von prä-ödipaler, ödipaler und reflexiv-interaktioneller Ebene des Verhaltens sprechen?
b) Was wollen wir in Anlehnung an diese Autoren darunter verstehen, wenn wir von Gruppen sprechen, die auf diesen drei Ebenen des Verhaltens sich bewegen?

2.5.1. Charakterisierung der angenommenen drei Ebenen interpersonellen Verhaltens

2.5.1.1. Prä-ödipale interpersonelle Phänomene

Der Begriff prä-ödipal stammt aus der psychoanalytischen Theorietradition und bezeichnet »die vor dem Ödipuskomplex gelegene Periode der psycho-sexuellen Entwicklung« (*Laplanche/Pontalis*

1972, 395). Im Unterschied zu der häufig verwendeten Bezeichnung »prä-genital« für eben diese Periode bezieht sich der Terminus prä-ödipal »auf die interpersonale Situation« (Fehlen des ödipalen Dreiecks), d.h., auf die frühe Zweierbeziehung zwischen Mutter und Kind (ibid).

Innerhalb der psychoanalytischen Denktradition gibt es eine Vielzahl von Autoren, die sich mit der prä-ödipalen Phase der kindlichen Entwicklung befaßt haben (*Balint* 1973, *Bowlby* 1975, 1976, *Erikson* 1971, *Fairbairn* 1952, Anna *Freud* 1968, *Hartmann* 1972, *Jacobson* 1973, *Guntrip* 1961, 1974, Melanie *Klein* 1972, 1973, *Kohut* 1973, Margaret *Mahler* 1972, *Spitz* 1972, *Winnicott* 1974, 1976). Allerdings bestehen bislang zwischen diesen vielfältigen Ansätzen relativ wenige Querverbindungen; es zeichnet sich keinerlei umfassendere Konzeption des psychodynamischen Geschehens in der frühen Kindheit ab. In dieser Situation wollen wir deshalb zur Charakterisierung prä-ödipaler Phänomene auf eine Autorin zurückgreifen, deren Überlegungen aus mehreren Gründen sich für die Klärung von Phänomenen in Gruppen anbieten, auf Melanie *Klein*:

1. Melanie *Klein* ist die bedeutendste Vertreterin innerhalb der britischen Schule der Psychoanalyse, der – stark auf *interpersonelle Beziehungen* abhebenden – sogenannten Objekt-Beziehungs-Theorie (vgl. Abschnitt 1.2.).
2. Sie hat mit ihrem Denken stark auf W.R. *Bion* eingewirkt (vgl. *Bion* 1971, 102), dessen gruppenanalytische Überlegungen in der gruppenpsychologischen Diskussion außerordentlich große Resonanz gefunden haben bzw. häufig zur Klärung von Gruppenphänomenen herangezogen werden.
3. Schließlich zeichnen sich die Überlegungen von Melanie *Klein* dadurch aus, daß sie sich deutlich innerhalb des theoretischen Grundansatzes von Sigmund *Freud* bewegen (vgl. *Segal* 1974, 12; *Winnicott* 1974, 228 f), zugleich aber auf ganz frühkindliche, eben prä-ödipale Phänomene sich beziehen, mit denen *Freud* selbst wenig sich befaßt hat.

Aus den gerade genannten drei Gründen werden wir die Gedanken von Melanie *Klein* hier zum Ausgangspunkt unserer Überlegungen über prä-ödipale Phänomene der kindlichen Entwicklung nehmen (vgl. Melanie Klein 1972, besonders 144 – 173, sowie 1973, 157 – 186):

Nach Melanie *Klein* hat das Neugeborene von Anfang an eine positive Beziehung zu einem ganz bestimmten Teil seiner Mutter, und zwar zu ihrer Brust, die seine wichtigsten Bedürfnisse befriedigt (= gute Mutterbrust). Zugleich aber besteht aus inneren und äußeren Ursachen ständig die Gefahr, daß die Bedürfnisse des Säuglings unzureichend befriedigt werden, was das Kind als böse Mutterbrust empfindet und mit Aggressivität beantwortet. Da der Säugling nicht zwischen sich und der Brust der Mutter unterscheiden kann, ist diese innere Aggression für ihn selber gefährlich; er weiß nicht, ob er zerstört oder zerstört wird. Deshalb spaltet er seine Aggressivität ab, sie gehört nicht mehr zu ihm und projiziert sie als böse Mutterbrust nach außen. Dieses Verhalten des Kindes bezeichnet Melanie *Klein* als paranoid-schizoid bzw. als *paranoid-schizoide Position*. Zeitlich setzt sie diese Periode der kindlichen Entwicklung in etwa von der Geburt bis zum vierten Lebensmonat an.

Um sich vor diesem nunmehr gefährlichen Objekt bzw. Verfolger zu wehren, identifiziert sich das Kind mit der guten Mutterbrust, introjiziert diese und fühlt sich in der Lage, gegen die böse Brust potent, allmächtig anzutreten.

Der Säugling versucht somit, alles Gute zu introjizieren und alles Schlechte nach außen zu projizieren. Da das Kind aber nicht zwischen innen und außen hinreichend unterscheiden kann, besteht ständig die Gefahr, daß die gute Mutterbrust verloren geht und die böse die Überhand gewinnt und das Kind zerstört. Erst nach und nach, unter der Bedingung, daß die positiven Erlebnisse des Kindes (= gute Mutterbrust) überwiegen, kann das Kind wahrnehmen und zulassen, daß das geliebte Objekt Mutterbrust auch negative Aspekte hat, d.h., es kann die böse und die gute Mutterbrust als *nebeneinander bestehend* erleben. Da jetzt das Böse nicht mehr allein außen und das Gute nicht mehr allein innen ist, entsteht für das Kleinkind aber eine neue, sehr bedrohliche Situation: es besteht die Gefahr, daß es mit seiner Aggressivität gegen die böse Mutterbrust die gute Mutterbrust zerstört und damit verliert, was als Selbstzerstörung erlebt würde. Aus diesem Grunde entwickelt das Kleinkind das ständige Bedürfnis, das durch die eigene Aggressivität beschädigte und möglicherweise zerstörte Objekt wieder herzustellen.

Das Kind kann diese sogenannte *depressive Position* (= Schuldgefühl dem beschädigten Objekt gegenüber und Tendenz, es wieder herzustellen) nur überwinden, wenn es nach und nach erlebt, daß das geliebte Objekt trotz der eigenen Aggressionen unversehrt bleibt, die eigenen Versuche der Wiedergutmachung erfolgreich sind und das Objekt als heiles Objekt, als Quelle weiterer Befriedigungen introjiziert werden kann. Damit hat das Kleinkind sich in gewisser Weise als selbständiges psychisches Wesen mit einer vorläufigen *Grenze* zur Mutterfigur von dieser »gelöst«. Es kann sozusagen als jemand mit positiven und negativen Tendenzen einer Umwelt mit eben diesen Tendenzen gegenübertreten. Es ist nicht mehr so wie in der paranoid-schizoiden Position, in der alles Böse außen und alles Gute innen ist oder wie in der depressiven Position, wo es schwerpunktmäßig umgekehrt ist, wenngleich beides bereits nebeneinander bestehen darf.

Schon während der geschilderten Entwicklung in der zweiten Hälfte des ersten Lebensjahres, also während der depressiven Phase, bahnt sich nach Melanie *Klein* für das Kleinkind die Auseinandersetzung mit einem zweiten Objekt an, das zunächst recht diffus im Hintergrund ist und erst nach und nach sich differenziert: der Vater. Das Kind erlebt dunkel, daß die böse Brust etwas mit dem Vater (bzw. dessen Penis) zu tun haben könnte, der die gute Brust sozusagen für sich beansprucht und somit dem Kind wegnimmt. Es kann aber zu wenig zwischen sich und diesen beiden Objekten unterscheiden und erlebt beide als eine *diffuse Gestalt,* die manchmal gut und manchmal böse ist.

Der Prozeß der Trennung und Identifizierung der Eltern als eigenständige getrennte Figuren hängt nach Melanie *Klein* eng mit der Problematik der depressiven Position zusammen bzw. stellt eine Verarbeitung derselben dar:

»Die Angst vor dem Verlust der Mutter, des primären geliebten Objekts – d.h., depressive Angst –, trägt bei beiden Geschlechtern zu dem Bedürfnis nach Ersatzobjekten bei; das Kind wendet sich nun dem Vater zu, der in diesem Stadium auch als ganze Person introjiziert ist, um diese Bedürfnisse zu erfüllen«.

Das Kind kann sich eher von der Mutter lösen, kann ihren zeitweiligen Verlust eher ertragen, wenn es über ein zweites Objekt verfügt. Einerseits fällt es dem Kind jetzt leichter, sich von der Mutter zu lösen, da es, wenn es aggressiv ist, nicht mehr befürchten muß, völlig verlassen zu sein, und den als mächtig erlebten Penis des Vaters als Schutz gegen die böse, verfolgende Mutter auf seiner Seite hat. Andererseits aber sieht sich das Kind jetzt zwei voneinander getrennten Objekten gegenüber, die beide geliebt und gehaßt werden: der Mutter, die der Prototyp oraler Befriedigung ist (gute Mutter) und zugleich das Kind verfolgt, sofern es böse ist (böse Mutter), und der Vater, der zwar das Kind vor der Mutter beschützen kann, zugleich aber wegen seiner intimen Beziehung zur Mutter diese dem Kind vorenthält und deshalb als Rivale empfunden wird, der seine Macht auch gegen das Kind richten kann (vgl. Melanie *Klein,* 1973, 166 ff).

In dieser Situation der doppelten Bedrohung durch beide Eltern ist es für das Kind sehr wichtig, die Eltern als »glücklich vereint«, als ideales und in gar keiner Weise aggressives Paar zu phantasieren (vgl. *Klein* 1972, 163 Fußnote). Wenn das Kind auf diese Weise etwa seine Angst vor den zerstörerisch phantasierten Eltern beschwichtigt hat und auch real erlebt, daß die Eltern sich nicht wechselseitig zerstören und auch von ihm und seinen zerstörerischen Tendenzen nicht vernichtet werden, kann es dazu übergehen, mit dem als mächtig erlebten Vater um den Besitz der versorgenden Mutter zu *rivalisiern.*[11]

Erst an dieser Stelle seiner Entwicklung kann das Kind eine echte Auseinandersetzung mit zwei Personen beginnen. Damit tritt es in eine Konstellation ein, die *Freud* als ödipal charakterisiert hat und deren Bewältigung seiner Auffassung nach grundlegend alle späteren Beziehungen des Kindes zu anderen Menschen bestimmt.

2.5.1.2. Die ödipale interpersonelle Konstellation

Im Gegensatz zur gerade geschilderten Situation des Kleinkindes, die in erster Linie durch die Problematik der Abgrenzung und Ablösung des Kindes im Rahmen einer zunächst symbiotischen Zweierbeziehung gekennzeichnet ist und zu einer ersten Ausdifferenzierung des Kindes als eigenständigem Wesen führt, haben wir es bei der sogenannten ödipalen Konstellation zum erstenmal mit einer Dreierbeziehung zwischen dem Kind und den beiden Eltern zu tun. Diese Konstellation hat zum erstenmal eingehend Sigmund *Freud* beschrieben und herausgearbeitet (*Freud,* GW XI, 342 ff).[12]

Die ödipale Situation ist nach *Freud* grundlegend dadurch gekennzeichnet, daß das Kind eine enge intime Beziehung zum jeweiligen andersgeschlechtlichen Elternteil aufnehmen will und dabei der gleichgeschlechtliche Elternteil das zentrale Hindernis darstellt. Allgemeiner ausgedrückt: es geht um eine gewünschte Zweierbeziehung, die aber nur zustande kommt, wenn eine bereits bestehende zerstört wird. Sofern das Kind ohne Geschwister ist, finden wir die ödipale Konstellation idealtypisch vor. Wenn es Geschwister hat, vermehren sich die Rivalen um die begehrte Elternperson: die Dreieckstruktur bleibt aber grundsätzlich erhalten. Es finden nun vermehrte Kämpfe zwischen den Geschwistern um den ersten Platz bei dem begehrten Elternteil statt bzw. auch unter Umständen Verschiebungen des auf die Eltern gerichteten Interesses auf einzelne Geschwister, d.h., auf eine ähnlich intime und alle anderen ausschließende Beziehung zu diesen (vgl. *Freud,* GW XI, 344 – 346).

Die gerade geschilderte Konstellation wird von *Freud* als positiver Ödipus-Komplex bezeichnet. Daneben gibt es – wiederum nur bezogen auf das männliche Kind – auch einen negativen Ödipus-Komplex, der darin besteht, daß der kleine Junge – aus Gründen, die wir hier nicht weiter erörtern können – mit der Mutter um die Zuwendung des Vaters rivalisiert; er identifiziert sich mit seiner Mutter und möchte von seinem Vater so behandelt werden, wie dieser sich gegenüber der Mutter verhält (vgl. *Freud,* GW XIII, 116).

Für die Auflösung des Ödipus-Komplexes gibt *Freud* zwei Grundmöglichkeiten an:

1. In seinen Vorlesungen zur Einführung in die Psychoanalyse betont er, daß die Unmöglichkeit des realen und alleinigen Besitzes des jeweiligen gegengeschlechtlichen Elternteils schließlich und endlich dazu führt, daß der Junge sich mit dem Vater und das Mädchen sich mit der Mutter identifiziert. Damit sind sie selber Vater und Mutter und können – wie diese bereits Partner haben – später

einen entsprechenden Partner gewinnen (vgl. *Freud,* GW XV, 70 ff, 128 f, sowie GW XIII, 393 ff).

2. In seinen Abhandlungen »Totem und Tabu« (GW IX) sowie »Massenpsychologie und Ich-Analyse« (GW XIII, 71 – 161) entwickelt *Freud* ein weiteres Modell der Lösung der ödipalen Problematik:
   Darin rotten sich die männlichen Geschwister zusammen, die einzeln zu schwach sind, den Vater zu entmachten, der alle Frauen der Familie für sich beansprucht, und bringen den Vater um bzw. entmachten ihn. Da jedem der Brüder, der sich an die Stelle des Vaters setzen würde, dasselbe Schicksal beschieden wäre, werden alle Frauen der eigenen Familie für tabu erklärt. Die Brüder brauchen sich dann untereinander nicht mehr zu bekriegen, können in Eintracht zusammenleben und sich anderen Frauen außerhalb ihrer Familie zuwenden.[13]

Letztlich laufen beide Möglichkeiten auf dasselbe hinaus: der Unterschied besteht lediglich darin, daß im ersten Fall eine Unterwerfung durch Identifikation, im zweiten eine Identifikation mit dem Vater nach dessen Unterwerfung stattfindet. Im einen Fall ist der Vater zu stark, im anderen sind die Brüder zu gefährlich.

Wir wollen an dieser Stelle nicht auf die Varianten des Verhaltens eingehen, die beim Kinde entstehen, wenn keiner der beiden geschilderten Wege begangen werden kann. Sie führen allesamt dazu, daß der spätere Erwachsene ständig die nicht bewältigte konkrete ödipale Konstellation seiner Familie in der Auseinandersetzung mit den Menschen seiner Umwelt wiederholt.

Da die wenigsten Menschen die ödipale Konstellation in ihrer Familie hinreichend bewältigen konnten, finden wir in Selbstanalytischen Gruppen vielfach diese Konstellation wieder, d.h., den – wie *Freud* sagt – »zum Familienkomplex erweiterten Ödipuskomplex«.[14]

2.5.1.3. Die reflexiv-interaktionelle Ebene des interpersonellen Verhaltens

In Anlehnung an die »Interaktions-Prozeß-Analyse« von *Bales* (1950) verstehen wir unter der reflexiv-interaktionellen Ebene des Verhaltens Folgendes: alle Aktionen, Reaktionen der Gruppenteilnehmer und die daraus entstehenden und auf diese zurückwirkenden Gruppenstrukturen, *sofern sie sich aus den unmittelbar wahrnehmenden Verhaltensweisen der Gruppenteilnehmer ergeben* mit dem Ziel, wechselseitig sich so zu organisieren, daß die Pluralität der Gruppenteilnehmer zu einer gemeinsamen Verhaltensregulierung führt, welche diese Pluralität überhaupt erst zu einer Gruppe werden bzw. als solche bestehen läßt.[15]

Wir knüpfen dabei an die große Mehrheit der sozialpsychologischen Gruppenuntersuchungen an sowie besonders an die Tradition der T-Gruppenbewegung (vgl. Kapitel 1.1.), innerhalb derer in erster Linie versucht wurde, zu klären, was unmittelbar in Kleingruppen vor sich geht aufgrund der realen Interaktionen einander völlig fremder Gruppenteilnehmer. Darüberhinaus weist die von uns hier angezielte Ebene des Verhaltens große Ähnlichkeiten mit den von W.R. *Bion* (1971) herausgearbeiteten Phänomenen in Gruppen auf, die er unter dem Terminus Arbeitsgruppe zusammenfaßt (vgl. *Sherwood* 1964; *Sandner* 1975).

Auf eine Kurzformel gebracht geht es auf dieser Ebene des Verhaltens um das Insgesamt der psychischen Phänomene, die sich aus den unmittelbaren Interaktionen der Gruppenteilnehmer ergeben im Gegensatz zu den Phänomenen, die sich aus den Befürchtungen, Hoffnungen oder allgemeiner, den Phantasien der Teilnehmer entwickeln, d.h., was sie in das Verhalten der anderen hineinsehen bzw. hineinprojizieren, hineinphantasieren (wodurch dann die geschilderten prä-ödipalen bzw. die ödipalen Probleme entstehen).

Explizit bewegt sich z.B. eine Gruppe auf diesem Niveau des Verhaltens, wenn ihre Mitglieder versuchen, die Aktionen, Reaktionen, Konstellationen, Wünsche der Gruppenteilnehmer in der Öffentlichkeit der Gruppe wechselseitig zu klären.

Natürlich gibt es praktisch keine »reinen« reflexiv-interaktionellen Phänomene. In die Interaktionen und die damit verbundene psychische Dynamik der Beteiligten gehen immer schon Phantasien ein, die mit der augenblicklichen interpersonellen Situation wenig zu tun haben; wenn es aber darum geht, die realen Interaktionen in ihrer Bedeutung für das Verhalten der Mitglieder einer Gruppe als solche ernst zu nehmen, so ist es für die Untersuchung der daraus sich ergebenden Phänomene sinnvoll und methodisch angebracht, eine eigene reflexiv-interaktionelle Ebene des Verhaltens abzugrenzen.

2.5.2. Erscheinungsbild der drei abgegrenzten Ebenen des Verhaltens im Gruppenzusammenhang

Nach der Schilderung der drei Ebenen interpersonellen Verhaltens, die wir in dieser Arbeit als Basis unserer Überlegungen über das Geschehen in Selbstanalytischen Gruppen ansetzen, können wir jetzt formulieren, wann wir annehmen wollen, daß eine Selbstanalytische Gruppe sich auf einem der drei geschilderten Niveaus des Verhaltens bewegt:

2.5.2.1. Das prä-ödipale Verhaltensniveau in Gruppen

Charakteristisch für das Verhalten einer Gruppe auf dem sogenannten prä-ödipalen Niveau ist, daß die einzelnen Gruppenteilnehmer Schwierigkeiten haben, sich als eigenständige Individuen voneinander abzugrenzen und sich in ihrer Gesamtheit so verhalten, als ob sie ein Säugling wären mit den entsprechenden Problemen eines ebensolchen, der sich erst nach und nach von seiner Mutter abgrenzen kann (vgl. oben die Theorie von Melanie *Klein*):

In klassischer Weisheit hat *W.R. Bion* dieses Verhalten beschrieben in seinen Ausführungen über »Grundannahmen in Gruppen« (*Bion* 1971, *Sherwood* 1964 sowie *Sandner* 1975).

In Selbstanalytischen Gruppen zeigt sich gerade in der Anfangsphase vielfach ein Verhalten der Teilnehmer, das stark erinnert an die überstarke orale Bedürftigkeit von Säuglingen, an ihren Wunsch nach ständiger und ausschließlicher Befriedigung durch die Mutterbrust. Der Gruppenleiter wird erlebt als gute Mutterbrust, die in jeder Hinsicht für die Gruppenmitglieder sorgen soll (Grundannahme der Abhängigkeit nach *Bion*). Die Gruppenmitglieder verhalten sich so, als ob sie allesamt völlig unfähig wären, von sich aus etwas zu tun. Wenn einer die Initiative ergreift, stößt er auf taube Ohren, sein Versuch versickert wie Wasser im Sand.[16]

Werden die Ansprüche nach umfassender Versorgung durch den Gruppenleiter nicht erfüllt, entstehen regelmäßig heftige Aggressionen, die sich aber in den seltensten Fällen direkt gegen den frustrierenden Leiter richten. Es hat dann den Anschein, als dürfte der Bestand der Gruppe, der zunächst lediglich durch das Vorhandensein des Leiters garantiert scheint, nicht gefährdet werden. Deshalb wird die entstehende Aggression vielfach auf ein Mitglied innerhalb der Gruppe verschoben, z.B. einen Teilnehmer, der aktiv etwas zur Klärung der Gruppensituation beitragen will, oder es entsteht eine allgemeine gereizte Stimmung. Dabei sieht es so aus, als ob alle Gruppenmitglieder inklusive Gruppenleiter guten Willen hätten, lediglich der sogenannte Abweichler oder Sündenbock das gute Einvernehmen störe oder überhaupt ganz diffus »irgend etwas« die Arbeit behindere, was sich nicht so recht greifen läßt und eine zunehmend aggressive Atmosphäre schafft. Vielfach versuchen die Mitglieder, dieses diffuse Etwas an irgendwelchen Äußerlichkeiten, wie fehlende Thematik, Größe der Gruppe, Häßlichkeit des Raumes etc. festzumachen. Deutlich erkennbar ist in diesem Verhalten die Verleugnung der realen Ursachen der Aggressionen innerhalb der Gruppe und die Projektion der Binnenursachen auf einen Sündenbock bzw. äußere Gründe oder Verfolger. Ein Verhalten, an dem alle Gruppenteilnehmer sich beteiligen und was stark an die sogenannte paranoid-schizoide Position von Melanie *Klein* erinnert. Innen ist alles gut, das Böse kommt von außen. Gegen dieses Böse muß man sich gemeinsam zur Wehr setzen bzw. davor fliehen oder sich totstellen (Grundannahme des Kampfes bzw. der Flucht nach *Bion*).

Ein weiterer Aspekt kommt hinzu: die Aggressionen innerhalb der Gruppe werden als Angriff auf die gute Mutterbrust erlebt, wodurch die Befürchtung entsteht, daß sich die Mutter rächt bzw. daß sie zerstört wird. In dieser Situation gibt es dann nur die Möglichkeit, einen starken Verbündeten zu haben gegen das Böse, d.h., einen starken Gruppenleiter und zugleich Versuche, die Aggressionen ungeschehen zu machen, alles wieder gutzumachen.

Es entsteht die paradoxe Situation, daß der Gruppenleiter sowohl gute als auch böse Mutterbrust oder beschützender Vater in der Phantasie der Gruppe wird, und die Gruppe insgesamt ebenfalls als gut oder böse betrachtet werden kann. Dies wird nur verständlich, wenn wir annehmen, daß in Selbstanalytischen Gruppen starke Regressionen auf solche frühkindliche Verhaltensweisen stattfinden, auf ein Verhaltensniveau, bei dem erst nach und nach innen und außen durch introjektive und projektive Vorgänge geschieden werden: indem die Gruppenmitglieder erfahren, daß durch ihre Aggressionen weder die Gruppe auseinanderfällt noch der Leiter zerstört wird bzw. sich abwendet, gelingt es ihnen nach und nach, die Projektion aggressiver Tendenzen zurückzunehmen, d.h., als real in der Gruppe befindlich anzuerkennen und die unversehrten, heilen Objekte, vor allen den Gruppenleiter, zu introjizieren. Es findet im Idealfall eine Durcharbeitung der sogenannten depressiven Position nach Melanie *Klein* statt, die allerdings praktisch selten vollständig gelingt.

Ein sehr magischer Versuch der Bearbeitung, der in Gruppen mit solchermaßen regredierten Teilnehmern häufig auftaucht, ist schließlich Folgender: die unwirtliche, frustrierende Situation in der Gruppe wird durch eine phantasierte ideale Beziehung zu ersetzen versucht: alle Gruppenmitglieder verfolgen andächtig, wie zwei ihrer Mitglieder versuchen, eine ausgesprochen harmonische, verständnisvolle, kurz ideale Beziehung einzugehen (Grundannahme der Paarbildung nach *Bion*).

Für alle drei geschilderten Phänomene gilt, daß die Gruppenmitglieder wie gleichgerichtet oder wie unter einem unsichtbaren Bann sich in ihrer Mehrzahl so verhalten, als ob sie völlig unfähig wären, etwas zu tun, als ob sie sich ständig wehren müßten oder auf keinen Fall etwas unternehmen, als ob sie allein durch ihren guten Willen ideale Verhältnisse herstellen könnten.[17] Die Mitglieder einer solchen Gruppe verhalten sich nicht wie eigenständige Personen, sondern wie Teile einer »Gesamtperson Mutter-Kind«, in der sie verbleiben wollen (Symbiosewunsch) und aus der sie sich als eigenständige Personen zugleich nach und nach herauslösen wollen (Identitätswunsch), mit den entsprechenden Problemen, wie wir sie bei der Schilderung der Theorie von Melanie *Klein* skizziert haben. In diese »*Gesamtperson*« wird auch der Gruppenleiter einbezogen. Es verwundert daher nicht, wenn die Gruppenteilnehmer sich abwechselnd selbst als einen Teil der Mutter empfinden, dann wieder die Gruppe als Ganzes oder aber den Gruppenleiter als Mutter.

2.5.2.2. Ödipales Verhaltensniveau in Gruppen

Nach klassischer psychoanalytischer Auffassung würde sich eine Gruppe auf ödipalem Niveau bewegen, wenn sich die Gruppenmitglieder so verhalten, als ob sie Kinder wären im Alter von 3–5 Jahren, denen es um eine ausschließliche und intime Beziehung zum jeweiligen gegengeschlechtlichen Elternteil ginge, mit entsprechender Rivalität zum gleichgeschlechtlichen Elternteil und den noch vorhandenen Geschwistern. In diesem Paradigma sind folgende Phänomene zu erwarten: die Gruppenmitglieder versuchen, ihre jeweils spezifische Problematik hinsichtlich der eigenen mehr oder weniger bewältigten ödipalen Konstellationen ihrer Kindheit in der Gruppe wieder zu konstellieren. Sie erleben die Gruppe als Familie mit Eltern (Gruppenleiter), Geschwistern (Gruppenmitglieder) und bemühen sich in ihr um einen möglichst günstigen Platz nahe am begehrten Elternteil.[18]

Die Dynamik einer solchen Gruppe wird also in erster Linie bestimmt von der Rivalität der Gruppenmitglieder untereinander und mit dem jeweils gleichgeschlechtlichen Elternteil (Gruppenleiter) um die Gunst des begehrten andersgeschlechtlichen Gruppenleiters. Dabei entstehen dann alle Varianten des geschilderten positiven und negativen Ödipuskomplexes und entsprechenden Möglichkeiten seiner Auflösung. Einige Beispiele:

Männliche Teilnehmer bemühen sich um die Gunst der Gruppenleiterin und entwickeln starke Haßgefühle dem Gruppenleiter gegenüber, zugleich haben sie große Angst vor den möglichen gefährlichen – im Extremfall als Kastration phantasierten – Reaktionen des Gruppenleiters. Den anderen männlichen Gruppenteilnehmern ist nicht zu trauen, allenfalls gehen sie mit ihnen eine Koalition gegen den Gruppenleiter ein.

Die weiblichen Gruppenteilnehmer bemühen sich um den ersten Platz beim Gruppenleiter, verehren und unterstützen ihn und versuchen, wo immer dies möglich ist, die Gruppenleiterin herabzusetzen. Untereinander zeigen sie wenig Solidarität, männliche Gruppenteilnehmer nehmen sie als solche nicht für voll, sofern diese um sie werben.

Im Falle des negativen Ödipuskomplexes benehmen sich die männlichen Gruppenteilnehmer ähnlich wie die weiblichen.

Wie aus dieser Skizze zweier möglicher Varianten der ödipalen Konstellation schon hervorgeht, kommt dabei dem Gruppenleiter sowohl die Rolle der gefährlichen als auch der geliebten und verehrten Person zu, während die Gruppenleiterin in der Regel nur die begehrte

Person darstellt. Das hat bedeutsame Konsequenzen für die Bearbeitung der ödipalen Problematik:

1. Der Gruppenleiter muß als gefährlicher Clan-Vater, der unter anderem alle Frauen für sich beansprucht, entmachtet werden, wenn die Gruppenteilnehmer voranschreiten sollen in der Äußerung und Klärung ihrer emotionalen, besonders sexuell-erotischen Beziehungen zueinander und zu den Leitern. Erst wenn in der Gruppe die wiederbelebten, verinnerlichten, versagenden Eltern in einer Art kollektiven Auflehnung (der sogenannten Gruppenrevolte) einer Realitätsprüfung unterzogen wurden, wenn geprüft wurde, was nach dem Versuch der Entmachtung in der Gruppe geschieht, ist es den Teilnehmern möglich, sich reflexiv-*interaktionell* miteinander und mit dem Gruppenleiter auseinanderzusetzen (vgl. *Slater* 1970).

2. Neben dieser Autoritätsproblematik stellt sich in Gruppen, die sich auf ödipalem Niveau bewegen, aber auch die Problematik der zärtlichen Strebungen zum Gruppenleiter. Für die männlichen Teilnehmer werden damit homosexuelle Tendenzen reaktiviert und bei den weiblichen entsteht der ausgesprochene Wunsch, den Gruppenleiter als gegengeschlechtlichen Sexualpartner zu erlangen. Beides führt in Gruppen nicht selten zu einer ausgesprochenen Aggressionshemmung dem Gruppenleiter gegenüber, d.h., zu einer Vermeidung revoltierenden Verhaltens bzw. des symbolischen Leitersturzes.

3. Hinsichtlich der Gruppenleiterin scheint die Situation einfacher zu sein, weil sie weniger Autoritätsprobleme auslöst. Hier entstehen für alle Gruppenteilnehmer zunächst lediglich liebevoll, zärtliche Wünsche, die allerdings mindestens bei den männlichen Teilnehmern stark tabuisiert sind. Zugleich zeigen sich in Gruppen häufig Ängste der Teilnehmer, was den befürchteten liebevoll einengenden bzw. einwickelnden, verschlingenden Aspekt der frühen Mutter-Kind-Beziehung angeht. Während der Gruppenleiter als verbietend phantasiert wird, wird die Gruppenleiterin oft als verschlingend, nicht loslassend und damit die Verselbständigung der Gruppenmitglieder behindernd phantasiert. Der Gruppenleiter wird deshalb oft als jemand empfunden, der die Gruppe vor dem verschlingenden Zugriff des mütterlichen Ungeheuers beschützen soll, was natürlich die Auseinandersetzung mit ihm als vermeintlich unterdrückender bzw. verbietender Person hemmt.[19]

4. Ein weiterer Aspekt ergibt sich aus der Situation der Gruppenteilnehmer, *ein Anwärter unter vielen* zu sein auf die Gunst der »Eltern«: sie schrecken vielfach vor dem Ausbruch offener Rivalität untereinander zurück, ja versuchen diese auf jeden Fall zu verhindern, indem sie den Gruppenleiter in eine »ordnende« Funktion drängen. Die Orientierung an *seinen Normen* bzw. die Identifizierung mit seinem Normsystem, wobei jeder sich seine reellen Chancen für

Zuwendung ausrechnen kann und alle Gruppenteilnehmer grundsätzlich gleich sind, wird vielfach als immer noch besser phantasiert als die rivalisierende Auseinandersetzung mit den Geschwistern. Die Gruppenteilnehmer können einen ähnlichen Effekt erzielen, wenn sie durch solidarisches Handeln die gefürchtete Autorität stürzen und sich anschließend mit deren Forderungen identifizieren: sie sind dann kollektiv diese Autorität, allerdings darf sich auch dann keiner mehr herausnehmen als die anderen, sonst blüht ihnen das gleiche Schicksal wie dem entmachteten »Vater«.[20]

Obwohl verschiedene Autoren (*Mitscherlich* 1973, *Calogeras/Schupper* 1976) betonen, daß in der individuellen Therapie der sogenannte Ödipus-Komplex in der geschilderten klassischen Form nur mehr sehr selten deutlich wird, sind wir der Auffassung, daß dieses Konzept gut geeignet ist, eine ganze Reihe von Phänomenen in Selbstanalytischen Gruppen verstehbar und erklärbar zu machen.

2.5.2.3. Das reflexiv-interaktionelle Verhaltensniveau in Gruppen

Auf der reflexiv-interaktionellen Ebene bewegt sich eine Gruppe schließlich, wenn ihre Mitglieder versuchen, die unterschiedlichen Bedürfnisse, Wünsche und Ziele, die sie veranlaßt haben, in die Gruppe zu gehen, wechselseitig zu klären und gemeinsam einen Modus zu finden, wie sie möglichst viele dieser Bedürfnisse in der Gruppe befriedigen können. Dabei stellen sich all die Probleme, die immer auftauchen, wenn vielfältige aktuelle Bedürfnisse auf einen Handlungs-Nenner gebracht werden müssen: Es gibt Teilnehmer, die sich Vorteile verschaffen können, was andere zu passivem oder aktivem Widerstand veranlaßt. Es entstehen Autoritäts-, Kommunikations-, Beliebtheits- und Arbeitsstrukturen, mit denen die Gruppenteilnehmer mehr oder weniger zufrieden sind. Es werden Koalitionen eingegangen, Kompromisse geschlossen. Wesentlich dabei ist, daß die Gruppenmitglieder als eigenständige Personen handeln mit einer Vielzahl von unterschiedlichen Bedürfnissen, deren Befriedigung sie nicht allein von den Gruppenleitern erwarten bzw. dessen Gegenstand nicht allein die Leiter sind. Vielmehr sind alle Mitglieder gleichermaßen an der Artikulation, Klärung und Befriedigung ihrer unterschiedlichen Bedürfnisse beteiligt und sie tun dies auch im Rahmen der Öffentlichkeit der Gruppe.[21]

Der Gruppenleiter wird auf dieser Ebene des Verhaltens zu einem Gruppenmitglied, das über besondere Kenntnisse verfügt und eine besondere (Macht-) Position innerhalb der Gruppe besitzt. Mit diesen *realen*, in der konkreten Gruppensituation feststellbaren und gegebenen – Aspekten des Gruppenleiters setzen sich die Teilnehmer auf der reflexiv-interaktionellen Verhaltensebene auseinander, nicht aber mit in den Gruppenleiter hineinphantasierten Elternbildern.

3. Darstellung und Analyse ausgewählter Konzepte aus dem Bereich Selbstanalytischer Gruppen

3.1. Leitende Fragestellungen

3.1.1. Welche Autoren wählen wir aus?

Wie im Teil 1 des ersten Kapitels ausführlich dargelegt wurde, sind wir der Auffassung, daß für die Klärung der psychischen Dynamik in nicht leistungsbezogenen Kleingruppen die Konzepte derjenigen Autoren am interessantesten und ergiebigsten sind, deren Arbeitsweise wir dort unter der Bezeichnung »Selbstanalytische Gruppen« zusammengefaßt haben. Es sind dies:

(1) Aus der Tradition der T-Gruppenbewegung von 1949 – 1956 die Autoren *H.A. Thelen, W.G. Bennis, L.P. Bradford, J.R. Gibb* und *K.D. Benne;*

(2) aus der Tradition des »self analytic classroom« *R.F. Bales, D.C. Dunphy, Th.M. Mills, Ph. Slater, R.D. Mann, G.S. Gibbard, J.J. Hartman.*

Da es für unsere Untersuchung nicht auf die Darstellung der Ansätze aller dieser Autoren ankommt, sondern darauf, möglichst diejenigen Konzepte vorzustellen, die versprechen, für unsere Überlegungen zur psychischen Dynamik in Selbstanalytischen Gruppen am ergiebigsten zu sein, werden wir im Folgenden aus dem Kreis der gerade genannten zwölf Autoren eine weitere Auswahl treffen. Wir glauben, daß folgende vier Ansätze als *repräsentativ* für die Überlegungen der zwölf genannten Theoretiker betrachtet werden können:

(1) Herbert A. *Thelen* (1959; *Stock/Thelen* 1958) hat sich in den 50er Jahren als erster um eine systematische Erfassung, Klärung und Erklärung des Zusammenhangs zwischen der emotionalen Dynamik und der Gruppenkultur in T-Gruppen bemüht.

(2) Philipp *Slater* (1970) hat in den 60er Jahren versucht, eine umfassende Theorie der psychischen Dynamik in Selbstanalytischen Gruppen zu erarbeiten, in der er alle wichtigen Vertreter des self-analytic-classroom einbezieht. Seine Theorie stellt u. E. den ersten zusammenfassenden Versuch einer konzeptionellen Erfassung der psychischen Dynamik in Selbstanalytischen Gruppen unter dem Gesichtspunkt der Entwicklung solcher Gruppen dar.

(3) *Gibbard* und *Hartman* (vgl. besonders *Gibbard/Hartman/Mann* 1974) haben zu Beginn der 70er Jahre versucht, aufbauend auf *Slater* und unter Berücksichtigung weiterer Arbeiten aus der Tradition des self-analytic-classroom (vor allem von *R.D. Mann* 1967) eine Differenzierung des relativ globalen Ansatzes von

Slater in eine Reihe von spezifischen Teilperspektiven vorzunehmen.

(4) Warren G. *Bennis* schließlich, der 1956 gemeinsam mit Herbert A. *Shepard* bereits einen bahnbrechenden Aufsatz über die psychische Dynamik in T-Gruppen veröffentlicht hat, entwickelte damit sicherlich innerhalb der Tradition der orthodoxen T-Gruppen-Theoretiker den differenziertesten Ansatz. Zudem verkörpert er gemeinsam mit *Thelen* ein mehr sozial-psychologisch orientiertes Denken, während *Slater* sowie *Gibbard/Hartman* weitgehend psychoanalytisch orientiert sind.

3.1.2. Gesichtspunkte, unter denen die Autoren dargestellt und analysiert werden

Jeden der o. g. vier Ansätze werden wir unter folgenden Fragestellungen darstellen bzw. betrachten:

(1) Um möglichst wenig in die zu untersuchenden Autoren hinein zu interpretieren bzw. nahe an dem zu bleiben, wie sie sich selber verstehen, werden wir zunächst eine immanente Darstellung der Gedanken des jeweiligen Autors vornehmen.

(2) Werden wir versuchen, zu klären, welcher Ebene der Analyse unserer Modellüberlegung der jeweilige Autor sich explizit zuordnet oder aber sich aufgrund seiner Ausführungen von uns zuordnen läßt.

(3) Soll untersucht werden, welche Bedingungen der jeweilige Autor in den Gruppen zu schaffen versuchte, in denen er gearbeitet und aus denen er seine theoretischen Überlegungen gewonnen hat. Hierbei geht es besonders um seinen Verhaltensstil als Gruppenleiter.

(4) Schließlich werden wir an die unter (1) – (3) geschilderte Darstellung des jeweiligen Ansatzes eine kritische Würdigung anschliessen. Dabei werden auch die Bezüge zwischen den einzelnen Autoren deutlich hervortreten.[1]

3.2. Herbert A. Thelen

Herbert A. *Thelen* (geb. 1913) gehört zu den Pionieren der National Training Laboratories (NTL). Er ist bereits 1948 zu ihrem Trainerstab gestoßen (*Benne* 1972, 106). 1947 errichtete er am Departement für Pädagogik der Universität von Chikago das Human Dynamics Laboratory. Von 1950 – 1955 arbeitete eine Forschungsgruppe unter seiner Leitung daran, die emotionalen Prozesse innerhab von Kleingruppen konzeptionell und empirisch zu erfassen (vgl. *Stock/Thelen* 1958, XV f.).[2]

3.2.1. Darstellung der Theorie von H.A. Thelen

3.2.1.1. Methodische Grundentscheidungen

Jeder Gruppenforscher steht nach *Thelen* vor dem Problem, die vielfältigen verbalen und nonverbalen Äußerungen der Gruppenteilnehmer in einer Weise zu ordnen, daß er versteht, was in der Gruppensituation vor sich geht, wie die unterschiedlichen Beiträge sinnvoll aufeinander bezogen werden können (EC, 3). Hierbei ist es für den Gruppenforscher wichtig, sich über zwei Fragen Klarheit zu verschaffen: über die Vorstellung von der Natur einer Gruppe, die er hat, und über bestimmte Methoden der Datensammlung, die er anwenden möchte. »Beides ist aus denselben Gründen hilfreich: die Bemühungen des Forschers werden darauf hingelenkt, bestimmte Daten als bedeutsam und andere als weniger bedeutsam zu identifizieren; zudem ergeben sich bereits bestimmte Möglichkeiten, die Daten zu gruppieren und aufeinander zu beziehen« (EC, 3). Bei der Suche nach fruchtbaren theoretischen Grundannahmen traf das Forschungsteam unter der Leitung von *Thelen* drei grundlegende Entscheidungen:

(1) Sie wollten mit der Methode der sequenziellen Analyse arbeiten, »wobei sie jedes Ereignis im Zusammenhang mit vorausgegangenen und nachfolgenden Ereignissen sahen und versuchten, Gruppenerfahrung als einen kontinuierlich veränderbaren Strom innerhalb eines Feldes intrinsischer und extrinsischer Kräfte zu betrachten« (EC, 4); und

(2) wollten sie versuchen, in erster Linie Gefühle oder Affekte als Grunddaten der Erfahrung während der Gruppentreffen zu sammeln; es ging ihnen weniger um die Erfassung objektiv definierbaren äußeren (overt) Verhaltens.

Schließlich entschloß sich das Team zu der Annahme,

(3) » . . . daß die der Wahrheit am nächsten kommende Rekonstruktion eines Treffens diejenige ist, welche erklären kann, warum jede Person, die bei dem Treffen anwesend war, sich so verhalten hat wie sie sich verhalten hat und das Treffen so gesehen hat wie sie es gesehen hat« (ibid).

Thelen erläutert dies wie folgt:

»Wir nehmen an, daß Individuen, die mit derselben Situation konfrontiert werden, verschieden reagieren werden. Z.B. wird einer aggressiv werden, ein anderer abhängig und ein dritter wird versuchen, die Situation zu klären (work oriented). In ähnlicher Weise werden verschiedene Menschen demselben Treffen gegenüber unterschiedliche Gefühle entwickeln: einer fühlt sich vielleicht angeregt, ein anderer enttäuscht, wieder ein anderer ängstlich. Jede Person wird dasselbe Treffen in einer etwas anderen Weise beschreiben. *Eine befriedigende Erklärung des Treffens ist eine solche, welche diese Unterschiede des Verhaltens, Fühlens und Wahrnehmens zu erklären imstande ist«.* (Unterstreichung von uns.) (EC, 4 f)

Auf der Suche nach Konzepten, die es ermöglichten, die drei bisher geschilderten Entscheidungen begrifflich zu konkretisieren, ist das Forschungsteam von *Thelen* 1951 auf die Überlegungen von *W.R. Bion* gestoßen. Da die Konzepte von *Bion* seither von *Thelen* zur Grundlage seiner theoretischen und empirischen Forschungsarbeit gemacht wurden, wollen wir hier einen Exkurs über die Rezeption dieser Ideen durch *Thelen* einfügen.

3.2.1.2. Exkurs: Rezeption der Theorie von Bion durch Thelen

Bion hat während des 2. Weltkrieges verschiedene Versuche unternommen mit Wehrmachtsangehörigen, die aus psychischen Ursachen kampfuntauglich geworden waren, eine Art Gruppentherapie auf psychoanalytischer Grundlage durchzuführen. Dabei hat er immer wieder die Erfahrung gemacht, daß sich in diesen Gruppen ganz spontan eine Reihe von Gruppenphänomenen einstellten, von denen alle Gruppenmitglieder erfaßt wurden, die sie aber in keiner Weise bewußt erzeugen wollten. Von 1947 – 1951 hat *Bion* dann versucht, eine Reihe von Konzepten zu entwickeln, um diese Gruppenphänomene zu erklären: die beiden wichtigsten sind das Konzept der »Grundannahmen-Kultur« (basic assumption culture) und der »Valenz« (valency) (vgl. *Bion* 1971, *Sandner* 1975).

Thelen schreibt hierzu:[3]

»Bei der Beobachtung seiner Patientengruppen bemerkte *Bion* bestimmte heftige emotionale Reaktionen in der Gruppe. Die Gruppe schien z.B. manchmal *einmütig* den Wunsch auszudrücken, vor der Gruppensituation davonzulaufen oder zu verlangen, daß der Therapeut verstärkt richtungsweisend eingriff. Aus diesen Beobachtungen entwickelte *Bion* die Idee, daß eine Gruppe betrachtet werden könnte als eine Folge von emotionalen Zuständen oder Grundannahme-Kulturen, in denen ein bestimmtes affektives Bedürfnis untrennbar verbunden ist mit der Arbeit, welche die Gruppe durchzuführen versuchte. Die einzelnen Teilnehmer trugen seiner Meinung nach zu diesen Kulturen bei, stimmten ihnen zu oder lehnten sich dagegen auf. Gruppenmitglieder gingen auch Beziehungen untereinander ein auf der Basis ihrer Affinitäten für die verschiedenen Kulturen. Die besondere Beziehung zwischen dem einzelnen und der Kultur wird von *Bion* unter dem Begriff der ›Valenz‹ gefaßt« (*Stock/Thelen* 1963, 72).[4]

Wie aus diesem Zitat deutlich wird, nimmt *Bion* an, daß in jeder

Gruppe bei jeder Arbeitsaktivität zugleich emotionale Prozesse ablaufen, eine emotionale Gruppenkultur entsteht, welche die Lösung der Arbeitsaufgabe der Gruppe fördern, aber auch hemmen kann.

Thelen fährt fort:

»Als *Bion* sein Konzept der Grundannahmen-Kultur (GA-Kultur) entwickelte, ging er von der Erfahrung aus, daß die arbeitsbezogenen und die emotionalen Komponenten des Gruppenlebens in der Weise miteinander verknüpft waren, daß eine nie ohne die andere in Erscheinung trat und daß die Vorgänge in Gruppen nur verstanden werden können, wenn beide in ihren dynamischen und sich verändernden Beziehungen untersucht werden. Die Arbeitsaspekte im Verhalten von Gruppen (group operation) zeigen sich in den bewußt vorgenommenen, wohlüberlegten, realitätsorientierten, zielstrebigen Aspekten der Aktivitäten der Gruppe. Während aufgabenbezogene Aktivitäten in der Gruppe immer festgestellt werden können, gibt es Zeiten, in denen eine Analyse dieser Art von Aktivitäten allein nicht erklären kann, was vor sich geht. Bisweilen ist es z.B. so, daß eine Gruppe, obwohl sie direkt zum Ausdruck bringt, daß sie ein Problem lösen möchte, in ihrem konkreten Verhalten immer mehr davon abkommt, das Problem einer Lösung näherzubringen. Oder eine Gruppe beginnt zunehmend, sich in offensichtlich unlogisches Verhalten zu verstricken, was erst verstehbar wird, wenn man erkennt, daß sie (z.B.) mit ihrer Beziehung zum Gruppenleiter beschäftigt ist. Als Ergebnis dieser Betrachtungen kam *Bion* zu der Überzeugung, daß die Arbeitsaktivität einer Gruppe immer in einem gewissen Maße von bestimmten emotionalen Zuständen oder Problemen beeinflußt wird. Im Gegensatz zur Arbeit sind die emotionalen Verstrickungen (preoccupations) der Gruppe nicht geplant, »triebhaft« (instinctual) und nicht unter bewußter Kontrolle. Er war der Meinung, daß die emotionalen Aspekte des Verhaltens von Gruppen (group operation) beschrieben werden konnten mit Hilfe dreier relativ weit gefaßter emotionaler Zustände, die er »Kulturen« nannte. Es sind dies Abhängigkeit, Paarbildung (pairing) und Kampf/Flucht.« (EC 1963, 72 f).

Diese drei Grundannahmen-Kulturen in Gruppen von *Bion* arbeitet *Thelen* in geradezu klassischer Weise wie folgt heraus[5]:

»In seinem Versuch, diese Gruppen-Kulturen zu definieren, sagt *Bion*, wenn eine Gruppe sich in einer Abhängigkeits-Arbeits-Kultur befindet, so verhält sie sich ›als ob‹ (d.h., unter der Grundannahme, daß) die Gruppe völlig darauf ausgerichtet wäre, Unterstützung und Lenkung von außerhalb ihrer selbst zu erhalten – vom Gruppenleiter, von außen kommenden Maßstäben (standards) oder ihrer eigenen Geschichte. Wenn sie sich in der Paarbildungs-Arbeits-Kultur bewegt, handelt sie ›als ob‹ ihr Ziel darin bestünde, Kraft und Stärke innerhalb von Gleichgestellten (peer group) zu erlangen[6]. Wenn sie sich auf der Ebene der Kampf/Flucht-Arbeits-Kultur bewegt, verhält sie sich so ›als ob‹ ihr Ziel in der Vermeidung von etwas stünde, wobei sie dieses bekämpft oder davor wegläuft. Die Formulierungen ›als ob‹ in diesen Definitionen sind wichtig, denn sie machen deutlich, was *Bion nicht* meint, wenn er sagt, eine

Gruppe bewege sich in einer bestimmten Arbeits-Emotionalitäts-Kultur. Er meint nicht, daß in einer Gruppe, die sich auf der Ebene Abhängigkeit bewegt, lediglich Abhängigkeit ausgedrückt wird, daß die Gruppe sich ihrer Verstricktheit in Abhängigkeit voll bewußt ist oder daß die Abhängigkeit notwendigerweise direkt beobachtet werden kann. Er meint vielmehr, daß die vielfältigen und anscheinend unlogischen und widersprüchlichen Verhaltensweisen der Gruppenmitglieder verstehbar werden, einen gewissen Zusammenhang und eine gewisse Ordnung erkennen lassen, wenn man die Annahme macht, daß die Gruppe sich verhält als ob sie Unterstützung und Lenkung von etwas außer halb ihrer selbst benötigte« (ibid 73).

Neben den Konzepten der Grundannahme-Kultur und der Arbeits-Kultur einer Gruppe entwickelte *Bion* – wie schon kurz angedeutet – noch das *Konzept der Valenz,* um die Beziehung zwischen dem einzelnen Gruppenmitglied und der Gruppen-Kultur herzustellen. *Thelen* zitiert hier direkt *Bion,* der Valenz definiert als » . . . eine Fähigkeit des einzelnen, spontan und unwillkürlich mit anderen eine Grundannahme zu teilen und auf ihrer Basis sich zu verhalten« (ibid).

3.2.1.3. Das Grundkonzept von Thelen.

Während *Bion* seine drei Grundkonzepte mehr essayistisch skizziert und in erster Linie herausarbeitet, was er unter Grundannahmen-Kultur versteht, vesucht *Thelen* allen drei Begriffen einen präzisen Inhalt zu geben und *vor allem das Konzept der Valenz auszuarbeiten.* Der Begriff der Valenz wird bei *Thelen* zum Schlüsselbegriff, um sowohl individuelles Verhalten als auch das scheinbar gleichgerichtete Verhalten vieler Gruppenmitglieder in ihrer wechselseitigen Dialektik verstehbar und empirisch erfaßbar und erforschbar zu machen.

Thelens Grundidee ist folgende: jedes Gruppenmitglied hat aufgrund seiner Sozialisation eine spezifische Persönlichkeitsstruktur entwickelt, welche sich darin ausdrückt, *daß es* bezogen auf die drei von *Bion* ausgegrenzten Gruppen-Kulturen bzw. Grundannahmen *sich in einer Kultur jeweils recht wohl fühlt, eine andere problematisch findet und schließlich eine spezifische Art und Weise entwickelt hat, auf bereits vorhandene Gruppen-Kulturen zu reagieren* (vg. EC 1963)

Thelen definiert diese individuelle Verhaltenstendenz bzw. Valenz

»als ein organisiertes System von Handlungstendenzen und Vorlieben für die verschiedenen Arbeits-Emotionalitäts-Kulturen. Valenzmuster beinhalten die charakteristischen Verhaltenstendenzen des Individuums in Gruppensituationen (*affektives Vorgehen,* affective approach); seine Vorlieben für Kampf-, Flucht-, Abhängigkeits- oder Paarbildungs-Situationen (*bevorzugte Kultur,* culture preference) und die affektiven Bereiche, die ihn beunruhigen oder in denen er Konflikte hat (*Grundbeunruhigung,* basic concern)« (EC 67).

Weiter unten führt er über diese drei Bestandteile der Valenz aus:

»... affektives Vorgehen oder die Tendenz zu handeln, bezieht sich auf *Merkmale des äußeren Verhaltens* (behavioral characteristics); Vorliebe für eine bestimmte Kultur bezieht sich auf *Einstellungen* und der Bereich der Beunruhigung (area of concern) auf eine angenommene *Spannung«* (EC 118).

Um keine Mißverständnisse über die Reichweite des Valenz-Konzepts aufkommen zu lassen betont *Thelen:*

»Wenn wir das Valenz-Muster eines Gruppenmitglieds bestimmen, erhalten wir kein vollständiges Bild der Persönlichkeitsstruktur des Individuums. Wir grenzen damit allerdings in klar erkennbarer Weise jene Aspekte der Persönlichkeit aus, die besonders bedeutsam für das Verhalten in Gruppensituationen sind« (EC 24).[8]

Mit Hilfe dieser Überlegungen zur Valenz ist es nach *Thelen* möglich, »die spezifische Weise zu identifizieren, in welcher jedes Gruppenmitglied zur Entstehung, Aufrechterhaltung und Änderung einer Vielzahl von ›Arbeits-Emotions-Kulturen‹ der Gruppe beiträgt« (EC 1963, 74 f).

Das Konzept der Valenz bietet den Schlüssel sowohl für das Verständnis der Genese bestimmter Gruppen-Kulturen im Sinne von *Bion* als auch für die Prozesse, die zu Veränderungen in diesen Kulturen führen und für das Verständnis der scheinbar einer bestimmten Kultur widersprechenden Verhaltensweisen bestimmter Individuen. Wenn es z.B. empirisch möglich ist, in einer Gruppe von 10 Teilnehmern festzustellen, wieviele von ihnen in wenig strukturierten Situationen eine Kampf-Kultur bevorzugen und wieviele in welcher Weise auf das Vorhandensein einer solchen Kultur reagieren, so läßt sich die Wahrscheinlichkeit des Eintretens einer solchen Kultur voraussagen. Bestimmte individuell davon abweichende Verhaltensweisen lassen sich gerade als Bestätigung für das Vorhandensein einer solchen Kultur interpretieren, wenn wir wissen, daß diese abweichenden Verhaltensweisen bei den entsprechenden Teilnehmern in der Regel als Reaktion auf eine solche Kultur auftreten.[9]

Noch mehr: es wird möglich, die Faktoren zu untersuchen, die zur Entstehung und Veränderung sowohl der gruppenspezifischen Kultur als auch der individuellen Verhaltenstendenzen beitragen. Während es bei den Überlegungen von *Bion* immer relativ unklar geblieben ist, wieso bestimmte Gruppen-Kulturen entstanden bzw. sich verändert haben, und *Bion* lediglich das allgemeine Konzept der individuellen Valenz für bzw. Tendenz zu bestimmten Kulturen als Erklärung anbieten konnte, wird es durch die Präzisierung und Ausarbeitung des Konzeptes der Valenz bei *Thelen* möglich, einer Beantwortung dieser Frage näherzukommen:

Jedes Gruppenmitglied versucht, die für ihn angenehmste Gruppen-Kultur zu erzeugen, eine für ihn unangenehme zu vermeiden und begibt sich dabei ganz spontan auf die Suche nach Bundesgenossen:

Teilnehmer, die auf seiner Linie liegen, mag er, unterstützt er, andere bekämpft oder behindert er. *Thelen* schreibt:

»Das Konzept der Valenz ermöglicht eine Basis für das Verständnis der positiven und negativen Gefühle, welche die Gruppenmitglieder untereinander entwickeln sowie der Interaktionen der Untergruppen innerhalb der Gesamtgruppe« (EC 1963, 77).

Konkreter versteht *Thelen* darunter:

»Im Konzept der Valenz ist die Annahme enthalten, daß Individuen mit ähnlichen Bedürfnissen eine besondere Art von Untergruppe innerhalb der Gesamtgruppe bilden. Wenn Individuen z.B. das Bedürfnis nach Kampf gemeinsam ist, so werden sie wahrscheinlich zusammenarbeiten, um in der Gruppe Bedingungen zu schaffen, die feindselige Austauschprozesse, aggressives Vorgehen beim Problemlösen usw. ermöglichen« (EC, 68).

Wenn man annimmt, daß Untergruppen in einer Selbstanalytischen Gruppe auf der Basis gemeinsamer Bedürfnisse sich herausbilden, so stellt sich die zentrale Frage, wie die einzelnen Gruppenteilnehmer identifizieren können, wer ähnliche Bedürfnisse hat. *Thelen* schlägt vor, zur Klärung dieser Frage von der Selbstwahrnehmung der Gruppenteilnehmer auszugehen:

»Wir nehmen an, daß jedes Gruppenmitglied über eine Anzahl mehr oder weniger organisierter Wahrnehmungseinstellungen (percepts) hinsichtlich seiner eigenen Gefühle und Verhaltensweisen in einer Gruppensituation verfügt. In zufällig zusammengesetzten Gruppen können wir eine große Bandbreite von Selbstwahrnehmungen (self percepts) unter den Mitgliedern erwarten. Einige sehen sich vielleicht als aggressiv, kreative Führer, andere als relativ zurückgezogen und abwesend oder als ernsthaft und arbeitsbezogen, wieder andere als impulsiv im Ausdrücken ihrer Gefühle und als Teilnehmer, die sich auf die Gruppenerfahrung einlassen. Mitglieder, die bestimmte Elemente ihrer Selbstwahrnehmung gemeinsam haben, können als potenielle oder aktuelle Untergruppe betrachtet werden« (EC, 69).

»Die ähnlichen Interessen (concerns) können, aber müssen diesen Mitgliedern nicht bewußt sein. In jedem Fall würden wir aber erwarten, daß sie zusammenarbeiten, um Bedingungen in der Gruppe zu schaffen und aufrecht zu erhalten, die es ihnen erlauben, sorgenfrei, ohne Angst und ohne Bedrohung sich zu bewegen« (EC, 69 f).

Wenn man die Vorgänge in der Gesamtgruppe als den Versuch von spontan sich in Untergruppen organisierenden Individuen betrachtet, um die Spielregeln und die Thematik der gesamten Gruppe beeinflussen bzw. zu bestimmen, so werden bislang unverständliche individuelle Verhaltensweisen, scheinbar unlösbare Konflikte in Gruppen oder völlig unerwartete Wendungen des Gruppenprozesses verstehbar und erforschbar (vgl. EC 70). Es wird auch verstehbar, warum bestimmte Gruppen recht gut arbeiten, andere nicht, bestimmte Themen gehäuft und andere überhaupt nicht auftauchen bzw. bearbeitet werden können (vgl. EC 1963, 78-81).

3.2.1.4. Gruppenentwicklung nach Thelen

Um die Frage nach der positiven bzw. negativen Entwicklung Selbstanalytischer Gruppen zu klären, müssen wir den Zusammenhang zwischen Grundannahmen- und Arbeits-Kultur einer Gruppe und die diese Kultur konstituierenden bzw. verändernden individuellen Valenzen näher betrachten. *Thelen* schreibt:

»Wenn eine Gruppe z.B. sich in einer Kampf-Kultur bewegt werden bestimmte Individuen, die besonders feinfühlig sind, was die Bedrohungen und Ängste angeht, die in dieser Kultur enthalten sind (d.h., für die Kampf ein angstmachender Bereich ist), sich so verhalten, daß sie diese Ängste anderen mitteilen oder versuchen, die Gruppe in eine andere Arbeits-Emotionalitäts-Kultur zu bringen. Wenn diese Ängste bis zu einem kritischen Niveau für die Gruppe als Ganze anwachsen, wird sehr wahrscheinlich eine Änderung (shift) eintreten, die neue Kultur wird eine Zeitlang aufrecht erhalten bleiben wegen der spezifischen Befriedigungen, die mit ihr verbunden sind, und weil dadurch eine Verringerung der Ängste entstanden ist, die mit der vorherigen Kultur verbunden waren. Nach einiger Zeit werden andere Gruppenmitglieder, die besonders empfänglich sind für die Ängste, die mit der neuen Kultur verbunden sind, wahrscheinlich eine weitere Änderung initiieren. Entsprechend können wir erwarten, daß bestimmte Mitglieder eine Art Rückzugsgefecht beginnen. Ebenso wie manche Mitglieder besonders bedroht sind durch eine spezifische arbeitsemotionale Situation, fühlen sich andere gerade in ihr wohl und werden aller Wahrscheinlichkeit nach versuchen, die Gruppe zu beeinflussen, in dieser Kultur zu bleiben. Durch die Interaktionen dieser Kräfte wird eine Kultur durch eine andere abgelöst« (EC 1963, 81 f).

Eine Gruppe wird nach *Thelen* reifer bzw. entwickelt sich positiv, wenn es ihr gelingt, die in ihr vorhandenen emotionalen Bedürfnisse (Grundannahmen-Kultur) zunehmend fruchtbar zu machen für die Bedürfnisse, etwas zu erarbeiten (Arbeits-Kultur), d.h., die gerade vorhandene Grundannahmen-Kultur durchzuarbeiten und zu klären. In diesem Sinne verstehen wir die Äußerung *Thelen*s, wenn er schreibt:

»Wenn die Arbeit dominiert über die Emotionalität ist die emotionale Dynamik der Gruppe in einer Weise mit ihren Arbeitsaktivitäten integriert, daß die Arbeit gefördert wird. So können z.B. kämpferische Aktivitäten zu der benötigten Klärung einer Aufgabe führen oder zu einer entschiedenen Zurückweisung einer Aufgabe. Andererseits, wenn die Emotionalität über die Arbeit dominiert, ist die Gruppe emotional so in sich verstrickt, daß die erforderlichen Tätigkeiten zur Lösung der Aufgabe blockiert sind oder aus dem Blick geraten.

Dies zeigt sich z.B. deutlich, wenn feindselige Gefühle es für die Gruppenmitglieder unmöglich machen, die wechselseitigen Vorschläge anzunehmen oder sie überhaupt sorgsam zu verfolgen« (EC 188 f).

Während sich *Thelen* in seiner Arbeit von 1958 noch auf diese relativ vagen Hinweise bezüglich der Fortentwicklung Selbstanalytischer Gruppen von der Grundannahmen-Kultur zur Arbeits-Kultur bzw. einer optimalen Kombination beider beschränkt, versucht er in der bisher umfassendsten Zusammenfassung seiner Theorie von 1959 gerade diese Frage zu klären. Er schreibt dort:

Wir betrachten unsere grundlegenden Kategorien Emotionalität und Arbeit als alternative Modelle für Weisen der Anpassung an spezifische Gruppenkulturen (states of group culture)« (*Thelen* 1959, 564).

Unter *Emotionalität als Modell der individuellen Anpassung* versteht er das *Ausagieren* (acting out) von Impulsen. Bezogen auf die Grundkategorien von *Bion* heißt dies konkret:

»Direktes *Ausagieren* von Impulsen hat unterschiedliche Konsequenzen, je nach der Natur des Impulses. Paarbildung vergrößert die Möglichkeit, mit einer Sache zurechtzukommen (adequacy to cope), ohne daß sie objektive Gefahren verringert. Abhängigkeit vergrößert weder die Fähigkeit, mit einer Gefahr fertigzuwerden, noch verringert sie diese; die Effektivität dieser Verhaltensweise hängt davon ab, ob der gesuchte Schutz gewährt wird. Kampf vernichtet die Gefahr, wenn er erfolgreich ist, aber er stört den Frieden und verursacht gerade bei Angehörigen der Mittelschicht Aversionen. Durch Flucht gerät man außer Gefahr, ohne die Fähigkeit zu vergrößern, mit der Situation zurechtzukommen oder das Problem aus der Welt zu schaffen. Auf lange Sicht dienen alle diese Weisen des Ausagierens nicht der Bewältigung von Problemen, weil wenig oder garnichts aus der Erfahrung des Ausagierens gelernt wird« (ibid 573).

Im Gegensatz dazu charakterisiert *Thelen* die Auseinandersetzung eines Individuums mit seiner Umwelt, die er *Arbeit* nennt, folgendermaßen:

»Impulse können vorübergehend behindert oder blockiert und die dabei auftretenden Gefühle oder sonstigen Verhaltensweisen diagnostiziert werden. Die Natur der Spannung wird deutlich durch die Verhaltensweisen, die dadurch hervorgerufen werden. Anstelle des Ausagierens findet *Klärung* (inquiry) oder Realitätsprüfung (reality seeking) statt. Das Verhalten wird durch Denkprozesse vermittelt, in denen die frühere Erfahrung zum Tragen kommt und Alternativen formuliert, ausgewählt und durch Handeln erprobt werden« (ibid 574).

Beide Weisen der Auseinandersetzung mit der Umwelt benötigt

der Mensch: »Ausagieren« für kurzfristige, »Klärung« für langfristige Bewältigung von Spannungssituationen. Es geht immer um eine optimale Mischung der Tendenzen zur direkten emotionalen Reaktion und der diese aufschiebende und die Situation diagnostizierenden kognitiven Arbeit (vgl. 574). Die Emotionalität ist für die Klärungsarbeit wichtig: durch sie wird es überhaupt erst möglich, den realen Zweck einer Handlung klar zu diagnostizieren (vgl. EC 251).

3.2.2. Ebene der Konzeptbildung von Thelen

Auf dem Hintergrund der werkimmanenten Schilderung der Überlegungen von H.A. *Thelen* können wir uns jetzt der Frage zuwenden, auf welcher der drei von uns ausgegrenzten Ebenen des Funktionierens von Gruppen wir *Thelen* einordnen:

1. Gerade bei der Betrachtung des für *Thelen* zentralen Konzeptes der Valenz fällt auf, daß er hierbei die Individuen lediglich als Träger von Verhaltenstendenzen betrachtet, die in Gruppensituationen spontan und weitgehend unbewußt zu bestimmten Grundannahme-Kulturen »konfluieren«. Die Gruppenmitglieder werden nicht als eigenständig handelnde Personen beschrieben, sondern allenfalls als Gruppenteilnehmer, die über gewisse individuelle Möglichkeiten der Klärung von Grundannahme-Kulturen verfügen, d.h., über die mehr oder weniger entwickelte Fähigkeit des »Inquiry«.
2. Die Gruppe ihrerseits wird als Organismus aufgefaßt, dessen konstitutive Bestandteile die Gruppenmitglieder sind, der aber nichtsdestoweniger sich vielfach in einer Weise verhält, welche den Teilnehmern weder verständlich noch von ihnen steuerbar erscheint. Die Gruppe verhält sich *als ob* alle abhängig vom Gruppenleiter wären, *als ob* sie allesamt vor etwas Gefährlichem davonlaufen müßten usw. Auch wenn sich durch die Beiträge bestimmter Gruppenmitglieder die Gruppen-Kultur verändert, so erscheinen diese immer im Dienste der Schaffung oder Veränderung *einer bestimmten Kultur;* die Teilnehmer streben eine für sie angstfreie Atmosphäre an, nicht aber individuelle, konkrete Ziele.
3. Der Gruppenleiter wird in den Schilderungen von *Thelen* nie als begehrter Vater oder als verbietende oder fordernde Instanz gesehen, sondern lediglich als Figur, von der alle abhängig sind; das Bild der frühen Zweierbeziehung Mutter-Kind legt sich nahe.
4. An keiner Stelle ist bei *Thelen* die Rede von Rivalität unter den Gruppenmitgliedern bzw. von realen unterschiedlichen Zielen, die diese verfolgen. Es wird lediglich immer wieder darauf hingewiesen, daß sie versuchen, bestimmte für sie unangenehme Spannungszustände bzw. Grundannahme-Kulturen in wechselseitiger Auseinandersetzung zu verändern.

5. Die reflexiv-interaktionelle Klärung von individuellen Bedürfnissen ist weitgehend – wie oben schon angedeutet – auf die Klärung der jeweiligen Gruppenspannung bzw. Grundannahme-Kultur beschränkt.

Aus diesen fünf Punkten wird deutlich, daß *Thelen* offensichtlich prä-ödipale Phänomene beschreibt, in dem von uns in Kapitel 2 ausgegrenzten Sinne. Es geht hierbei offensichtlich um die Problematik der Herausdifferenzierung und Entstehung einer individuellen Identität aus dem sogartig wirkenden Organismus Gruppe, in den die einzelnen Gruppenteilnehmer zunächst ohne bewußte Absicht verstrickt werden, indem sie an Grundannahmen teilhaben, die ihren bewußten Intentionen vielfach zuwider laufen (vgl. *Sandner* 1975, *Bion* 1971, 36 ff).

3.2.3. Zusammenhang zwischen Leiterverhalten und Gruppenprozeß bei Thelen

Im Rahmen unserer Modellüberlegung haben wir den Gedanken entwickelt, daß das Verhaltensniveau, auf welches eine Gruppe einpendelt, möglicherweise stark von dem beeinflußt wird, was der Gruppenleiter tut, d.h., in welche Situation er die Gruppenteilnehmer bringt und welche Art von Interventionen er dann vornimmt

Die Klärung des Verhaltens des Gruppenleiters bei *Thelen* verspricht in dieser Hinsicht besonders aufschlußreich zu werden, weil dieser Autor – wie gezeigt – spezifisch prä-ödipale Phänomene in seiner Theorie konzeptionell erfaßt und wir vermuten können, daß er diese Phänomene durch seinen spezifischen Leitungsstil in gewisser Weise hervorruft.

Interessanterweise bezieht *Thelen* seine Rolle als Gruppenleiter in all den vielfältigen Erörterungen seiner Theorie praktisch garnicht ein. Dies ist umso erstaunlicher, als er sich bei seinen Überlegungen sehr an die Gedanken von *Bion* anlehnt, der in seinen theoretischen Erörterungen der Rolle des Gruppenleiters eine für die psychische Dynamik in Gruppen ganz zentrale Position zuerkennt (vgl. *Sandner* 1975). Während *Thelen* die sonstigen Grundgedanken *Bion*s außerordentlich sauber herauspräpariert und klar darstellt, fehlen die Überlegungen zum Gruppenleiter in seiner Darstellung von *Bion* völlig.

Auf die Bedeutung des Gruppenleiters kommt *Thelen* erst im Zusammenhang seiner Hinweise für den Praktiker zu sprechen (vgl. 239 – 261; sowie DW[10] 169 – 178). Dort entwickelt er eine Reihe von Überlegungen über die Bedeutung und die günstigste Weise der Intervention des Gruppenleiters, d.h., er sieht die Funktion des Gruppenleiters in erster Linie unter dem Aspekt einer *Methodologie* des Trainerverhaltens.

Wir wollen im Folgenden versuchen, den Interventionsstil von *Thelen* zu rekonstruieren. Dabei werden wir in Anlehnung an eine Unterscheidung von *Argyris* (1975) zweierlei analysieren:

(1) Die »offiziellen« Angaben, die *Thelen* über das seiner Meinung nach optimale Trainerverhalten macht, was *Argyris* »espoused theory« nennt und in der deutschen Übersetzung (*Argyris* 1976, 121) mit »verbal vertretene Theorie« wiedergegeben wird.
(2) Das in der Gruppensituation von *Thelen* real gezeigte Verhalten, was *Argyris* »theory in use« nennt, d.h., die seinem Handeln, seinem realen Verhalten implizit zugrunde liegende Theorie, die wir aus seinem Verhalten erschließen können.

Die von *Thelen* verbal vertretene Theorie des Leiterverhaltens können wir relativ einfach aus den schon genannten Hinweisen für die Praktiker entnehmen. Schwieriger ist es, sein reales Verhalten in den von ihm geleiteten Gruppen zu ermitteln, aus denen er seine theoretischen Überlegungen entwickelt hat. *Thelen* gibt an keiner Stelle seiner Arbeiten konkrete Angaben über sein Verhalten als Gruppenleiter.

Er schildert allerdings in seinem Buch »Dynamics of groups at work« (DW) den vollständigen Verlauf einer Selbstanalytischen Unterrichtsgruppe, die von einem Gruppenleiter namens Jim geleitet wird, und in der eine gewisse Jane als Ko-Leiterin fungiert. Den Namen der Ko-Leiterin gibt er preis: es ist die zur damaligen Zeit engste Mitarbeiterin von *Thelen*, Dorothy *Stock*. Wer Jim ist, bleibt dunkel, aber der Hinweis, daß besagter Jim 1948 seine erste Trainingsgruppe geleitet hat, was für *Thelen* genau zutrifft, und die in den konkreten Interventionen von Jim aufscheinende theoretische Orientierung, legt die Vermutung nahe, daß es sich bei Jim um *Thelen* selbst handelt.[11]

Wir halten es für wichtig, sowohl die von *Thelen* offiziell geäußerte als auch aller Wahrscheinlichkeit nach real praktizierte Trainingsmethodologie herauszuarbeiten, weil wir uns daraus Rückschlüsse erhoffen hinsichtlich der Erzeugung sogenannter prä-ödipaler Phänomene in Gruppen durch das Verhalten des Gruppenleiters.

Verbal vertretene Trainer-Methodologie

Eine Analyse der von *Thelen* vorgeschlagenen *Methodologie des Leiters* in Selbstanalytischen Gruppen ergibt folgende fünf Grundmomente:

(1) Der Gruppenleiter soll nach Möglichkeit die Gruppe als Ganze, als Organismus ansprechen, der sich bestimmten Gruppenproblemen gegenübersieht, etwa der Angst vor bestimmten Themen oder vor der Klärung bestimmter Gefühle, widersprüchlichen

Fraktionen, die sich einer Klärung ihrer Positionen und einer notwendigen Gruppenentscheidung über das weitere Vorgehen verschließen usw. (vgl. DW 173; 177 f). Einzelne Gruppenmitglieder, die sich im Gruppengeschehen besonders profilieren, sogenannte »outstanding members«, werden als Repräsentanten bestimmter Gruppentendenzen betrachtet und angesprochen, als Vertreter von Positionen bzw. Fraktionen innerhalb einer die Gesamtgruppe beschäftigenden Problematik (vgl. EC 250).

(2) Der Gruppenleiter ist in erster Linie an der Klärung sogenannter Beziehungsprobleme interessiert, die sich in der gefühlsmäßigen Intention aller Beiträge, auch der inhaltlichen, ausdrücken. Er sagt:

> »Es ist das mit einer Aussage verknüpfte Gefühl, aus dem wir ihre ›wirkliche‹ Intention erkennen können, soweit es überhaupt möglich ist, die ›wirkliche‹ Intention eines Beitrages zu erkennen« (EC 248).

(3) Seine Hauptaufgabe sollte der Gruppenleiter nach *Thelen* in der sorgsamen Aussteuerung der Gruppenvorgänge sehen, und dies in zweifacher Weise: einerseits sollte er behilflich sein, die verschiedenen Untergruppen als solche zu identifizieren. Er sollte dafür sorgen, daß sie hinreichend Möglichkeiten haben, sich wechselseitig in der Gesamtgruppe zu artikulieren, daß die Gruppe diese unterschiedlichen Äußerungen von Gefühlen identifizieren kann und als Gefühle verstehen lernt, an denen jeder in gewissem Ausmaß teilhat, d.h., die jeden angehen (vgl. EC 252). Andererseits solle der Gruppenleiter überstark werdende emotionale Spannungen in der Gruppe frühzeitig erkennen und Möglichkeiten anbieten, sie zu klären bzw. in konstruktive Auseinandersetzung und Klärungsarbeit zu übersetzen (ibid). Die Kunst des Gruppenleiters besteht also gerade darin, die entstehenden Spannungen als solche zu identifizieren und sie an strategisch wichtigen Punkten durch gezielte Interventionen zu entschärfen.

(4) Nach *Thelen* ist die Entstehung und Klärung aller Spannungen zwischen den Gruppenmitgliedern fruchtbar, nur eine Art von Spannung ist weder besonders erwünscht noch einer besonderen Klärung wert, sie sollte möglichst vermieden werden: *die Spannung zwischen Gruppenleiter und Gruppe*. Er meint, daß es unfruchtbar ist, den Leiter zu bekämpfen (EC 257), und daß diese Tendenz in der Regel lediglich eine im Grunde tiefe Abhängigkeit vom Leiter ausdrückt, von Gruppenteilnehmern, welche den Gedanken einer solchen Abhängigkeit nicht ertragen können (vgl. EC 249). Es sind Leute, die nur durch einen Zusammenschluß in einer gemeinsamen Revolte genügend Sicherheit gewinnen, »jenen Teil der Ambivalenz der meisten Menschen auszusprechen, nämlich zu führen bzw. geführt zu werden (ibid 249).

Der Beziehung zwischen dem Gruppenleiter und der Gruppe kann *Thelen* eigentlich nur unter dem Aspekt der Abhängigkeit der Gruppenmitglieder vom Gruppenleiter Positives abgewinnen. Dafür hat er vollstes Verständnis sogar dann, wenn diese Abhängigkeit von den Gruppenmitgliedern verwendet wird, um selber nicht die Verantwortung für den weiteren Gang der Dinge übernehmen zu müssen (vgl. DW 171).

(5) Emotional sollte der Gruppenleiter sich nicht in die Gruppe hineinbegeben bzw. immer eine gewisse Distanz aufrechterhalten. Er braucht sich nicht um einen emotionalen Ort in der Gruppe bemühen, weil seine Position von Anfang an klar definiert ist. *Thelen* schreibt:

> ». . . ein Gutteil des Verhaltens der Gruppenmitglieder entsteht durch das Bedürfnis, einen Ort in der Gruppe zu finden und mit den Gefühlen bestimmten Mitgliedern gegenüber zurechtzukommen. Das sollte nicht für das Verhalten des Trainers gelten. Er braucht seinen Ort (position) gar nicht zu bestimmen, weil dieser von Anfang an definiert ist, und er braucht sich nicht mit seinen Beziehungen zu einzelnen befassen, weil er nur von Vorgängen innerhalb der Gesamtgruppe stimuliert wird. Er muß hinreichend frei sein von persönlicher Verstrickung, um auf die Interaktionen zwischen Gruppenmitgliedern antworten zu können, aber sein Verhalten richtet sich auf die Gesamtgruppe. Wenn der Trainer selbst in die Auseinandersetzung (debate) eingreift, ist er in der schwierigen Lage, eine Position als Gruppenmitglied zu unterstützen und zugleich der Gruppe zu helfen, auf den Konflikt zu antworten, den er selbst mit entfacht. Er versucht damit zur gleichen Zeit, Partei und Kommentator im Kampf zu sein. Das ist eine unmögliche Position und es ist die Schwierigkeit, in welche Trainer geraten, die Partei ergreifen. Aufgabe des Trainers ist es, der Gruppe bei den Problemen zu helfen, denen sie begegnet, aber er sollte nicht als Teil der Probleme gesehen werden« (DW 176).

Der Gruppenleiter kann diese objektivierende Position auch beibehalten, weil er sich nur äußern soll, wenn er weiß, *was* er tut und *warum* (DW 175; sowie 169). Wenn eine seiner Interventionen in der Gruppe nicht auf Resonanz stößt bzw. ohne besonderes Aufhebens von dieser geschluckt wird, ist sie nach *Thelen* verfrüht (DW 175).

Praktizierte Trainings-Methodologie

Das Bild, das wir von der Interventionsweise des Gruppenleiters gewonnen haben aufgrund der Analyse der Hinweise *Thelens* für den Praktiker, erhält bei näherer Betrachtung *des vermuteten tatsächlichen Verhaltens* von *Thelen* in der schon genannten Selbstanalytischen Gruppe an drei Stellen deutlichere Konturen (vgl. DW 141 – 165):

(1) *Thelen* versucht nicht nur an wichtigen Stellen des Gruppenpro-

zesses steuernd einzugreifen, um die Klärung des Geschehens zu erleichtern, er greift außerordentlich häufig und mit vielen konkreten Vorschlägen in den Prozeß ein. Dabei ist er ausgesprochen ängstlich, ja überbesorgt, daß nicht zu viel Spannung entsteht. Aus seiner Schilderung gewinnen wir den Eindruck, daß er sich für alles verantwortlich fühlt, wie eine Mutter, die ihr Kleinkind nicht oder in nur sehr eingeschränktem Maße der rauhen Wirklichkeit aussetzen möchte.

(2) Was aufgrund seiner Ausklammerung der Beziehung Gruppenleiter – Gruppe zu vermuten war, tritt in der von *Thelen* beschriebenen Gruppe als zentrales, allerdings auch nicht zu lösendes Problem auf: die ambivalente Einstellung des Gruppenleiters zur Gruppe, die einerseits die Gruppe selbständig werden lassen, andererseits sie aber nicht aus der eigenen Fürsorglichkeit entlassen will. Gerade der Bereich, den *Thelen* aus seinen theoretischen und praktischen Überlegungen ausklammern möchte, wurde in der von ihm geschilderten Gruppe zum zentralen Problem (vgl. DW 150 ff).

(3) Zu lösen versuchte *Thelen* die so entstandene Problematik in der Beziehung zwischen Gruppenleiter und Gruppe, die in der Gruppe nach und nach zu einer völligen Konfusion der Teilnehmer führte und sie unfähig machte, die Situation zu klären, indem er in längeren Ausführungen klarlegte, wie er seine Trainerrolle verstehe, und daß er nicht der Gruppenleiter sein wollte (vgl. DW 154). Zusätzlich versuchte er durch verschiedene Maßnahmen, in der Gruppe eine angenehme Atmosphäre zu schaffen (vgl. DW 155 ff). Schließlich erreichte er auch durch mehrmaliges äußerst fürsorgliches und liebevolles Eingehen auf die Fragen der Gruppe, die er ihnen häufig vorher selbst als wichtig vorgeschlagen hatte, eine angenehme Atmosphäre zu schaffen:

> »Das vorhandene Gefühl des Wohlbefindens und des Zurechtkommens (adequacy) wurde von allen geteilt und keiner wollte es missen« (DW 159).

Unter dem Mantel der Offenheit als Trainer, der möchte, daß die Gruppe selbständig wird, hatte er sie fast völlig von sich abhängig gemacht:

> »Jim (der Gruppenleiter) hatte das Gefühl, daß das Interesse an seinen Interpretationen – geradezu die Forderung an ihn, ›alles zu sagen‹ – möglich wurde durch dieses neue Gefühl der Nähe; daß es ein Akt war, durch den Jim, indem er der Gruppe seine speziellen Kenntnisse oder Geheimnisse preisgab, zu einem der ihren werden würde, ein Mitglied auf gleicher Ebene mit allen anderen« (DW 160).

Aus der geschilderten Trainingsideologie und dem konkreten Trainerverhalten von *Thelen* können wir jetzt zu rekonstruieren versuchen, *welche Situation er in den* von ihm geleiteten *Gruppen vermutlich erzeugt hat:*

Es ist ganz offensichtlich die *eines ganz kleinen Kindes, das völlig von seiner Mutter abhängig ist.*[12]

3.2.4. Kritische Würdigung des Ansatzes von Thelen

Thelen hat u. E. eine ganz ausgezeichnete Analyse prä-ödipaler Phänomene in Gruppen geliefert. Mit Hilfe seiner Kategorien und Überlegungen ist es möglich, diese Phänomene genauestens zu studieren und ihre weitere theoretische Klärung voranzutreiben.[13]

Zusammenfassend können wir den Beitrag *Thelens* zur konzeptionellen und empirischen Erfassung der psychischen Dynamik in Gruppen, die sich hauptsächlich auf prä-ödipalem Niveau bewegt, in folgenden fünf Punkten charakterisieren:

(1) *Thelen* hat das bei *Bion* grundsätzlich schon als Idee vorhandene Konzept der Valenz ausgearbeitet und zum Schlüsselbegriff für das Verständis der gesamten psychischen Dynamik in Gruppen weiterentwickelt, in denen gehäuft sogenannte Grundannahme-Kulturen beobachtbar sind, d.h., in Gruppen auf prä-ödipalem Verhaltensniveau.

(2) Mit Hilfe seines Konzeptes der Valenz und der weiteren Annahme, daß sich die Teilnehmer einer Gruppe über die als ähnlich wahrgenommenen Valenzen anderer Gruppenteilnehmer mehr oder weniger bewußt zu Untergruppen zusammenschließen, ist es *Thelen* gelungen, das Zwischenglied zwischen der individuellen psychischen Dynamik und den sogenannten Gesamtgruppenphänomenen (Grundannahme-Kulturen) anzugeben. Er eröffnete damit der weiteren theoretischen und empirischen Klärung dieser Gruppenphänomene eine neue Perspektive.

(3) *Thelen* hat in geradezu klassischer Weise sowohl den Begriff der Grundannahme-Kultur als auch den der Arbeitsgruppe bei *Bion* zusammenfassend charakterisiert, systematisiert und operationalisiert. Durch diese Präzisierungsarbeit ist es jetzt möglich, diese Kulturen empirisch exakter zu identifizieren und konzeptionell eindeutiger sich auf diese Phänomene zu beziehen bzw. sich darüber zu verständigen.

(4) Durch die Herausarbeitung der Begriffe »Ausagieren« und »Klärung« als Grundbegriffe, mit denen die psychische Dynamik in Grundannahme- bzw. Arbeits-Kulturen in Gruppen charakterisiert und verstanden werden kann und der wechselseitige innere Zusammenhang zwischen diesen beiden Grundmodi des Verhaltens in Gruppen sichtbar wird, hat *Thelen* einen weiteren wesentlichen Schritt in Richtung auf die Klärung des bei *Bion* un-

klar bleibenden Wechselspiels zwischen Grundannahme- und Arbeits-Kultur getan. Es ist jetzt eher möglich, die Bedingungen der Möglichkeit positiver und negativer Entwicklungen in Gruppen näher zu bestimmen; die Fortentwicklung einer Gruppe aus der sogenannten Grundannahme-Kultur in eine Arbeits-Kultur bzw. die umgekehrte Entwicklung des »Rückfalles« einer – bereits recht gute Klärungsarbeit leistenden – Gruppe in völlig irrationale, emotionale »Gruppenaktionen«.

(5) Schließlich kommt *Thelen* das Verdienst zu, eine Vielzahl von Überlegungen angestellt bzw. bei seinen Mitarbeitern angeregt zu haben, die von ihm entwickelten Konzepte empirisch überprüfbar zu machen und entsprechende Verfahren zu ihrer Überprüfung entwickelt und bereitgestellt zu haben.

Unsere *kritischen Anmerkungen* zu *Thelen* konzentrieren sich auf drei Problemkomplexe:

(1) *Thelen* hat – wie eingehend klargelegt – die Bedeutung des Gruppenleiters für die psychische Dynamik in den von ihm untersuchten Gruppen in seinen systematischen theoretischen Überlegungen völlig ausgeklammert. Dadurch war es ihm vermutlich auch nicht möglich,

(2) die von ihm untersuchte Art von Gruppen als *eine spezifische Variante der psychischen Dynamik* zu sehen und deren Abhängigkeit vom Interventionsverhalten des Gruppenleiters.

(3) Vermutlich wegen seiner spezifischen praktizierten Interventionsweise ist es ihm nicht gelungen, in seinen Gruppen andere Phänomene als prä-ödipale zu erzeugen bzw. zuzulassen, und demzufolge auch zu sehen. Von daher wird verständlich, daß seine Theorie – obwohl er immer wieder auf die Bedeutung der Arbeits-Kultur in seiner Konzeption hinweist – weitgehend eine Theorie der Grundannahmen-Kultur darstellt. Obwohl er die begrifflichen Voraussetzungen für eine Theorie der Gruppenentwicklung in seinen beiden Konzepten »Ausagieren« und »Klärung« geschaffen hat, gelingt es ihm nicht, *theoretische Vorstellungen über den Entwicklungsverlauf* von Selbstanalytischen Gruppen von der Grundannahmen-Kultur bis zur reiferen Form der Auseinandersetzung bzw. der sogenannten Arbeits-Kultur zu formulieren.

Aufgrund unserer Analyse ist es nicht gerechtfertigt, die von *Thelen* geschilderten Zusammenhänge zwischen emotionaler Dynamik und Gruppen-Kultur als für alle Gruppen oder auch nur für alle Selbstanalytischen Gruppen repräsentativ zu betrachten. Wir haben vielmehr Grund zu der Annahme, daß unter den Bedingungen, die *Thelen* gesetzt hat, ganz bestimmte, eben prä-ödipale Phänomene in Selbstanalytischen Gruppen entstehen, und daß unter anderen Bedingungen andere zu erwarten sind. Welcher Art diese anderen Phänomene sind wird im nächsten Abschnitt deutlich werden, wenn wir uns mit der Theorie von Phillip *Slater* (1970) näher befassen, deren zentraler Gesichtspunkt die Gruppenrevolte gegen den Leiter ist, also eine Problematik, die wir in unserer Modellüberlegung als spezifisch ödipale Problematik charakterisiert haben.

3.3. Phillip E. Slater

Im Gegensatz zu Herbert A. *Thelen* ist Phillip E. *Slater* im deutschen Sprachraum durch sein 1970 auf deutsch erschienenes Hauptwerk (englisch 1966) »Mikrokosmos: eine Studie über Gruppendynamik« recht bekannt geworden.

Obwohl die Gedankengänge in seinem Hauptwerk recht ausgereift erscheinen, betont *Slater* immer wieder, daß sie lediglich einen Versuch darstellen, die vielfältigen Eindrücke, die er im Laufe einer mehrjährigen Erfahrung in der Leitung von Selbstanalytischen Gruppen gewinnen konnte, etwas zu ordnen. Er schreibt in der Einleitung zu seinem Buch »Mikrokosmos« (1970):

»Bei der Niederschrift dieser Gedanken hat mich jedoch nur z.T. die Absicht geleitet, mich von dem geistigen Druck der angehäuften Eindrücke zu befreien. Es hat mich immer gestört, daß viele Fragen von legitimem wissenschaftlichen Interesse häufig ihre Existenz in einer Art von akademischem Vorbewußtsein haben, wo sie mündlich und zwanglos diskutiert werden, jedoch selten bis zum Stadium der Drucklegung vordringen und deshalb nie Gegenstand sorgfältiger empirischer Untersuchung sind. Der Zweck dieses Buch ist es, die Analyse von Kleingruppen zu vertiefen, ihr eine größere Reichweite zu geben und so auf bisher vernachlässigte Wege der Forschung hinzuweisen. Insofern wird das Buch denen ein Ärgernis sein, die auf eine beruhigende Systematisierung schon vorhandener Konzeptionen aus sind« (*Slater* 1970, II).[14]

3.3.1. Darstellung und Analyse der Theorie von Slater

*Slater*s Hauptwerk (1970), auf das wir uns hier im wesentlichen beziehen wollen, gliedert sich in zwei Teile:

(1) Im ersten versucht er darzulegen, warum es zu dem für ihn zentralen Phänomen der Gruppenrevolte gegen den Leiter in Selbstanalytischen Gruppen kommt, wie diese Revolte sich anbahnt, durchgeführt wird und welche Probleme sich im Anschluß daran für die Gruppenteilnehmer ergeben. In diesem Teil steht für

Slater die *Freud'*sche Theorie der Urhorde (GW IX) im Mittelpunkt der Betrachtung. Mit Hilfe dieser Überlegungen von *Freud* versucht er, eine vielzahl von Phänomenen in Selbstanalytischen Gruppen auf einen gemeinsamen Verstehens-Nenner zu bringen.

(2) Im zweiten Teil seiner Untersuchung geht *Slater* dann einen Schritt weiter und wagt sich an das schwierige Unterfragen, die gesamte Entwicklung von Selbstanalytischen Gruppen unter einem einheitlichen Gesichtspunkt zu ordnen: entlang einem Kontinuum zunehmend bewußter Abgrenzungsleistungen zwischen Gruppenmitgliedern, Gruppenleiter und der Gruppe als Ganzer. Bei dieser Modellüberlegung versucht *Slater,* die Theorie der Grundannahmen in Gruppen von *Bion* (1972) mit den Ideen von *Freud* (GW IX) zu verknüpfen. Oder anders ausgedrückt: er versucht, prä-ödipale und ödipale Phänomene in Gruppen als notwendig auseinander hervorgehende Entwicklungsschritte innerhalb Selbstanalytischer Gruppen herauszuarbeiten, als kontinuierlichen Prozeß der zunehmenden Ersetzung unbewußter Bindungen zwischen den Mitgliedern durch bewußte Bindungen und Abgrenzungsleistungen.

Wir wollen im Folgenden die Überlegungen von *Slater* anhand der Einteilung schildern, die er selber vorgenommen hat: alle Phänomene und Überlegungen, die mit der Gruppenrevolte gegen den Leiter zu tun haben, werden wir unter der Überschrift »die Entwicklung der Unabhängigkeit« abhandeln (vgl. 9 – 194); die zusammenfassende Theorie der Gruppenentwicklung von *Slater* soll unter der Bezeichnung »die Entwicklung des Grenzbewußtseins« dargestellt werden (vgl. 197 – 298).

3.3.1.1. Die Entwicklung der Unabhängigkeit der Gruppenmitglieder vom Gruppenleiter

In Selbstanalytischen Gruppen werden die Gruppenmitglieder gleich zu Beginn in eine Situation gebracht, die außerordentlich starke Frustrationen und Ängste erzeugt: eine Anzahl untereinander weitgehend unbekannter Menschen treffen zusammen, ohne daß sie ein explizit formuliertes Arbeitsthema haben. Der Gruppenleiter, d.h., das einzige Gruppenmitglied, für das es nach Auffassung der anderen Gruppenteilnehmer überhaupt so etwas wie eine Rollendefinition gibt, weigert sich, die traditionelle aktive, bestimmende Rolle in der Gruppe zu übernehmen. *Slater* betont:

»Die durch die passive Rolle des Leiters erzeugte Angst ist heftig, selbst in geistig differenzierten Gruppen, wo sie erwartet wird. Einige Mitglieder haben vielleicht früher schon an ähnlichen Gruppen teilgenommen, eine psychoanalytische Behandlung mitgemacht oder eine vergleichbare Erfahrung gehabt. Aber das in derartigen Situationen erworbene Wissen verblaßt vor den Phantasien, die der neue Gruppenleiter erweckt – besonders dann, wenn er zuerst in Gestalt eines der archetypischen Autokraten des Arztes oder des Lehrers in Erscheinung tritt –. Die Verletzung dieser Phantasien durch ihn wird als Im-Stich-Lassen erlebt und erzeugt Gefühle der Hilflosigkeit und Verwirrung« (9 f).

Archaische Angst und Vergöttlichung des Gruppenleiters

Je länger diese Situation anhält, umso stärker werden die Ängste der Gruppenmitglieder. Zugleich aber zeigt sich nach *Slater* regelmäßig eine zunehmende Überhöhung des Gruppenleiters in der Phantasie der Gruppenteilnehmer. Der Gruppenleiter wird gleichsam vergöttlicht, ihm werden übernatürliche Kräfte und übermenschliche Macht zugeschrieben. *Slater* schreibt:

»Das Gefühl oraler Entbehrung (wird) mit der Phantasie nährender Fülle verschmolzen, und eine übernatürliche Festigkeit und Dauer wird an die Stelle von Verlust und Unsicherheit in der Realität gesetzt« (11).

Wenn der Gruppenleiter als göttlich phantasiert wird, so ist es natürlich außerordentlich wichtig, herauszubekommen, was der Gott will. Denn nach Maßgabe der Erfüllung dieses Willens wird man schließlich belohnt werden. Die Gruppenmitglieder nehmen häufig zu einem Mechanismus Zuflucht, der uns aus der christlichen Religion wohlvertraut ist und den *Freud* als solchen klassisch herausgearbeitet hat:

»Man braucht nicht stark; intelligent, fähig oder realistisch zu sein; man muß nur gut sein. Die Welt wird aus einer unsicheren, chaotischen und gleichgültigen Umgebung, in der die Wege zu Erfolg und Glück, ja selbst zum Überleben unbekannt und unvorhersehbar sind, zu einer geordneten, gelenkten und geplanten, die einfache Verhaltensregeln (ethischer oder ritueller Art) hat, welche alle befolgen können« (13 f).[15]

Übertragen auf die Situation in Selbstanalytischen Gruppen besagt dies:

»Erschreckt durch die ihnen verliehene Freiheit und Verantwortung, in der Angst, diese schattenhafte und passive Gestalt vermöge ihre kindliche Sehnsucht nicht zu erfüllen, fangen sie an, aus frühen Elternbildern die Phantasie eines allwissenden und allmächtigen Beschützers zu formen, der eines Tages auf den Plan tritt und sie aus ihrer labyrinthischen Verwirrung herausführt oder der ihnen den Schlüssel oder die geheime Formel geben wird, welche den großen Plan hinter dem scheinbaren Wirrwarr und Chaos enthüllt. Dann wird sich zeigen, daß der anarchische Charakter der Diskussionen ein wesensnotwendiger Teil dieser größeren vorherbestimmten Ordnung ist, die man am

›Jüngsten Tag‹, wenn die Gruppe ihr Ende finden wird, in ihrer Gesamtheit begreifen wird« (25 f).

Heiliger Zorn und die sich anbahnende Revolte

Diese religiöse Phantasie taucht nach *Slater* in Selbstanalytischen Gruppen regelmäßig auf und hält längere Zeit an, bis nach und nach den Gruppenmitgliedern deutlich wird, daß sie vergeblich auf die Segnungen des Gruppenleiters warten und ihre Situation inmitten des Chaos ungeklärter Gefühle und Phantasien immer unerträglicher wird. Ihre Verehrung dem Gruppenleiter gegenüber schlägt dann in »heiligen Zorn« um:

»Die Revolte gegen den Leiter repräsentiert den Verfall der ursprünglichen religiösen Phantasie. Im wirklichen Leben erscheint der Gott niemals, sodaß die Phantasie von seiner elementaren Macht und seinem Schutz auf unbegrenzte Zeit bewahrt werden kann. In der Selbsterfahrungsgruppe ist der phantasierte Beschützer gegenwärtig und sichtbar, außerdem zunehmend menschlicher und fehlbarer. Der Mythos des allwissenden Beschützers wird so fortwährend mit einer ärgerlichen Wirklichkeit konfrontiert. Man könnte dies das Problem der dauernden Epiphanie nennen. Die Person in Fleisch und Blut versagt nicht nur darin, zu beschützen, zu lösen oder zu gewähren, sondern bei den wenigen Gelegenheiten, wo sie tatsächlich spricht, erscheint sie oft auch als unerheblich, linkisch oder schizoid.

Angesichts dieser Fakten wird das Gruppenmitglied auf eine von zwei Positionen zurückgezwungen. Es muß entweder glauben, daß der Gruppenleiter nicht allwissend, sondern unfähig ist, oder aber, daß er tatsächlich allwissend ist und den Gruppenangehörigen in eigensinniger Perversität sein Wissen und seine Führung entzieht. Die letztere Position mag in sich widersprüchlich erscheinen, ist aber ein weniger niederschmetterndes Eingeständnis als die erstere und wird natürlich bestärkt, wenn der Gruppenleiter eine gescheite oder rätselhafte Äußerung macht.

Aber dieser Zorn auf den Gruppenleiter ist zunächst nur *individueller* Zorn. Um gemeinsam gegen den Gruppenleiter zu revoltieren ist es erforderlich, daß der individuelle Unmut öffentlich in der Gruppe geäußert wird und daß nach und nach alle Mitglieder für den Leiter-Sturz angeworben bzw. begeistert werden können. *Slater* schreibt:

»Die Bedeutung des Anwerbungsprozesses liegt nicht so sehr darin, daß die revolutionäre Partei Mitglieder gewinnt als vielmehr darin, daß eine gemeinsame Einstellung gegenüber dem Leiter, sei sie auch noch so ambivalent, ausdrücklich als Gruppenproblem anerkannt wird. In der Regel müssen beide Seiten der Ambivalenz Ausdruck finden und geteilt werden, bevor eine kollektive Aktion stattfinden kann. Es muß in gewissem Umfang das Gefühl da sein, daß sowohl Abhängigkeits- wie Ablehnungsgefühle gegenüber dem Leiter in der Gruppe weit verbreitet sind. Erkennen die Teilnehmer, daß eines dieser Gefühle von mehreren geteilt wird, kann das andere freimütiger geäußert werden. Eine abwechselnde Vor- und Rückwärtsbewegung weitet Anerkennung und Ausdruck beider Gefühle in ständig größer werdenden Kreisen aus, bis ein hinreichend großer Teil der Gruppe (eine Art emotionales Quorum) erfaßt wird, und diese damit in der Lage ist, zu handeln« (51).

Trotz dieses öffentlichen Austausches der Gefühle ist das Entstehen einer Gruppensolidarität gar keine so leichte Sache; die einzelnen Gruppenmitglieder sind von ihrer Biographie her in unterschiedlichem Maße bereit, die Phantasie des nährenden und versorgenden Leiters aufzugeben und erwarten sich überdies durch individuelles Wohlverhalten eine unmittelbare Zuwendung des Gruppenleiters. Eine besondere Rolle spielen hierbei die sogenannten Schweigsamen in der Gruppe. Um sie konzentriert sich bald die Anstrengung der Gruppenmitglieder: bevor sie nicht Stellung bezogen haben hinsichtlich des frustrierenden Gruppenleiters kommt es selten zu echten Revolten (vgl. 51).

Trotz der verschiedenen individuellen Versuche, durch besonders devotes Verhalten oder durch Schweigen vom Gruppenleiter letztlich doch versorgt und damit den anderen vorgezogen zu werden, kommt es schließlich in den meisten Fällen doch zur allgemeinen Solidarisierung der Gruppenmitglieder. Nach und nach müssen sie nämlich allesamt feststellen, daß sie sich keine individuellen Vorteile verschaffen können, daß der Gruppenleiter vielmehr weiterhin neutral, unparteiisch und versagend bleibt (vgl. 182).

An dieser Stelle läßt sich zeigen, welche Bedeutung die *Freud*'sche Hypothese der Ur-Horde nach *Slater* für das Verständnis der Vorgänge in Selbstanalytischen Gruppen hat. Zugleich hoffen wir auch, deutlich machen zu können, welche psychodynamische Funktion und welche Ursachen die ödipale Revolte gegen den Vater haben könnte.

In der Literatur über die ödipale Konstellation wird vielfach die verbietende, verwehrende Rolle des Vaters dem Kinde gegenüber hervorgehoben. *Slater* eröffnet eine neuartige Perspektive, indem er die Aggression der Gruppenmitglieder gegen den Vater in Zusammenhang bringt mit der versagenden, nicht hinreichend mit all den Gütern versorgenden Haltung, welche der Vater im Übermaß in der Phantasie der Gruppenmitglieder besitzt. Wenn er nicht bereit ist, seine versorgende, beschützende Funktion auszuführen, erleben die Gruppenmitglieder dies als Vorenthaltung wichtiger ihnen zustehender Güter.[16] Um sich diese Güter anzueignen, zu holen, gibt es zwei Möglichkeiten: sich mit dem Vater identifizieren, ihn praktisch zu inkorporieren und damit ebenso mächtig sich zu fühlen wie dieser, oder ihn zu entmachten, zu stürzen. Für das Kind bleibt in der Regel nur die erste Möglichkeit, aber auf Gruppenebene finden wir häufig die zweite: der Gruppenleiter wird durch eine gemeinsame Aktion der einzeln zu schwachen Gruppenteilnehmer symbolisch gestürzt. Der Effekt ist ähnlich: im Anschluß an den Leiter-Sturz identifizieren sich die Gruppenmitglieder mit den in ihrer Phantasie dem Gruppenleiter verfügbaren Fähigkeiten und Möglichkeiten (vgl. 78–80).

Kehren wir nach diesem Exkurs zurück zur Charakterisierung der sich nach und nach »zusammenballenden Gruppen-Aktion gegen den Gruppenleiter« (vgl. 62). Das zentrale Problem aller Gruppenmitglieder nach *Slater* ist die Ambivalenz hinsichtlich des Gruppenleiters: einerseits erwarten sie von ihm, daß er sie mit allem Nötigen versorgt und lieben und verehren ihn deshalb, andererseits werden sie immer wütender, weil er diese Funktion (aus welchem Grund auch immer) nicht übernimmt (vgl. 51).

Zu Beginn des Gruppenprozesses steht im allgemeinen die verehrende, liebende Haltung dem Gruppenleiter gegenüber im Vordergrund; es wäre zu diesem Zeitpunkt auch viel zu gefährlich, dem Leiter gegenüber aggressiv zu sein. Deshalb wird der aggressive Anteil, der durch die frustrierende Gruppensituation erzeugten Ambivalenz auf andere Gruppenmitglieder oder diffus auf irgend einen sich anbietenden Gegenstand innerhalb oder außerhalb der Gruppe verschoben. Erst wenn mit zunehmender Frustration über die Passivität des Gruppenleiters von diesem nicht mehr allzu viel erwartet wird, ist es nach *Slater* möglich, die gestauten Aggressionen auf den Gruppenleiter zu richten. Der dabei in den Hintergrund tretende Anteil der Liebe und Verehrung dem Gruppenleiter gegenüber geht aber während des Angriffs keinesfalls verloren: durch die Äußerung der Aggression, durch den Angriff wird der Leiter quasi überwältigt, seiner Macht und seiner Möglichkeiten beraubt, welche sich dann die Gruppenmitglieder kollektiv in ihrer Phantasie einverleiben. Sie haben ihn dann sozusagen »zum Fressen lieb« und verleiben sich den Gruppenleiter symbolisch nach dem Sieg über ihn ein, fühlen sich im Besitz der vermeintlichen Potenzen des Gruppenleiters (vgl. 87 f).

Ein weiterer Aspekt kommt hinzu: indem die meisten Gruppenteilnehmer ein gemeinsames Objekt für ihre vielfältigen Aggressionen haben, ist es ihnen zugleich möglich, die zärtlichen Gefühle, also die Zuneigung füreinander, zu äußern. Dadurch entsteht eine gewisse Solidarität der Gruppenmitglieder untereinander (67).

Slater meint, daß der kollektive Angriff der Gruppenteilnehmer auf den Gruppenleiter im wesentlichen eine orale Problematik widerspiegelt: die Gruppenmitglieder verleiben sich mit Gewalt dasjenige ein, was ihnen ihrer Meinung nach vom Leiter vorenthalten wird (vgl. 79 f).

Unter diesem Blickwinkel wird es auch verständlich, daß der Angriff auf den Gruppenleiter für die Gruppenmitglieder umso befriedigender ist, je früher er erfolgt: im frühen Stadium der Gruppenentwicklung wird der Leiter aufgrund der Übertragung der Gruppenmitglieder[17] als viel mächtiger und mit viel größerer Fülle ausgestattet phantasiert als zu einem späteren Zeitpunkt, weil die Teilnehmer dann schon ein realistischeres Bild des Gruppenleiters in sich aufrichten mußten (vgl. 91 f).

Umgekehrt wird aber auch verstehbar, warum die Gruppen-Revolte stark verzögert werden oder ganz ausbleiben kann, wenn die Gruppenteilnehmer durch den drohenden Verlust eines Mitglieds oder aber die überstarken Anklammerungswünsche einiger Gruppenteilnehmer in ihren Gefühlen der gemeinsamen Stärke dem Leiter gegenüber stark verunsichert werden: einem starken, ja übermächtigen Gegner gegenüber kann man nicht antreten, wenn die eigenen Reihen so wenig geschlossen sind bzw. so geschwächt (vgl. 53, 57 f, 83 f).[18]

Veränderungen in der »sexuellen Ökonomie« der Gruppe

Vor und während der Revolte findet nach *Slater* ein Wandel in der »sexuellen Ökonomie« der Gruppenteilnehmer statt (vgl. 98 ff). Während vor der Revolte der überaus wertvolle Gruppenleiter Ziel sämtlicher libidinöser Strebungen der Gruppenmitglieder ist, erwarten die Gruppenmitglieder während und nach der Revolte die Befriedigung ihrer wichtigsten Bedürfnisse voneinander, besetzen also – psychoanalytisch gesprochen – die Gruppe als solche bzw. sich untereinander libidinös.[19] Dabei wird deutlich, daß die Zuneigung zum Gruppenleiter im wesentlichen von dem Bedürfnis gespeist wird, von diesem wertvollen Objekt etwas zu bekommen. Von den anderen Gruppenteilnehmern erwarten sich die einzelnen Gruppenmitglieder zunächst wenig oder gar nichts. Wenn das so ist, wird verständlich, warum vor der Revolte die Gruppenmitglieder ständig das Gefühl des Mangels haben und nachher sich nach und nach das Gefühl der Fülle ausbreitet: die Gruppenmitglieder erwarten dann nicht mehr allein vom Gruppenleiter alle Segnungen, sondern betrachten sich untereinander als ebenso mächtig und fähig (vgl. 190). Im Grunde handelt es sich bei der Revolte nach *Slater* um die Frage: sollen, müssen, können die Gruppenmitglieder die Befriedigung ihrer wichtigsten Bedürfnisse vom Gruppenleiter erwarten oder aber fühlen sie sich stark genug bzw. sehen sie sich gezwungen, auf die eigenen Kräfte zu vertrauen?[20]

Was haben diese Überlegungen aber mit einer Veränderung der sexuellen Ökonomie in der Gruppe zu tun? Noch mehr: in der *Freud*'schen Annahme einer Ur-Horde gruppiert sich die Argumentation besonders um den Hordenvater, der den Söhnen alle Frauen vorenthält. Wie verträgt sich diese Annahme von *Freud* mit der bisher breit ausgeführten Überlegung, daß es den Gruppenmitgliedern doch wohl in erster Linie darum geht, vom Gruppenleiter versorgt zu werden, und wenn er das nicht tut um die Eroberung seiner versorgenden Macht? *Slater* löst diesen scheinbaren Widerspruch auf, indem er betont, *daß die Gruppenteilnehmer in der Regel auf eine Stufe der kindlichen Entwicklung regredieren, in welcher Sexualität und Abhängigkeit noch nicht voneinander getrennt sind* (vgl. 122).

Er führt aus, daß die Gruppenteilnehmer den Gruppenleiter vielfach als phallisch erleben:[21] er dringt mit seinen Interpretationen praktisch in die Gruppe und in einzelne ein. Dadurch ist er zugleich mächtig, was die aktive Seite angeht und für die Gruppenteilnehmer sexuell verführerisch, was die passiven Wünsche der Teilnehmer angeht: phallische Sexualität als machtvolles Geben und Eindringen (vgl. 114 f, 118, 121). Die versorgende Macht, welche dem Gruppenleiter von den Gruppenteilnehmern zugeschrieben wird, ist damit weitgehend auch sexuelle Potenz. Und wenn der Gruppenleiter besiegt ist, geht auch die sexuelle Potenz auf die Gruppenmitglieder über.

Aus dieser Ungeschiedenheit von sexueller Potenz und versorgender (oraler) Macht lassen sich nach *Slater* auch eine Reihe von regelmäßig in Selbstanalytischen Gruppen auftretenden Differenzen im Verhalten der männlichen und weiblichen Gruppenmitglieder erklären:

Die weiblichen Gruppenteilnehmer empfinden das Eindringen des Gruppenleiters in die Gruppe als durchaus angenehm. Sie versuchen ihn sogar zu weiteren Interpretationen bzw. Interventionen zu bewegen. Wenn das gelingt, haben sie sozusagen es in der Hand, die Zuwendung bzw. den Phallus des Gruppenleiters zu bekommen. Wenn es nicht gelingt, können sie mit Recht böse auf den Gruppenleiter werden und sich nach Mitstreitern umsehen, um den Gruppenleiter zu entmachten bzw. sich den männlichen Gruppenteilnehmern zuwenden (vgl. 100 ff).

Bei den männlichen Teilnehmern ist die Lage schwieriger: einerseits möchten sie gerne vom Gruppenleiter ebenso wie die Frauen versorgt werden, andererseits erzeugt dies aber homosexuelle Phantasien bzw. Wünsche. Da sie wegen dieser Gefühle vielfach ihre passiven Wünsche verleugnen müssen, fällt es ihnen schwer, den Gruppenleiter anzugreifen: sie wollen ja gar nichts von ihm, deshalb haben sie auch keinen Grund, aggressiv zu werden, wenn er ihnen nichts gibt (vgl. 109 ff). Sofern der Gruppenleiter eine Interpretation gibt, können sie sich lediglich gegen eine solche »Einmischung von außen« wehren; dadurch sägen sie sich aber sozusagen den Ast ab, auf dem sie sitzen: sie erhalten vom Gruppenleiter nichts.

Für die weiblichen Gruppenteilnehmer ist es demnach bedeutend leichter, die beiden Seiten ihrer Ambivalenz dem Gruppenleiter gegenüber auszudrücken: daß sie ihn ganz für sich haben möchten, und wenn dies nicht möglich ist, ganz ohne ihn auskommen wollen bzw. ihn entmachten. Die männlichen Teilnehmer sind aufgrund der mit dem Leiter verbundenen homosexuellen Problematik vielfach lediglich in der Lage, den aggressiven Anteil auszudrücken, den Wunsch, den Gruppenleiter zu entmachten, sehen sich aber der großen Problematik gegenüber, dabei ihre passiven Wünsche nicht erfüllen bzw. bearbeiten zu können.

Aufgrund dieser Konstellation ist es nicht verwunderlich, daß in Selbstanalytischen Gruppen die Frauen in der Regel aktiver sind und den Gruppenleiter eher angreifen und die Männer relativ passiv und zurückhaltend. Dies führt aber dann häufig dazu, daß die Männer vor den aktiven Frauen Angst bekommen (vgl. 132), noch passiver werden und im Grunde vom Gruppenleiter Schutz gegen diese überfordernden Frauen »verlangen« (vgl. 138). Umgekehrt entstehen bei den Frauen bald Befürchtungen, daß sie vielleicht zu aktiv, zu wenig weiblich sind (vgl. 132). Gelöst werden kann diese Problematik nur, wenn einerseits der Gruppenleiter sowohl die weiblichen als auch die männlichen Teilnehmer weiterhin in ihren spezifischen Wünschen frustriert, andererseits die Gruppenteilnehmer wechselseitig ihre Befürchtungen äußern können, was die vermutete Unzulänglichkeit der Erfüllung der eigenen Geschlechterrolle angeht:

> »Sowie die weiblichen Mitglieder zugeben, daß sie sich unweiblich fühlen, und die männlichen (ein wenig) zugeben, daß sie sich unmännlich fühlen, werden sie freier, sich einander zu nähern« (142).

Die »neue Ordnung»

Die Revolte gegen den Gruppenleiter ereignet sich nach *Slater* in der Regel während des geschilderten Prozesses der Ablösung der Gruppenmitglieder vom Gruppenleiter. Sobald er eine gewisse Intensität erreicht hat, erfolgt der Angriff. Nach diesem Angriff aber stellt sich regelmäßig das Problem der mühsamen Durcharbeitung der beschriebenen Konstellation zwischen dem Gruppenleiter sowie den männlichen und weiblichen Gruppenteilnehmern. Denn auch nach der Revolte stehen die beiden grundsätzlichen Möglichkeiten des Verhaltens dem Gefühl der Leere und des Mangels gegenüber, weiterhin als Probleme im Raum: die Erwartung und das Bedürfnis nach Nährung durch den Leiter (die Gruppe als Vagina, in die der Gruppenleiter eindringt) und das Bedürfnis, sich den Leiter einzuverleiben, indem er überwältigt wird und seine Fähigkeiten auf die Sieger übergehen (die Gruppe als den Leiter verschlingender Mund) (vgl. 123). Soll die Gruppe fortschreiten in der Stabilisierung und Differenzierung des in der Revolte dem Gruppenleiter Entwundenen und nicht ständig der Gefahr der Regression in die orale Abhängigkeitshaltung ausgesetzt sein, so müssen die Funktionen, die nach Meinung der Gruppenmitglieder der Gruppenleiter hätte erfüllen müssen, aber nicht erfüllt hat, von den Mitgliedern selbst übernommen und wahrgenommen werden. Die Gruppenmitglieder müssen eine *neue Ordnung untereinander* aufbauen.

Zwei Problembereiche sind dabei besonders wichtig:

(1) Die zunehmende Entkleidung des Gruppenleiters von den auf ihn projizierten übermenschlichen Qualitäten, seine Säkularisierung. *Slater* schreibt hierzu:

»Vor der Revolte sind drei Entitäten miteinander verbunden: die Person des Gruppenleiters, die Gruppen-Gottheit (d.h., das Objekt der Verehrungshaltung und der Abhängigkeitsbedürfnisse der Gruppenmitglieder) und eine Reihe abstrakter Fähigkeiten, Qualitäten oder Kräfte, die von den Mitgliedern begehrt werden. Nachdem der Prozeß der Revolte abgelaufen ist, sind diese drei Entitäten getrennt. Die Qualitäten Weisheit, Verstehen und Interpretationsvermögen werden nun emotional als abstrakte Prinzipien anerkannt; sie sind nicht mehr an eine bestimmte Person geknüpft und können deshalb von allen geteilt werden. Vor dieser Zeit herrscht z.B. die feste Überzeugung, daß nur der Leiter weiß, was in der Gruppe vorgeht. Er mag noch so sehr versichern, daß schließlich allen die gleichen Daten zur Verfügung stünden und daß es bloß darauf ankomme, Augen und Ohren offen zu halten. Darauf erwidern die Gruppenmitglieder mit ernster Insistenz, daß er in diesen Dingen über mehr Wissen und Erfahrung verfüge – was aber wiederum in keiner Weise ihrer standhaften Ablehnung seiner Interpretationen oder ihrem Gefühl Abbruch tut, seine Art, eine Gruppe zu führen oder einen Kurs abzuhalten, sei ziemlich albern. All diese drei Haltungen werden durch die Revolte weitgehend auf den Kopf gestellt. Die Tatsache, daß der Dozent ein geschickterer Interpret als sie selber ist, wird jetzt viel abgewogener betrachtet, etwa als Funktion dessen, daß er so was schon länger betreibt. Die Gruppenmitglieder sind nun in der Lage, zuzugeben, daß auch sie interpretieren können und dürfen – sogar das Verhalten des Leiters selbst« (169 f).

(2) In der Gruppe muß nach und nach eine zunehmende Rollendifferenzierung bzw. Rollenflexibilität der Gruppenmitglieder entwickelt werden. Nur wenn die ursprünglichen Erwartungen an den Gruppenleiter von den einzelnen Gruppenmitgliedern selbst durch kooperativen Austausch befriedigt werden, kann sich die Gruppe stabilisieren, ihre Ressourcen mobilisieren und ein Gefühl der Fülle erzeugen, die den regressiven Tendenzen nach Versorgung in einem grundlegend als Mangelsituation erlebten Zustand entgegenwirken. *Slater* schreibt:

»Es vollzieht sich ein, wenn auch begrenzter und zögernder Umschwung von der Auffassung, daß die Gruppe im Zeichen des Mangels operiere und mit einem knappen Vorrat an Liebe, Verständnis, Weisheit und Macht auskommen müsse, zu der Vorstellung von der Gruppe als einer expandierenden Wirtschaft mit potentiell unbegrenzten Reserven« (190).

Slater führt nicht weiter aus, wie er sich die Rollendifferenzierung bzw. Rollenflexibilität der Gruppenmitglieder im einzelnen vorstellt.[22] Es wird aber deutlich, daß es sich vor allem um eine differenzierte, aber zugleich flexible Übernahme der Geschlechtsrollen handelt, in denen innerhalb unserer Gesellschaft ja auch die verschiedenen Varianten von Aktivität und Passivität bzw. kraft- und machtvollen Ausgreifens und Versorgens einerseits und tragenden, bergenden Versorgens andererseits kanalisiert sind (vgl. 125 ff; besonders 141 f).

Die Revolte und Freuds Theorie des Vatermordes

Wie im zweiten Kapitel geschildert, hat *Freud* in »Totem und Tabu« den Gedanken entwickelt, daß in grauer Vorzeit die Söhne des Clan-Vaters, der alle Frauen und überhaupt alle Macht für sich beansprucht hat, sich zusammengerottet und den Vater umgebracht haben. *Slater* führt eine Fülle von Ereignissen in Gruppen an, die recht eindeutig darauf hinweisen, daß in Selbstanalytischen Gruppen ähnliche – allerdings symbolische – Prozesse ablaufen. Am Anfang verhalten sich die Gruppenmitglieder vielfach wie kleine Kinder, die weitgehend auf den Schutz und die Versorgung durch eine mächtige Vater-Figur angewiesen sind. Es dauert allerdings nicht lange, dann rühren sich die männlichen Gruppenteilnehmer mit herber Kritik an den unerwünschten Einmischungen des Gruppenleiters, während die weiblichen ihn eben wegen seiner Interpretation bewundern und schätzen. Es sieht oft so aus als ob die Frauen dem Gruppenleiter geradezu verfallen wären, während sie die männlichen Teilnehmer als Männer oder Partner überhaupt nicht ernst nehmen. Nach der gemeinsamen Revolte gegen den Leiter ändert sich das Verhalten beider Geschlechter: sie interessieren sich stark füreinander und praktisch gar nicht mehr für den Gruppenleiter. Die vielfältigen symbolischen Äußerungen der Gruppenteilnehmer vor, während und nach der Revolte lassen sich mühelos auf dem Hintergrund der *Freud*'schen Theorie verstehen: *Slater* führt im einzelnen aus wie das Thema des Gruppenmordes, der Selbstverstümmelung der Gruppe, des Kannibalismus oder aber auch des heiligen Königs regelmäßig die »Absetzung« des Gruppenleiters begleiten (vgl. 29 – 97).[23]

Abweichend von bzw. ergänzend zu *Freud* führt *Slater* aber aus, welch große Rolle die weiblichen Teilnehmer bei der »Ermordung« des Vaters spielen: sie stacheln die männlichen Teilnehmer an bzw. bereiten den Umsturz aktiv mit vor, indem sie nach einiger Zeit immer deutlicher ihren Unmut dem Gruppenleiter gegenüber äußern, der ihr Werbeverhalten nicht entsprechend beantwortet. Ohne diese Rückenstärkung und Anstiftung durch die weiblichen Teilnehmer verzögert sich die Revolte vielfach stark oder findet überhaupt nicht statt.

Nach der Gruppenrevolte zeigen sich häufig ähnliche Phänomene wie *Freud* sie in seiner Theorie der Ur-Horde beschrieben hat: die Gruppenmitglieder haben eine große Scheu, ihre Freiheit zu nutzen. Nur ganz vorsichtig klären sie die wechselseitigen Beziehungen, intime Kontakte tauchen praktisch nicht auf und wehe dem, der sich eine leitende Position anmaßt. Dieses Verhalten erinnert stark an die Tabuisierung im *Freud'*schen Paradigma nach der Ermordung des Vaters: keiner darf sich mehr Freiheit herausnehmen, alle sind gleich, wehe dem, der mehr Befriedigung anstrebt als alle anderen, obwohl sie sehnsüchtig alle nach mehr verlangen (vgl. 183 ff).

So bedeutsam nach *Slater* die Revolte gegen den Leiter in Selbstanalytischen Gruppen ist und so wichtig ihre Erfassung mit Hilfe des *Freud'*schen Paradigmas, so notwendig ist es, sie als Teil eines umfassenden Prozesses zu begreifen: des langwierigen Prozesses der zunehmenden Aus- und Abgrenzung der Gruppenteilnehmer als eigenständige Individuen aus der zunächst völlig undifferenzierten und unklaren Gruppensituation in einem fortwährenden Prozeß der Veränderung der Gruppenbindungen zwischen den Gruppenmitgliedern.

3.3.1.2. Die Entwicklung des Grenzbewußtseins in Selbstanalytischen Gruppen

Bei seinen Überlegungen zu einer übergreifenden Theorie der Entwicklung Selbstanalytischer Gruppen geht *Slater* von drei Erfahrungstatbeständen aus, in denen er die Grundannahmen von *Bion* wiederzuerkennen glaubt (vgl. 197 ff):

(1) In der Auseinandersetzung mit dem Gruppenleiter und der vorausgehenden Vergottung des Gruppenleiters durch die Gruppenmitglieder glaubt er, die *Bion'*sche *Grundannahme der Abhängigkeit* deutlich erkennen zu können.

(2) *Paarungsphantasien* bzw. Vorstellungen, daß die Gruppe etwas Neues gebären wird, immer eine wertvolle Erfahrung sein wird, weitergeht, alles in Fülle haben wird usw. tauchen in Selbstanalytischen Gruppen häufig auf, wenn die reale oder vermeintliche Gefahr des Gruppen-Todes droht; wenn das Ende der Gruppe unmittelbar bevorsteht, während oder bald nach einem Angriff auf den Leiter und wenn ein solcher Angriff erwogen wird (vgl. 154 f).

(3) *Die Kampf/Flucht-Modalität* in Selbstanalytischen Gruppen, die nicht mit einem Angriff auf den Leiter verwechselt werden darf, sondern vielmehr als ein diffuses Kämpfen der Gruppenmitglieder gegen einen völlig undefinierbaren Feind oder ein Davonlaufen vor ihm sich zeigt, diese Modalität taucht nach *Slater* häufig zu Beginn solcher Gruppen auf, wenn die Situation noch völlig undurchsichtig und unklar ist (208 f).

3.3.1.2.1. Bions Grundannahmen als Maßnahmen der Abgrenzung gegen drohende Gefahren

Nach *Bion* wechseln die drei von ihm identifizierten Grundannahmen-Kulturen in Gruppen ohne erkennbare Regelmäßigkeiten ab. *Slater* bezweifelt das aufgrund seiner Erfahrung: er stellt die Hypothese auf, ob nicht die drei geschilderten Modalitäten als drei aufeinander aufbauende, auseinander hervorgehende Weisen der Bewältigung der grundlegenden Probleme in Selbstanalytischen Gruppen angesehen werden könnten (vgl. 196 ff, besonders 211 f):

Die *Kampf/Flucht-Modalität* als ein Versuch, in einer völlig unklaren Situation, in der es schwer ist, wenn nicht gar unmöglich, zwischen sich und der Vielzahl der anderen zu unterscheiden, eine Grenze, einen Abstand zwischen sich und der diffusen Masse der Gruppe herzustellen;

die Modalität der *Abhängigkeit* würde dann auftauchen, wenn die Gruppenteilnehmer die diffuse Gruppensituation in der Weise bereits provisorisch so weit strukturiert haben, daß sie vom Gruppenleiter die Klärung der bedrohlichen Situation erwarten und quasi eine Zweierbeziehung zwischen Gruppe und Gruppenleiter herstellen;

die Modalität der *Paarbildung* schließlich stellt einen Versuch dar, nach der Ablösung von der alleinigen Hinordnung auf den Gruppenleiter und der Übernahme der Verantwortung für die Binnengestaltung der Gruppe durch die Gruppenmitglieder, die Angst zu verringern, die neue Ordnung der Gruppe könnte sich als zu schwach erweisen, die Gruppenteilnehmer in ihrer Gesamtheit seien zu schwach oder zu wenig potent, die auftretenden Probleme selbständig zu regeln und zu lösen (vgl. 154 ff).

Die drei genannten Modalitäten wären demnach auf einem Kontinuum der Evolution der Gruppe anzuordnen: sie stellen Versuche dar, aus der undifferenzierten Ausgangssituation der Gruppe (wo »die Unterscheidung zwischen Selbst und Objekt noch ganz verschwommen ist«, 197) über drei Abgrenzungsleistungen schließlich und endlich zu einer Gruppe von Menschen zu werden, die sich selbständig wechselseitig voneinander abgrenzen können, ihre Interessen koordinieren und sich hierbei nicht mehr auf den Gruppenleiter angewiesen fühlen.

Betrachten wir den Prozeß im einzelnen:

1. Kampf und Flucht als Maßnahmen gegen »Umklammerung durch die Gruppe«.

»Der einzelne, der zum erstenmal in eine Gruppe eintritt, sieht diese in der Regel als undifferenzierte Masse. Er wählt sich vielleicht ein oder zwei Einzelpersonen aus, denen er sich speziell zuwendet, aber das geschieht zwangsläufig auf der Basis unbewußter Phantasien – oder der Übertragung. Damit verzerrt er, soweit er wertend unterscheidet, und bleibt im Unbestimmten, soweit er empirisch vorgeht. Zu gleicher Zeit sehen auch alle anderen Gruppenmitglieder die Gruppe ebenso, sodaß die erste von allen geteilte Wahrnehmung die ist, daß die Gruppe – von einer Ausnahme abgesehen (die jedesmal eine andere ist) – eine undifferenzierte Masse darstellt. Überdies steht diese Wahrnehmung nicht nur nicht im Vordergrund des Bewußtseins, sondern man ist sich auch nicht dessen bewußt, daß sie von den anderen geteilt wird. Schließlich wird vielleicht, wie wir später sehen werden, auch die *Definition* dieser undifferenzierten Masse unbewußt von allen geteilt.

Damit wird eine reicht labile Lage geschaffen. Handelt ein Teilnehmer entsprechend seiner Wahrnehmung von bestimmten Einzelpersonen in der Gruppe, so führt das verzerrte Bild, das er sich von ihnen macht, höchstwahrscheinlich zu einer fruchtlosen und verwirrten Interaktion. Handelt er entsprechend seiner Wahrnehmung von der Gruppe als einer undifferenzierten Masse, so vernimmt er vielleicht plötzlich ein ziemlich überwältigendes Echo von den anderen Teilnehmern. Dies bestürzt ihn, denn es verwischt die Grenze zwischen ihm selbst und der Gruppe als Ganzem« (204 f).

In dieser Situation erlebt der einzelne »durch die Gruppe eine plötzliche Steierung von Gefühlen, Impulsen und Phantasien«. Er hat das Gefühl, von Kräften fortgerissen zu werden, »die anscheinend sowohl von innen wie von außen kommen«, seine Identität zu verlieren, keine Grenze zwischen innen und außen mehr aufrecht erhalten zu können: »er erlebt ein Gefühl der Umklammerung, das – falls er nicht irgendwie das unbewußte Material in etwas Angenehmes oder zumindest Vertrautes übersetzt – ein Gefühl ursprünglichen Schreckens hervorruft« (209).

Slater betont:

»Kampf und Flucht sind gleichermaßen Mechanismen zur Abwehr dieses Zustandes. Beide schützen die Grenzen, die ein Individuum vom anderen unterscheiden. Durch Kämpfen sagt man: ›ich bin *ich;* ich bin verschieden (ja das Gegenteil) von dir‹. Es ist wie wenn man sich kneift, um sich zu vergewissern, daß man nicht träumt – nur daß hier die Gruppenangehörigen jeweils die anderen kneifen und damit gewissermaßen sagen: ›ich tue weh, also bin ich‹ ... Durch die Flucht hingegen läßt das Individuum einfach den Morast ganz hinter sich. Anstatt das Getrenntsein durch Widerspruch zu demonstrieren, tut er das durch Distanz. Solche Distanz kann dadurch erreicht werden, daß das Individuum sich von anderen Teilnehmern zurückzieht, oder dadurch, daß alle Teilnehmer vor dem Impuls fliehen, welcher das Gefühl des Grenzverlustes erzeugt« (209).

So bedrohlich die Gefahr des Identitätsverlustes für die Gruppenteilnehmer auch ist, so hat sie auch eine ausgesprochen faszinierende Seite: es entsteht die Phantasie oder die Hoffnung, ohne die dauernde Anstrengung und Arbeit der individuellen Grenzerhaltung mit den anderen zu verschmelzen, alles in Fülle zu haben wie ein kleiner satter Säugling, der nur genießt und versorgt wird mit allem, was er braucht (vgl. 210). Meist aber ist das Gefühl des Grenzverlustes für die Gruppenteilnehmer eher bedrohlich. *Slater* schreibt:

»Bei den meisten Individuen macht der emotionale Grenzverlust selten größere Fortschritte, ohne daß die Angst Alarm schlägt und der Kampf-Flucht-Mechanismus einsetzt. Die Kampf-Flucht-*Gruppe* entsteht dann, wenn die gegenseitige Steigerung einer unbewußten Phantasie alle oder die meisten Teilnehmer dazu verleitet, in Richtung des Individualitätsverlustes weiter voranzuschreiten als sie gewünscht oder erwartet hatten« (210).

2. Die Abhängigkeit vom Gruppenleiter als Maßnahme der Eindämmung des Chaos und der Etablierung eines Garanten der gerechten Ordnung.

In der Situation des drohenden Verlustes der Ich-Identität und des Verschlungenwerdens von der emotionalen Dynamik zwischen den Gruppenteilnehmern liegt es nahe, die Rettung aus der desolaten Situation beim Gruppenleiter zu suchen:

»Der Leiter wird z.T. deshalb von der Masse abgeschieden, weil das von der Wahrnehmung her leicht ist, z.T. aber auch, um ein Gegengewicht gegen diese Masse, um einen Helden zu schaffen, der den verschlingenden Drachen abwehrt. Aber die Differenzierung des Leiters bewirkt nicht sofort klare Differenzierungen unter den Teilnehmern, und viele Gruppen gelangen nicht weit über diesen Punkt hinaus« (205).

Vom Gruppenleiter erwartet man einerseits die orale Fülle, die in der Verlockung der Auflösung der Grenze zu den anderen so sogartig die Gruppenteilnehmer angezogen hatte und zugleich den Schutz vor den möglichen drohenden Gefahren dieser Auflösung.

Gegenüber dem panikartigen Verhalten zu Beginn der Gruppenentwicklung ist dies ein Fortschritt: es entsteht eine erste gemeinsame Grenze zwischen Gruppenleiter und Gruppe, die Gruppe ist nicht mehr auf die Notmaßnahmen des diffusen Kampfes bzw. der Flucht als Mittel der Aufrechterhaltung der individuellen Identität bzw. Grenze angewiesen. Wie wir im letzten Abschnitt eingehend abgehandelt haben, führt die Nichterfüllung der Erwartungen der Gruppenmitglieder durch den Gruppenleiter schließlich zu seinem »Sturz« und zur Übernahme der Verantwortung durch die Gruppenmitglieder in ihrer Gesamtheit.

3. Paarbildung als Maßnahme gegen den befürchteten Tod der Gruppe.

Nach der Revolte ist eine weitere Differenzierung der Abgrenzungsbemühungen der Gruppenmitglieder erreicht: an die Stelle der *einen* Grenze zum Gruppenleiter treten nach und nach die vielfältigen Abgrenzungen zwischen den Gruppenmitgliedern untereinander. Für jedes Gruppenmitglied entsteht die Möglichkeit und Notwendigkeit von Beziehungen zu mehr als einer Person. Das ist eine sehr fragile Situation: wie wenn sich herausstellt, daß die Gruppenmitglieder untereinander nicht in der Lage sind, wechselseitig die Bedürfnisse zu befriedigen bzw. eine Struktur, eine »expandierende Wirtschaft« zu entwickeln, welche die Versorgung durch den Gruppenleiter überflüssig macht? Dieser Gefahr versuchen sich die Gruppenmitglieder durch die Phantasie zu erwehren, daß letztlich doch alles schön und gut werden, sich alles zum besten wenden und aus ihrem Schoß ein Messias entspringen wird (vgl. 153 ff).[24] Durch die Phantasie der Paarbildung und die szenische Darstellung dieser Phantasie in der Gruppe nehmen die Gruppenmitglieder eine symbolische Abgrenzung vor: nicht mehr vom Gruppenleiter wird das Heil erwartet, sondern von der Gruppe selber, die Gruppe wird nicht sterben, wenn sie sich verselbständigt, sondern weiterleben, auch wenn vielfältige Gefahren drohen. Dadurch werden die schöpferischen Energien freigesetzt, die bisher an den Gruppenleiter gebunden waren (vgl. 153).

Nach dieser Darlegung der drei von *Bion* konzeptionell erfaßten Grundmodalitäten der Bewältigung der Abgrenzungsproblematik in Selbstanalytischen Gruppen und dem Versuch, diese drei Modalitäten als sukzessive, aufeinander aufbauende Weisen eben dieser Abgrenzungsproblematik zu identifizieren, können wir eine erste zusammenfassende Aussage über die Theorie der Gruppenentwicklung von *Slater* bzw. der psychischen Dynamik in Selbstanalytischen Gruppen formulieren:

Selbstanalytische Gruppen bewegen sich durchgehend entlang der Problematik *des Individualitätsverlustes der Teilnehmer* einerseits (Auflösung der Ich-Grenzen, Fusion mit der Gruppe) sowie *der übermäßigen Individuation* und damit des Verlustes der Verwurzelung in einer tragenden Gruppe andererseits (Isolation) (vgl. 213).

Während zu Beginn der Entwicklung die eine Seite dieser Polarität, die Angst vor der Auflösung der Ich-Grenzen in Vordergrund steht, tritt in der Endphase die Angst vor dem Verlust der Gruppe bzw. der Isolation besonders deutlich hervor. Der Angst vor der Auflösung versuchen die Gruppenmitglieder zu begegnen durch Versuche der Distanzierung, d.h., durch Kampf oder Flucht, der Angst vor dem Verlust der Gruppe durch die Schaffung utopischer Phantasien der Unsterblichkeit und Einheit der Gruppe (ibid).

In der mittleren Phase der Gruppenentwicklung versuchen die Teilnehmer, die mit der genannten Polarität verbundene Problematik zu bewältigen, indem sie versuchen, den Gruppenleiter zu instrumentalisieren: er soll die Gefahr des von der Gruppe Verschlungenwerdens bannen, zugleich brauchen sich die Gruppenteilnehmer dann nicht in die Gefahr des Isoliert- oder Abgelehntwerdens zu begeben, weil der Gruppenleiter in ihrer Phantasie das Wohl und Wehe jedes einzelnen im Blick hat, ohne daß die Teilnehmer sich exponieren müssen (vgl. 212 f).

3.3.1.2.2. Gruppenentwicklung als Rekapitulation frühkindlicher Entwicklungsschritte – mythologische Parallelen

Bei dem Versuch, die Phänomene in Selbstanalytischen Gruppen weiter auf den Begriff zu bringen bzw. eine allgemeine Theorie der Entwicklung und psychischen Dynamik in diesen Gruppen zu entwerfen, hat *Slater* eine große Übereinstimmung zwischen den bisher dargestellten Überlegungen und einer Theorie gefunden, die zunächst mit Gruppenpsychologie überhaupt nichts zu tun zu haben scheint: den Gedanken zur Ursprungsgeschichte des Bewußtseins, die der *Jung*-Schüler Erich *Neumann* (1974) anhand mythologischer Parallelen entwickelt hat.

Neumann unterscheidet verschiedene Stadien der Bewußtseinsentwicklung:[25]

1. Im ersten Stadium gibt es noch keine Unterscheidung zwischen Welt und individuellem Bewußtsein. *Slater* zitiert *Neumann:*

»Die Welt wird erfahren als Umschließendes, in dem der Mensch nur hin und wieder und nur momentweise sich als sich selbst erfährt ... Diese Hilflosigkeit wird jedoch noch nicht als negativ definiert, da das Ich seiner selbst noch nicht hinreichend gewahr ist, um sich als etwas Getrenntes zu erfassen. Es besteht das starke Verlangen, sich aufzulösen und aufgesogen zu werden; man ergibt sich in passives Fortgenommenwerden, Versinken im Pleroma, Vergehen im Lustmeer und Liebestod« (279).

In Gruppen entspricht dieses Stadium nach *Slater* dem völlig undifferenzierten Anfangszustand einer beginnenden Selbstanalytischen Gruppe:

»Die Gruppe wird also in unbewußten Assoziationen mit einem sehr primitiven Bild der Mutter sowohl erstrebt wie gefürchtet – einem Bild, bei dem Phantasien des Verschlungenwerdens beteiligt sind. Nicht nur die Gruppe als Ganzes wird in dieser Weise gesehen, sondern auch der Gruppenleiter, der entweder überhaupt nicht individuiert oder ausschließlich mit Begriffen der Mütterlichkeit definiert wird. Für diesen psychischen Zustand charakteristisch ist eine außergewöhnliche Furcht vor dem Schweigen der Gruppe, das dem Unbewußten allzu analog und währenddessen die Anfälligkeit für Phantasien der beschriebenen Art gesteigert ist. Schließlich setzt ›Bewußtsein‹ in einer Gruppe Sprechen voraus; Schweigen kann nur eine unbewußte Vereinigung ergeben. Schweigen erlaubt keine Differenzierung unter den Teilnehmern, denn alle verhalten sich in identischer Weise. So ist es möglich, daß der einzelne befürchtet, alle anderen hätten den Gedanken, er versuche, nicht zu denken, und daß er deshalb Angst davor bekommt, von Kräften überwältigt zu werden, die zugleich in ihm einzubrechen und aus ihm hervorzubrechen scheinen« (220 f).

2. Bewußtsein entsteht aus diesem praktisch intrauterinen Zustand erst, sofern die darin enthaltene Harmonie bzw. völlige Versorgung gestört wird. Im Schmerz darüber entsteht der erste Keim des Ichs bzw. des Bewußtseins (vgl. 281).

»Das Kind beginnt, sein Gesondertsein verschwommen wahrzunehmen, wenn das, *wovon* es gesondert ist, ungeheuer mächtig ist, es selber aber hilflos ist. Das ist kein zufälliges Zusammentreffen, denn Grenzbewußtsein entsteht nur infolge von Hilflosigkeit. Solange die Allmacht der Wünsche im Weltbild des Kindes dominiert, kann es ein solches Bewußtsein nie geben. Erst als Reaktion auf das wiederholte Versagen dieses Weltbildes zwingt sich dem Kind das Grenzbewußtsein auf« (237).

Nach *Neumann,* so betont *Slater,* »erscheint . . . der Teil des Selbsts, welcher unbewußt bleibt und seine urtümliche Identifikation mit der Welt (und der Gruppe) beibehält . . . in der Mythologie als die ›große Mutter‹« (281).

Auf Gruppen übertragen ist dies das Stadium des Kampfes und der Flucht gegenüber der als verschlingenden Mutter erlebten diffusen Gesamtgruppe (vgl. 237).

3. Längere Zeit hindurch steht in der Mythologie das kleine Kind und schließlich der Jüngling der großen, verschlingenden, gefährlichen Mutter gegenüber und kann sich ihr kaum erwehren, bis schließliche nach und nach immer deutlicher neben der Mutter ihr Gemahl sichtbar wird (vgl. 282).

Der Fortentwicklung vom Kind zum Jüngling entspricht in Selbstanalytischen Gruppen die beginnende Auseinandersetzung der Gruppenmitglieder untereinander, wodurch eine gewisse Strukturierung der diffusen Masse der Gruppenteilnehmer entsteht. Dabei ist aber die Gesamtgruppe immer noch so bedrohlich bzw. faszinierend, daß die Gruppenteilnehmer sich nach einem Bundesgenossen umsehen, der Schutz vor dieser Bedrohung geben kann. In diesem Stadium der Gruppenentwicklung ist der Gruppenleiter aber noch nicht hinreichend von der Gruppe geschieden: er wird zugleich als ersehnter Beschützer und als nährende Mutter erlebt, mit der phantasierten Konsequenz, daß er vielleicht ebenso verschlingend wie die Mutter sein könnte[26] (vgl. 282 f).

4. »Trennung der Welteltern« ist in der Mythologie das nächste Stadium der Entwicklung des Bewußtseins: nachdem eine gewisse Zeit der Gemahl der Mutter praktisch eine zweite Mutter war, werden die beiden getrennt, »durch einen Helden auseinandergezwungen« (285). Den jugendlichen Helden, der die Welteltern auseinanderzwingt, dürften die Gruppenmitglieder selber darstellen, die, durch ihre vermehrten Interaktionen und wechselseitigen Wahrnehmungsprüfungen gestärkt, den Gruppenleiter zunehmend als *den*

empfinden, der sie aus dem unangenehmen, diffusen Zustand befreien kann und soll:

In dem Dilemma, einerseits einer ausgesprochen bedrohlichen, diffusen, verschlingenden Mutter-Gruppe gegenüberzustehen, andererseits einen möglichen Beschützer zu bekommen, der aber letztlich vielleicht sich auch alles einverleibt, trennen die Gruppenteilnehmer nach und nach letztere Befürchtungen vom Leiter und erleben ihn als jemanden, der nur gut und stark ist. Es entsteht die Phantasie, daß er alles regeln und zum Guten lenken wird. Der Gruppenleiter wird zum Vater-Helden hochstilisiert, der die gefährliche Mutter-Gruppe in Schach hält. Zusätzlich entsteht die Phantasie, dieser Held würde letztlich auch die ersehnte mütterliche Versorgung übernehmen, ohne auch nur im geringsten daran zu denken, sich die Gruppe einzuverleiben (vgl. 282 f).

5. An die Trennung der Welt-Eltern schließt sich nach *Neumann* in der Mythologie der Kampf des (väterlichen) Helden mit dem Drachen an, den er schließlich besiegt (vgl. 221 ff). Auf die Gruppe übertragen bedeutet dies, die Gruppenmitglieder erwarten vom Gruppenleiter zunehmend, daß er zum heroischen Kämpfer gegen die undifferenzierte Masse der Gruppe bzw. die mit allen frühkindlichen, gefährlichen Phantasien projektiv aufgefüllte Gruppensituation wird. Er wird zum Helden hochstilisiert, er soll für alle Gruppenmitglieder den weiblichen Drachen töten. *Slater* schreibt:

»Durch die Konzentration der Aufmerksamkeit und der Libido auf ein herausragendes Individuum, das offenbar eine deutliche Ablösung von Mutter, Gruppe, Unbewußtem usw. erreicht hat, durch die Überhöhung und Glorifizierung der Macht und Unverletzlichkeit dieses Individuums und durch die Identifikation mit ihm fühlt man sich in der eigenen Individuation gestärkt (obwohl die Identifikation selbst diese Individuation bis zu einem gewissen Grad illusionär erscheinen läßt)« (283).

In Selbstanalytischen Gruppen geschieht die Tötung des mütterlichen Drachens (d.h., der bedrohliche Aspekt der Gesamtgruppensituation) in der Regel dadurch, daß die Gruppenteilnehmer im Schutze der Phantasie des beschützenden Vaters weitere Realitätsprüfungen vornehmen, und auf diese Weise zu Differenzierungen und bewußten Verbindungen gelangen, durch welche allmählich das Vakuum verringert wird, das durch die Phantasie von der »großen Mutter« ausgefüllt worden war (vgl. 221 ff).

6. »Die nächste Phase *Neumann*s wird als Drachenkampf bezeichnet und ist einfach eine Erweiterung der vorangehenden« (289).

In dem Maße, in dem das Bild der gefährlichen Mutter verfällt, stellt sich für die Gruppenmitglieder das Problem der völligen Abhängigkeit von dem ins Grandiose phantasierten mächtigen Leiter: das Bild wandelt sich in der Weise, *daß der Leiter als böse erlebt wird,* selbst zum Drachen wird, der den Gruppenmitgliedern die mögliche gute Mutter, d.h., die Versorgung in jeder Hinsicht vorenthält. Er wird als zwischen den einzelnen Gruppenmitgliedern und der (nun guten Mutter) Gesamtgruppe stehend empfunden, als Bedrohung[27] und Hindernis der weiteren Entwicklung. Dies führt schließlich dazu, daß er in einer kollektiven Revolte als Vater bzw. als väterlicher Held entmachtet wird von den männlichen Gruppenteilnehmern bzw. den jugendlichen (Sohn-) Helden.

7. Das Ergebnis dieser Beseitigung des Jochs des Tyrannen wird in der Mythologie häufig als Erwerb eines Schatzes bzw. die Befreiung der Gefangenen dargestellt (vgl. 289 f).

Wie wir im Abschnitt über die Revolte und die sich daran anschließende Phase der Etablierung einer egalitären Ordnung dargelegt haben, besteht der Schatz in der Förderung und Nutzung der individuellen Potentialitäten aller Gruppenmitglieder (Schaffung einer »expandierenden Wirtschaft«, vgl. 190) und die Befreiung von der Abhängigkeit vom Gruppenleiter in der Übernahme der aktiven Versorgung der Gruppe durch die Mitglieder selbst.

Mit dem Erreichen des Zustandes der Befreitheit vom väterlichen Joch bzw. der elterlichen Abhängigkeit können die Gruppenmitglieder überhaupt erst bewußt und als selbständige Personen einander gegenübertreten und ihre wechselseitigen Beziehungen selbständig gestalten. *Slater* schreibt:

Die offene Diskussion über die Ähnlichkeiten und Unterschiede zwischen den Gruppenmitgliedern über Sympathien und Antipathien, Anziehung und Abstoßung ist an die Stelle der unbewußten Verschwörung des Schweigens, höflicher Oberflächlichkeit, des unbewußten Umgehens bestimmter Themen, der passiven Abhängigkeit vom Gruppenleiter getreten. Wenn vorher alle wie Komplizen irgendeine unergiebige intellektuelle Diskussion ad infinitum fortsetzten, so werden jetzt die ambivalenten Gefühle untersucht, welche durch die Diskussion symbolisiert werden. An die Stelle unbewußter ›Verabredungen‹ (d.h., gemeinsamer Aktionen, die durch einzelne in Gang gesetzt werden, welche ihre gleichlaufenden Phantasien, ihre ähnliche Einstellung gegenüber zwischenmenschlichen Beziehungen gewahren) mit dem Ziel, aus der Gruppe einen schwer mitgenommenen Trupp unterdrückter und gepeinigter Kinder zu machen oder eine Phalanx tapferer Soldaten oder eine Massengesellschaft, in der die Zartfühlenden und Empfindsamen vergewaltigt bzw. nicht anerkannt werden, oder eine von Rivalitäten beherrschte Familie, in der der gute kleine (schlechte kleine) ältere (jüngere) Junge (bzw. das gute kleine ... usw. Mädchen) zuletzt sein angestammtes Recht auf den ausschließlichen Besitz eines Elternteils erlangt – an die Stelle all dieser »Verabredungen« tritt nun der Austausch ähnlicher und gegensätzlicher Erfahrungen und der hierdurch erzeugten Gefühle« (287 f)[28].

Der Entwicklungsprozeß einer Selbstanalytischen Gruppe stellt für *Slater* ein ständiges Alternieren der Gruppenmitglieder zwischen

Gruppenorientiertheit und Führerorientiertheit dar (227), wobei die Gruppe als Ganze als Mutter und der Gruppenleiter als Vater empfunden werden (vgl. 98 f).

Zunächst fürchten die Teilnehmer die Gruppe als verschlingende Mutter (–) und phantasieren sich einen rettenden Vater (+). Wenn der Vater sie auf die Dauer nicht versorgt, wird er zum Bösewicht (–), und die Gruppe als solche zum Behälter alles Guten, zur guten Mutter (+). Wir zitieren noch einmal *Slater:*

> »Von diesem Blickpunkt aus ist also die Gruppe, als ein von ihren Einzelbestandteilen Unterschiedenes, so etwas wie eine Mutter, die durch eine Vater-Figur von den Mitgliedern ferngehalten wird. Das Ziel der Revolte ist es, sie dieser Vater-Figur zu entziehen – sie mit anderen Worten zu dem zu machen, was sie nach dem Wunsch der Miglieder sein soll: gemütlich, nett, freundlich, liebevoll, nachsichtig, keine Forderungen stellend usw.« (99).

Wenn schließlich die Schaffung einer Eigenversorgung durch die Gruppe selber allzu mühevoll ist oder die Gefahr des Zusammenbruchs derselben droht, die Gruppenteilnehmer in ihrer Gesamtheit als unfähig erscheinen (–), phantasieren sie sich ein hehres führendes Paar (+), schaffen sich symbolisch Vater und Mutter zugleich und gewinnen im Schutze dieses phantasierten Paares Kraft, selbst die Vater- und Mutterfunktionen wechselseitig zu übernehmen.

Der *evolutionäre Charakter dieser Bewegung* ist deutlich: durch die fortwährende Auseinandersetzung der Gruppenmitglieder mit den phantasierten Vater- und Muttergebilden erfahren diese Figuren »beide ein fortlaufendes Absinken ihrer ehrfurchtgebietenden Qualität und ihrer unheimlichen Macht« (228). Im Schutze der jeweils positiven Phantasie können die Gruppenmitglieder ein Stück der interpersonalen Realität prüfen und so Kräfte entwickeln, um sich nach und nach von den gefürchteten intrapsychischen Phantasien, welche in der Gruppensituation aktiviert werden, zu befreien. Sie tun den jeweils nächsten Schritt aber nur, wenn sie einerseits genügend frustriert werden, um den Zustand abändern zu wollen, andererseits sich nicht so stark bedroht fühlen, daß sie lieber im derzeitigen (unangenehmen) Zustand verharren.

3.3.2. Ebene der Theoriebildung bei Slater

Obwohl *Slater* im letzten Teil seines Hauptwerkes »Mikrokosmos« (1970) eine Theorie der psychischen Dynamik in Selbstanalytischen Gruppen anstrebt, die alle drei von uns in dieser Arbeit hypothetisch zugrunde gelegten Ebenen des Geschehens in Gruppen umfaßt, so ist doch nicht zu verkennen, daß er sich hauptsächlich mit dem Problem auseinandersetzt, das wir als ödipal abgegrenzt und charakterisiert haben.

Wir gehen deshalb in den folgenden beiden Abschnitten über *Slater* davon aus, daß dieser Autor in erster Linie ödipale Phänomene konzeptionell erfaßt und vorgängig wohl auch beobachtet hat. Dabei werden wir – ähnlich wie bei *Thelen* – der Frage nachgehen, inwieweit der Interventionsstil von *Slater* möglicherweise in den von ihm geleiteten Gruppen spezifisch ödipale Phänomene besonders deutlich in Erscheinung treten ließ bzw. hervorrief.

3.3.3. Interventionsverhalten von Slater und Gruppenentwicklung

Bei der Analyse des Interventionsstils von *Slater* in seiner Arbeit mit Selbstanalytischen Gruppen wollen wir uns wieder der Unterscheidung von *Argyris* (1976) zwischen der »verbal vertretenen Theorie« (1) und der »aus dem realen Verhalten ableitbaren Theorie« (2) bedienen.

1. Welchen Verhaltensstil *Slater* für den Leiter einer Selbstanalytischen Gruppe wünschenswert findet, hat er im wesentlichen im ersten Nachtrag zu seinem Hauptwerk (1970) unter der Überschrift »Einige Überlegungen über Ziele und Methoden des Gruppenleiters« (301 – 308) dargelegt:

(a) In Selbstanalytischen Gruppen ist es nach *Slater* grundsätzlich möglich, sich für folgende vier Typen von Informationen zu interessieren:
   a) die persönliche Lebensgeschichte des Individuums;
   b) Reaktionen und Erfahrungen in der unmittelbaren Gruppensituation;
   c) Reaktionen und Erfahrungen in Bezug auf Ereignisse außerhalb des Individuums oder der Gruppe (z.B. die persönliche Lebensgeschichte anderer, schriftliche Fallmaterialien, Gegenwartsereignisse usw.);
   d) soziologische und psychologische Theorien, Begriffe und Generalisierungen.

Die Beziehung zwischen diesen vier Typen von Informationen veranschaulicht *Slater* in Abb. 1:

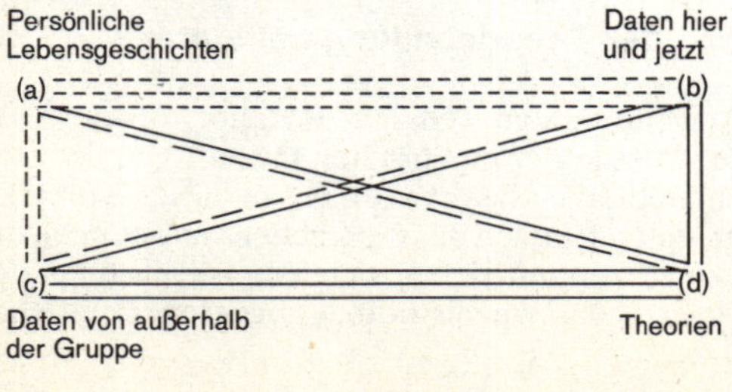

Abb. 1

Da es dem Leiter einer Selbstanalytischen Gruppe in erster Linie um die Förderung des Verständnisses »für die in der Gruppe auftretenden psychosozialen Prozesse« (304) gehen sollte, sind für diesen der Aufweis von Beziehungen zwischen b unc c sowie zwischen b und d von besonderer Bedeutung (vgl. 302 f).

(b) Nach *Slater* ist es für die Entwicklung des Verständnisses der psychosozialen Prozesse in Gruppen wichtig, daß der Gruppenleiter Bedingungen schafft, unter denen die Gruppenmitglieder gegen ihn revoltieren können (305). Wie er das konkret tut geht aus seinen theoretischen Überlegungen zum Verhalten des Gruppenleiters nicht eindeutig hervor. Er gibt allerdings zwei Hinweise, aus denen wir schließen können, durch welche Verhaltensweisen er als Gruppenleiter das Entstehen einer Gruppenrevolte fördert:

Bei der Behandlung der Frage, warum der Leiter in einer Gruppe, in der es darum geht, Verständnis für Gruppenprozesse zu fördern, die Gruppenmitglieder sich weitgehend selbst überläßt und nicht rasch deren Gefühle und Motive des Verhaltens bloßlegt, betont er die Wichtigkeit der Prüfung der psychischen Realität in der Gruppe *durch die Gruppenmitglieder selbst* (vgl. 305 f). Es ist leicht einzusehen, daß die Gruppenmitglieder eher revoltieren, wenn sie auf diese Weise vom Gruppenleiter auf sich selbst verwiesen werden.

Ein weiteres kommt hinzu: *Slater* ist der Auffassung, daß der Gruppenleiter nicht so tun sollte, als ob er ein Gruppenmitglied wie alle anderen wäre. Er hält es für eine Heuchelei, wenn der Gruppenleiter seine Autorität künstlich tarnt oder verschweigt (306 f). Durch diese Einstellung und das daraus entspringende Verhalten fällt es den Gruppenmitgliedern vermutlich viel leichter, den Leiter als frustrierende Autorität zu identifizieren, der entweder zu wenig, zu viel oder das Falsche tut und gegen ihn zu revoltieren.

Bereits aufgrund dieser theoretischen Ausführungen können wir vermuten, daß *Slater* in erster Linie in Selbstanalytischen Gruppen ödipale Phänomene hervorruft: er frustriert durch seine zurückgenommene Haltung zwar die Gruppenteilnehmer und erzeugt dadurch ein Vakuum, in welchem die Gruppenteilnehmer ein Verschwimmen ihrer Grenzen erleben können und tendenziell auf ein prä-ödipales Niveau des Verhaltens regredieren. Zugleich aber gibt er den Gruppenteilnehmern durch gezielte Interpretationen der Interaktionen in der Gruppe und durch seine deutlich identifizierbare Rolle als Autorität genügend Halt, um nicht übermäßige lang im prä-ödipalen Bereich zu verbleiben, sondern vielmehr sich gegen diese frustrierende Figur, die alles hat und nichts hergibt, zu wenden.[29]

Schwerer zu beantworten ist die Frage, warum *Slater* durch sein Verhalten als Gruppenleiter zwar eine gewisse Auseinandersetzung mit und Loslösung von seiner Person zuläßt, aber in seinen theoretischen Überlegungen recht wenig auf interaktionelle Phänomene im

Sinne der realen Klärung der Beziehungen zwischen den Gruppenteilnehmern eingeht, d.h., auf die von uns als reflexiv-interaktionell bezeichnete Ebene des Verhaltens.

2. Glücklicherweise können wir aus den vielen Gruppenprotokollen, die *Slater* zur Veranschaulichung seiner Überlegungen zitiert, etwa 50 Interventionen identifizieren, die eindeutig von ihm stammen.[30]

Aus diesen konkreten Interventionsweisen von *Slater* können wir folgende Schlüsse ziehen:

(1) *Er schafft offenbar eine Situation, in der die Gruppenmitglieder nicht allzu sehr regredieren.* Indem er in seinen Interventionen vor allem den szenischen Gehalt der Aktionen und Reaktionen von Untergruppen herausarbeitet und weniger die Gruppe als Organismus global anspricht (die Gruppe kämpft, flieht, ist abhängig ...), schafft er gewisse Möglichkeiten für die Gruppenteilnehmer, sich zu orientieren, d.h., eine gewisse Struktur. Eine ähnliche strukturierende Wirkung wird erzielt, wenn er seine Interpretationen mit theoretischen Überlegungen verknüpft, als Person sichtbar wird, und wenn er die Gruppenteilnehmer ermuntert, ihr Schweigen zu brechen und ihre Phantasien zu äußern.

(2) Trotzdem *Slater* in der für die Teilnehmer einer Selbstanalytischen Gruppe intrapsychisch bedrohlich-chaotischen Situation genügend Struktur schafft, damit die Gruppenmitglieder nicht allzu sehr auf das prä-ödipale Verhaltensniveau regredieren, dürfte diese Struktur für viele Gruppenmitglieder dennoch zu wenig sein, um in der immer noch relativ vieldeutigen Situation zurechtzukommen. Noch relativ funktionsfähig, d.h., nicht allzu sehr regrediert, wenden sie sich an den Gruppenleiter und erhalten – noch dazu vielfach in Bildern – relativ wenige Antworten. Dies dürfte dazu führen, daß die Gruppenmitglieder nach und nach immer frustrierter und wütender werden, worauf der Gruppenleiter nicht aggressiv, vielmehr freundlich und geduldig, aber doch zurückhaltend reagiert.

(3) Der aus dieser Situation sich ergebende Prozeß der Solidarisierung der Gruppenmitglieder mit der entsprechenden ambivalenten Problematik, »sollen wir uns weiter um den Gruppenleiter bemühen oder sollen wir auf die eigenen Kräfte vertrauen?«, wird von *Slater* dann kontinuierlich und systematisch mit einer Begrifflichkeit interpretiert, die dem ödipalen Paradigma entstammt. Entsprechende Vorbereitungen zum symbolischen Sturz des Gruppenleiters werden geduldet und auf die Bitte der Gruppenmitglieder, der Gruppenleiter möge sie eine Sitzung alleine lassen oder sich auf einen anderen Stuhl setzen, tut *Slater* das auch (vgl. z.B. 306).

Zusammenfassend können wir sagen: *Slater* schafft im Gegensatz zu *Thelen* nicht eine weitgehend unstrukturierte Gruppensituation, in der er sich dann als fürsorgliche Mutter betätigt, sondern vielmehr eine relativ strukturierte, aber immer noch stark bedrohliche Situation, in der der Ruf nach dem ordnenden und versorgenden Vater laut wird und fungiert dann auch als karger, aber freundlicher Vater. Dabei ist er vielleicht etwas zu permissiv, was dazu führt, daß die Gruppenmitglieder sich nicht deutlich genug von ihm absetzen, auf die eigenen Beine stellen und sich auf die eigenen Kräfte verlassen müssen. Demzufolge können sie auch relativ wenig auf die Ebene der Auseinandersetzung untereinander gelangen. Sie regredieren auch nach der Revolte leicht immer wieder auf das ödipale Niveau des Verhaltens (vgl. 185 ff), die gewonnene Unabhängigkeit vom Gruppenleiter ist ständig bedroht.

3.3.4. Kritische Würdigung der Überlegungen von Slater

Slater kommt das große Verdienst zu, die Bedeutung ödipaler Phänomene in Selbstanalytischen Gruppen in ihrer Vielschichtigkeit herausgearbeitet zu haben. Darüberhinaus hat er eine Theorie der Genese dieser Vorgänge entwickelt, in der die prä-ödipale und ödipale Ebene des Verhaltens in Gruppen inhaltlich aufeinander bezogen und als notwendig auseinander hervorgehend geschildert werden. *Slaters* Theorie der zunehmenden Entwicklung bewußter Bindungen zwischen den Gruppenmitgliedern aus den anfänglich weitgehend unbewußten Beziehungen soll hier nicht wiederholt werden. Wir möchten vielmehr noch eine kritische Anmerkung zu diesem Konzept machen, und zwar zu einem Punkt, der u.E. darin zu kurz gekommen ist:

Es handelt sich um den Gesichtspunkt der einschränkenden Macht des Gruppenleiters, was im ödipalen Pradigma mit den Ausdrücken »verbietender Vater«, »alles beherrschender Horden-Vater« u.ä. benannt wird. Bei *Slater* erscheint der Gruppenleiter nirgends als bedrohlich. Rebelliert wird gegen ihn praktisch nur, weil er den Gruppenmitgliedern etwas vorenthält, was diese gerne hätten und nach *Slater* auch jederzeit bekommen könnten, wenn sie nur zugriffen. Im realen Leben und in vielen Familien ist die verbietende, einschränkende Autoritätsfigur aber gar nicht so selten. Wir meinen, daß die Ausklammerung dieser Realität im praktischen Umgang mit Gruppen dazu geführt hat, daß es in den Gruppen von *Slater* zu einer Scheinbefreiung bzw. -verselbständigung der Gruppenmitglieder kam, ohne die mühevolle und notwendige Auseinandersetzung mit einer realen, mächtigen und nicht sonderlich gutmütigen Autorität. Wir meinen, nur dann, wenn diese Auseinandersetzung in einer Selbstanalytischen Gruppe durch das konkrete Verhalten des Gruppenleiters *ein Stück weit* möglich wird, werden die Gruppenmitglieder zu einer echten Selbständigkeit gelangen und weniger Gefahr laufen, bei der kleinsten Beeinträchtigung auf die Stufe der Abhängigkeit vom Gruppenleiter wieder zu regredieren.

Aufgrund verschiedener beiläufiger Äußerungen von *Slater* können wir vermuten, *daß für ihn die Revolte der Gruppenmitglieder gegen den Gruppenleiter durchaus nicht unproblematisch ist,* und daß er ihr gegenüber eine ambivalente Einstellung hat:

Einerseits betont er durchgängig wie wichtig die Gruppenrevolte für die Entwicklung der Gruppenmitglieder und besonders der Gruppenkultur ist und schafft Bedingungen, unter denen eine solche Revote möglich wird. Andererseits können wir einigen Bemerkungen entnehmen, daß er es garnicht so gerne hat, wenn er entmachtet wird, als wichtigste Person verblaßt und in den Hintergrund treten muß:

– etwa, wenn er bezogen auf eine seiner Gruppen sagt, daß »der Periode, in der die Revolte sich zusammenballt, in der Regel eine Reihe von unbewußten Manövern des Gruppenleiters vorausgehen, um den Ausbruch der Revolte abzuwehren«(34 Fußnote);

– oder: wenn er als Kommentator zu einer längeren Passage aus einem Protokoll über die Bemühungen von Gruppenmitgliedern, ihre sexuell-erotischen Probleme zu klären, um dadurch selbständiger zu werden, betont: »im vorliegenden Fall wird der Kampf um libidinöse Befreiung in gewissem Umfang durch den Gruppenleiter behindert, der in die Diskussion eingreift, sobald eine Annäherung unmittelbar bevorzustehen scheint« (112 f);

oder: wenn er schreibt, daß es für den Gruppenleiter ein großes Problem darstellt, »einen Angriff auf sich selber einfach dadurch abzulenken, daß er sich eine Spur zu gütig oder zu streng gibt« (175).

Von diesen Aussagen her drängt sich uns die Vermutung auf, daß *Slater* zwar die Gruppenmitglieder einerseits selbständig werden lassen will und deshalb Bedingungen schafft, die zu einer Revolte führen, andererseits aber sie an sich bindet, indem er »sich eine Spur zu gütig« gibt.

Aus dieser Sicht würde dann auch die an verschiedenen Stellen auftauchende paradoxe Äußerung *Slater*s verständlich, wonach sich für die Gruppenmitglieder und ihre psychische Struktur durch die Revolte kaum etwas ändert (vgl. 305), obwohl er einige Zeilen weiter betont, »in ihrem Verhalten und in ihrer Struktur sind Gruppen, die ihre Revolte agiert haben, anders: selbstbewußter, aktiver, flexibler und wandlungsfähiger ...« (ibid).

In der Tat: wenn es dem Gruppenleiter in gewisser Weise darum geht, daß die Gruppe eine Revolte *agiert,* d.h., wenn er die Gruppenmitglieder in eine Situation bringt, in der sie wütend werden und dann es ihnen leicht macht, durch gewisse symbolische Akte den Gruppenleiter »zu stürzen«, werden die Gruppenmitglieder nicht viel selbständiger werden, wiewohl sie äußerlich lebhafter und selbstbewußter erscheinen. Im Grunde läßt ein solcher Gruppenleiter die Mitglieder nicht zueinander, er entläßt sie nicht auf das höhere, in unserem Sinne reflexiv-interaktionelle Niveau des Verhaltens, weil er sie offene Türen einrennen läßt und ihnen nicht hinreichend den mühsamen Prozeß der Auseinandersetzung untereinander und mit der Autorität des Gruppenleiters zumutet.[31]

3.4. Graham S. Gibbard/John J. Hartman

Die Überlegungen von Graham S. *Gibbard* und John J. *Hartman* zur psychischen Dynamik in Selbstanalytischen Gruppen, denen wir uns in diesem Abschnitt zuwenden wollen, sind im Gegensatz zu den geschilderten Konzepten von *Slater* (1970) nicht in einem einzigen Werk zusammengefaßt, sondern in sieben Aufsätzen enthalten, die alle, bis auf einen, von diesen Autoren gemeinsam verfaßt worden sind (*Gibbard* 1974, *Gibbard/Hartman* 1973 a, b, c, *Hartman/Gibbard* 1973, 1974 b, 1974 c).[32]

Gibbard und *Hartman* versuchen in ihren Überlegungen die gesamte Tradition der theoretischen Bemühungen um die Klärumg der psychischen Dynamik in Selbstanalytischen Gruppen zu berücksichtigen und auf einen gemeinsamen theoretischen Nenner zu bringen (vgl. *Gibbard/Hartman* 1973 c, 305 ff).[33]

Konnte *Slater* – wie wir im vorhergehenden Abschnitt zu zeigen versucht haben – noch eine relativ globale Gesamtkonzeption der psychischen Dynamik in Selbstanalytischen Gruppen entwickeln, so mußten sich *Gibbard* und *Hartman* wegen der Fülle der Gesichtspunkte darauf konzentrieren, eine *Gesamtskizze* der psychischen Prozesse in solchen Gruppen zu entwerfen und darin einige – allerdings wesentliche – Zusammenhänge bzw. Entwicklungslinien näher zu verfolgen. Sie führen damit die relativ globalen Überlegungen von *Slater* weiter, indem sie wichtige Fragestellungen präzisieren und konzeptionell ausarbeiten.

3.4.1. Skizze des Gesamtansatzes (Bezugsrahmen der Überlegungen von Gibbard und Hartman).

Gibbard und *Hartman* betonen, daß sie immer wieder beeindruckt waren von den *strukturellen Ähnlichkeiten* der Phänomene in Gruppen auf folgenden drei Ebenen der Betrachtung: der *intrapsychischen*, der *interpersonellen* und der *suprapersonellen* (Gruppe als Ganze) (*Hartman/Gibbard* 1973, 305 sowie 320 f).

Intrapsychische Probleme der Gruppenteilnehmer wie z.B. die Sehnsucht nach und zugleich die Angst vor Fusion, der Schaffung eines völligen Einsseins, ständiger Harmonie und Symbiose drückt sich in Selbstanalytischen Gruppen vielfach auf der *interpersonellen* Ebene *szenisch* aus: einzelne Gruppenteilnehmer oder bestimmte Untergruppen oder der Gruppenleiter werden zu Verhaltensweisen gedrängt, durch welche die verschiedenen Seiten des intrapsychischen Konfliktes der Gruppenteilnehmer quasi mit verteilten Rollen dargestellt werden.[34] Es gibt dann – um in unserem Beispiel zu bleiben – Teilnehmer, die ständig den Wunsch nach Harmonie ausdrücken und andere, die sich betont selbständig oder aggressiv dagegen verwehren (vgl. z.B. *Gibbard/Hartman* 1973 b, 134).

Auf der *Ebene der Gesamtgruppe* entstehen durch die Ängste der einzelnen Gruppenmitglieder gemeinsame Phantasien, in denen z.B. eine ideale, harmonische Gruppe phantasiert wird, und während diese Phantasie anhält, werden alle disharmonischen Tendenzen als nicht existent oder im Gruppenleiter oder in einzelnen Gruppenmitgliedern (sog. Sündenböcken) lokalisiert betrachtet (vgl. *Gibbard/Hartmann* 1973 b).

Gibbard und *Hartman* sind der Auffassung, daß auf den drei genannten Ebenen der Betrachtung Prozesse ablaufen, die *analog* zu den intrapsychischen Prozessen der Konfliktbewältigung verstanden werden können. Besondere Bedeutung kommt dabei den Vorgängen der Aufspaltung bestimmter Konflikte bzw. Ambivalenzen und deren projektiver und introjektiver Bearbeitung zu (vgl. *Gibbard* et al 1974, 171, 178, 250).[47] Die psychodynamischen Vorgänge in Selbstanalytischen Gruppen stellen den kontinuierlichen Versuch der Gruppenteilnehmer dar, bestimmte – in der Gruppensituation reaktivierte oder aufbrechende – unerträgliche *individuelle Konflikte* durch verschiedene *Abgrenzungs- bzw. Ausgrenzungsmaßnahmen in der Gruppe* unter Kontrolle zu halten. Dabei stehen ihnen vor allem drei Möglichkeiten offen:

(1) Eine kollektive Bestimmung dessen, was als innerhalb der Gruppe befindlich erachtet wird,

(2) eine gruppeninterne Rollendifferenzierung, wobei bestimmte Konflikte dann an ganz bestimmten Teilnehmern festgemacht werden und

(3) die Schaffung von gemeinsamen Phantasien bzw. Mythen als Gegengewicht gegen bedrohlich Entwicklungen in der Gruppe.

Bevor wir auf diese drei Maßnahmen der *Bearbeitung bzw. Abwehr intrapsychischer Konflikte* der Gruppenteilnehmer näher eingehen, wollen wir uns kurz noch einmal vor Augen führen, welche Grundproblematik sich für jeden Teilnehmer in einer Selbstanalytischen Gruppe stellt, welcher Grundkonflikt in ihm widerbelebt wird, gegen den er dann mit entsprechenden Abwehrmaßnahmen reagiert.

3.4.1.1. Die Grundproblematik jedes Teilnehmers einer Selbstanalytischen Gruppe

Die Situation, in der sich die Teilnehmer einer Selbstanalytischen Gruppe vorfinden, läßt überdeutlich hervortreten, in welcher Grundproblematik sich nach *Gibbard* und *Hartman* jeder Mensch zeit seines Lebens bewegt:

»Es besteht ein grundlegender Antagonismus zwischen der Bezogenheit des Individuums auf sich selbst – seine eigenen Bedürfnisse, Überzeugungen und Zielsetzungen (ambitions) – und seiner Sehnsucht danach, in einer Gruppe psychisch aufzugehen, nach einer Auslöschung all jener Eigenschaften, durch die er einmalig und somit geschieden, getrennt von anderen ist. Das Aufgehen in einer Gruppe erzeugt eine große Sicherheit und ein Gefühl der Verbundenheit und Zugehörigkeit, aber es verhindert individuelle Autonomie, verunmöglicht das Erreichen jedweden Zieles, das nicht von allen geteilt wird und kann in vielerlei Hinsicht die Opferung individueller Wünsche zugunsten derer der Gruppe verlangen« (177).[35]

Diese *Ambivalenz zwischen Individuation und Fusion* im Rahmen von Gruppen ist natürlich besonders stark in der frühen Kindheit, aber sie stellt nach *Gibbard* und *Hartman* ein menschliches Grundproblem dar, das nie vollständig gelöst werden kann (vgl. 177). In Selbstanalytischen Gruppen tritt dieses Problem besonders deutlich hervor, weil von der unstrukturierten, weitgehend unklaren Situation, welche durch das Gruppen-Setting erzeugt wird, die Gruppenmitglieder in ihrer gewordenen Identität außerordentlich verunsichert werden. Ihr intrapsychischer Kompromiß zwischen Individuation und Fusion, der vielfach durch eine Reihe von Gruppenzugehörigkeiten abgesichert wird, gerät ins Wanken. Die Teilnehmer regredieren auf eine frühkindliche Stufe der Entwicklung, es entstehen für sie erneut die vielfältigen Differenzierungs- und Abgrenzungsprobleme, mit denen kleine Kinder zu kämpfen haben. *Gibbard* und *Hartman* betonen:

»Wir nehmen an, daß das Individuum, welches in eine Selbsterfahrungsgruppe eintritt, eine partielle Desorganisation und eine eventuelle Reorganisation seiner inneren Welt erfährt. Es erlebt das Erlangen der Mitgliedschaft als einen Angriff darauf, wie er sich in Bezug auf andere sieht« (195).

Aber die Gruppenmitglieder sind natürlich keine kleinen Kinder. Sofern sie nicht starke frühkindliche Schädigungen bzw. Beeinträchtigungen ihrer Entwicklung erfahren haben, kommen sie nach einer anfänglichen Regression relativ rasch wieder zu ihrer erwachsenen Identität (vgl. 175), allerdings bereichert durch gewisse »nachholende Erfahrungen«, die sie im vorübergehenden Prozeß der Regression in Auseinandersetzung mit den anderen Gruppenteilnehmern machen konnten. Nichtsdestoweniger erzeugt die vorübergehende Lokkerung oder Auflösung der Ich-Identität beträchtliche Angst und wiederbelebt für die einzelnen Gruppenteilnehmer die jeweils spezifische frühkindliche Ablösungsproblematik von der in diesem Alter zentralen Bezugsperson, der Mutter (vgl. 154 ff). Mit einer ganzen Reihe von Theoretikern (*Bion* 1971, *Durkin* 1964, *Scheidlinger* 1964, *Slater* 1970) kommen *Gibbard* und *Hartman* deshalb zu dem Ergebnis, daß die Gruppe als Ganze von den einzelnen Gruppenteilnehmern lange Zeit als prä-öpidale Mutter empfunden wird (vgl. 175); als ein Wesen das – wie *Slater* so deutlich herausgearbeitet hat – einerseits völlige Geborgenheit verheißt, andererseits als verschlingend und einverleibend bzw. zerstörend erlebt wird (vgl. *Gibbard/Hartman* 1973 b; sowie 125 ff). In den Gruppenteilnehmern entstehen durch diese Faszination völligen Versorgtseins bzw. der lebensbedrohlichen Phantasie des Vernichtetwerdens ausgesprochen starke Ängste, ein Zustand *höchster Not des regulierenden Ichs* (»ego-state distress«, vgl. 154, sowie 156 ff). Um diese übergroßen Ängste zu verringern, ergreifen sie spontan eine Reihe von *(kollektiven) Abwehrmaßnahmen*, die – als fortwährende psychodynamische Kompromißbildungen – zugleich gruppenbildend sind und die Gruppenentwicklung vorantreiben. Drei dieser Maßnahmen wollen wir jetzt im einzelnen betrachten.

3.4.1.2. Herausbildung von Gruppengrenzen (boundary evolution)

Auf die in Selbstanalytischen Gruppen für die Gruppenteilnehmer entstehenden starken Ängste reagieren diese regelmäßig mit einer »Maßnahme«, durch welche sie versuchen, sich von dem jeweils bedrohlichsten Aspekt der Situation gemeinsam abzugrenzen: sie »definieren« eine bestimmte psychische Realität als innerhalb und eine andere vorhandene als außerhalb der Gruppe befindlich, nicht zu ihr gehörig.[36]

> »Was immer als schlecht (angstmachend, im Stich lassend, bedrückend, zerstörerisch) erlebt wird, wird psychologisch ausgestoßen (extruded), außerhalb einer sich bildenden Gruppengrenze lokalisiert. Was immer gut ist (sicher, unterstützend, produktiv) wird als innerhalb der Gruppengrenze befindlich betrachtet. Auf diese Weise wird die Gruppengrenze definiert durch das, was außerhalb ist, durch die schlechten Aspekte, die nach außen verlagert werden« (172).

Neben dieser allgemeinen Charakterisierung der kollektiven Abgrenzungsleistungen in Selbstanalytischen Gruppen konnten *Gibbard* und *Hartman* anhand bestimmter empirisch von ihnen ermittelter Daten vier Phasen der Gruppenentwicklung feststellen, in denen vier verschiedene Abgrenzungen vorgenommen werden. Sie charakterisieren die aus dem Datenmaterial erschließbare psychische Dynamik folgendermaßen:

»1. ...Die erste Phase ist gekennzeichnet durch die Reaktion der Gruppe auf einen Leiter, der nicht in der gewohnten Weise leitet...« (165).

Hierdurch entsteht in der Gruppe eine Art Vakuum, in der eine Vielzahl von bislang abgewehrten Impulsen ins Bewußtsein drängen.

In dieser Situation »... entsteht das Bemühen, gut und böse völlig voneinander zu trennen, das Gute als in der Gruppe befindlich zu betrachten und das Böse dem Gruppenleiter zuzuschreiben. Diese Bemühung gipfelt in der Revolte gegen den Leiter. Es ist ein Versuch, ihn, so wie ihn die Gruppe haben will, ganz in die Gruppe hereinzuzwingen (ihn gut zu machen) oder ihn ganz auszuschließen, indem sie ihn zerstört... es ist ein Versuch, in die Gruppe jeden oder alles (Symbole, Ideen) hereinzuholen, der oder das als gut erlebt wird. Diese Situation entsteht deshalb, weil die Gruppenmitglieder zugleich auf den Leiter gute, »ideale« Eigenschaften projiziert haben, die dann in der Revolte wieder zurückerobert und introjiziert werden. Obwohl der Leiter in der Revolte ausgeschlossen zu werden scheint, wird er zugleich durch den Mechanismus der Introjektion einverleibt (*Freud GW*, IX, *Slater* 1970)[37]

2. Die Revolte und die Introjektion der Attribute des Leiters führen stets zu Schuldgefühlen, weil der Leiter ambivalent erlebt worden ist. Dieses Schuldgefühl führt zu Versuchen, die Loyalität und Treue aller Gruppenmitglieder zu gewinnen, auch der Abweichler, um eine neue egalitäre und utopische Ordnung zu errichten. Dies ist ein Prozeß der Assimilierung und Einbeziehung, wobei die Grenzen relativ durchlässig werden, um alle Mitglieder und Ideen zu assimilieren, die in irgendeiner Weise gut sind und zur Schaffung dieser Utopie beitragen (vgl. *Gibbard/Hartman* 1973 b; 315 ff).

3. Die dritte Phase, in der Wettkampf und sexuelle Rivalität entstehen, nachdem die Realisierung der Utopie fehlgeschlagen ist, beinhaltet einen weiteren Versuch, interne Unterscheidungen, die Verlagerung bestimmter Tendenzen nach außen und Grenzziehungen vorzunehmen. Hier geht es nicht nur um Macht, sondern um eine Mischung aus Macht und Intimität, die charakteristisch für die ödipale Situation ist. In dieser Phase verändern sich die Gruppengrenzen wegen der Ängste, die aufgrund ödipaler Probleme entstehen. Es gibt nicht nur nicht genügend Frauen, Macht, Territorium, um sich zu bewegen; es bieten sich vielmehr Sündenböcke als Außengruppe an, auf die sexuelle Ängste, Unattraktivität, Ohnmacht, u.ä. verlagert werden können.

4. Die letzte Phase, die der Beendigung, beinhaltet die Auflösung von Grenzen, Depression und Schuld treten hervor. Es werden Versuche gestartet, alle Abweichler zurückzugewinnen und zum erstenmal die gute Gruppe zu schaffen. Es sind erneute Versuche, alles einzubeziehen, Aspekte (Mitglieder) der Gruppe zu inkorporieren, damit sie am Ende Gutes in Fülle hat und wenigstens im Gedächtnis weiterleben wird, wenn schon nicht als reale Gruppe« (173).

Gibbard und *Hartman* betonen, daß die Evolution von Abgrenzungen nicht linear fortschreitend sich entwickelt, sondern vielmehr in einer Art Pendelbewegung vor sich geht:

»Die Reaktion auf die Unsicherheit der Initialphase, mit ihren regressiven Komponenten, führt zu einer extremen Reaktion mit ausschließenden Mechanismen. Dieser Vorgang führt seinerseits zu dem starken Wunsch, alles einzubeziehen und zu dem Utopismus der nächsten Phase. Diese Phase verleugnet und stimuliert in gewisser Weise die sexuelle Rivalität der dritten Phase, was vor allem ausschließende und differenzierende Mechanismen hervortreten läßt. Diese Rivalität bedroht ihrerseits aber die Solidarität, die erforderlich ist, um das Zuendegehen der Gruppe zu ertragen, und mit der dabei entstehenden Trauer und dem Schmerz fertig zu werden« (174.

Trotz dieser Pendelbewegung läßt sich aber eine stetige Progression der Binnendifferenzierung der Gruppen feststellen (vgl. 370 ff):

In der Revolte gegen den Gruppenleiter formieren sich die Gruppenmitglieder zum erstenmal in einer gemeinsamen Aktion. Damit grenzen sie sich als Gruppe vom Gruppenleiter ab, differenzieren die anfängliche symbiotische Einheit von Gruppenleiter und Gruppe.

In der daran sich anschließenden Phase der »egalitären Demokratie«, in der zwar alles harmonisch vor sich gehen soll, alle Mißtöne unerwünscht sind bzw. gar nicht erst aufkommen, differenziert sich die quasie nur in der Revolte geeinte, ansonsten undifferenzierte Gruppe, immerhin im Bereich der positiven Zuwendung und Interaktion der Gruppenmitglieder untereinander. Nicht mehr der Gruppenleiter, sondern die Gruppenmitglieder sind Ziel der Wünsche und Aktionen. Obwohl diese vermeintliche Harmonie bald durch aufkommende Gegensätze und Widersprüche in der Gruppe gestört wird und die Mehrheit der Gruppenmitglieder sich deutlich von dabei auftretenden »Bösewichtern« abgrenzt, werden diese abweichenden und gar nicht harmonischen Tendenzen immerhin zugelassen; neben die sowieso erwünschten positiven Austauschprozesse treten auch aggressive.

Wenn die Gruppenteilnehmer diesen Prozeß der zunehmenden rivalisierenden Auseinandersetzung auch aus Gründen der nahenden Beendigung der Gruppe stoppen und versuchen, eine alles umfassende Harmonie herzustellen, die an Verhaltensweisen vor der Revolte erinnert, also an einen Zustand der weitgehenden Undifferenziertheit, so wird doch deutlich, *daß die Gruppenmitglieder das selbständig und aktiv tun,* nach einer Phase, in der es bereits zu mehr oder weniger heftigen Auseinandersetzungen der Mitglieder untereinander gekommen war.

Aus der obigen Schilderung der vier Phasen wird auch deutlich, *daß die jeweiligen Abgrenzungen Maßnahmen gegen bestimmte Ängst darstellen* (vgl. 166):

In der ersten Phase die Angst, unversorgt und schutzlos zu bleiben, wenn die Gruppe weiterhin alle Versorgungen vom Gruppenleiter erwartet, der dazu offenbar nicht bereit ist;

in der zweiten Phase die Angst, daß sich die Gruppe sozusagen den Ast abgesägt hat, auf dem sie sitzt, was die Gefahr der endgültigen Unmöglichkeit des Versorgtwerdens heraufbeschwört, sofern die Gruppe aus sich heraus nicht genügend Kräfte zur Übernahme der eigenen Verantwortung entwickeln kann. Es entstehen aber auch Angst vor der Rache des Gruppenleiters und Schuldgefühle, weil diese im Grunde vielleicht doch gutartige, mächtige Figur so schlecht behandelt wurde;

in der dritten Phase treten beträchtliche Rivalitätsängste auf, weil allmählich die Stunde der Wahrheit naht: was können die einzelnen Gruppenmitglieder einander wirklich geben und was dürfen sie sich geben, ohne zutiefst enttäuscht oder zurückgestoßen zu werden?

In der vierten Phase schließlich dominiert die Angst davor, durch die Beendigung der Gruppe endlich die Quittung für alle bösen Taten und schlechten Impulse zu bekommen und feststellen zu müssen, daß sie selbst doch nicht sehr weit gekommen sind in der eigenständigen, tatkräftigen Überwindung der Abhängigkeit vom Gruppenleiter, der Wünsche nach totaler Fusion und Versorgung, in dem Versuch, sich auf die eigenen Kräfte zu verlassen.

Schon bei der Betrachtung der von *Gibbard* und *Hartman* ermittelten dritten Phase der Entwicklung Selbstanalytischer Gruppen sind wir darauf gestoßen, daß eine spezifische Form der Abgrenzung in Gruppen darin besteht, *bestimmte Tendenzen als lediglich in bestimmten Individuen oder Subgruppen befindlich zu lokalisieren* bzw. daß einzelne Gruppenmitglieder sich im Gruppenzusammenhang offenbar gedrängt fühlen, bestimmte Rollendifferenzierungen in ihrem Verhalten vorzunehmen, bestimmte Rollen zu spielen.

Dieser Frage wollen wir im folgenden Abschnitt nachgehen.

3.4.1.3. Rollendifferenzierung

Mit der Rollendifferenzierung als Antwort auf die wenig strukturierte Situation in Selbstanalytischen Gruppen und als wesentlichem Strukturmerkmal in der Entwicklung solcher Gruppen hat sich vor allem *Gibbard* (1974) beschäftigt. Seine Grundthese ist, daß Rollendifferenzierung immer im Spannungsfeld zwischen dem Wunsch und dem Bedürfnis nach Eigenständigkeit der Gruppenmitglieder (Individuation) und dem in der Gruppensituation stark hervortretenden Wunsch nach regressiver Verschmelzung der Teilnehmer mit der tragenden und bergenden Gruppe (Fusion) sich bewegt (vgl. 177 ff).

Rollendifferenzierung stellt nach *Gibbard* eine Maßnahme zur Abwehr der De-Differenzierung dar. Sobald aber durch die Ausbildung und Stabilisierung bestimmter Rollen die individuelle Identität weniger bedroht erscheint, kommt es zu einer Gegenbewegung: die ausdifferenzierten Rollen werden als Hindernis der ungehinderten Entfaltung, auch als distanzierend empfunden, und die Gruppenmitglieder gehen zu einer De-Differenzierung der Rollen über. Rollendifferenzierung ist somit eine vermittelnde Schutzmaßnahme, um die individuelle Identität der Gruppenmitglieder aufrecht zu erhalten angesichts des regressiven Sogs, der durch die Gruppensituation entsteht. Andererseits können die Gruppenmitglieder im Schutze dieser Maßnahme sich stabilisieren und sich anschließend ein Stück weit auf die wenig strukturierte Situation einlassen (vgl. 250 ff).

Rollendifferenzierung in Selbstanalytischen Gruppen geschieht in einer Art *Pendelbewegung:* bei Angst vor Fusion tritt sie deutlich hervor, bei dem deutlichen Wunsch danach, ohne Entstehung von allzuviel Angst, findet eine De-Differenzierung statt. Im Rahmen der Gruppenentwicklung entsteht durch diese Pendelbewegung auf Gruppenebene eine zunehmend differenzierte und flexible Rollenstruktur sowie auf der Ebene der einzelnen Gruppenmitglieder eine zunehmende individuelle Identität und Rollenflexibilität. Im Grunde ist Rollendifferenzierung also eine Maßnahme, im Gruppenrahmen den immer wieder nötigen Schutzraum für die individuelle Identität zu gewährleisten und in der geschilderten Pendelbewegung nach und nach immer mehr *individuelle Identität im Rahmen der Gruppe* ohne rigide Rollendifferenzierung zu ermöglichen, d.h., Individuation ohne Angst vor Fusion (vgl. 263 ff).

Innerhalb der Bemühung um eine Klärung der psychischen Dynamik in Selbstanalytischen Gruppen ist dieser Modellüberlegung zur Rollendifferenzierung bislang noch wenig nachgegangen worden. *Gibbard* kritisiert in diesem Zusammenhang *Slater* (1970), der vor allem entwickelt hat, daß viele Gruppenmitglieder versuchen, den Gruppenleiter als besonders differenziertes Gruppenmitglied zu sehen, um sich mit ihm nach der Revolte zu identifizieren (vgl. 252). Er hält eine solche Einengung auf den Gruppenleiter für unzureichend und betont, daß neben dem Leiter in Gruppen vielfach bestimmte Gruppenmitglieder besondere Rollen übernehmen, vor allem *die Rolle des sog. Helden.*

In Anlehnung an R. D. *Mann* (1967) charakterisiert *Gibbard* diesen spezifischen Typus folgendermaßen:

»Der Held präsentiert sich gleich zu Anfang als eine außergewöhnliche Person. Er äußert sich spöttisch über diejenigen, welche manifeste Ängste wegen der fehlenden Struktur in der Gruppe äußern, verleugnet jedes persönliche Gefühl der Not und tritt für die freie Äußerung aller Impulse als primärem Ziel der Gruppe ein. Abwechselnd rebelliert er gegen den Gruppenleiter und identifiziert sich mit ihm. Den anderen Gruppenmitgliedern gegenüber ist er zurückhaltend, beschützend und mit sich selbst beschäftigt« (253).

Mit diesem Rollenverhalten erfüllt der »Held« nach *Gibbard* eine für die gesamte Gruppe ausgesprochen wichtige Funktion: *er stellt den Konflikt zwischen Individuation und Fusion szenisch dar,* ohne ihn allerdings lösen zu können. Einerseits präsentiert er sich als übermäßig selbständig, andererseits identifiziert er sich völlig mit dem in diesem Stadium der Gruppenentwicklung noch nicht von der Gruppe als solcher getrennten Gruppenleiter bzw. seinen vermeintlichen übergroßen spendenden und beschützenden Möglichkeiten (vgl. 260 f); er bekämpft den Gruppenleiter und setzt sich damit von ihm ab, zugleich unterwirft er sich ihm, indem er sich mit ihm identifiziert. Damit repräsentiert er praktisch den Konflikt, in dem alle Gruppenmitglieder sich befinden.

Obwohl *Gibbard* an verschiedenen Stellen seines Aufsatzes betont, wie wichtig es wäre, nicht nur einzelne, besonders herausragende Rollen zum Gegenstand der Untersuchung zu machen, geht er selber in seinem, speziell diesem Thema gewidmeten, Aufsatz (1974) über die Analyse der Rolle des Helden in seiner Bedeutung für die psychische Dynamik in Gruppen nicht hinaus.[38] Sein Verdienst ist es aber, die bei *Bion* (1972) und *Slater* (1970) schon angelegte Überlegung über die zentrale Bedeutung des intrapsychischen Konflikts zwischen Individuation und Fusion deutlich herausgearbeitet und in Verbindung mit der Abwehrmaßnahme der Rollendifferenzierung gebracht zu haben (vgl. 262 ff).

3.4.1.4. Mythenbildung

Obwohl schon *Dunphy* (1968) und *Slater* (1970) deutlich auf die Bedeutung der Mythenbildung als wichtige Maßnahme der Abwehr von Ängsten und zugleich der Ermöglichung von Klärungsarbeit in Selbstanalytischen Gruppen hingewiesen haben, sind *Gibbard* und *Hartman* in der konzeptionellen Erfassung und Systematisierung dieser Phänomene am weitesten fortgeschritten (*Hartman/Gibbard* 1974 c). *Gruppenmythen*, d.h., allen Gruppenteilnehmern gemeinsame Phantasien über das, was in der Gruppe vor sich geht, stellen nach *Gibbard* und *Hartman* ein *übergreifendes Symbolsystem* dar, *welches die Interaktionen in Selbstanalytischen Gruppen vereinheitlicht,* »indem individuelle Phantasien eine spezifische Interessengemeinschaft eingehen« (316).

Was auf der Ebene der Kleingruppe *Mythenbildungen* sind, stellen auf der Ebene des Indiviuums bestimmte *individuelle Phantasien* und auf der Ebene größerer Gruppierungen sog. *Ideolgien* dar (316). Die Funktion dieser Phantasien ist auf allen drei Ebenen dieselbe:

Sie stellen für das Individuum einen Kompromiß dar zwischen dem Ausdruck bestimmter Wünsche und den defensiven und adaptiven Versuchen, mit diesen Wünschen fertig zu werden, also eine spezifische Impuls/Abwehr bzw. Impuls/Kanalisierungs-Struktur (vgl. 316). Auf der Gruppenebene haben Mythen, d.h., die individuellen

Phantasien, die auf einem spezifischen gemeinsamen Phantasie-Nenner eine »Interessengemeinschaft« eingegangen sind, eine außergewöhnlich große Bedeutung für die Abwehr individueller Ängste. Als gruppenstrukturierende Maßnahmen ermöglichen sie aber auch, ähnlich wie die Handhabung der Gruppengrenzen oder die Rollendifferenzierung, bestimmte relativ konfliktfreie »Klärungsräume«, eine Auseinandersetzung mit der psychischen Realität in der Gruppe. Im Schutze der jeweils ausgegrenzten gemeinsamen Phantasie bzw. des von den einzelnen subjektiv als gemeinsame Realität erlebten Mythos[39] wird es möglich, die unterschiedlichen individuellen Wünsche und Ängste nach und nach einer gemeinsamen Klärung näherzubringen.

Gibbard und *Hartman* unterscheiden in ihrem Versuch, die verschiedenen von ihnen identifizierten Mythen in eine systematische Abfolge zu bringen, aufeinander folgende fünf Mythen:

(1) Mystische Fusion,
(2) Vergottung,
(3) Utopianismus,
(4) Bisexualität und
(5) Messianismus (vgl. 317).

Diese Systematisierung deckt sich weitgehend mit der von *Slater*. Ein Unterschied besteht allerdings darin, daß *Gibbard* und *Hartman* den nach der Revolte (nach der Vergottung) entstehenden Mythos, den *Slater* messianisch nennt (1970, 233, 258), in drei unterschiedliche Mythen (Mythos 3, 4 und 5) ausdifferenzieren. Die Autoren sind dabei der Auffassung, daß diese drei Mythen trotz ihrer – von der Revolte her gesehen – im Grunde regressiven Tendenzen immer reifere symbolische Versuche darstellen, mit der, durch die Absetzung des Gruppenleiters entstandenen, Situation fertig zu werden.

Da wir die Mythen der mystischen Fusion, der Vergottung und des Messianismus (Paarbildung) schon im Abschnitt über *Slater* erörtert haben, werden wir uns im Folgenden auf die Klärung der von *Gibbard* und *Hartman* besonders herausgearbeiteten Mythen des Utopianismus und der Bisexualität konzentrieren.[40] Dabei wollen wir vor allem der Frage nachgehen, inwiefern diese beiden Mythen und der nach *Gibbard* und *Hartman* sich anschließend ergebende Mythos des Messianismus als jeweils reifere Formen der gemeinsamen Bemühung der Gruppenteilnehmer betrachtet werden können, *ohne* den Gruppenleiter auszukommen.

Unter *Utopianismus* verstehen *Gibbard* und *Hartman* eine von allen Gruppenmitgliedern geteilte Phantasie, wonach in der Gruppe ein völlig harmonischer Zustand eintreten soll, »ein Zustand, der perfekt oder ideal ist, wo jeder Konflikt beseitigt und durch bedingungslose und unbegrenzte Liebe, Nährung und Sicherheit ersetzt ist« (320); alles was in der Gruppe geschieht ist gut, alles Böse ist im

Gruppenleiter inkarniert (ibid sowie *Gibbard/Hartman* 1973 b, 135 ff). Um diese Phantasie eines Paradieses auf Erden in einer *gemeinsamen Phantasie* (Mythos) zu stabilisieren, bedienen sich die Gruppenmitglieder des oben, bei der Handhabung der Gruppengrenzen, geschilderten Mechanismus der Aufspaltung der psychischen Realität. Gegenüber der im Stadium der Vergottung (Mythos 2) vorgenommenen Aufspaltung stellt die im Stadium des Utopianismus vorhandene einen beträchtlichen Fortschritt dar: das Gute ist jetzt in der Gruppe inkarniert, das Böse im Gruppenleiter, während es vorher umgekehrt war. Damit ist ein erster, wenn auch wenig differenzierter Versuch zur Verselbständigung gewagt (312).

Wie nicht anders zu erwarten ist, läßt sich der Mythos des Paradieses nicht lange aufrecht erhalten. Gerade weil alles, was in der Gruppe ist, als gut betrachtet wird, regen sich, durch diesen Freibrief ermuntert, Tendenzen, welche die Harmonie stören: Schuldgefühle über die Absetzung des Gruppenleiters in der Revolte, individuelle Differenzen, Rivalität, Ambivalenz und heterosexuelle Wünsche (vgl. 321).

Diesen zunehmend ins Bewußtsein drängenden, den Bestand der Gruppe gefährdenden Tendenzen begegnen Selbstanalytische Gruppen nach *Gibbard* und *Hartman* häufig, indem sie den *Mythos der Bisexualität* schaffen: dieser gemeinsamen Phantasie nach gibt es überhaupt keine Geschlechtsunterschiede, jeder ist zugleich männlich und weiblich, und die Gruppe als Ganze ist ebenfalls zugleich tragende und versorgende Mutter und beschützender Vater (vgl. 324 ff). Damit werden Rivalität, ödipale Schuldgefühle und sexuelle Ängste gleichsam neutralisiert, für nicht existent und unnötig erklärt. In ihr drückt sich zugleich der Wunsch nach Omnipotenz aus: »ich habe alles, was ich brauche, um für mich zu sorgen, mich zu lieben und sogar mich fortzupflanzen« (324; vgl. *Hartman/Gibbard* 1973).

Gegenüber dem undifferenziert gut phantasierten Zustand der Gruppe in der vorhergehenden Phase der Entwicklung ist diese Phantasie ein weiterer Fortschritt: wenngleich die Widersprüche geleugnet werden entsteht in der Gruppe das Gefühl: wir verfügen selbst über genügend Potenzen, um für uns selber zu sorgen.

Die an diesen Mythos sich anschließende Phantasie des *Messianismus,* d.h., der Rettung der Gruppenmitglieder aus der Angst, vielleicht doch nicht potent genug zu sein, durch ein messianisches Paar, wie vor allem Bion (1972) herausgearbeitet hat, stellt wiederum eine Weiterentwicklung der Gruppe dar: es gibt inzwischen zwei Geschlechter, wenngleich sie sich auch nur in Form eines idealen Paares unter Ausschaltung jeglicher Rivalität und echter Sexualität gegenübertreten dürfen (330). Mit diesem Mythos bricht die Darstellung von *Gibbard* und *Hartman* ab, weil damit die von ihnen geleiteten Selbstanalytischen Gruppen zu Ende gingen.

Für *Gibbard* und *Hartman* ist die Klärung der in Selbstanalytischen

Gruppen entstehenden Mythen und der diesen zugrunde liegenden psychischen Dynamik ohne Zweifel die wichtigste Aufgabe, die sie sich gestellt haben. (vgl. *Gibbard* und *Hartman* 1973 b, *Hartman* und *Gibbard* 1973, 1974 c). Im Grunde sind auch ihre Überlegungen über Rollendifferenzierung und die Entstehung von Gruppengrenzen stark auf diese Mythenbildung bezogen. Wir werden deshalb in den folgenden Unterabschnitten, die der Einordnung und kritischen Würdigung der Konzepte dieser Autoren gewidmet sind, uns vor allem an diesen Überlegungen zur Mythenbildung orientieren.

3.4.2. Ebene des Funktionierens von Selbstanalytischen Gruppen bei Gibbard und Hartman

Obwohl *Gibbard* und *Hartman* bei der Entwicklung ihrer Dimensionen bzw. Mechanismen von Selbstanalytischen Gruppen alle drei von uns ausgegrenzten Ebenen des Funktionierens solcher Gruppen im Auge haben, beschäftigen sie sich explizit vor allem mit den Vorgängen, die nach der Revolte gegen den Gruppenleiter erkennbar sind. Aus diesem Grunde wäre zu erwarten, daß sie sich vorwiegend mit der Auflösung der ödipalen Problematik und dem Übergang zu der von uns reflexiv-interaktionell genannten Ebene des Verhaltens befassen.

Gibbard und *Hartman* scheinen selbst der Auffassung zu sein, daß der ödipalen Problematik in den von ihnen erforschten Gruppen eine besondere Bedeutung zukommt: in einem eigenen Aufsatz (1973 c) untersuchen sie empirisch die Angemessenheit des ödipalen Paradigmas für die Erfassung der Vorgänge in diesen Gruppen. Dabei kommen sie empirisch zu dem Ergebnis, daß im Anschluß an die Revolte nicht, wie wir erwarten würden, reflexiv-interaktionelle, sondern vielmehr vermehrt prä-ödipale Phänomene auftraten. Sie stellen fest, daß hierbei offenbar ödipale und prä-ödipale Prozesse gleichzeitig ablaufen (ibid 351).

Die Revolte gegen den Gruppenleiter hat in den von *Gibbard* und *Hartman* geleiteten Gruppen offensichtlich weniger zu einer deutlichen Zunahme der Verselbständigung und der reflexiv-interaktionellen Beziehungsklärung der Gruppenmitglieder geführt, sondern vielmehr zu ausgesprochen vorsichtigen, ja ängstlichen, tastenden Versuchen, gemeinsame regressive Phantasien zu mobilisieren, zur Abwehr der in der Gruppe als ausgesprochen bedrohlich empfundenen Auseinandersetzung der Gruppenteilnehmer untereinander. Zwar weist *Slater* in seinen Überlegungen auch darauf hin, daß nach der Revolte regressive (prä-ödipale) Phänomene auftauchten, aber immer nur dann, wenn besondere Schwierigkeiten das Fortschreiten zur reflexiv-interaktionellen Ebene behindern. Wenn – wie offensichtlich bei *Gibbard* und *Hartman* – Gruppen in starker Weise nach der Revolte regredieren, so können wir vermuten, daß besondere Hindernisse vorhanden waren oder sonstige Bedingungen dies erzeugten: z.B. das Verhalten des Gruppenleiters, die spezifische Zusammensetzung der jeweiligen Gruppe, was die individuelle Tendenz zur Regression angeht, äußere Einflüsse (etwa das Ausscheiden von Teilnehmern) u.ä...

3.4.3. Kontext des Entstehens der von Gibbard und Hartman beschriebenen Phänomene

Bei der Erörterung der Konzepte von *Slater* und *Thelen* haben wir versucht, die Phänomene, welche diese Autoren begrifflich zu erfassen suchten, in Beziehung zu setzen zu ihrem Verhalten als Gruppenleiter. Dabei lag die Vermutung zugrunde, daß das Verhalten des Gruppenleiters zu einem Gutteil das Auftreten bestimmter Phänomene fördert und das anderer behindert.

Aus den ausführlichen Schilderungen des Verlaufs der beiden Gruppen, mit denen *Gibbard* und *Hartman* gearbeitet haben und auf deren Beobachtung, empirischer Erfassung und theoretischer Durchdringung alle ihre Überlegungen basieren, erfahren wir wenig über das konkrete Verhalten der Gruppenleiter (vgl. *Gibbard* und *Hartman* 1973 c). Bei näherer Betrachtung dieser Berichte erweisen sich allerdings die wenigen Stellen, an denen die Autoren über ihre Interventionen berichten, als hinreichend ergiebig, um gewisse Hypothesen zu entwickeln zur Erklärung des oben geschilderten paradoxen Befundes.

Im Folgenden geben wir eine knappe Schilderung der beiden Gruppenverläufe (vgl. *Gibbard/Hartman* 1973 c, 325-346).

3.4.3.1. Der Verlauf der beiden untersuchten Gruppen

1. Entwicklung der Gruppe 1 (geleitet von G.S. *Gibbard)*.[41]

In der ersten Phase dieser Gruppe (Sitzung 1-11)[42] steht die Frage im Mittelpunkt, ob der Kurs überhaupt etwas bringe und welche Rolle der Gruppenleiter spiele. Drei männliche Gruppenteilnehmer kristallisieren sich immer mehr heraus, die sich über den Gruppenleiter zunehmend lustig machen und ihn kritisieren, während die weiblichen Teilnehmer durchwegs positiv zum Gruppenleiter stehen. Schließlich greift die gesamte Gruppe in der 11. Sitzung den Leiter heftig an, als er zu Beginn der Stunde eine langatmige Interpretation gibt, die verschiedene Teilnehmer nicht verstehen. Als der Gruppenleiter zu erklären versucht, was er meint, wird er nur noch mehr angegriffen. Als er dann auch noch auf die Frage einer Teilnehmerin eine Gegenfrage stellt, lehnt sich die gesamte Gruppe geschlossen gegen ihn auf (vgl. *Gibbard/Hartman* 1973 c, 326 ff).

In der zweiten Phase (13-22) sind die Gruppenteilnehmer bemüht, nach dem symbolischen Sturz des Leiters ihre eigene Ordnung aufzubauen. Die männlichen Gruppenteilnehmer bemühen sich vermehrt um die weiblichen. Diese reagieren aber praktisch nicht darauf, stellen vielmehr die Frage, wie ein Psychoanalytiker Leute dazu bringt, sich zu öffnen und ob es erlaubt sei, Freunde in die Gruppe mitzubringen. Auf dieses deutliche Ausweichen vor den Annäherungsversuchen der männlichen Teilnehmer, in dem sich zugleich die noch weiter vorhandene Fixierung der weiblichen Teilnehmer an den Gruppenleiter zeigt, wird ein männliches Gruppenmitglied zunehmend zum Mittelpunkt der Gruppe: er gibt deutlich zu verstehen, daß es gerne in der Gruppe ganz harmonische Verhältnisse hätte, wo alle einander unterstützen, gerne haben und nahe sind (vgl. ibid 324 f).

In der dritten Phase (Sitzung 23-30) entsteht gesteigertes Interesse zwischen den Geschlechtern. Es taucht die Frage auf, ob nicht jemand aus den eigenen Reihen die Leitung der Gruppe übernehmen könnte. Die Männer rivalisieren stark miteinander und die Frauen bilden eine Art Untergruppe. Es dauert nicht lange, so kommt es zu einem erneuten Angriff der männlichen Teilnehmer auf den Leiter, der sich wiederum an seinen Interventionen entzündet. Als der Gruppenleiter auf die offensichtliche Rivalität zwischen den männlichen Teilnehmern und seiner Person hinweist, wird das strikt abgeleugnet. Die weiblichen Teilnehmer scharen sich während dieses Vorganges loyal um den Gruppenleiter und distanzieren sich, auch äußerlich sichtbar, von den männlichen, indem sie sich zusammensetzen. Gegen Ende dieser Phase äußern die männlichen Teilnehmer sich enttäuscht darüber, daß jeder Versuch, einen Leiter aus den eigenen Reihen zu rekrutieren, gescheitert ist; eine Frau betont, wie beängstigend die starke Rivalität zwischen den männlichen Teilnehmern für sie gewesen ist (vgl. ibid 339 ff).

2. Entwicklung der Gruppe 2 (geleitet von J.J. *Hartman)*

In der ersten Phase ihrer Entwicklung (Sitzung 1-15) ergibt sich für die Gruppe 2, im Vergleich zu Gruppe 1, ein völlig anderes Bild: von Anfang an spielen in ihr die weiblichen Gruppenteilnehmer eine ausgesprochen aktive Rolle. Es wird lange über die Rolle von Frauen und Männern in der Gesellschaft diskutiert, besonders darüber, ob Frauen Führungspositionen einnehmen können, ob die Männer dann Befehle von ihnen annehmen würden und ob Männer von Geburt an aggressiver seien als Frauen. Auf die wiederholte Interpretation des Gruppenleiters, daß es in diesem Gespräch doch wohl um die Frage der konkreten Machtverteilung in der Gruppe gehe, wird er kurz angegriffen, es werden aber sogleich ängstliche Stimmen laut, was wäre, wenn er nicht verantwortlich nach dem Rechten sehen würde. In der darauffolgenden Sitzung wird die Lektüre, die der Leiter der Gruppe vorgeschlagen hatte, zunächst einhellig als völlig nutzlos bezeichnet.

In der 5. Sitzung meldet sich ein männlicher Teilnehmer zu Wort, der die Frauen versteckt als zu rebellisch kritisiert und sich an die stillen Gruppenmitglieder sowie an die männlichen Teilnehmer wendet um Unterstützung für die Bewahrung von Ruhe und Ordnung. Die Reaktion der Frauen läßt nicht lange auf sich warten: sie beschließen, die nächste Sitzung allein in einem Studentencafe durchzuführen und rufen alle Teilnehmer dazu auf. In der nächsten Sitzung finden sich beim Gruppenleiter lediglich acht Teilnehmer ein. Der Rest (16) trifft sich in der Cafeteria. Nach dieser »Revolte« herrscht während der nächsten Sitzungen ein sehr gespanntes Verhältnis zwischen denen, die in der Cafeteria getagt hatten und den Zurückgebliebenen. Erstere greifen besonders Harvey, den Wortführer der letzteren Gruppe, an. Die feindselige Atmosphäre ändert sich schlagartig, als der Gruppenleiter einige benotete Seminararbeiten zurückgibt. Jetzt äußern zunehmend auch die rebellischen Frauen, daß sie vom Gruppenleiter Unterstützung, Zuneigung und Sicherheit erwarten (vgl. ibid 328 ff).

In der zweiten Phase dieser Gruppe (Sitzung 16-20) sind verschiedene männliche Teilnehmer relativ aggressiv, aber ihre Aggressivität wendet sich ganz diffus dagegen, daß die Gruppe langweilig sei und eine Krise benötige, um die »wirklichen Gefühle« an die Oberfläche zu bringen. Obwohl sich ein Teilnehmer zur Analyse anbietet, greifen die anderen seinen Vorschlag nicht auf. Er wird lediglich als besonders mutig von den Frauen hochstilisiert und Harvey, dem Repräsentanten der Abhängigen, gegenübergestellt (vgl. ibid 335 ff).

In der dritten Phase (21-34) wird wiederum die Beziehung zwischen den Geschlechtern thematisiert, allerdings anhand eines Problems von außerhalb: ein männlicher Teilnehmer trägt die Schwierigkeiten mit seiner Freundin vor. Die Frauen gehen freundlich darauf ein und erteilen ihren schwesterlichen Rat. Daraufhin entsteht zunehmend Unruhe in der Gruppe. Es werden Stimmen laut, der Gruppenleiter möge doch mehr leiten und Ängste darüber, die Gruppe könnte die Kontrolle verlieren. Die drei verheirateten Frauen der Gruppe eröffnen daraufhin eine Diskussion über Mütterlichkeit und beklagen sich über die Passivität der Männer. Als sich daraus ein Gespräch entwickelt, ob enge Beziehungen zwischen Männern und Frauen gut oder schlecht sind, platzt plötzlich ein männliches Gruppenmitglied heraus mit einem heftigen Angriff auf den Leiter und die ganze Gruppensituation: er sagt, er habe mit verschiedenen Dozenten und seinem Therapeuten gesprochen, und diese waren übereinstimmend der Auffassung, daß die Gruppe gefährlich und aller Wahrscheinlichkeit nach schädlich wäre, und deshalb würde er die Gruppe verlassen. Die Teilnehmer reagieren darauf mit großer Angst und dem Wunsch, die Gruppe wenn möglich, früher zu beenden. Der Gruppenleiter selbst ist ebenfalls nicht wenig geängstigt, greift sofort ein, macht deutlich, daß kein realer Grund zur Beunruhigung besteht (vgl. hierzu auch *Hartman* und *Gibbard* 1973, 306) und versucht, ruhig auf den »Bombenleger« einzugehen. Es gelingt ihm auch, die Gruppe zu beruhigen. In der nächsten Sitzung erzählt ein Gruppenmitglied eine Geschichte:

Als Noah schon fast damit fertig war, von jeder Tierart ein Paar in seine Arche zu bringen, wird er vom lieben Gott angehalten, der bemerkt hatte, daß bei den Nilpferden statt eines Paares von Noah zwei männliche Nilpferde in die Arche geführt wurden. Noah, der sehr müde von der vielen Arbeit ist, bittet den lieben Gott, doch das Geschlecht eines der Nilpferde umzuwandeln, worauf dieser antwortet: du weißt, so arbeite ich nicht.

An diese Geschichte schließt sich eine lange und lebhafte Diskussion an, aus der deutlich wird, daß »die Gruppenmitglieder wünschen, die Gruppe sollte eine Atmosphäre entstehen lassen, die durch Sexualität ohne Konflikt charakterisiert ist – eine Gruppe, in der Probleme der Rivalität und des Wettkampfes durch den Leiter – Gott – gelöst werden (indem er von jeder Art ein Paar auswählt und somit kein Mißverständnis darüber entsteht, wer zu wem gehört) und überwacht von einer nährenden älteren Gestalt, die selbst weder Liebhaber noch Rivale ist« (ibid 343). Diese Diskussion über bisexuelle Phantasien zieht sich über mehrere Sitzungen hin (340 ff).

Phase vier zeigt in beiden Gruppen ähnliche Merkmale: die Gruppenteilnehmer sind eifrig darum bemüht, die Entwicklung der Gruppe als Ganzer und die Verhaltensweisen der einzelnen Mitglieder rückblickend zu bewerten. Es werden noch einige Versuche angestellt, heterosexuelle Konflikte zu klären und es entsteht Enttäuschung, daß die Versuche, diese interpersonellen Schwierigkeiten durchzuarbeiten, nicht sehr erfolgreich oder befriedigend ausgehen. Ödipale Phantasien verschwinden nahezu ganz zugunsten dieser realen Versuche, die Beziehungen in der Gruppe zu klären (vgl. 346).

3.4.3.2. Einige Bedingungskonstellationen für die geschilderten Gruppenverläufe

Bereits bei einer globalen Betrachtung der Vorgänge in den beiden Gruppen wird deutlich, daß die Entwicklung in Gruppe 1 weitgehend dem ödipalen Paradigma entspricht, während die Gruppe 2 einen recht seltsamen, weder als ödipal noch prä-ödipal zu klassifizierenden Verlauf nimmt. Ohne im einzelnen auf die Vielzahl, der sich hieraus ergebenden Fragen einzugehen, wollen wir versuchen, herauszuarbeiten, (1.) welche Faktoren für den unterschiedlichen Verlauf der beiden Gruppen bestimmend gewesen sein könnten, (2.) unter welchen spezifischen Bedingungen die von *Gibbard* und *Hartman* als Mythos der Utopie und der Bisexualität besonders herausgestellten gemeinsamen Gruppenphantasien deutlich hervorgetreten sind und (3.) welche Art von Revolte in den beiden Gruppen vor sich ging.

1. Eine Analyse der unterschiedlichen Geschehnisse in der ersten Phase der Entwicklung der beiden Gruppen ergibt eine große Wahrscheinlichkeit für die Annahme, daß hierbei die spezifische Zusammensetzung der Gruppe eine ausschlaggebende Rolle gespielt hat: in Gruppe 1 befanden sich offensichtlich überwiegend aktive, rebellierende Männer und relativ passive, abwartende Frauen, während es in Gruppe 2 völlig umgekehrt war. In beiden Gruppen kommt es zu einer Revolte gegen den Leiter, allerdings mit völlig unterschiedlichen Folgen. Während Gruppe 1 daran anschließend rebellisch blieb und zu einer zunehmend heftiger werdenden Auseinandersetzung zwischen den Gruppenmitgliedern überging, wurde die Gruppe 2 immer passiver und abhängiger vom Gruppenleiter und hat nahezu jede interne Auseinandersetzung vermieden. Hierbei dürfte die spezifische Zusammensetzung der beiden Gruppen eine gewisse Rolle gespielt haben. Vermutlich waren die Ängste der passiven Männer in Gruppe 2 gegenüber den aktiven, rebellierenden Frauen und ihr Wunsch nach Schutz durch den männlichen Gruppenleiter stärker als ihre Aggressionen gegen den untätigen, frustrierenden Leiter, dem alle Frauen zufliegen. In dieser Konstellation kommt schwerlich eine Koalition zwischen Männern und Frauen gegen den Leiter zustande. Dies erklärt aber nicht, warum in Gruppe 2 schließlich die Frauen passiv, freundlich und vom Leiter abhängig werden, d.h., aufgehört haben, zu rebellieren.

2. Damit sind wir bei den konkreten Bedingungen, unter denen regressive Phänomene in Gruppe 2 deutlich hervorgetreten sind:

a) Die Abänderung des aggressiven Verhaltens der weiblichen Gruppenmitglieder dürfte auf die vom Gruppenleiter im Anschluß an die Revolte real demonstrierte Macht zurückzuführen sein: die Verteilung der konkreten Seminararbeiten. Im Anschluß daran entsteht in der gesamten Gruppe der Wunsch nach völlig harmonischen Verhältnissen, d.h., die Phantasie einer utopischen Gruppe.
Die Passivität der Frauen hält nicht lange an: sie thematisieren bald darauf ihren Wunsch nach Klärung der Beziehungen zwizwischen den Geschlechtern in der Gruppe. Daraufhin bekommen offenbar die männlichen Teilnehmer große Ängste, was sich in der, wie eine Bombe einschlagenden, Äußerung eines männlichen Teilnehmers ausdrückt, die Gruppe sei ausgesprochen gefährlich, schädigend. Der Gruppenleiter interpretiert dies nicht als ein Symptom für die überstarken Ängste der Männer gegenüber den Frauen und hilft den Männern nicht, diese Ängste zu thematisieren und mit den Frauen gemeinsam zu klären.
b) Dadurch läßt der Gruppenleiter eine Situation entstehen, die bisexuelle Phantasien geradezu provozieren muß: er tut so, als ob keinerlei Grund zur Beunruhigung wäre, und die Ängste des

»Bombenlegers« lediglich individuell, übertrieben und unbegründet seien. Er verhindert damit geradezu eine offene Klärung der sexuellen Problematik in der Gruppe und gibt durch sein eigenes – diese Realität verleugnendes – Verhalten berechtigten Anlaß zu der Phantasie, daß auch er sich im Grunde vor den aggressiven Frauen fürchtet, allerdings die Macht besitzt, einen Königsfrieden herzustellen. Die im Anschluß an seine »ordnende« Intervention immer deutlicher hervortretende Phantasie der Bisexualität ist deshalb eine durchaus verständliche Reaktion der Gruppe: nach Auffassung der Teilnehmer drückt der Gruppenleiter ja nur zu deutlich selber aus, daß es gar keine Probleme zwischen den Geschlechtern gibt, und daß er dafür sorgen wird, daß alles zum Guten sich wendet, wenn sie nur lange genug warten. Durch seine Intervention legt er die Phantasie, er sei ein Hermaphrodit, Vater und Mutter zugleich, nahe. Er erzeugt geradezu die gruppenweite Phantasie bisexueller Verhältnisse.

3. Aus der Schilderung der Entwicklung der beiden Gruppen wird auch deutlich, daß es offenbar unterschiedliche Arten von Revolten gegen den Gruppenleiter gibt. Von einer echten Revolte gegen den Leiter kann eigentlich nur gesprochen werden, wenn die Gruppenteilnehmer sich nahezu einmütig gegen den Gruppenleiter wenden und deutlich kundtun, daß sie die Geschicke der Gruppe jetzt selbst in die Hand nehmen wollen (vgl. oben die ausführliche Schilderung von *Slater*). Dies war in Gruppe 1 weitgehend der Fall, nicht aber in Gruppe 2. Hier hat es eher eine Spaltung der Gruppe gegeben, bei der eine Subgruppe revoltierte, die andere nicht. Die revoltierende Untergruppe traute es sich nicht einmal zu, direkt und offen den Gruppenleiter »abzusetzen«, sie traf sich vielmehr an einem anderen Ort und diskutierte dort wie sie sich ihm gegenüber in Zukunft verhalten sollte. In dieser Gruppe hat im Grunde keine echte Gruppenrevolte stattgefunden.

Dies hat einige Konsequenzen für den Stellenwert der Überlegungen von *Gibbard* und *Hartman* im Rahmen einer systematischen Theorie der Entwicklung von Selbstanalytischen Gruppen: genaugenommen hat Gruppe 2 sich nicht bis zur ödipalen Problematik hinbewegt. Die Gruppenteilnehmer sind vielmehr davor zurückgeschreckt, was sich besonders in dem wiederholten Wunsch der männlichen Teilnehmer nach Schutz, Geborgenheit und Versorgung durch den Leiter ausdrückt. Das sezessionistische Verhalten der weiblichen Teilnehmer ist in diesem Zusammenhang auch weniger als echte Auflehnung gegen eine versagende Vaterfigur, sondern vielmehr als eindringlicher Apell, als Provokation an die Adresse des Leiters, zu verstehen, doch endlich einzugreifen und die frustrierende Situation zu beseitigen, wie *Gibbard* und *Hartman* selbst betonen (vgl. 1973 c, 331).

3.4.3.3. Zusammenfassende Bemerkungen zur Frage prä-ödipaler Phänomene im Anschluß an die Revolte

Was die von *Gibbard* und *Hartman vorgeschlagene systematische Abfolge von prä-ödipalen Mythen* in Selbstanalytischen Gruppen angeht und ihre Zuordnung zur Revolte bzw. zur ödipalen Problematik, so ergibt sich aus unseren bisherigen Überlegungen:

(1) Es ist fraglich, ob die Gruppenmythen des Utopianismus und der Bisexualität im Anschluß an eine Revolte *regelmäßig* sich ergeben.[43]

(2) Es spricht einiges dafür, daß diese Mythen deutlich in Erscheinung treten, wenn die Revolte unzureichend erfolgt ist bzw. durch ein bestimmtes Leiterverhalten rückgängig gemacht wird. Wir können die Hypothese formulieren: eine Selbstanalytische Gruppe wird nach erfolgter Revolte gegen den Gruppenleiter in dem Maße auf prä-ödipale Gruppenphantasien bzw. -mythen regredieren, indem
  a) die sog. Revolte beim Leiter offene Türen eingerannt hat, es also der Gruppe zu leicht gemacht wurde, zu revoltieren, oder aber
  b) der Gruppenleiter nach der Revolte den Teilnehmern Interventionen anbietet, die sie vor der Revolte als Klärung und Schutz gerne gehabt hätten und sie somit sozusagen in Versuchung führt, ohne weitere eigene Anstrengung alles Nötige zu bekommen.

(3) Die Bedeutung jeder echten Revolte gegen den Gruppenleiter als zentralem ödipalem Ereignis, als Schlüsselereignis bei der Fortentwicklung Selbstanalytischer Gruppen von prä-ödipalen Ansprüchen zur reflexiv-interaktionellen Verselbständigung der Gruppenteilnehmer, bleibt aufgrund unserer Überlegungen voll und ganz gewahrt.[44]

3.4.4. Würdigung der Überlegungen von Gibbard und Hartman:

Gibbard und *Hartman* haben in ihren Überlegungen eine Reihe von Konzepten entwickelt bzw. weiter ausgearbeitet, mit Hilfe derer die psychische Dynamik in Selbstanalytischen Gruppen systematisch erforscht und geklärt werden kann. Es sind dies:

(1) Das Konzept der strukturellen Ähnlichkeit von psychodynamischen Prozessen auf der intrapsychischen, der interpersonalen und der suprapersonalen Ebene des Verhaltens;

(2) die konzeptionelle Ausarbeitung dreier bedeutsamer kollektiver Weisen der Bewältigung der grundlegenden individuellen Pro-

blematik zwischen Individuation und Fusion im Rahmen einer Selbstanalytischen Gruppe (Grenzziehung, Rollenbildung, Mythenbildung);

(3) der Versuch, herauszuarbeiten, in welcher Weise die unter (2) genannten Maßnahmen zur Wahrung der Ich-Identität einerseits und der Bewahrung der Gruppe als solcher andererseits (Gruppenidentität) sich im Prozeß der Entwicklung Selbstanalytischer Gruppen jeweils konkret ausprägen;

(4) die differenzierte Schilderung verschiedener Gruppenmythen und die Interpretationen ihrer psychodynamischen Bedeutung im Kontext des Gruppenprozesses.

Kritisch anzumerken ist, daß *Gibbard* und *Hartman*

(1) die Phänomene, die sie konzeptionell zu erfassen suchten, nicht mit dem Leiterverhalten in Beziehung gesetzt haben, was umso mehr verwundert, als dies ihr Lehrer R.D. *Mann* explizit getan hat (1967, 120-145), und es von ihrem empirischen und theoretischen Ansatz her durchaus möglich gewesen wäre. Hierdurch sind u.E. gerade bei der Frage der Mythenbildung gewisse Verdinglichungen in Form einer Systematisierung entstanden, die bei genauerer Betrachtung nicht haltbar sind und leicht zu vermeiden gewesen wären;

(2) es ist nicht zu verkennen, daß *Gibbard* und *Hartman* nicht weit genug vorgedrungen sind in Richtung auf eine eingehende psyologische Klärung der psychodynamischen Prozesse, die sich *in den* Teilnehmern abspielen, während sie gewisse kollektive Abwehrmaßnahmen gegen bestimmte Ängste ergreifen. Es bleibt nach wie vor relativ unklar, wie die Ausgrenzung bestimmter psychischer Tatbestände als innerhalb, andere als außerhalb der Gruppe befindlich *psychodynamisch* vor sich geht, wie es zur Rollenverteilungen kommt oder zur Herausbildung bestimmter Mythen.

(3) ist kritisch anzumerken, daß *Gibbard* und *Hartman* an keiner Stelle *klare Definitionen* dessen geben, was sie als prä-ödipale oder ödipale Problematik in Gruppen betrachten. Eine solche Definition hätte in vielerlei Hinsicht dazu beigetragen, die Fragen zu klären, die sich im Zusammenhang mit der Schaffung einer Theorie der Gruppenentwicklung stellen. Vermutlich hat gerade die unzureichende Bestimmung prä-ödipaler und ödipaler Phönomene dazu geführt, daß es den Autoren nicht gelungen ist, in ihrem Aufsatz über »das ödipale Paradigma in der Gruppenentwicklung« (1973 c) deutlich heruaszuarbeiten, unter welchen Bedingungen jeweils bestimmte Phänomene auftraten; sie konnten so lediglich feststellen, daß beide Arten von Phänomenen *zugleich* auftraten.

3.5. Warren G. Bennis

Warren G. *Bennis* ist von den in diesem Kapitel dargestellten Autoren sicherlich der bekannteste. Es gibt praktisch keine Arbeit zur Theorie der psychischen Dynamik in T-Gruppen, in der sein Ansatz nicht erwähnt bzw. diskutiert wird. Und dies mit gutem Grunde: innerhalb des Kreises der relativ wenigen T-Gruppen-Trainer, die sich um eine konzeptionelle Klärung des Geschehens in ihren Gruppen bemüht haben, ist er der einzige, der sich relativ früh um die Entwicklung einer umfassenderen *Theorie des psychischen Geschehens* bemüht hat (*Bennis/Shepard* 1956), und nicht nur um eine mehr pädagogische oder didaktische *Theorie des Trainings* bzw. eine Trainingsmethodologie wie dies praktisch alle anderen Theoretiker der T-Gruppen-Bewegung versucht haben (*Benne* 1972 a, *Bradford* 1972 a, *Gibb* 1972 b, *Whitman* 1972, *Blake* 1972, *Horwitz* 1972). Der Unterschied zwischen diesen beiden Arten von Theoriebildungen wird bei *Bennis* besonders deutlich, weil er parallel zu seiner Theorie der Gruppenentwicklung (bzw. der psychischen Dynamik in T-Gruppen) ebenfalls eine *Theorie des Trainings* entwickelt hat (*Shepard/Bennis* 1956)[45]. Uns interessiert in dieser Arbeit in erster Linie die Theorie der Gruppenentwicklung von *Bennis* bzw. der psychischen Dynamik in T-Gruppen.

3.5.1. Darstellung des Ansatzes von Bennis

Bei der nun folgenden Darstellung des Ansatzes von W.G. *Bennis* werden wir uns vor allem auf den 1964 verfaßten und 1972 auf Deutsch erschienenen Aufsatz »Entwicklungsmuster in T-Gruppen« beziehen.[46] Er enthält die letzte Fassung der Theorie von *Bennis*.

3.4.1.1. Grundprobleme in T-Gruppen

In der wenig strukturierten Anfangsphase einer T-Gruppe entstehen für die Gruppenteilnehmer nach *Bennis* regelmäßig zwei sog. *»Zonen innerer Ungewißheit«* (271):

> »Die erste ist die Zone der Autoritätsorientierung oder allgemeiner, die Haltung der Gruppenmitglieder gegenüber dem Gebrauch und der Verteilung von Macht in der Gruppe. Die zweite ist die Zone der gegenseitigen Haltungen der Mitglieder zueinander« (271 f).

Diese beiden Zonen innerer Unsicherheit der Gruppenmitglieder stellen zugleich die Hauptprobleme dar, die in jeder T-Gruppe gelöst werden müssen, damit eine solche Gruppe sich aus einer Ansammlung geängstigter, auf ein kindliches Niveau des Verhaltens regredierter, Teilnehmer mit weitgehend gehemmter oder verzerrter Kommunikation hinentwickeln kann zu einer Gruppe, in der die Teilnehmer sich einigermaßen sicher fühlen und relativ offen versuchen, die wechselseitigen Beziehungen und Prozesse zu klären, »zu gültigen Kommunikationen« zu gelangen, wie *Bennis* in Anlehnung an *Sullivan* es ausdrückt (vgl. 271).

3.5.1.2. Relevante Persönlichkeitsaspekte in der Gruppenentwicklung

Die einzelnen Gruppenmitglieder reagieren auf die beiden geschilderten Grundprobleme in Gruppen häufig mit folgenden typischen Verhaltensweisen:

»Rebellion, Unterwürfigkeit oder Resignation als charakteristische Reaktionen auf Autoritätsfiguren sowie destruktives Konkurrenzverhalten, emotionale Ausbeutung oder sich zurückziehen als charakteristische Reaktionen gegenüber Gleichrangigen ...« (272 f).

Nach *Bennis* ist mit der Schilderung dieser Reaktionen noch wenig für eine Theorie der psychischen Dynamik in T-Gruppen gewonnen. Bedeutsam werden diese Verhaltensweisen im Gruppenzusammenhang erst dann, wenn sie *stereotyp* auftreten. In Anlehnung an W. *Schutz* (1966) unterscheidet *Bennis* vier Grundvarianten stereotypen Verhaltens in T-Gruppen: *dependentes, kontradependentes, überpersonales* und *kontrapersonales* Verhalten.

»Der Dependenzaspekt umfaßt die charakteristischen Verhaltensweisen eines Mitglieds in Bezug auf einen Führer oder eine Regelstruktur. Mitglieder, die Verfahrensregeln, eine Tagesordnung, einen Experten usw. angenehm finden, werden als abhängig (dependent) bezeichnet. Mitglieder, die angesichts autoritäter Strukturen aus der Fassung geraten, werden als kontradependent bezeichnet.

Den personalen Aspekt bilden die charakteristischen Verhaltensweisen eines Mitglieds im Hinblick auf interpersonale Intimität. Mitglieder, die nicht ruhen, ehe sie nicht einen relativ hohen Grad an Vertraulichkeit in ihrer Beziehung zu allen anderen erreicht haben, werden als überpersonal, andere, die dazu tendieren, jede Intimität mit anderen zu vermeiden, werden als kontrapersonal bezeichnet« (273).

Teilnehmer, die bezüglich des jeweils gemeinsamen Gruppenproblems (Autorität bzw. Intimität) mit einer gewissen Zwanghaftigkeit in einer der genannten Weise reagieren, werden als *konfliktbehaftet* betrachtet. Teilnehmer, die relativ flexibel auf diese Probleme reagieren als *konfliktfrei* bzw. als independent bezeichnet (274).

Mit dieser Typisierung verfügen wir nach *Bennis* zugleich über

Grundrollen des Mitgliedschaftsverhaltens in T-Gruppen. Aus der Wechselbeziehung zwischen dem jeweiligen Grundproblem, das sich in einer T-Gruppe eingependelt hat und den jeweils darauf bezogenen spezifischen Aktionen und Reaktionen der Gruppenteilnehmer (bzw. Rollen, die sie dabei einnehmen) ergibt sich die konkrete psychische Dynamik in T-Gruppen.

3.5.1.3. Entwicklungsmodell von T-Gruppen

Aufgrund seiner mehrjährigen praktischen Erfahrung hat *Bennis* folgendes Entwicklungsmodell von T-Gruppen erarbeitet, in dem er die gerade angedeutete psychische Dynamik anhand der bisher entwickelten Grundbegriffe im einzelnen schildert.

Das Phasenmodell ist unterteilt in zwei Hauptphasen:

A) Dependenz (Auseinandersetzung mit dem Gruppenleiter) mit den Subphasen

(1) Dependenz (Flucht)
(2) Dependenz (Kampf)
(3) Lösung (Katharsis)

B) Interdependenz (Auseinandersetzung der Gruppenmitglieder untereinander) mit den Subphasen

(4) Harmonie (Flucht)
(5) Entzauberung (Kampf)
(6) Konsensusbildung.

(1) *Dependenz (Flucht)*

Bennis schreibt:

»Die ersten Tage der Gruppe sind bestimmt von Verhalten, dessen fernes wie auch unmittelbares Ziel die Abwehr von Angst ist. Den Diskussionsinhalt bildet zum großen Teil die fruchtlose Suche nach einem gemeinsamen Ziel« (275 f).

Aber die Suche nach einem gemeinsamen Ziel ist nur vordergründig Gegenstand der Bemühungen der Gruppenmitglieder. Im Grunde geht es ihnen darum, zu klären, was der Gruppenleiter von ihnen erwartet. Dies wird schon daraus ersichtlich, daß die Gruppenteilnehmer bald deutlich zum Ausdruck bringen, sie könnten aus eigener Kraft keine gemeinsamen Ziele formulieren. Jedes Mitglied, das versucht, die Gesamtgruppe in eine bestimmte Richtung zu führen, scheitert. Es ist, als ob lediglich der Gruppenleiter die Gruppe aus ihrer Immobilität und Unsicherheit herausführen könnte.[47]

Hierbei kristallisieren sich bereits zwei Tendenzen (oder Untergruppen) heraus:

»Für manche geht es in erster Linie darum, die Macht des Trainers, ihre Zukunft zu beeinflussen, auf die Probe zu stellen. In anderen wird Angst aufgerührt, durch ein Gefühl der Hilflosigkeit in einer Situation, die durch die Desertion des Beschützers bedrohlich wird« (276).

Die Kontradependenten scheinen Angst zu haben vor der Macht des Gruppenleiters, sie einzuengen bzw. zu bestimmen, während die Dependenten gerade darauf aus sind, beschützt, geleitet zu werden und Angst vor dem Verlust des Schutzes und der Sorge durch den Gruppenleiter haben.

Bennis betont:

»Diese Phase wird charakterisiert durch Verhaltensweisen, die in der Vergangenheit Billigung durch Autoritäten gefunden haben« (276).

Diejenigen, die gute Erfahrungen mit dependentem Verhalten Autoritäten gegenüber gemacht haben, verhalten sich dependent; Teilnehmer, die kontradependentes Verhalten als vorteilhaft erfahren haben, kontradependent. Diesen Aussagen zufolge scheint es zunächst, als ob die Gruppenmitglieder in dieser Unterphase vor allem Angst vor dem Gruppenleiter haben, davor daß er Dinge tut oder unterläßt, die für sie unangenehm, bedrohlich oder gefährlich sind. Bei näherer Betrachtung aber wird deutlich, *daß beide Typen von Gruppenteilnehmern im Grunde gerne Führung und Leitung vom Gruppenleiter hätten,* denn:

»... manchmal verlangen (die Kontradependenten) paradoxerweise sogar Führung und die Regelung von ihm, die er ihnen schuldig bleibe« (276).

Dieser Widerspruch, wonach die Gruppenteilnehmer einerseits Angst vor dem Gruppenleiter haben, andererseits sich gerne in jeder Hinsicht seiner Leitung anvertrauen wollen, ja den Gruppenleiter geradezu drängen, die Leitung zu übernehmen, bleibt bei *Bennis* ohne Erklärung.[48]

Wenn der Gruppenleiter diesen Erwartungen der Mitglieder nicht entspricht, werden die bisher relativ zaghaft geäußerten aggressiven Tendenzen zunehmend stärker. Die Gruppe geht in die zweite Subphase ihrer Entwicklung über.

(2) *Dependenz (Kampf)*

Diese Phase ist durch eine zunehmende Polarisierung zwischen den schon in der ersten Subphase sich herausbildenden Untergruppen der Dependenten und Kontradependenten gekennzeichnet. Zugleich versuchen die Mitglieder beider Untergruppen ihr Heil nicht mehr beim Gruppenleiter. Es beginnt ein immer stärker werdender Kampf zwischen den Untergruppen: die Kontradenpendenten widersetzen sich jedem Versuch der Dependenten, die Situation zu strukturieren. Die Situation spitzt sich immer mehr zu:

»Faktisch droht die Gruppe mit dem Selbstmord, dem äußersten Ausdruck von Abhängigkeit. Das Bedürfnis, den Trainer zu bestrafen, ist indes so heftig, daß er die Gruppe schon nur noch durch ein Wunder erlösen könnte« (279).

Hier wird deutlich, woring das Problem der Gruppenteilnehmer eigentlich besteht: im Grunde haben sie große Angst vor der unstrukturierten Situation und wenden sich auf die verschiedenste Weise an den Gruppenleiter um Vorgabe von Struktur, Lenkung, Leitung. Es ist offenbar weniger, wie aus verschiedenen Formulierungen von *Bennis* in Subphase 1 herauslesbar war, die Problematik des *gebietenden oder verbietenden Vaters,* sondern mehr *die Angst vor der Auflösung der individuellen Ich-Identität* im Sog der – in der unstrukturierten Situation – ins Bewußtsein drängenden angstmachenden Impulse.[49] Dem Gruppenleiter zu gefallen, seine Billigung zu erlangen, bedeutet bei *Bennis* offenbar weniger, sich seinem strafenden Zorn bei Übertretung eines Gebotes auszusetzen, sondern vielmehr, die ersehnte Versorgung durch ihn nicht zu gefährden. Anders ist es nicht zu erklären, wenn *Bennis* als Quintessenz der zweiten Subphase hervorhebt, daß *beide* sich bis aufs Messer befehdenden Subgruppen im Grunde Lenkung und Leitung durch den Gruppenleiter erwarten und gerade dieser Kampf einen einzigen Apell an den Gruppenleiter darstellt, einzugreifen. Der Kampf ist als Aktion aufzufassen, den Gruppenleiter zu bestrafen »dafür, daß er den Bedürfnissen und Erwartungen nicht gerecht wird« (278). Welche Bedürfnisse und Erwartungen an den Gruppenleiter konkret vorhanden sind, bleibt unklar. Deutlich wird lediglich, daß es sich um einen Apell handelt, strukturierend, regelsetzend einzugreifen.[50]

(3) *Lösung (Katharsis)*

Während sich die Auseinandersetzung zwischen den Dependenten und den Kontradenpendenten zuspitzt, vollzieht sich im Stillen die Bildung einer dritten Untergruppe: es sammeln sich *die sog. Independenten,* d.h., diejenigen, die weder krampfhaft nach einer Struktur verlangen, noch zwanghaft jeden Strukturierungsversuch zunichte machen.

Bennis schreibt:

»Die ich als die Unabhängigen oder Independenten bezeichne sind aus zwei Gründen bisher in der Gruppe relativ wirkungslos geblieben. Erstens sind sie keine festen Bindungen mit anderen Mitgliedern in den beiden einander bekämpfenden Subgruppen eingegangen, da sie sich mit keiner Partei identifiziert haben. Den angeblichen Grund für den Streit in der Gruppe (z.B. ob man einen Diskussionsleiter wählen solle) haben sie in ihrer Oberflächenbedeutung akzeptiert und zu vermitteln versucht. Ähnlich haben sie auch die Rolle und die Interpretationen des Trainers annähernd in ihrer Oberflächenbedeutung akzeptiert. Diese Interpretationen sind gerade ihnen jedoch unzutreffend erschienen, da sie sich faktisch ja viel weniger auf sie als auf den Rest der Gruppe bezogen« (279 f).

Diese sog. Independenten sind es nun, die in dieser Phase zunehmend an Bedeutung gewinnen und früher oder später den Vorschlag machen, die Gruppe solle sich vom Gruppenleiter lösen und die Geschicke selbst in die Hand nehmen (vgl. 280). Je nach der konkreten Konstellation in der Gruppe kommt es dann mehr oder weniger rasch dazu, daß der Gruppenleiter aufgefordert wird, die Gruppe für eine Sitzung zu verlassen oder die Gruppe trifft sich außerhalb, um den Sturz des Gruppenleiters zu besprechen.[51]

Bennis betont:

»Die Herausforderung des Trainers kann, direkt oder indirekt, auf überraschend vielfältige Weise geschehen, sie tritt in vielen Einkleidungen auf. In manchen Gruppen beschließen die Mitglieder, daß es interessant wäre, mit seiner Entfernung zu experimentieren, um die Folgen beurteilen zu können. In anderen Situation wird ein Teilnehmer angegriffen, der das »Echo« des Trainers ist, sein »Gehilfe« oder eine andere vom Trainer psychologisch ununterscheidbare Rolle. In manchen Fällen traf sich die Gruppe außerhalb der regulären Sitzungszeit, um den »Sturz des gegenwärtigen Regimes« einzufädeln, natürlich »nur zum Scherz« (280).

In jedem Fall verändert die mehr oder minder direkte Herausforderung des Gruppenleiters durch die Teilnehmer deutlich die Atmosphäre in der Gruppe:

»Zuvor wurde der Wunsch, den Trainer zu entfernen, vielfach ausagiert, zugleich aber war man überzeugt, er sei die Raison d'être der Gruppe, und diese würde ohne ihn auseinanderfallen« (280).

Danach »ist die Gruppe endlich imstande, die bisher sorgsam ignorierten Gefühle gegenüber dem Trainer als Autoritätsfigur ans Licht zu bringen und die Gruppenaktivität als zielvermeidendes Ausagieren ambivalenter Haltungen zur Autorität zu erkennen. Es ist schwer zu beurteilen, wie die ambivalenten Mitglieder aus dieser Erfahrung eine solche transferierbare Einsicht gewinnen, jedenfalls tauchen von jetzt an Submissivität und Dominanz kaum mehr als bedeutsame Gruppenprobleme auf. Das Machtproblem wird schließlich gelöst, indem man es im Hinblick auf die Verantwortung der Mitglieder definiert, und der Trainer wird unter der Bedingung akzeptiert, daß er sich »wie die anderen Mitglieder auch« verhalte. Das Ergebnis ist Autonomie für die Gruppe« (281).

Bennis gibt folgende Erklärung für diese Veränderung der Gruppenstruktur:

»Einmal vereinigt die Konfrontation mit dem Trainer die rivalisierenden Subgruppen gegen einen gemeinsamen Feind. Dazu paßt das Auftreten der Unabhängigen, die bisher keinen bemerkenswerten Einfluß ausgeübt haben. Faktisch besteht der Unterschied zwischen der Prüfung des Trainers in den Subphasen eins und zwei und der Herausforderung des Trainers in Subphase drei darin, daß der Initiator der Herausforderung die bis dahin fehlende rationale Infragestellung der Führerrolle repräsentiert« (281).

Diese Erklärung befriedigt wenig. Plausbel erscheinen uns die Überlegungen, die *Bennis* über die weniger sichtbaren Struktur- bzw. Beziehungsbildungen zwischen den Mitgliedern in Subphase 1 und 2 anstellt:

»Zunächst einmal haben sich in jeder der einander befehdenden Subgruppe Bindungen wechselseitiger Unterstützung entwickelt. Der einzelne fühlt sich nicht länger hilflos und isoliert. Zweitens kann die Trainerrolle, die aus der dependenten Haltung heraus als schwach oder manipulativ erscheint auch als permissiv verstanden werden. Drittens werden die Interpretationen des Trainers, obwohl man sie nach außen hin ignoriert hat, insgeheim beachtet. Und wie schon der zweite und dritte Punkt implizieren, einige Mitglieder sind weniger in dem Dilemma von Dependenz und Kontradependenz gefangen als die anderen« (279).[52]

Mit der Revolte gegen den Gruppenleiter erfolgt in der T-Gruppe nach *Bennis* eine erste Lösung[53] der Autoritäts- bzw. Dependenzproblematik.[54] Nur wenn sie hinreichend erfolgt ist, können die Gruppenmitglieder dazu übergehen, »diejenigen Komponenten des Gruppenlebens, die mit Intimität und Interdependenz zu tun haben« (281) zu bearbeiten. Um diese Komponenten geht es in der zweiten Hauptphase der Gruppenentwicklung bei *Bennis:* um die *Beziehungen zwischen den Gruppenteilnehmern.*

(4) *Harmonie (Flucht)*

Die vierte Subphase der Entwicklung in T-Gruppen ist gekennzeichnet durch das weitverbreitete Bedürfnis nach Harmonie. Nach den anstrengenden Kämpfen der zweiten und dritten Subphase und der symbolischen Absetzung des Gruppenleiters haben die Gruppenteilnehmer offensichtlich das Bedürfnis nach universaler Eintracht. »Jeder noch so kleine Anstieg der Spannung wird sofort in Scherzen und Gelächter aufgelöst. Es wird viel Mühe darauf verwandt, Divergenzen zu kitten und Wunden zu heilen« (281). Die Gruppenteilnehmer verhalten sich so, als ob sie einer rigiden Norm gehorchen müßten, die besagt, »niemand darf unsere Harmonie stören, wir müssen die Fehler der schlimmen Vergangenheit vermeiden« (282).

Trotzdem machen sich zunehmend disharmonische Tendenzen bemerkbar. Diese werden, solange es irgend geht, unter den Teppich gekehrt oder verharmlost (282). Die Hartnäckigkeit, mit der die Gruppenteilnehmer an der Illusion von uneingeschränkter Solidarität und Harmonie festhalten, erklärt sich nach *Bennis* aus dem verschärften Ambivalenz-Konflikt, der nach der symbolischen Revolte gegen den Leiter zwischen den einzelnen Gruppenteilnehmern und der Gesamtgruppe entsteht. Jetzt ist es nicht mehr möglich, vom Gruppenleiter die Lösung der individuellen Konflikte, die in der Gruppensituation reaktiviert werden, zu verlangen. Die Teilnehmer sind auf sich selber angewiesen. *Bennis* charakterisiert den dabei entstehenden Konflikt folgendermaßen, wobei er quasi die einzelenen Gruppenmitglieder sprechen läßt:

1. »Wir alle lieben einander, daher müssen wir die Gruppensolidarität aufrecht erhalten und auf unsere selbstsüchtigen Wünsche verzichten, wo immer es möglich ist«. Und
2. »Die Gruppe verlangt, daß ich meine persönliche Identität opfere, aber die Gruppe ist ein unseliger Mechanismus, der keinerlei Bedürfnisse befriedigt« (284).

In diesen beiden Aussagen spiegelt sich recht gut die Situation, in der sich die Teilnehmer befinden: sie haben einerseits den Wunsch nach einem festen Ort in einer tragenden Gruppe; sie möchten gern in einer harmonischen Gruppe aufgehen, mit ihr verschmelzen. Die zitierte Aussage klingt wie eine Beschwörung, die Gruppe möchte doch tragfähig und bergend sein, wenn es schon der Gruppenleiter nicht war.

Andererseits wird in der zweiten Aussage die Angst deutlich, durch ein solches Aufgehen in der Gruppe die eigenen Bedürfnisse zu opfern, die Individualität zu verlieren und vielleicht nichts oder zu wenig dafür zu bekommen. Schärfer gefaßt: von der bösen Gruppe verschlungen, letztlich um alles gebracht zu werden.

Es verwundert nicht, daß die Gruppenteilnehmer in diesem *Konflikt zwischen Fusion mit der Gruppe und Individuation aus der Gruppe* wieder zurückfallen in Verhaltensweisen der Subphase 1 bzw. 2: »Man sähe es gern, wenn der Trainer die Zügel in die Hand nähme« (284).

Da der Gruppenleiter das aber nicht tut, sind die Teilnehmer gezwungen, sich selbst dem geschilderten Konflikt zu stellen.

(5) *Entzauberung (Kampf)*

Die Gruppenteilnehmer gehen den intrapsychischen Konflikt in jedem einzelnen dadurch an, indem sie sich in zwei Untergruppen sammeln und die beiden Seiten des Konfliktes in diesen Fraktionen szenisch zur Darstellung bringen:

»Die kontrapersonalen Mitglieder schließen sich zusammen, um gegen eine weitergehende Verstrickung in die Gruppe Widerstand zu leisten. Die überpersonalen Mitglieder schließen sich zusammen im Verlangen nach bedingungsloser Liebe« (284).

Im Grunde haben die Mitglieder beider Untergruppen dasselbe Problem: *was geschieht, wenn ich mich mit meinen Bedürfnissen und Möglichkeiten auf die anderen näher einlasse* (*Intimität*)? Die Überpersonalen gehen dieser Frage aus dem Wege, indem sie so tun, als gäbe es gar keine individuellen Unterschiede; die Kontrapersonalen, indem sie zum Ausdruck bringen, es sei weder nötig noch wünschenswert, sich näher aufeinander einzulassen.

Bennis drückt diesen Sachverhalt in der Terminologie von *Sullivan* (1976) aus: er spricht davon, daß es darum geht, die individuelle *Selbstachtung* nicht zu gefährden bzw. um die Angst, »daß aus der Intimität die *Verachtung* hervorwächst« (285).

Die Mitglieder beider Untergruppen verhalten sich so als wollten sie sagen: »wenn die anderen mich wirklich kennen würden, so würden sie mich ablehnen« (285). Hieraus wird auch verständlich, warum in dieser Subphase die Auseinandersetzung zwischen den Untergruppen sehr heftig wird im Gegensatz zur vorhergehenden Phase: die Mitglieder entwickeln phantastische Spekulationen darüber, was passieren könnte, wenn sie sich in ihrer Individualität in der Gruppe zeigen (vgl. 285).[55]

(6) *Konsensusbildung*

Bei der Lösung des in der vorhergehenden Subphase geschilderten Konflikts wirken nach *Bennis* drei Faktoren zusammen:

1. das nahende Ende des Trainingsprogrammes,
2. das Bedürfnis nach einer Methode der Rollenbeurteilung (286) sowie
3. die Teilnehmer, welche relativ wenig Konflikte im Bereich der Intimität haben (286), die »selbstbewußten Independenten« (290).

Wie aus 1. und 2. schon ersichtlich wird, handelt es sich bei der Lösung des Konfliktes zwischen Fusion und Individuation bei *Bennis* um einen Vorgang, der nicht so ohne weiteres und organisch verläuft, sondern gewisser – sozusagen institutioneller Hilfen bedarf. Er wird offenbar beschleunigt in dem Maße, in dem der Gruppe äußere Grenzen gesetzt werden (Ende des Trainingsprogramms, Aufgabe, »ein System zur Beurteilung der Rollen oder zur Einstufung der einzelnen nach ihren Verdiensten zu entwickeln«, 286).

Trotz dieser institutionellen Vorgaben tritt nach *Bennis* die Konsensusbildung, d.h., der wechselseitige Austausch der Eindrücke und die Entstehung einer gewissen Übereinstimmung der Gruppenteilnehmer hinsichtlich der Beurteilung bestimmter Vorgänge oder Verhaltensweisen selten ein (vgl. 287). Wenn sie erreicht wird, geschieht dies über die Gruppe der sog. Unabhängigen (selbstbewußt Indepedente), die den anderen die Bitte nach Einschätzung ihrer Rolle im Gruppenzusammenhang vortragen. *Bennis* betont:

»Die Befürchtungen, zurückgewiesen zu werden, verschwinden, wenn sie an der Realität geprüft werden. Die Spannungen, die sich aus diesen Befürchtungen heraus entwickelt haben, werden im Lichte einer wirklichen Diskussion über die Rolle der einzelnen Mitglieder geringer. Was diese Spannungsminderung sicherstellt ist das ernsthafte Bestreben jedes Mitglieds, sein persönliches konzeptuelles Schema für das Verständnis eigenen und fremden Verhaltens zu verbalisieren. Diese Annahmen in die explizite Kommunikation zu überführen ist die wichtigste Aufgabe während der Subphase 6« (286 f).

Die dabei sich nach und nach entwickelnden Werte bzw. Normen in der Gesamtgruppe sind folgende:

»1. die Mitglieder können ihre Unterschiede zueinander hinnehmen, ohne sie als »gut« oder »schlecht« zu bewerten.
2. es gibt Konflikte, aber über sachliche, nicht über emotionale Streitfragen.
3. Konsensus wird als Ergebnis rationaler Diskussion erzielt, nicht durch zwanghaftes Bemühen um Einmütigkeit.
4. die Mitglieder wissen um ihre Verstrickung in die Gruppe und um andere Aspekte des Gruppenprozesses, ohne davon überwältigt oder erschreckt zu werden.
5. durch den Beurteilungsprozeß gewinnen die Mitglieder an persönlicher Bedeutung füreinander. Dies erleichtert die Kommunikation und vertieft das Verständnis für das Denken, die Gefühle und das Verhalten des anderen; er erzeugt eine Reihe persönlicher Erwartungen, im Unterschied zu den früheren, stärker stereotypisierten Rollenerwartungen« (287).[56]

Ob es überhaupt zur Entwicklung dieser Werte bzw. Normen kommt, hängt nach *Bennis* weitgehend von der Zusammensetzung der Gruppe ab. *Bennis* schreibt:

» . . . in der Interdependenzphase . . . ist die Gruppe sozusagen nur so stark wie ihr schwächstes Glied. Das übermäßig dependente Mitglied kann die Phase 1 (Dependenz) noch in dem festen Glauben an die Existenz einer privaten Beziehung zwischen sich selbst und dem Trainer durchlaufen; ein Mitglied mit intensiver Angst vor den Bedrohungen der Intimität kann die Gruppe immobilisieren« (287 f).

3.5.2. Ebene der Konzeptualisierung des Gruppenprozesses

Auf den ersten Blick hat es den Anschein als ob *Bennis* auf allen drei von uns ausgegrenzten Ebenen des Funktionierens von Selbstanalytischen Gruppen versucht, die dort auftretenden Phänomene konzeptionell zu erfassen. Er beginnt mit dem Problem der Abhängigkeit vom Gruppenleiter (prä-ödipale Ebene), handelt dann von Problemen der Autorität und der dabei entstehenden Revolte gegen den Gruppenleiter (ödipale Ebene) und geht schließlich zu Fragen der Beziehungen zwischen den Gruppenmitgliedern untereinander über, dem Problem der Intimität bzw. Interdependenz (reflexiv-interaktionelle Ebene).

Bei näherer Betrachtung fällt jedoch auf, daß die von ihm geleiteten Gruppen offensichtlich nur unter dem Druck äußerer Umstände (Ende der Gruppensitzungen, Vertrag, eine Einschätzung des Rollenverhaltens vorzunehmen u.ä.), und auch dann nur unter großen Schwierigkeiten oder vielfach gar nicht auf die reflexiv-interaktionelle Ebene gelangen. Es fällt weiter auf, daß die sog. Revolte, die diesem Verhalten vorausgeht, außerordentlich schwach ist, und die dabei zu erwartenden heftigen Angriffe auf den Leiter nicht auftreten. Zudem fehtl jegliche Rivalität zwischen den Gruppenteilnehmern um die Gunst des Gruppenleiters, sie wollen ihm lediglich gefallen, und es tritt überhaupt keine sexuell-erotische Problematik auf. Wir können deshalb feststellen, daß auch die auf der sog. ödipalen Ebene des Verhaltens zu erwartenden Phänomene merkwürdig blaß und z.T. gar nicht ausgeprägt sind. Genau genommen bewegen sich die Gruppenteilnehmer in den Schilderungen von *Bennis* weitgehend im *Bereich der Abhängigkeitsproblematik*, also einer Phase der Gruppenentwicklung, in der einerseits prä-ödipale, symbiotische Wünsche vorhanden sind, andererseits die zunehmende Tendenz sich von der frustrierenden, zugleich Vater und Mutter repräsentierende, Figur des Gruppenleiters zu lösen. Diese Überlegungen legen die Vermutung nahe, daß die von *Bennis* geleiteten Gruppen und die darin erkennbaren Phänomene sich im Grunde nicht weit über die Phase der Abhängigkeit hinaus entwickelt haben, obwohl *Bennis* eine gewisse Weiterentwicklung beschreibt. Wir wollen im Folgenden diese Konstellation von Phänomenen, die wir schon bei den Überlegungen von *Gibbard/Hartman* in ähnlicher Weise feststellen konnten, von zwei Seiten näher betrachten: vom Interventionsverhalten des Gruppenleiters und von der – wie wir meinen – unklaren bzw. schillernden Begrifflichkeit, die *Bennis* verwendet und die es u.E. wenig ermöglicht, klar zu bestimmen, auf welcher Ebene des Verhaltens sich die Vorgänge bewegen bzw. um welche Problematik es in den von *Bennis* geschilderten Gruppen wirklich geht.

3.5.3. Trainingsideologie[57] und Interventionsstil

Über *die offizielle Trainingsideologie* von *Bennis* erfahren wir:

Der Trainer soll sich in seinen Interventionen »ausschließlich auf Beziehungen, nicht dagegen auf Eigenschaften konzentrieren. Niemals darf seine Intervention sich nur an einen einzelnen richten oder nur einen einzelnen angehen. Seine Bemerkungen werden insofern relevant sein, als sie sich auf den Gruppenprozeß und die interpersonalen Beziehungen konzentrieren und nicht auf die Eigenschaften einer Person oder einer Subgruppe von Personen« (299).

Durch diese Interventionen sollen die zwei nach *Bennis* zentralen Ziele von T-Gruppen erreicht werden:

»1. Die Mitglieder sollen mehr Bewußtheit für die hinderlichen und förderlichen Faktoren bei Entscheidungsprozessen und für ihre eigenen Verhaltensweisen und Gefühle in Gruppen gewinnen:
2. die Mitglieder sollen die Gruppe als Gelegenheit benutzen, ihr Verhaltensrepertoire in Gruppen und ihre Fertigkeiten im Umgang mit Gruppenprozessen zu erweitern« (293 f).

Zum *konkreten Verhaten des Trainers* macht *Bennis* folgende Bemerkung:

(1) Der Gruppenleiter soll eine gewisse emotionale Distanz zur Gruppe einhalten, damit er relativ frei von den Spannungen in der Gruppe bleibt (300);
(2) eines der Hauptmerkmale des erfolgreichen Trainers besteht darin, »daß die Gruppenmitglieder in ihm ein Modell finden, das sich zur Nachahmung eignet« (300);
(3) der Trainer soll vor allem zu Beginn der Gruppenentwicklung nicht oder nur sehr vorsichtig die Ängste der Gruppenmitglieder ansprechen, er soll überhaupt jene Phänomene in der Gruppe jeweils hervorheben, »die die Gruppe bereit ist, zu assimilieren und zur Klärung ihrer interpersonalen Probleme zu benutzen« (299).

Aufgrund der bisher skizzierten offiziellen Trainingsideologie von *Bennis* können wir folgende *Hypothesen* über den Zusammenhang zwischen seinem Verhalten und den vorwiegend auftretenden Phänomenen in den von ihm geleiteten Gruppen formulieren:

Bennis verursacht durch seine immer auf die Beziehungen zwischen Gruppenteilnehmern gerichteten Interventionen eine gewisse Regression der Teilnehmer auf kindliches Verhalten.[58] Da er aber die dabei auftretenden Ängste nicht anspricht und überhaupt alles vermeidet, was die Gruppenteilnehmer ängstigen könnte, und sich überdies als Identifikationsmodell anbietet, das ausgesprochen permissiv und fürsorglich ist (er überlegt sich immer aus einer gewissen emotionalen Distanz heraus genau, was für die Teilnehmer wohl gut ist), dürften die Gruppenteilnehmer nicht besonders stark regredieren. Sie werden vermutlich sich dort einpendeln, wo *Bennis* auch bei der Schilderung seines Modells beginnt: dem Wunsch nach Lenkung und Leitung (Abhängigkeit). Dies dürfte auch deshalb der Fall sein, weil er als einziger über ein umfangreiches Training im Bereich derjenigen Beiträge verfügt, die er besonders gut findet und die auch in

Gruppen regelmäßig große Bewunderung erregen: dem Aufweis der Vorgänge und Beziehungen *zwischen* den Teilnehmern. Genaugenommen ist er der einzige, der dies kann.

Was die nach einiger Zeit auftretende sog. Revolte gegen den Leiter angeht, so ergibt sich aus der Schilderung von *Bennis*, daß sie eigentlich gar nicht diesen Namen verdient. Dies ist auch nicht verwunderlich: wie soll man gegen einen Gruppenleiter revoltieren, der – außer daß er manchmal zu wenig sagt – keinerlei Grund zur Auflehnung gibt und praktisch keine Angriffsflächen bietet. Es verwundert nicht, daß die Teilnehmer in der Schilderung von *Bennis* starke Aggressionen untereinander entwickeln und sich auch nach der »Revolte« lieber wieder unter die Fittiche des Gruppenleiters begeben würden. Es wird auch verständlich, warum kaum Rivalität oder Sexualität zwischen den Gruppenteilnehmern aufkommt: warum soll man rivalisieren, wenn man letztlich vielleicht doch individuell versorgt wird und wie kann man sich an die Sexualität heranwagen, wenn die eigenen Kräfte gegen den Gruppenleiter nicht oder nur unzureichend erprobt werden konnten? Überdies stellt sich für die Teilnehmer die Frage, was würde wohl geschehen, wenn der Gruppenleiter wirklich angegriffen würde?

3.5.4. Kritische Würdigung

Wir haben in den beiden vorhergehenden Unterabschnitten festgestellt, daß die Gruppenteilnehmer im Grunde nicht über die Abhängigkeitsproblematik hinausgelangen. Es hat den Anschein, als ob die Gruppenteilnehmer hauptsächlich in *der* Phase der kindlichen Entwicklung bzw. der Gruppenentwicklung sich bewegen, die gekennzeichnet ist durch die Herausdifferenzierung des Gruppenleiters einerseits und der einzelnen Gruppenmitglieder in ihrer Gesamtheit andererseits, aus der phantasierten Einheit aller Gruppenangehöriger. In dieser Phase werden an den Gruppenleiter in der Phantasie der Teilnehmer – wie wir besonders an Hand der Konzeption von *Slater* herausarbeiten konnten – vorübergehend sowohl die Forderung nach mütterlicher Versorgung als auch nach väterlichem Schutz gegen die bedrohlichen Aspekte des Mütterlichen herangetragen. Sie stellt ein Stadium in der Entwicklung von Gruppen dar, in dem sich prä-ödipale und ödipale Probleme überlappen.[59] Wenn sich ein Autor gerade um die konzeptionelle Erfassung der mit der Abhängigkeit verbundenen Phänomene bemüht, so können wir erwarten, daß er dabei auf eine ganze Reihe von begrifflichen Schwierigkeiten stoßen wird, vor allem dann, wenn er nicht über die epigenetische Unterscheidung zwischen prä-ödipaler und ödipaler Ebene des Verhaltens bzw. überhaupt kein epigenetisches Entwicklungsmodell verfügt.[60]

Die begrifflichen Schwierigkeiten ergeben sich bei *Bennis* u.E.

daraus, daß das sog. Autoritätsproblem (welches wir der ödipalen Ebene zurechnen) und das Abhängigkeitsproblem (das schwerpunktmäßig prä-ödipaler Natur ist) ständig vermengt werden. Wir wollen diese Schwierigkeiten an Hand der von *Bennis* verwendeten Begrifflichkeit zu veranschaulichen versuchen, die und besonders bei der Schilderung der ersten Phase (Dependenz) seines Modells ständig irritiert hat:

Dort ist ohne weitere begriffliche Klärung abwechselnd davon die Rede, daß es sich um das Grundproblem Autorität oder aber das Problem der Abhängigkeit handelt. Nun ist begrifflich im Problem der Autorität in gewisser Weise das Problem der Abhängigkeit vorhanden und umgekehrt. Wir meinen aber, daß es für die Klärung der psychischen Vorgänge in Gruppen (ebenso wie für die Klärung der kindlichen Entwicklung) notwendig ist, begrifflich zu präzisieren, um welche spezifische Form von Autorität bzw. Abhängigkeit es sich jeweils handelt.

Da *Bennis* völlig undifferenziert von Problemen der Abhängigkeit bzw. der Autorität als Charakteristika der ersten Phase seines Gruppenmodells spricht, werden seine Überlegungen über die Vorgänge in Gruppen in dieser Phase schillernd. Es bleibt weitgehend unklar, ob die Gruppenteilnehmer vom Gruppenleiter versorgt, beschützt oder mit einem Identifikationsmodell versorgt werden wollen. Bei der Frage der Autorität ist es ähnlich: wir müssen uns bei der Lektüre der Aussagen von *Bennis* ständig fragen, ob die Gruppenteilnehmer so sehr daran interessiert sind, vom Leiter Weisungen zu erhalten, weil sie Angst vor ihm haben, vor etwaigen Strafen, oder aber, weil sie Angst vor der chaotischen Situation in der Gruppe haben und deshalb von ihm Schutz, Regeln, Struktur wollen.

Bei diesen Überlegungen wird auch deutlich, daß es außerordentlich schwierig ist, eine Theorie der Gruppenentwicklung zu konzipieren, wenn der Autor dabei keinerlei Vorstellungen hat über ein Entwicklungsmodell bzw. der dabei nacheinander auftretenden Probleme. *Bennis* gruppiert seine Überlegungen lediglich um die beiden Ungewißheitszonen »Autorität« und »Intimität« in Gruppen, ohne sich zu fragen, wieso es zu diesen beiden Zonen kommt.

Da *Bennis* auf die Frage nach den Ursachen der Dependenz bzw. Autoritätsproblematik lediglich zur Antwort gibt, daß die Gruppenteilnehmer eben ihre ungelösten Autoritätsprobleme in der Gruppensituation reaktivieren, ist es ihm nicht möglich, systematisch an die Frage der *Entstehung* eben dieser Probleme in der Kindheit und damit zusammenhängend an die Frage einer möglichen *Wiederkonstellierung eben dieser Entstehungsbedingungen* in Selbstanalytischen Gruppen heranzukommen.[61]

Da er die psychodynamischen Faktoren, die zur Entstehung bzw. Aufrechterhaltung der Dependenzproblematik beitragen, nicht zu ergründen versucht, ist es ihm auch nicht möglich, anzugeben, wann diese Probleme echt gelöst sind bzw. warum sich im Anschluß daran oft verblüffende Änderungen im affektiven Haushalt von Selbstanalytischen Gruppen ergeben (vgl. 281).

Das Fehlen epigenetischer Überlegungen versucht *Bennis* auszugleichen, indem er die Vorgänge in Selbstanalytischen Gruppen in Beziehung setzt zu den individuellen Persönlichkeitsstrukturen der Gruppenteilnehmer.

Der Aufweis möglicher Zusammenhänge zwischen

- individueller Persönlichkeitsstruktur (individueller psycho-sozialer Kompetenz, wie wir sagen).
- spontaner Gruppierung einander ähnlicher Gruppenteilnehmer in Untergruppen mit spezifischem Rollenverhalten,
- im Prozeß der Entstehung von bzw. Einpendelung auf bestimmte Probleme, die allen Gruppenteilnehmern gemeinsam sind,

scheint uns der *Hauptbeitrag* und die wesentliche Bereicherung zu sein, die *Bennis* für eine *Theorie der psychischen Dynamik in Selbstanalytischen Gruppen* liefert. Sein Beitrag geht dabei insofern über im Prinzip ähnliche Überlegungen von *Thelen* hinaus, als er sich in spezifischer Weise um eine Klärung der Bearbeitung der Problematik der Beziehungen der Gruppenteilnehmer zum Gruppenleiter und der Gruppenteilnehmer untereinander bemüht, während *Thelen* lediglich an der Klärung gleichgerichteten Verhaltens in T-Gruppen interessiert ist.

Im einzelnen möchten wir noch folgende Punkte als für eine Theorie der psychischen Dynamik in Selbstanalytischen Gruppen bedeutsame Beiträge von *Bennis* hervorheben:

1. Wichtig erscheint uns der Hinweis darauf, daß bei bestimmten Persönlichkeitsstrukturen von Gruppenteilnehmern bzw. einer spezifischen Konstellation von Gruppenteilnehmern es außerordentlich schwierig ist, bestimmte Probleme überhaupt zu bearbeiten.[62]
2. Die Betonung der Bedeutung des Gruppenleiters für das Entstestehen spezifischer Phänomene in Gruppen, obwohl *Bennis* selbst darüber keine konkreten Ausführungen macht.
3. Die Herausarbeitung einer Reihe typischer Mitgliedschaftsrollen in Selbstanalytischen Gruppen und der ihnen zugrunde liegenden psychischen Dynamik.
4. Die Identifikation und Beschreibung zweier sicherlich zentraler Gruppenprobleme, Intimität und Autorität, obwohl er hinsichtlich der Ursachen bzw. Genese dieser Probleme wenig Angaben macht.[63]

Mit diesen Ausführungen sind wir am Ende unserer Darstellung der vier ausgewählten theoretischen Ansätze im Bereich der psychischen

Dynamik bzw. der Entwicklung Selbstanalytischer Gruppen. Im folgenden Kapitel werden wir die aus diesen Ansätzen gewonnenen vielfältigen Gesichtspunkte und Hypothesen in Beziehung setzen zu der von uns in Kapitel 2 entwickelten Modellüberlegung.

4. Darstellung und kritische Würdigung der Befunde

Dieses Kapitel ist der Frage gewidmet, inwiefern die in Kapitel 2 entwickelte Modellüberlegung sich als nützlich erweist, die wichtigsten im Bereich Selbstanalytischer Gruppen vorfindlichen Theorien psychischer Dynamik sinnvoll aufeinander zu beziehen, d.h. einen Bezugsrahmen liefert für die wechselseitige Zuordnung und Klärung der von verschiedenen Autoren erarbeiteten Konzepte.

4.1. Ergebnisse der Untersuchung

Die Ergebnisse unserer Untersuchung wollen wir um folgende sechs Fragestellungen gruppieren, die in Kapitel 2 als grundlegende Hypothesen des von uns entwickelten Modells psychischer Dynamik in Selbstanalytischen Gruppen formuliert wurden:

(1) Inwiefern hat sich die Annahme dreier unterschiedlicher Ebenen des Funktionierens von Selbstanalytischen Gruppen bewährt?
(2) Welche spezifische psychische Dynamik können wir aufgrund unserer Analysen in Kapitel 3 auf den drei Ebenen identifizieren?
(3) Welche Rolle spielt der Gruppenleiter bei der Entstehung und und Veränderung der psychischen Dynamik auf diesen drei Niveaus des Verhaltens?
(4) Welche Bedeutung kommt der Situation zu, in welche die Gruppenteilnehmer objektiv gebracht werden?
(5) Welche Rolle spielen die spezifischen psycho-sozialen Kompetenzen, welche die Teilnehmer einer Gruppe vor Beginn der Gruppenerfahrung besitzen, im Verlaufe des Gruppenprozesses?
(6) Unter welchen Bedingungen kommt es zu progressiven bzw. regressiven Entwicklungen in Selbstanalytischen Gruppen?

4.1.1. Die Annahme dreier unterschiedlicher Ebenen des Verhaltens in Selbstanalytischen Gruppen hat sich bewährt

Mit Hilfe der drei von uns angenommenen Ebenen des Geschehens in Selbstanalytischen Gruppen war es uns möglich, eine Reihe von Problemen anzugehen, die sich beim Vergleich und der Einschätzung von theoretischen Konzepten unterschiedlicher Herkunft regelmäßig stellen:

1. Vergleichbarkeit unterschiedlicher Konzepte.

Auf dem Hintergrund unserer Unterscheidung und Charakterisierung der drei genannten Ebenen des Verhaltens war es uns möglich, die einzelnen Autoren schwerpunktmäßig bestimmten Ebenen zuzuordnen. Dabei hat sich ergeben:

- *Thelen* erfaßt konzeptionell ausschließlich prä-ödipale Phönomene;
- *Slater* bemüht sich schwerpunktmäßig um die Erfassung ödipaler Probleme, strebt aber darüber hinaus eine Theorie an, die alle drei Ebenen umfaßt;
- *Gibbard/Hartman* haben verschiedene Überlegungen angestellt, die ebenfalls auf eine alle Ebenen unfassende Theorie hinzielen; sie erfassen aber konzeptionell im wesentlich regressive Phänomene, die sich auf der ödipalen Ebene einstellen, wenn die prä-ödipale Problematik nicht hinreichend bearbeitet ist bzw. Probleme prä-ödipaler Art, die hervortreten, wenn es schwierig ist, die ödipale Problematik zu bearbeiten; im Grunde handeln sie von den Schwierigkeiten des Überganges von der prä-ödipalen zur ödipalen Ebene des Verhaltens;
- *Bennis* schließlich bewegt sich mit seiner Theorie vorwiegend im Bereich der Klärung des sog. Abhängigkeitsproblems vom Gruppenleiter, eines Problems, welches beim Übergang von der prä-ödipalen zur ödipalen Problematik im Mittelpunkt steht.

Aufgrund dieser Zuordnungen der einzelnen Autoren zu den entsprechenden Ebenen des Verhaltens in Selbstanalytischen Gruppen ist es uns möglich, die Autoren sinnvoll zu vergleichen. Wir können untersuchen und herausarbeiten, was die einzelnen Autoren über prä-ödipale, ödipale und reflexiv-interaktionelle Phänomene ausführen, welche psychische Dynamik sie auf den drei Ebenen schildern.

2. Identifizierung ähnlicher Phänomene, die unterschiedlich benannt werden.

Die Zuordnung der untersuchten Autoren zu den drei Niveaus des Funktionierens von Selbstanalytischen Gruppen ermöglicht es, deren Begriffe und Konzepte gleichsam von innen her aufeinander zu beziehen, d.h., mit Blickrichtung auf das, was sie zu erfassen suchen und weniger über relativ äußerliche Ähnlichkeiten bestimmter Begriffe wie Autorität, Intimität, Dependenz usw., unter denen recht unterschiedliche Phänomene gefaßt werden. Wir können jetzt fragen, worin die Gemeinsamkeiten und die Unterschiede der einzelnen Autoren bezüglich der prä-ödipalen, der ödipalen und der reflexiv-interaktionellen *Problematik* bestehen, deren psychische Dynamik von diesen Autoren unterschiedlich begrifflich gefaßt und möglicherweise erfaßt wird.

Es stellt sich die Frage, worin die Gemeinsamkeiten und Unterschiede der Autoren bestehen, wenn sie z.B.

a) auf der prä-ödipalen Ebene sprechen von Kampf, Flucht, Abhängigkeit, Paarbildung (*Thelen*); von Kampf, Flucht, Abhängigkeit, Vergottung (*Slater*); von »prä-ödipalen Phänomenen«, mystische Fusion, Vergottung (*Gibbard/Hartman*) und von Angst vor dem Gruppenleiter (*Bennis*);
b) wenn sie auf der ödipalen Ebene hervorheben: die Bedeutung der Revolte, sexuell-erotischer Phantasien, utopischer Phantasien (*Slater*); Mythen wie Utopianismus, Bisexualität und Messianismus (*Gibbard/Hartman*) sowie die Problematik der Lösung des Abhängigkeits- bzw. Autoritätsproblems (*Bennis*);
c) auf der reflexiv-interaktionellen Ebene: die Bedeutung der Binnendifferenzierung der Gruppe, der Schaffung einer »neuen Ordnung« im Schutze der Phantasie der Paarbildung (*Slater*); die anspornende Wirkung des Endes der Gruppe hinsichtlich der reflexiv-interaktionellen Klärung (*Gibbard/Hartman, Bennis*) sowie die verschärfte Problematik der Individuation bzw. Fusion, die Bennis unter den Begriffen »Selbstachtung« und die Gefahr der »Verachtung« faßt bzw. unter dem Terminus »Intimität«.[1]

3. *Identifizierung von Phänomenen, die vom Modell her zu erwarten wären, in einzelnen Theorien aber nicht genannt werden.*

Mit Hilfe unserer Modellüberlegung konnten wir verschiedentlich feststellen, daß bestimmte Phänomene, die aufgrund unserer Schilderung auf einer bestimmten Ebene des Verhaltens zu erwarten gewesen wären, von Autoren, die sich offensichtlich auf dieser Ebene bewegten, nicht genannt wurden. Als Beispiel sei nur genannt das Fehlen von Rivalität und sexuell-erotischen Phantasien bei *Bennis* oder die nicht eingetretene Weiterentwicklung der Gruppen von der ödipalen zur reflexiv-interaktionellen Ebene bei *Gibbard/Hartman.* In jedem Fall konnten wir an diese Feststellungen Überlegungen anschließen, die es uns ermöglichten, ein vertieftes Verständnis der anstehenden Problematik auf den entsprechenden Ebenen zu gewinnen. Dies führt zu einem weiteren Punkt, den wir von Anfang an bei der Entwicklung unserer Modellüberlegung und ihrer Anwendung auf ausgewählte Autoren im Auge gehabt haben:

4. *Erweiterung der Modellüberlegung durch Gesichtspunkte, die im Verlaufe seiner Anwendung auf bestimmte Konzeptionen deutlich geworden sind.*

Gerade weil wir einen ausformulierten Bezugsrahmen für die Analyse und wechselseitige Zuordnung unterschiedlicher Autoren entwickelt hatten, war es uns möglich, eine Reihe von Gesichtspunkten bzw. psychodynamischen Vorgängen zu identifizieren, die offensichtlich in unserem Modell nicht oder unzureichend enthalten sind. Es handelt sich dabei vor allem um vier Probleme:

(1) Den Übergang von der prä-ödipalen zur ödipalen Problematik,
(2) die Natur der ödipalen Revolte gegen den Gruppenleiter,
(3) die Bedeutung regressiver Phänomene im Anschluß an diese Revolte,
(4) ganz allgemein der Übergang von der ödipalen zur reflexiv-interaktionellen Ebene des Verhaltens.

5. Die Konzipierung eines epigenetischen Modells der Entwicklung Selbstanalytischer Gruppen.

Die Formulierung der drei angenommenen Ebenen des Geschehens in Selbstanalytischen Gruppen hat es uns ermöglicht, zu prüfen, inwieweit die analysierten Ansätze sich einem solchen implizit epigenetischen Modell einfügen. Wir konnten feststellen, daß die untersuchten Konzepte durchwegs an Erklärungskraft gewinnen, wenn wir die epigenetischen Überlegungen unseres Modells zugrunde legten und die einzelnen Autoren den entsprechenden Stellen der Entwicklung zuordneten.

6. Bestimmte begriffliche Probleme werden erst auf dem Hintergrund unseres Modells sichtbar.

Besonders bei *Bennis* und *Gibbard/Hartman*, aber auch bei *Thelen* hat sich gezeigt, daß bestimmte begriffliche Unklarheiten erst dann deutlich werden und angegangen werden können, wenn wir die Aussagen dieser Autoren auf ein Entwicklungsmodell von Selbstanalytischen Gruppen beziehen.

Auf diese Weise konnten wir die Äußerungen von *Gibbard/Hartman* über die Gleichzeitigkeit prä-ödipaler und ödipaler Phänomene bzw. die vermeintliche Zunahme prä-ödipaler Phänomene nach der Revolte gegen den Gruppenleiter klären. Wir konnten zeigen, daß praktisch keine Revolte, die diesen Namen verdient, stattgefunden hat. Ebenso konnten wir bei *Bennis* deutlich herausarbeiten, daß er in seiner ersten Phase prä-ödipale und ödipale Phänomene vermengt und eine unzureichende Begrifflichkeit verwendet. Dies führt notwendigerweise beim Leser zu Verwirrungen und macht es schwer, dieses Konzept auf andere Konzeptionen (wie z.B. die von *Slater*) *inhaltlich* und nicht nur von der oberflächlich-begrifflichen Ähnlichkeit, z.B. des Dependenzkonzeptes her, zu beziehen.

Zusammenfassen können wir sagen, daß die Unterscheidung einer prä-ödipalen, ödipalen und reflexiv-interaktionellen Ebene des Geschehens in Selbstanalytischen Gruppen und die Annahme epigenetischer Beziehungen zwischen diesen drei Ebenen sich als *sinnvoller Bezugsrahmen* für die wechselseitige Zuordnung und Analyse der ausgewählten Konzepte erwiesen hat.

4.1.2. Psychische Dynamik auf den drei Ebenen des Verhaltens

In diesem Abschnitt sollen die Beiträge der einzelnen von uns untersuchten Autoren zusammengetragen werden unter dem Gesichtspunkt der psychischen Dynamik, welche diese Autoren auf den drei Niveaus des Verhaltens begrifflich zu erfassen versucht haben. Bei der Betrachtung dieser Konzepte fällt auf, *daß Überlegungen über die psychische Dynamik auf der prä-ödipalen Ebene des Verhaltens dominieren.* Während ödipale Phänomene vor allem von *Slater* noch einigermaßen differenziert geschildert werden, finden wir relativ wenige Gedanken über reflexiv-interaktionelle Phänomene.[2] Dennoch verfügen wir aus unserer Analyse über genügend Gesichtspunkte, um auf allen drei Ebenen des Verhaltens die jeweils spezifische Qualität der psychischen Dynamik herausarbeiten zu können.

4.1.2.1. Prä-ödipale Ebene

H.A. *Thelen,* der unserer Zuordnung zufolge vor allem prä-ödipale Phänomene konzeptionell zu erfassen versuchte, hat herausgearbeitet, daß die Gruppenteilnehmer weitgehend unbewußt bestimmte Gruppenkulturen schaffen: Kampf, Flucht, Abhängigkeit, Paarbildung. Diese Gruppenkulturen, innerhalb derer sich die Teilnehmer so verhalten, als ob sie gegen etwas Unbekanntes ankämpfen, vor ihm fliehen müßten usw. stellen vorübergehende Gleichgewichtszustände dar; sie resultieren aus spontanen und weitgehend unbewußten Aktionen und Reaktionen der Gruppenteilnehmer, die jeweils für sie erträglichste Gruppenkultur zu etablieren.

Ph. *Slater* betont in seinen Überlegungen ebenfalls diese kollektiven Grenzziehungen, die dazu führen, daß bestimmte Phänomene als in der Gruppe erlaubt und zu ihr gehörig betrachtet werden, andere als außerhalb befindlich oder gar nicht existent. Er arbeitet deutlich heraus, daß diese Grenzziehungen der Angstabwehr dienen, d.h., Versuche darstellen, frühkindliche Ängste von der bösen, verschlingenden Mutter in Schach zu halten. Er bezieht sich dabei ebenso wie *Thelen* auf *Bion* und unterscheidet diesselben Gruppenkulturen wie dieser.

Gibbard/Hartman kommen zu ähnlichen Ergebnissen. Die von ihnen geschilderten Mythen ähneln stark den von *Thelen* herausgearbeiteten Gruppenkulturen und entsprechen weitgehend den von

Slater geschilderten kollektiven Grenzziehungen. Wie *Slater* betonen *Gibbard/Hartman,* daß es sich bei diesen Maßnahmen um Abgrenzungen gegen die als bedrohliche, verschlingende Mutter erlebte unstrukturierte Gruppensituation handelt. Sowohl *Gibbard/Hartman* als auch *Slater* betrachten die *Ambivalenz zwischen Individuation und Fusion* als für die prä-ödipale Phase der Entwicklung grundlegende Problematik.

W.G. *Bennis* schließlich beschreibt ausführlich den Mechanismus der Verlagerung eben dieser symbiotischen Wünsche und Ängste auf den Gruppenleiter im Rahmen der Gruppenkultur der Abhängigkeit und die dabei an den Gruppenleiter herangetragenen Versorgungswünsche.

Gibbard/Hartman sowie *Bennis* betonen, daß innerhalb der Gruppenkulturen bestimmte Teilnehmer oder Untergruppen von Teilnehmern vielfach unbewußte Rollen übernehmen, die den jeweiligen in der Gruppe nicht zugelassenen, aber auch den vom Gruppenleiter sehnlichst erwünschten Anteilen des psychodynamischen Geschehens entsprechen (Prügelknabe, Held, Dependenter, Gegen-Dependenter, Überpersonaler, Gegen-Personaler). Über die dabei wirksamen Mechanismen machen diese Autoren keine Angaben. Es spricht aber vieles dafür, daß es sich bei der Rollendifferenzierung auf diesem Niveau des Verhaltens um die Mechanismen der *projektiven Identifikation* bzw. *Gegenidentifikation* handelt:

Charakteristisch für die projektive Identifikation[3] ist, daß das jeweilige Individuum aggressive bzw. als böse erlebte Teile seiner selbst auf andere *projiziert,* sich diesen gegenüber so verhält, als *ob sie böse und aggressiv wären,* zugleich aber nicht unterscheiden kann, ob die anderen außerhalb oder innerhalb seiner selbst sind, d.h., das Individuum *identifiziert* sich zugleich mit den vermeintlichen bösen Anderen. In Gruppen führt dies zu den häufig zwanghaften bzw. krampfhaften Bemühungen, alles Gute fein säuberlich und streng von allem Aggressiven bzw. Bösen zu trennen. Das Böse oder Gefährliche wird in einer Person, einer Untergruppe, im Gruppenleiter oder in einer diffusen Gefahr, die von außerhalb droht, lokalisiert (vgl. *Grinberg* 1973, *Bion* 1971, *Sandner* 1975). Die Gruppenteilnehmer verhalten sich dem Objekt gegenüber, auf welches sie ihre bedrohlichen Impulse projiziert haben, so, als ob es diese Impulse selbst besäße und versuchen es zu bewegen, ein Verhalten zu entwickeln, das diesen Impulsen entspricht (vgl. *Zinner/Shapiro* 1972, *Grinberg* 1973). Sobald ein Gruppenteilnehmer diese, ihm projektiv zugemutete Rolle spielt, spricht *Grinberg* (1973) von projektiven Gegenidentifikation.[4]

Zusammenfassend können wir die prä-odipale Ebene der Gruppenentwicklung in folgender Weise charakterisieren:

Es geht um das grundlegende Problem der individuellen *Abgren-*

zung bzw. *Identität* der Gruppenteilnehmer gegenüber einer zugleich als verlockend und verschlingend erlebten Gesamtgruppe, die in erster Linie über kollektive Abwehrmaßnahmen erfolgt, kollektive Eingrenzungen dessen, was real bzw. angenehm und irreal bzw. bedrohlich ist. Diese Maßnahmen werden in der Gruppenkultur Flucht, Kampf und Abhängigkeit deutlich. Besonders *Slater* sowie *Gibbard/Hartman* legen überzeugend dar, daß es sinnvoll ist, diese Vorgänge in Analogie zu prä-ödipalen Vorgängen zwischen Mutter und Kind zu begreifen, d.h., die Gruppe als Ganze auf diesem Niveau des Verhaltens als gute bzw. böse Mutter und die Gruppenteilnehmer als ganz kleine Kinder zu betrachten, die noch nicht hinreichend zwischen sich und der Mutter unterscheiden bzw. sich eindeutig von ihr abgrenzen können.[5] Vorherrschende individuelle Mechanismen der Abgrenzung von gefährlichen Impulsen, die als kollektive Abwehrmechanismen eingesetzt werden, sind nach *Gibbard/Hartman* Projektion, Introjektion und Spaltung sowie Rollenzuweisung bzw. Personifikation, wie wir noch ergänzen möchten.[6]

4.1.2.2. Ödipale Phase

Die ödipale Ebene des Verhaltens ist nach *Slater* gekennzeichnet durch die Auseinandersetzung mit dem Gruppenleiter einerseits und der Gesamtgruppe andererseits. Während auf der prä-ödipalen Ebene der Gruppenleiter in der Gruppenkultur der Abhängigkeit quasi als zweite Mutter und zugleich als schützender Vater nach und nach ausdifferenziert wird, wobei die einzelnen Gruppenteilnehmer keine besonderen Anstrengungen unternehmen, vom Gruppenleiter *individuell* versorgt und beschützt zu werden, tritt gerade dieses Verhalten auf der ödipalen Ebene in den Vordergrund: die weiblichen Gruppenteilnehmer versuchen, den Gruppenleiter zu Zuwendung und Versorgung zu bewegen, die männlichen greifen ihn an, weil er »zu autoritär ist«. Daß es sich bei diesen, nach Geschlecht jeweils unterschiedlichen individuellen Aktivitäten der Gruppenteilnehmer in beiden Fällen darum handelt, vom Leiter *individuell versorgt, mit besonderer Zuwendung* bedacht zu werden, haben wir oben hinreichend geschildert. Dabei haben wir auch gesehen, daß in diesen geschlechtsspezifischen Aktionen zugleich sich eine erste Auseinandersetzung zwische den Geschlechtern, ja Sexualität überhaupt herausbildet. Da der Gruppenleiter auf die einzelnen Teilnehmer nicht entsprechend eingeht, entsteht zunehmend Ärger, schließlich Wut auf diese vermeintlich vorenthaltende Figur. In einem länger dauernden Rekrutierungsprozeß bildet sich schließlich in der Gruppe die Meinung, der Gruppenleiter behindere die Gruppe bzw. den Gruppenprozeß, er *stehe zwischen der Gruppe und jedem einzelnen.*[7] Schließlich wird der Gruppenleiter in einer gemeinsamen Revolte gestürzt.[8]

Das *Spezifische der ödipalen Konstellation* besteht darin, daß der

Gruppenleiter, der als guter Vater in der Phantasie der Teilnehmer der bösen Mutter (Gruppe) gegenüber gestellt wurde und dessen liebstes und am besten versorgtes Kind jeder Teilnehmer sein möchte, indem er diese Funktion *nicht* ausübt, zum bösen Vater wird, der zwischen der nun guten Mutter-Gruppe und den einzelnen Teilnehmern steht und die Mutter bzw. die mütterliche Versorgung (autoritär) vorenthält.[9]

Auf dieser Ebene des Verhaltens in Gruppen treten die Teilnehmer als Rivalen um die Gunst des Gruppenleiters auf, und wenn dieses Bemühen nicht von Erfolg ist als Angreifer gegen den Gruppenleiter. Sie bemühen sich auf dieser Ebene aber nicht um die *Klärung* individueller Ziele, um den *Austausch* untereinander und die *Analyse* ihrer wechselseitigen Beziehungen.[10]

4.1.2.3. Reflexiv-interaktionelle Ebene

Auf der reflexiv-interaktionellen Ebene, die sich an den Leitersturz anschließt, wird die psychodynamische Situation in der Gruppe bestimmt von den Schwierigkeiten der Schaffung einer »neuen Ordnung«, wie *Slater* sagt. Nachdem die Teilnehmer sich nicht mehr auf den Gruppenleiter verlassen können, sind sie auf sich selber verwiesen. Dabei entstehen starke Ängste bezüglich der Klärung der Beziehungen zwischen den Teilnehmern, die jetzt erstmalig in den Mittelpunkt rückt: Angst vor Verachtung, wenn sich die einzelnen Teilnehmer den anderen wirklich so zeigen wie sie sind (*Bennis*) oder Angst, für die anderen nicht sexuell potent bzw. anziehend zu sein, wie *Slater* betont. Es kommt zunehmend Rivalität um die Sympathie bestimmter Gruppenteilnehmer auf oder um die sexuelle und leistungsmäßige Attraktivität, was zunächst weitgehend ineins gesetzt wird.[11] Diese Klärungsarbeit, bei der es vor allem um den Austausch der individuellen Phantasien und um die wechselseitige Korrektur der Selbstbilder geht, ist ein recht schmerzhafter Prozeß. Es verwundert nicht, daß die Gruppenteilnehmer, bevor sie sich darauf einlassen, verschiedentlich in prä-ödipale Phantasien (Utopianismus, Bisexualität, Messianismus) ausweichen oder in die Abhängigkeitshaltung gegenüber dem Gruppenleiter zurückzufallen drohen. Wie wir anhand unserer Autoren herauszuarbeiten versuchten, sind diese regressiven Tendenzen umso ausgeprägter, halten umso länger an, je weniger es den Gruppenteilnehmern möglich war, die prä-ödipale Abgrenzungsproblematik zu bewältigen und die in der ödipalen Phase erforderliche Ablösung vom Gruppenleiter zu erreichen. In beiden Fällen handelt es sich um Prozesse, die zu zunehmender Selbstmächtigkeit der Gruppenteilnehmer führen, verbunden mit dem Verzicht auf die versorgende und beschützende Macht des Gruppenleiters. Wie wir im folgenden Abschnitt zeigen werden, spielt bei diesen *Prozessen der Verselbständigung* die Art und Weise, wie der Gruppenleiter seine Macht verwendet, eine ganz zentrale Rolle.

4.1.3. Leiterverhalten und Gruppenprozeß

Unsere Analysen in Kapitel 3 haben in vielfacher Hinsicht die in Kapitel 2 entwickelte Hypothese bestätigt, wonach ein enger Zusammenhang besteht zwischen Leiterverhalten und Gruppenprozeß. Aufgrund der Befunde in Kapitel 3 können wir deshalb folgende erweiterte Hypothesen aufstellen:

Das Verhalten des Gruppenleiters, d.h., *die Rahmenbedingungen, die er für die Gruppe schafft* (Anzahl der Teilnehmer, Zusammensetzung der Gruppe, Anzahl der Sitzungen, Häufigkeit der Sitzungen, spezielle Abmachungen, Ankündigung der Gruppe usw.), *die konkreten Interventionen,* durch welche er in den Gruppenprozeß eingreift und *die Art und Weise wie er die Gruppe zuweilen sich selber überläßt,* bestimmen wesentlich

a) den Grad der Regression der Gruppenteilnehmer in ihrer Gesamtheit auf ein bestimmtes Verhaltensniveau und
b) den Grad der Progression der Gruppe als Ganzer von einem relativ undifferenzierten auf ein differenziertes Niveau des Verhaltens.

Mit der Aussage, der Gruppenleiter bestimme wesentlich den Grad der Regression bzw. Progression in Selbstanalytischen Gruppen, wollen wir ausdrücken, daß er die Regression beschleunigen oder verlangsamen und die Progression hemmen oder fördern kann. Er kann u.E. weder die Regression noch die Progression einer Gruppe von sich aus erzeugen. Beide Prozesse entstehen von selbst.

4.1.3.1. Konkrete Befunde

Zusammenfassend können wir das Verhalten der von uns untersuchten Autoren folgendermaßen charakterisieren:

(1) *Thelen* fühlt sich als versorgende Mutterfigur im prä-ödipalen Bereich recht wohl, hat aber Angst vor der Auseinandersetzung mit der Gruppe bzw. vor dem Verlust der Position, von der alle abhängig sind;

(2) *Slater* stellt sich sowohl prä-ödipalen als auch ödipalen Problemen, will aber letztlich seine Autorität und damit verbunden seine Rolle als zentrales Objekt des Interesses und der Zuneigung der Gruppenteilnehmer (Liebesobjekt) nicht aufgeben;

(3) *Gibbard/Hartman* lassen prä-ödipale und ödipale Probleme zu, bekommen es aber mit der Angst zu tun, als die Gruppenmitglie-

der die Problematik der Autorität und der Geschlechterbeziehungen angehen; sie befürchten, sie könnten die Vorgänge aus der Kontrolle verlieren;

(4) *Bennis* schließlich vermeidet deutlich prä-ödipale Probleme aus Angst, wie es scheint, vor der unstrukturierten Gruppensituation er wehrt diese Angst durch Überbetonung der Autoritätsproblematik ab, d.h., er begibt sich in die Rolle der Autorität, die letztlich alles aussteuern kann und vor der alle im Grunde Angst haben.

4.1.3.2. Gemeinsamer Nenner der Befunde

Wenn wir uns fragen, was der gemeinsame Nenner dieser unterschiedlichen Abwehrmaßnahmen gegen eine echte Weiterentwicklung der jeweiligen Gruppe von Seiten des Gruppenleiters sein könnte, so drängt sich der Gedanke auf, daß es sich durchgehend um das Problem der *Selbstmächtigkeit* bzw. der *Ohnmächtigkeit des Gruppenleiters* handelt.

Der Gruppenleiter kann die Gruppenentwicklung bzw. die dabei erforderliche Regression und Progression soweit fördern, soweit nicht seine eigene Selbstmächtigkeit in Frage gestellt ist. Sobald er sich aber durch die Vorgänge in der Gruppe echt in Frage gestellt sieht, reagiert er deutlich mit den ihm zur Verfügung stehenden Machtmitteln.

Allgemeiner formuliert: wie wir gezeigt haben, können die Gruppenleiter auf allen drei Niveaus des Verhaltens Macht ausüben. Sie verfügen über verschiedene Möglichkeiten, bestimmte Phänomene zu fördern, abzuwehren, zu behindern oder zu verleugnen. Sie haben es hierdurch bis zu einem gewissen Grade in der Hand, den Teilnehmern ein Erleben und Durcharbeiten ihrer in der Gruppensituation deutlich hervortretenden Machtlosigkeit (oder ungenügenden Selbstmächtigkeit) zu ermöglichen und ihnen bei der Erlangung echter Selbständigkeit zu helfen, oder aber die Teilnehmer diesem Problem gegenüber ohnmächtig, wenig psycho-sozial kompetent[12], angewiesen auf die vermeintlichen Möglichkeiten des Gruppenleiters, d.h., in Abhängigkeit von ihm, zu belassen.

Welche der beiden Alternativen bei welcher spezifischen, anstehenden Problematik der Gruppenleiter durch sein Verhalten faktisch ergreift, hängt u.E. weitgehend davon ab, welche psycho-sozialen Kompetenzen *er selbst* hinsichtlich der spezifischen Probleme erworben hat, die auf den von uns unterschiedenen Ebenen des Verhaltens erforderlich sind.[13]

4.1.3.3. Exkurs: Empirische Untersuchungen zum Leiterverhalten in Selbstanalytischen Gruppen

Bis 1974 sind lediglich elf (!) empirische Arbeiten über das konkrete

Verhalten des Gruppenleiters in Selbstanalytischen Gruppen publiziert worden.[14] Dies geht aus dem bisher umfassendsten Überblick von *O'Day* (1974) hervor.[15] *O'Day* selbst hat in Anlehnung an die zwei bisher differenziertesten empirischen Untersuchungen über den Interventionsstil des Gruppenleiters (*Reisel* 1962, R.D. *Mann* 1967, 120 ff) und unter Verwendung der einschlägigen Literatur zur Theorie von T-Gruppen das konkrete Verhalten von vier renommierten Gruppenleitern empirisch untersucht (*O'Day* 1973).[16] Seine *Befunde* gruppiert er um vier Fragestellungen:

1. Vorgänge, die von den Trainern ignoriert wurden.

»Jeder der Gruppentrainer ignorierte die Teilnehmer vor allem, wenn sie Komplimente machten über seine Fähigkeiten ganz allgemein oder seine interpretierenden und analytischen Fertigkeiten im besonderen, und wenn sie in verschiedener Weise seinen Stil zu imitieren suchten ... (er) ignorierte auch jene Vorgänge zwischen den Teilnehmern, die Anzeichen für kooperatives Problemlösen waren und für gemeinsame Versuche, Entscheidungen zu treffen« (395).

2. Vorgänge, bei denen die Trainer keine Schwierigkeiten hatten (Comfortable issues).

»Die Trainer akzeptierten und tolerierten die Schwierigkeiten der Mitglieder, wenn sie versuchten, die Widerstände zu beseitigen, ihre Gefühle offen mitzuteilen.

O'Day betont allerdings, daß dies den Trainern dann besonders leicht fiel, wenn sie sich dabei hinreichend von den vor sich gehenden Interaktionen distanzieren konnten. Sie verstärkten auch jene Wahrnehmungen der Mitglieder, in denen sie als Trainer zwischen der Rolle des »Gleichrangigen« (peer) und des »Experten« angesiedelt wurden (vgl. 396 f).

3. Vorgänge, auf welche die Trainer ambivalent reagierten.

Zu Beginn der Gruppenerfahrung reagieren die Trainer auf die Schwierigkeiten der Gruppenmitglieder, sich auf die Situation einzulassen und zu klären, recht verständnisvoll, in späteren Phasen der Gruppenentwicklung ärgerlich, vorwurfsvoll (vgl. 397 f).

Ausgesprochen aufschlußreich scheint uns der Befund von *O'Day*, daß die Trainer *offensichtliche Abhängigkeitswünsche* der Teilnehmer abweisen, aber *versteckte Wünsche dieser Art* in der Regel bereit sind, zu erfüllen. Sie übernehmen dann weitgehend die traditionelle Rolle des Gruppenleiters (vgl. 399 f).

4. Vorgänge, die den Gruppenleitern große Schwierigkeiten bereiten.

Die größten Schwierigkeiten bereiten den Gruppenleitern offenbar *offene oder versteckte Angriffe von Seiten der Teilnehmer.* Wenn sie angegriffen werden, versuchen die Gruppenleiter Maßnahmen zu ergreifen, um die Eindrücke der Teilnehmer, deretwegen sie den Gruppenleiter angreifen, zu beseitigen oder ihr Verhalten zu rechtfertigen (401 f). Sie lassen es geschehen, daß die Teilnehmer ihre – dem Gruppenleiter geltenden – Aggressionen auf einen Sündenbock in der Gruppe richten (401); wenn es um die Über- und Unterordnungsproblematik in der Gruppe geht, interpretieren die Trainer das häufig als Verschiebung, als Angst vor der unstrukturierten Situation (402 f). nach *O'Day* versuchen die Gruppenleiter vielfach nicht, die *möglichen Ursachen der verschiedenen Varianten von Aggressivität* (u.a. Gleichgültigkeit der Teilnehmer untereinander; Versagung von Hilfe; offene Feindseligkeit; sog. Tiefeninterpretationen der Teilnehmer als Waffe; wertende, unklare Aussagen; Passivität usw.) *zu interpretieren,* während sie vielfach und gerne bestimmte Ängste und Maßnahmen gegen diese ansprechen (vgl. 403). Besondere Schwierigkeiten machen den Trainern auch passiv-aggressive Reaktionen der Teilnehmer, wie allgemeiner Rückzug in Passivität. Die Teilnehmer erreichen durch solches Verhalten häufig eine massive Zuwendung seitens des Gruppenleiters, weil dieser die Passivität als Zeichen seiner eigenen Inkompetenz oder Impotenz als Gruppenleiter betrachtet (vgl. 405).

Als Fazit können wir festhalten: die Gruppenleiter versuchen, die Aggressionen der Teilnehmer ihnen gegenüber nicht nur abzuwehren, sondern gar nicht erst aufkommen zu lassen, und wenn sie aufkommen, durch Übernahme der Leitungs- und Versorgungsrolle in Grenzen zu halten (vgl. 405 f). Für *O'Day* besteht demnach die empirisch ermittelte Hauptschwierigkeit der von ihm untersuchten Trainer darin, die Teilnehmer selbständig werden zu lassen bzw. sie durch mehr oder weniger aggressive Bemühungen sich vom Gruppenleiter nach und nach absetzen und abgrenzen zu lassen. Er faßt dies unter dem Begriff der Autoritätsproblematik und betont die Bedeutung der gemeinsamen Revolte gegen den Gruppenleiter für die Lösung dieser Problematik (vgl. 407 ff).

Bei näherer Betrachtung der Ausführungen von *O'Day* wird deutlich, daß es sich bei den Beziehungen zwischen Gruppenleiter und den Gruppenteilnehmern nicht schlechtweg um das Problem der Ausübung von Macht seitens des Leiters handelt, der die Teilnehmer nicht selbständig werden lassen will, sondern ebensosehr um das Problem der *Ängste des Gruppenleiters* bzw. seiner unzureichenden psycho-sozialen Kompetenz in Gruppen, die es ihm nicht erlauben, sich den auftauchenden Problemen in Gruppen, die immer mit Verselbständigung der Teilnehmer in ihrer Gesamtheit zusammenhängen, zu stellen. Dies ergibt sich aus der Charakterisierung des Trainers, der in der Untersuchung von *O'Day* offenbar am erfolgreichsten war, was die Entwicklung seiner Gruppe angeht:

»... wir können feststellen, daß der erfolgreichste Trainer derjenige gewesen ist, der in den ersten Sitzungen am wenigsten aktiv war (gemessen an der Anzahl der Interventionen); er fokussierte direkt die kontradependenten aggressiven Komponenten der Mitglied-Trainer-Beziehung in interpretierender, selbstbewußter Weise und versuchte das direkte Verlangen nach Abhängigkeit zu ignorieren. Diese Kombination, nämlich die Versuche der Teilnehmer zu frustrieren, eine gewohnte Autoritätsbeziehung im Anfangsstadium der Gruppe zu entwickeln, und dann auf die verständliche Feindseligkeit der Mitglieder in einer persönlichen, vertrauensvollen und akzeptierenden Weise zu antworten, hat in erster Linie bewirkt, daß dieser Trainer erfolgreicher war« (406 f).

4.1.3.4. Autorität und psycho-soziale Kompetenz in Gruppen

Die Befunde von *O'Day* entsprechen weitgehend unseren Ergebnissen: das zentrale Problem in der Beziehung zwischen Gruppenleiter und Gruppenteilnehmern besteht in der Machtausübung bzw. der Ausübung der Funktion der Autorität durch den Gruppenleiter. Dies zeigt sich bei allen grundlegenden Problemen, mit denen Selbstanalytische Gruppen konfrontiert sind: bei dem Problem der Abgrenzung (Konflikt zwischen Identitätsbewahrung und Fusion mit der Gruppe), dem Problem der Ablösung (dem Konflikt zwischen Abhängigkeit und Selbständigkeit) und dem Problem der Übernahme der Verantwortung für die Gestaltung der Gruppenvorgänge durch die Gruppenteilnehmer (Konflikt zwischen kooperativem und rivalisierendem Verhalten). Wir sind aber durch unsere Analyse zu der Überzeugung gekommen, daß der konkrete Ausgang oder die konkrete Bearbeitung der genannten Konflikte von der jeweiligen psycho-sozialen Kompetenz des Gruppenleiters abhängt. Bezogen auf unsere Modellüberlegung können wir hinsichtlich der Bedeutung des Gruppenleiters für die Gruppenentwicklung abschließend folgende allgemeine Hypothese formulieren:

Der Gruppenleiter wird in dem Maße in der Lage sein, die Entwicklung einer Selbstanalytischen Gruppe von der prä-ödipalen Ebene bis zur reflexiv-interaktionellen Ebene zu fördern, indem er selbst über folgende, auf diesen Ebenen erforderlichen, psycho-sozialen Kompetenzen verfügt:

(1) auf prä-ödipalem Niveau die Fähigkeit, Chaos, archaische Ängste zuzulassen und auszuhalten (er kann sich davon abgrenzen und doch darauf einlassen);
(2) auf ödipalem Niveau die Fähigkeit, Angriffe auf sich selber auszuhalten (z.B. Vorwürfe der Inkompetenz, der Impotenz, des autoritären Verhaltens usw.) und es zu ertragen, daß seine zentrale Rolle nach und nach schwindet;[17]
(3) auf reflexiv-interaktionellem Niveau die Fähigkeit, sich als Per-

son den anderen Gruppenteilnehmern direkt zu stellen und an der reflexiv-interaktionellen Klärung auch seiner Rolle und seiner Beiträge mitzuarbeiten.

Jeder Leiter von Selbstanalytischen Gruppen hat eine strategisch zentrale Position und stellt den wahrscheinlich wichtigsten Faktor der Gruppenentwicklung dar (vgl. auch *Stock-Whitaker/Lieberman* 1974, *Horwitz* 1964, *Kernberg* 1975, *Astrachan* 1970, *Singer* et al 1975). Dabei wurde aber lange Zeit übersehen, daß er diese Position und die damit gegebenen Möglichkeiten nur dann in den Dienst der Gruppenteilnehmer stellen kann, wenn er selber den in jeder Selbstanalytischen Gruppe auf ihn zukommenden interpersonalen Belastungen (vgl. die oben genannten Konflikte) gewachsen ist (vlg. hierzu z.B. *Arsenian/Semrad/Shapiro* 1962, *Brocher* 1973, *Foulkes* 1974, 81 ff, *Kernberg* 1975, *Lippitt/This* 1970), sich nicht als omnipotent betrachtet[18] und den Problemen stellt (vgl. besonders *Brocher* 1973).[19]

4.1.4. Die objektive soziale Situation in Selbstanalytischen Gruppen

Seltsamerweise ist der *realen sozialen Situation, die für die Mitglieder einer Selbstanalytischen Gruppe in der jeweiligen Gruppe entsteht,* von den Autoren, deren Konzepte wir in Kapitel 3 untersucht haben, überhaupt keine Bedeutung zugemessen worden. Das trifft nicht nur auf diese Autoren zu: auch die übrigen Theoretiker aus der Tradition der Selbstanalytischen Gruppen[20], der T-Gruppenbewegung[21] und auch die Vetreter aus dem Bereich psychoanalytisch orientierter Arbeit mit Therapiegruppen[22] haben sich bisher nur am Rande mit dieser Frage befaßt.

Das Problem der sozialen Situation, die in Selbstanalytischen Gruppen, T-Gruppen oder Therapiegruppen für die einzelnen Gruppenteilnehmer entsteht, wird in der Literatur lediglich indirekt angesprochen im Zusammenhang mit der Behandlung von folgenden drei Fragenkomplexen:

(1) dem sog. *Setting* einer Gruppe (vgl. z.B. *Däumling* et al 1974, 101 ff, 216 ff),
(2) bei der Frage der *Herstellung bestimmter Rahmenbedingungen für die Gruppenarbeit* (z.B. bei der Schaffung der sog. T-Situation nach *Foulkes* 1974, des optimalen Regressionsgrades bei *Whitman* 1971),
(3) bei Ausführungen über fortwährende Strukturierungsmaßnahmen des Gruppenleiters, dem sog. »Boundary management« (vgl. *Singer* et al 1975, *Foulkes* 1974, *Kernberg* 1975, *Astrachan* 1975), sowie den Überlegungen zur *Handhabung der Deutungstechnik* (vgl. z.B. *Pohlen* 1972, 62 ff).

Der gemeinsame Grundtenor aller dieser Überlegungen ist: der *Gruppenleiter* schafft durch die Setzung bestimmter Rahmenbedingungen (Setting) und seine fortwährenden Steuerungsmaßnahmen (Interventionen) eine besondere, experimentelle soziale Situation, innerhalb derer sich dann vielfältige soziale und psychodynamische Phänomene zeigen. Nur ganz wenige Autoren bemühen sich darum, anzugeben, *welche konkreten Zusammenhänge* zwischen bestimmten Strukturierungsmaßnahmen des Gruppenleiters und den in ihren Gruppen entstehenden Phänomenen sie vermuten (vgl. z.B. *König* 1973, *Pohlen* 1974, 62-67; *Heigl-Evers/Heigl* 1973, *Foulkes* 1972, 1974). Lediglich *Pohlen* (1972, 1975) und *Durkin* (1964) stellen sich die Frage, welche konkreten Maßnahmen des Gruppenleiters welche *reale* soziale Situation für die Teilnehmer entstehen lassen und welche subjektiven Reaktionen (inneres und äußeres Verhalten, Phantasien und Aktionen) dadurch bei den Gruppenmitgliedern sich nahelegen:

Pohlen (1972) betont, daß durch die spezifische Interventionstechnik der Gruppentherapeuten, die aus der Tradition von *Bion* kommen (*Argelander* 1972, *Grinberg/Langer/Rodrigue*), bei der immer die Gruppe als Ganze angesprochen wird, für die Gruppenteilnehmer nach und nach die reale soziale Situation eines ganz kleinen Kindes einer omnipotenten Leiterfigur gegenüber entsteht, »die unüberbrückbare Kluft zwischen der intakten Persönlichkeit des Therapeuten und den völlig entpersönlichten Mitgliedern der Gruppe« (58).

Helen *Durkin* (1964) sieht diese reale soziale Situation in fast allen Selbsterfahrungs- und Therapiegruppen gegeben, darüberhinaus aber auch in so hochstrukturierten Gruppen wie dem Heer oder der Kirche, die *Freud* in seiner Abhandlung über »Massenpsychologie und Ich-Analyse« (GW XIII) als Beispiel für die psychische Dynamik in Gruppen nimmt. Sie macht in einer detaillierten Analyse der Ausführungen von *Freund* deutlich, daß die von diesem Autor geschilderten Beziehungen zwischen Gruppenleiter und Gruppenteilnehmern – vom Standpunt der Situation aus betrachtet, in der sich die Teilnehmer befinden – von ihrer Struktur her eine prä-ödipale Konstellation (Beziehung zwischen ganz kleinem Kind und der Mutter) und nicht eine ödipale Konstellation darstellen (vgl. 71 ff), wie *Freud* selbst und die meisten Autoren annehmen, die sich auf seine Überlegungen beziehen.[23]

Im Verlaufe der Analysen in Kapitel 3 hat sich bei uns die Annahme verdichtet, daß *die objektive soziale Situation, in welche die Gruppenteilnehmer vom Gruppenleiter gebracht werden,* eine große Rolle spielt bezüglich der Ebene des Verhaltens bzw. der für alle Gruppenteilnehmer gemeinsam entstehenden prä-ödipalen, ödipalen oder reflexiv-interaktionellen Problematik.[24] Um zu verdeutlichen, was wir unter »objektiver sozialer Situation« verstehen, wollen wir kurz drei Gruppensituationen skizzieren, die u.E. – idealtypisch vereinfacht – *von ihren objektiven Merkmalen her* eine prä-ödipale, eine ödipale und eine reflexiv-interaktionelle *Problematik* nahelegen:

Situation 1

- 25 Teilnehmer
- die Teilnehmer kennen sich nicht,
- sie sitzen sich im Kreis gegenüber,
- es ist keine Thematik vorgegeben,
- der Gruppenleiter gibt zunächst überhaupt keine Hinweise,
- nach einiger Zeit spricht er lediglich Vorgänge in der Gesamt*gruppe an.*

Diese Merkmale in ihrer Gesamtheit lassen für die einzelnen Gruppenteilnehmer unserer Auffassung nach ganz real eine Situation entstehen, die der zwischen Säugling und Mutter entspricht: angesichts einer weitgehend unstrukturierten sozialen Situation melden sich im einzelnen bisher abgewehrte Impulse (es entsteht eine extreme reale Versuchungssituation), zugleich aber entstehen übergroße Ängste, weil in keiner Weise abzuschätzen ist, was geschieht, wenn die Impulse aggressiver und libidinöser Art geäußert werden (es entsteht die reale Gefahr übergroßer Versagungen).

Wir sind der Auffassung, daß die geschilderte Situation *strukturell* ähnliche Züge besitzt wie diejenige, die wir als prä-ödipale Konstellation zwischen Mutter und Kind beschrieben haben: Wunsch nach totaler Lust, Angst vor totaler Zerstörung.

Situation 2

- 10 Teilnehmer, davon die Hälfte weiblich,
- die Teilnehmer kennen sich nicht,
- sie haben ein gemeinsames Sachthema,
- es ist ein Gruppenleiter vorhanden, der die zu erbringenden Leistungen bewertet.

Wir sind der Auffassung, daß eine solche Gruppensituation *von ihren objektiven Merkmalen her* eine ödipale Situation darstellt: der Gruppenleiter als mächtiger Vater, die Teilnehmer als miteinander um die Gunst dieses Leiters rivalisierende Geschwister.

Situation 3

- 8 Teilnehmer[25] mit in etwa gleichem Wissensstand,
- die Teilnehmer kennen sich nicht,
- sie sind aber an der gemeinsamen Bearbeitung eines Themas interessiert,
- ein Leiter ist vorläufig nicht vorhanden.

In einer solchen Situation sind die Teilnehmer geradezu gezwungen, wechselseitig auszutauschen, was sie voneinaner und der Gruppe erwarten, um sich gemeinsam ans Werk zu machen. Es wird allerdings eine gewisse Rivalität um die Führung in der Gruppe aufkommen, was u.E aber eine reflexiv-interaktionelle und keine ödipale Problematik darstellt, ein Problem in Zusammenhang mit der Schaffung einer für diese Arbeitsgruppe spezifischen Ordnung auf der Basis von Gleichrangigen.

Wir halten die Identifizierung der jeweiligen objektiven sozialen Situation, die in einer Selbstanalytischen Gruppe entsteht, für besonders wichtig, weil es nur so möglich ist, sinnvoll zu klären, welche psychische Dynamik von eben dieser sozialen Situation nahegelegt wird und welche aus überstarken Bedürfnissen der Teilnehmer entsteht. Überdies ermöglicht eine Analyse der objektiven sozialen Situation eine präzisere Bestimmung dessen, was der Gruppenleiter durch seine Interventionen und sein Setting erzeugt.

Durch die *implizite Anwendung dieses Konzeptes* konnten wir feststellen, daß

- *Thelen* eine ausgesprochen prä-ödipale Situation schafft, während er verbal das Ziel vertritt, die Teilnehmer sollten wechselseitig ihre Beziehungen klären,
- *Slater* eine ödipale Konstellation entstehen läßt, obwohl er sich die reflexiv-interaktionelle Klärung oder Beziehungen der Teilnehmer untereinander zur Aufgabe macht,
- *Gibbard/Hartman* letztlich Bedingungen prä-ödipaler Art erzeugen, obwohl sie von erfolgter Revolte sprechen,
- *Bennis* schließlich eine Situation ödipaler Art erzeugen möchte (Auseinandersetzung mit der Autorität), genau genommen aber eine prä-ödipale Situation (Abhängigkeit vom Gruppenleiter) entstehen läßt.

Wir könne beim derzeitigen Stand der Überlegungen nicht auf die komplexe Problematik der Beziehungen zwischen objektiv gegebener sozialer Situation und der subjektiven Art und Weise, wie dieses erlebt wird, näher eingehen. Aber wir können vermuten, *daß die Wahrscheinlichkeit eines bestimmten subjektiven Erlebens von den objektiven Charakteristika der sozialen Situation abhängt, in der das jeweilige Individuum sich gemeinsam mit anderen befindet.* Wenn wir diese Annahme machen, wird es überhaupt erst möglich, – wie oben schon angedeutet – den individuellen Übertragungsteil der einzelnen Gruppenteilnehmer sinnvoll einzuschätzen, etwa in der Weise, daß wir feststellen, inwiefern er von der jeweilig sich für die Gesamtgruppe naheliegenden Problematik in seinem individuellen Verhalten regressiv oder progressiv abweicht.

4.1.5. Die unterschiedliche psycho-soziale Kompetenz der Gruppenteilnehmer

Die Bedeutung spezifischer Persönlichkeitsmerkmale der Teilnehmer Selbstanalytischer Gruppen für die Psychodynamik in diesen Gruppen wird von allen von uns untersuchten Autoren anerkannt.[26] Explizite Konzepte über die spezifische Bedeutung dieser individuellen Unterschiede für das Gruppengeschehen entwickeln allerdings nur *Thelen* und *Bennis:*

Thelen betont die ausschlaggebende Rolle, welche die individuelle Valenz-Struktur der Teilnehmer für das Entstehen oder die Veränderung spezifischer Gruppenkulturen spielt. Er baut seine gesamte Konzeption weitgehend aus der hieraus sich ergebenden Psychodynamik auf.

Bei *Bennis* sind bestimmte Typen von Teilnehmern mit ganz bestimmten – von ihm deutlich herausgearbeiteten – Persönlichkeitsstrukturen für das gesamte Geschehen in den von ihm geleiteten Gruppen entscheidend.

Obwohl beide Autoren den von uns in Kapitel 2 entwickelten Begriff der psycho-sozialen Kompetenz in Gruppensituationen nicht verwenden, stellen die von ihnen vorgeschlagenen Konzepte begriffliche Konstruktionen dar, mit Hilfe derer es gerade darum geht, dasjenige Geschehen zu erfassen, was wir mit diesem Begriff zu benennen versuchten:

Beim Begriff der Valenz von *Thelen* handelt es sich um die *individuelle Fähigkeit,* in bestimmten Gruppenkulturen (Kampf, Flucht, Abhängigkeit, Paarbildung) sich wohlzufühlen, zurechtzukommen und in anderen Angst zu bekommen, sie zu vermeiden, zu verleugnen oder zu bekämpfen.

Bennis nimmt an, daß es in Gruppen Teilnehmer gibt, die von ihrer Persönlichkeitsstruktur her dazu neigen, sich in einer Gruppensituation, in der es um eine Über- und Unterordnungsproblematik geht, abhängig, gegenabhängig oder unabhängig zu verhalten, in Situationen, in denen es um die Problematik der Gestaltung der Beziehungen zu Gleichrangigen geht, überpersonal, gegenpersonal oder personal.

Sowohl bei *Bennis* als auch bei *Thelen* handelt es sich offensichtlich um *bestimmte Fähigkeiten von Gruppenteilnehmern, sich in bestimmten sozialen Situationen adäquat* zu verhalten, womit genau dasjenige ausgedrückt wird, was wir als das Vorhandensein oder Fehlen bestimmter psycho-sozialer Kompetenz in Kapitel 2 definiert haben.

Während in dieser allgemeinen Form die Hypothese über die Bedeutung der individuellen psycho-sozialen Kompetenz für das Geschehen in Selbstanalytischen Gruppen durch zwei, der von uns untersuchten, Autoren direkt und von den drei anderen indirekt Bestätigung findet, fällt es nicht leicht, die konkret von *Bennis* und *Thelen* herausgearbeiteten Kompetenzen *eindeutig* auf die Ebenen des Verhaltens zu beziehen, die wir prä-ödipal, ödipal und reflexiv-interaktionell ausgegrenzt haben:

Wie wir im Abschnitt über *Thelen* ausgeführt haben, handelt es sich bei den von ihm geschilderten und konzeptionell erfaßten Vorgängen aller Wahrscheinlichkeit nach um die prä-ödipale Problematik der individuellen Abgrenzung bzw. Auseinandersetzung mit einer weitgehend unstrukturierten, zugleich faszinierenden und bedrohlichen Gruppensituation. Für unsere Überlegungen zur psycho-sozialen Kompetenz entscheidend ist auf dieser Ebene des Verhaltens die Frage, welche psycho-soziale Kompetenzen der einzelne nach *Thelen* benötigt, um mit der prä-ödipalen Situation zurechtzukommen. Auf diese Frage gibt *Thelen in seinen theoretischen Ausführungen keine klare Antwort; er weist aber bei der Darstellung eines Beitrages eines* seiner Mitarbeiter (Andrew G. *Mathis*) über die Entwicklung eines Verfahrens zur Messung der Trainierbarkeit von potentiellen Teilnehmern Selbstanalytischer Gruppen auf einige Befunde hin, die uns vielleicht weiterhelfen (vgl. *Stock/Thelen* 1958, 150 ff).

Bei der Frage, welche individuelle Valenzstruktur der Gruppenteilnehmer am ehesten gewährleistet, daß sie in einer Selbstanalytischen Gruppe sich persönlich weiterentwickeln können, kommt *Mathis* zu dem Ergebnis, daß die individuelle Fähigkeit, sich in einer Kampf- bzw. Paarbildungssituation wohlzufühlen, sich auf eine solche Situation einzulassen, am ehesten es ermöglicht, daß die Teilnehmer sich individuell weiterentwickeln, während eine ausgeprägte Tendenz zu Abhängigkeit und Flucht weder die einzelnen Teilnehmer noch die Gruppe als Ganze in ihrer Entwicklung weiterbringen.[27]

Auf unsere Modellüberlegung übertragen würde das bedeuten, daß Teilnehmer, welche in prä-ödipalen Situationen mit Kampf und Paarbildung reagieren können, in der Lage sind, sich hinreichend aus der positiv und negativ erlebten symbiotischen Situation lösen können, während Teilnehmer, die lediglich mit Flucht oder Anklammerung an den Gruppenleiter reagieren können, wenig in der Lage sind, diese Situation zu bewältigen.

Offensichtlich reicht zur Bewältigung der prä-ödipalen Problematik *eine* der beiden Fähigkeiten Kampf und Paarbildung nicht aus. Dies wird deutlich, wenn wir uns den Überlegungen von *Bennis* zuwenden[28]:

Er weist darauf hin, daß die sog. Gegenabhängigen, die relativ aggressiv sich verhalten können, als Untergruppe nicht in der Lage sind, für die Gesamtgruppe die Abhängigkeitsproblematik zu lösen. Das können seiner Meinung nach nur die Unabhängigen, die neben einer Portion Aggressivität auch die Fähigkeit haben, spontan auf andere zuzugehen und sich mit ihnen gegen den Gruppenleiter zusammenzuschließen, was in der Terminologie von *Thelen* die Fähigkeit zur Paarbildung beinhaltet. Es scheint aber, daß diese sog. Unabhängigen auch über die Fähigkeit verfügen müssen, auf die unstrukturierte Situation *flexibel* auch mit Flucht oder Abhängigkeit zu reagieren, als vorübergehende Weise der Auseinandersetzung mit dieser Situation.[29]

Was die Bewältigung der *ödipalen Problematik* angeht, so scheint es, daß die Fähigkeit der Teilnehmer, ihre Abhängigkeit vom Gruppenleiter zuzulassen, eine wichtige Voraussetzung für die Klärung und Bearbeitung der ödipalen Problematik darstellt neben der Fähigkeit, sich vom Gruppenleiter abzusetzen und zunehmende Beziehungen zu den anderen Teilnehmern aufzunehmen.

Was die *reflexiv-interaktionelle Ebene* des individuellen Verhaltens in Gruppen angeht, so ergibt sich aus den Überlegungen von *Bennis,* daß entscheidend ist, inwieweit die Teilnehmer – nachdem sie ihre Abhängigkeit eingestanden und kollektiv dagegen rebelliert haben – sich zutrauen, aufeinander zuzugehen. In dem Maße, in dem sie weder ihre Abhängigkeit vom Gruppenleiter anerkennen noch sich davon in gemeinsamer Arbeit lösen können, fällt es ihnen schwer, sich mit Gleichrangigen auf der reflexiv-interaktionellen Ebene auseinanderzusetzen. Wir vermuten, daß ein enger Zusammenhang besteht zwischen der Persönlichkeitsstruktur der Kontradependenten und der Kontrapersonalen, die zwar über die Fähigkeit zu kämpfen verfügen, aber weder Abhängigkeit noch engen Kontakt mit Gleichrangigen zulassen können.[30]

Insgesamt gesehen wird unsere Hypothese von der Bedeutung spezifischer individueller psycho-sozialer Kompetenzen für das Geschehen in Selbstanalytischen Gruppen aus unseren Analysen bestätigt – wenngleich noch wenig präzise gesagt werden kann, wie die jeweils erforderliche individuelle psycho-soziale Kompetenz bezüglich der Bewältigung der drei von uns genannten Ebenen *konkret* beschaffen sein muß. Darüber hinaus stimmen alle Befunde dahingehend überein, daß in Selbstanalytischen Gruppen vorwiegend *Schwierigkeiten im Bereich prä-ödipaler individueller Verhaltenskompetenzen* festgestellt wurden und in der großen Bedeutung, welche die Autoren im Gruppenzusammenhang der Bearbeitung dieser spezifischen Schwierigkeiten für die Gruppenentwicklung beimessen.[31]

Obwohl unsere Befunde keine präzise Bestimmung der individuellen psycho-sozialen Kompetenzen auf den drei von uns angenommenen Niveaus des Verhaltens erlauben, und wir weitgehend auf vermutete Zusammenhänge angewiesen sind, möchten wir doch einige hypothetische Zusammenhänge in einem Schema zusammenfassen, das sich aus den konkreten Befunden und unseren eigenen Überlegungen hierzu ergeben hat:[32]

psycho-soziale Kompetenz in best. soz. Situationen	*erforderliche psycho-soziale Kompetenzen* Zulassen best. Gefühle	Aktivitäten/ flexible Abwehr	*deutliche Anzeichen unzureichender psycho-soz. Kompetenzen* (rigide Abwehr)
prä-ödipale Situation	Sehnsucht nach Fusion, Angst vor Individualitätsverlust (Zerstörung der Identität) Abhängigkeit vom Gruppenleiter	abwechselnd und vorübergehend; Kampf, Flucht, Abhängigkeit	Verleugnung der Situation, rigide Abwehr, entweder: – Flucht oder – Kampf oder – Scheinharmonie
ödipale Situation	Wunsch, allein den Gruppenleiter zu besitzen; Rivalität mit den anderen um den Gl., Angst vor dem Gl. wegen sexuell-erotischer Wünsche ihm oder den anderen Teilnehmern gegenüber.	zurückstellen individueller Versorgungswünsche; Zusammenschluß mit Gleichrangigen gegen Gl. (Rekrutierungsprozeß)	Verleugnung von Rivalität und Angst vor dem Gl.; Beharren auf indiv. Versorgung. Verleugnung sexuell-erotischer Wünsche.
reflexiv-interaktionelle Situation	Eingeständnis der schmerzlichen Notwendigkeit auf die eigenen Kräfte zu vertrauen; Auseinandersetzung mit Gleichrangigen und der Problematik der Geschlechtsidentität.	*vorübergehender* Wunsch nach idealen Verhältnissen und völliger Harmonie, zugleich: zunehmende Versuche der Beziehungsklärung zwischen den Teilnehmern und zwischen den Geschlechtern.	extremer Wunsch nach Anleitung durch den Gl., übermäßige Aggressionsausbrüche (Kampf), übermäßige Passivität (Flucht).

4.1.6. Regression und Progression in Selbstanalytischen Gruppen

4.1.6.1. Die Bedeutung des Konzeptes der Regression in der Literatur über Selbsterfahrungsgruppen

Alle untersuchten Autoren stimmen darin überein, daß in Selbstanalytischen Gruppen die Teilnehmer sich in ihrer Gesamtheit weitgehend nicht wie Erwachsene verhalten, sondern wie Kinder im Alter von 1 bis 4 oder 5 Jahren. Wir haben dieses Phänomen in unserer Modellüberlegung als Regression auf das prä-ödipale bzw. ödipale Niveau des Verhaltens begrifflich zu fassen versucht. Obwohl von der Sache her bei den analysierten Autoren Übereinstimmung besteht, daß in Selbstanalytischen Gruppen starke regressive Erscheinungen auftreten, widmen sie der Klärung dieses Begriffes wenig Aufmerksamkeit.

Wir erfahren z.B. bei *Hartman/Gibbard* (1974 B) lediglich, daß in Selbstanalytischen Gruppen – ausgelöst durch die Art des Settings – starke Regressionen bei den Gruppenteilnehmern feststellbar sind im Zusammenhang mit der Gruppenbildung:

> »Die normale Gruppe erlebt eine Regression im Zusammenhang mit der Gruppenbildung, die uns an frühe Stadien des Funktionierens des Ichs erinnert – Spaltung, Projektion und Introjektion. Aber diese normale Regression macht weder die Gruppe noch ihre Mitglieder wirklich psychotisch. Es ist vielmehr so, daß Grupen von ihrer Natur her Probleme der Objektbeziehungen, besonders der Beziehung zwischen den einzelnen und der Gruppe entstehen lassen, die an die frühe Mutter-Kind-Beziehung erinnern« (*Hartman/Gibbard* 1974, 175).

Diese Regressionen der Teilnehmer einer Selbstanalytischen Gruppe werden von *Gibbard* und *Hartman*, aber auch von anderen Autoren (z.B. *Kaplan* 1974) als etwas völlig Normales und durchaus nicht Neurotisches betrachtet. Wenn das zutrifft, so stellt sich uns aufgrund unserer Befunde die Frage, warum die Teilnehmer in Selbstanalytischen Gruppe so große Schwierigkeiten haben, aus ihren regressiven Verhaltensweisen prä-ödipaler und ödipaler Art auf das reflexiv-interaktionelle Niveau des Verhaltens zu gelangen und warum sich die psychische Dynamik in diesen Gruppen weitgehend auf prä-ödipalem und ödipalem Niveau abspielt. Uns scheint, daß die Klärungsarbeit, welche die untersuchten Autoren in den Begriff der Regression investiert haben, im umgekehrten Verhältnis steht zu der Bedeutung, die den Phänomenen zukommt, welche mit diesem Begriff wissenschaftlich erfaßt werden sollen.

Unsere Autoren stehen damit nicht allein: sogar im Bereich der psychoanalytisch orientierten Gruppentherapie, in dem der Begriff der Regression häufig verwendet wird, gibt es bisher unseres Wissens lediglich einen einzigen (!) Aufsatz, der einer Klärung dieses Begriffes auf dem Hintergrund wichtiger theoretischer Konzepte der psychoanalytischen Gruppentherapie gewidmet ist (*Scheidlinger* 1974). Da im Bereich der konzeptionellen Erfassung der Vorgänge in Selbstanalytischen Gruppen bislang keine Klärung des Phänomens der Regression versucht wurde, die Verhältnisse in (psychoanalytischen) Therapiegruppen aber stark denen in Selbstanalytischen Gruppen ähneln, wollen wir hier kurz die Befunde von *Scheidlinger* (1974) referieren[33]:

4.1.6.2. Exkurs 1: Das Konzept der Regression in psychoanalytisch orientierten Therapiegruppen

Scheidlinger betont in seiner Arbeit von 1974, daß die Relevanz des psychoanalytischen Begriffs der Regression für die psychoanalytische Gruppentherapie unbestritten ist (vgl. 124): alle Klassiker der Gruppentherapie *(Ezriel, Bion, Foulkes)* heben seine Bedeutung für die Benennung und Erklärung der Vorgänge in Gruppen hervor (vgl. 126). Nichtsdestoweniger ist nach *Scheidlinger weitgehend unklar, was psychodynamisch gesehen den in Gruppen beobachtbaren starken individuellen Regressionen der Teilnehmer zugrunde liegt.* Obwohl das so ist, kann *Scheidlinger* doch (aufgrund seines Studiums der einschlägigen Literatur bis 1968) einige Aussagen machen, die dazu beitragen, eine erste Klärung des vielfach völlig diffus verwendeten Begriffs der Regression zu ermöglichen[34]:

(1) Unter Regression im Gruppenzusammenhang sollte sinnvoller Weise ein spezifischer Funktionsmodus einzelner Gruppenteilnehmer verstanden werden (129); deshalb definiert *Scheidlinger* mit *English/English* (1958) Regression als »... eine Rückkehr zu einer früheren und weniger reifen Verhaltensweise oder eine Manifestation einer primitiveren Verhaltensweise nach dem Erlernen reiferer Formen, unabhängig davon, ob die unreife oder primitive Verhaltensweise nun tatsächlich einen Teil des früheren Verhaltens der Person gebildet hat oder nicht« (124).

Regression in diesem Sinne verstanden schließt keinesfalls kollektive, gemeinsame Regressionen eines Großteils oder aller Gruppenmitglieder auf ein bestimmtes Niveau kindlichen Verhaltens aus. (vgl. 129)

(2) Hinsichtlich der Kräfte, welche individuelle Regressionen in Gruppen begünstigen, kann *Scheidlinger* zwei bzw. drei Faktorenbündel identifizieren:

a) den Grad der Strukturierung, die sich entwickelt – »sowohl aus dem Führungsstil (direktiv gegen nichtdirektiv)« als auch – »aus der weiteren Gruppensituation (Duldsamkeit, Grad der Rollendefinition, Aufgabenorientierung« (130);

b) die persönlichen Schwierigkeiten (Pathologie) der Teilnehmer, die zu einer zusätzlichen verminderten Toleranz für die situativen Frustrationen in (Therapie-) Gruppen führen, zu konkreten Ängsten vor anderen Teilnehmern oder aber vor inneren Triebwünschen (vgl. 130).

(3) Aus dem zuletzt Gesagten wird schon deutlich, daß es offenbar starke *individuelle Unterschiede* gibt hinsichtlich der Tendenz unter regressiven Bedingungen, wie z.B. geringer Strukturvorgabe in Gruppen, in den sog. *regressiven Sog* zu geraten, der vom Großteil der Teilnehmer ausgeht[35] (vgl. 127).

(4) Da regressive Erscheinungen nach *Scheidlinger* nicht nur in Therapiegruppen bei minimaler Strukturvorgabe anzutreffen sind, sondern bei jeglicher Gruppenbildung, ist es sinnvoll, *nicht jede Regression in Gruppen als pathologisch zu begreifen*. *Scheidlinger* ist vielmehr in Anlehnung an die Überlegungen von *Schafer* (1958) der Auffassung, daß die in Gruppen auftretenden individuellen Regressionen eine »Regression im Dienste des Ichs« darstellen können, die es ermöglichen, bestimmte, zunächst nicht lösbare Konflikte in Gruppen schöpferisch anzugehen bzw. – unter therapeutischem Gesichtspunkt betrachtet – erneut zu durchleben und zu bewältigen (vgl. 128 f sowie 138, 140).

Obwohl diese Aussagen von *Scheidlinger* eine Reihe von wichtigen Unterscheidungen und Feststellungen bezüglich des Phänomens der Regression enthalten, geht ihnen unserer Meinung nach eine *grundsätzliche Klärung* dieses Phänomens ab. Dies ist weiter nicht verwunderlich, da offenbar in Kreisen psychoanalytischer Theoretiker und auch von *Freud* selbst dieser Begriff weitgehend in *deskriptiver Weise* gebraucht wird, um bestimmte *Phänomene zu benennen*[36]. Dennoch, so scheint uns, läßt sich aus den Schriften von *Freud* rekonstruieren, unter welchen psychodynamischen Bedingungen Regressionen auftreten[37]:

4.1.6.3. Exkurs 2: Das Konzept der Regression bei Freud und seinen Nachfolgern

Der Grad der Regression eines Menschen hängt nach *Freud* ab

a) *vom Grad der Fixierung* an bestimmte Phasen seiner Entwicklung in der Kindheit (*Freud* GW IX, 352 f) aufgrund übermäßiger Verwöhnung oder Hemmung[38] in der jeweiligen Phase, (wobei es für das Kind nicht möglich war, die phasenspezifische psycho-soziale Kompetenz zu erwerben, wie wir hinzufügen möchten);
b) von der *realen Versagungssituation*, in welche der jeweilige Mensch gerät (ibid)[39].

Beide Faktorenbündel stellen nach *Freud* eine sog. *Ergänzungsreihe* dar[40]: wenn besonders starke Fixierungen vorhanden sind, wirken relativ geringe äußere Versagungen schon stark regressionsfördernd, bei besonders bedrohlichen äußeren Verhältnissen wird jemand auch dann regredieren, wenn er wenig auf frühkindliche Phasen seiner Entwicklung fixiert ist.

Mit dieser Modellüberlegung von *Freud* lassen sich eine Reihe von Überlegungen seiner Nachfolger durchaus vereinbaren, die auf die Bedeutung der »Regression im Dienste des Ichs« verweisen: einer Regression im Dienste der besseren Anpassung bzw. der kreativen Bewältigung einer für den jeweiligen Menschen schwierigen Situation und Regression als Entlastung des Ichs, als Rückkehr zu frühkindlichen spielerischen primärprozeßhaften Verhaltensweisen, d.h., Regression als Entspannung, Erholung (vgl. *Schafer* 1958, Anna *Freud* 1968, *Frijling/Schreuder* 1967, *Ferenczi* 1972 und *Balint* 1973).

Regression im Dienste des Ichs würde immer dann auftreten, wenn, ohne besondere Fixierungen, einer nicht überstarken äußeren Versagung begegnet werden müßte, oder aber aufgrund einer besonders angenehmen Situation (Versuchungssituation) eine lustvolle, zeitweilige Auflösung der Erwachsenenstruktur erfolgen könnte, eine Rückkehr in die unbeschwerte Welt des Kindes.

In dem Phänomen der Regression im Dienste des Ichs kommen u.E. recht deutlich die positiven Möglichkeiten jeglicher Regression zum Ausdruck: die Auflösung bestimmter hinderlicher oder mißlicher Strukturbildungen und die (spontane) Tendenz, bessere Arrangements mit der Umwelt einzugehen[41].

4.1.6.4. Hypothesen über Regression und Progression in Selbstanalytischen Gruppen

Auf dem Hintergrund dieser erweiterten Modellüberlegungen von *Freud,* den Angaben von *Scheidlinger* und unseren bisherigen Befunden in diesem Kapitel, können wir jetzt drei Hypothesen über *die psychische Dynamik individueller Regressionen* in Selbstanalytischen Gruppen formulieren:

1. *Ein Teilnehmer wird* in einer Selbstanalytischen Gruppe *um so mehr regredieren,* je mehr er
a) an bestimmte kindliche Entwicklungsphasen fixiert ist und
b) in eine Gruppensituation gebracht wird, in welcher er entweder besonderen Versagungen ausgesetzt ist oder aber in besonderer Weise verwöhnt wird.[42]

2. Ein Teilnehmer *wird in dem Maße in seiner Regression Schwierigkeiten* (übergroße Ängste) *bekommen,* in dem er
a) auf die Stufe fixiert ist, d.h., die Entwicklung der erforderlichen psycho-sozialen Kompetenz durch übermäßige Verwöhnung oder Hemmung (Bestrafung) in seiner Kindheit nicht erfolgen konnte oder

b) durch das Setting und die Interventionen des Gruppenleiters in eine reale Verwöhnungs- oder Versagungssituation kommt, in der es ihm schwerfällt, hier und jetzt in der Gruppe sich aus dem regressiven Verhalten wieder hinauszubewegen und die erforderlichen psycho-sozialen Kompetenzen einzusetzen oder zu erwerben.[43]

3. *Ein Teilnehmer wird in einer Selbstanalytischen Gruppe auch regredieren, wenn er nicht auf frühkindliche Entwicklungsstufen fixiert ist, sofern*

a) die ungewohnte Situation in einer solchen Gruppe für ihn mit seinen bisherigen Verhaltensweisen nicht zu bewältigen ist, oder aber

b) sie eine besonders angenehme Situation darstellt, in der er zu frühkindlichem Verhalten zurückkehren kann.

Für das Ausmaß der *Progression* in Selbstanalytischen Gruppen ergibt sich bei einer vergleichenden Betrachtung dieser drei Hypothesen, daß – abgesehen von der individuellen Problematik (Fixierungen), welche die einzelnen Teilnehmer in eine solche Gruppe mitbringen – offenbar ganz entscheidend die *Situation* ist, in der sie durch den Gruppenleiter gehalten werden und das Ausmaß, in dem eben dieser Gruppenleiter es ermöglicht, aus der erfolgten Regression wieder herauszukommen.

Zusammenfassend können wir die Befunde unserer Analysen bezüglich der in unserer Modellüberlegung hypothetisch angenommenen Konstrukte Regression bzw. Progression wie folgt formulieren:

1. Die in Selbstanalytischen Gruppen anzutreffenden starken Regressionen der Teilnehmer auf das prä-ödipale bzw. ödipale Niveau des Verhaltens resultieren aus dem Zusammenwirken von drei Faktorenbündeln,

a) der realen sozialen Versagungs- bzw. Versuchungssituation, in welche die Teilnehmer gebracht werden durch das Setting der Gruppe,

b) die Interventionen des Gruppenleiters, sofern dadurch die unter a) geschilderte Situation aufrecht erhalten wird (z.B. durch Gruppendeutungen, Schweigen, Nichtbeachtung kooperativer Strukturbildung der Teilnehmer durch den Gruppenleiter usw.),

c) der individuellen unzureichenden psycho-sozialen Kompetenz der Teilnehmer (ungelöste kindliche Konflikte, Fixierungen auf bestimmte Entwicklungsphasen).

2. Die vorhandenen Regressionen führen in dem Maße zu großen Ängsten und manifesten Schwierigkeiten der Teilnehmer, in dem

a) diese auf dem jeweiligen Regressionsniveau über unzureichende psycho-soziale Kompetenzen verfügen und

b) der Gruppenleiter progressive Bewegungen nicht fördert, behindert oder unterbindet.

3. Vorausgesetzt, daß die individuellen Schwierigkeiten der Teilnehmer nicht übergroß sind und die Behinderungen durch den Gruppenleiter nicht all zu stark, tendieren die Teilnehmer spontan dazu, progressive Bewegungen zu initiieren, duch welche sie sich nach und nach von prä-ödipalen über ödipale Verhaltensweisen auf das reflexiv-interaktionelle Niveau des Verhaltens zu bewegen.

4. Wie besonders *Slater* sowie *Gibbard* und *Hartman* in ihren Ausführungen darlegen, bedeutet regressives Verhalten immer *vermehrte Orientierung der Teilnehmer an (gemeinsamen) Phanatsien über das Geschehen in der Gruppe*[44] und bedeuten Progressionen zunehmende Versuche der Teilnehmer, zu klären, was in der Gruppe insgesamt, zwischen den Teilnehmern und in den einzelnen Teilnehmern vor sich geht.

Die zusammenfassenden Aussagen in Punkt 1-4 beinhalten lediglich Hypothesen über die *individuellen* Regressionen bzw. Progressionen der Gruppenteilnehmer. Wenn wir uns fragen, warum die Teilnehmer vielfach sich auf ein *gemeinsames Niveau des Verhaltens* einpendeln, so können wir aufgrund unserer bisherigen Überlegungen die Hypothese aufstellen:

5. Die Teilnehmer einer Selbstanalytischen Gruppe *regredieren auf ein gemeinsames* (prä-ödipales bzw. ödipales) *Niveau des Verhaltens,* weil sie
a) sich *gemeinsam in einer ähnlichen sozialen* Situation befinden,
b) zur Bewältigung dieser spezifischen Situation d.h., der prä-ödipalen oder ödipalen *Problematik,* spezifische »Bereiche« ihrer Persönlichkeit aktiviert werden bzw. spezifische psycho-soziale Kompetenzen angesprochen sind und
c) bezogen auf diese jeweils spezifisch angesprochene Problematik die Teilnehmer sich wechselseitig *arrangieren müssen,* sofern die Gruppe als solche nicht auseinanderfallen soll.

Unserer Auffassung nach ist demnach *der strukturierende soziale Faktor* in Selbstanalytischen Gruppen die allen gemeinsame zu bewältigende prä-ödipale, ödipale bzw. reflexiv-interaktionelle *Situation.* Die hieraus für alle Teilnehmer sich ergebende *Soziodynamik* besteht darin, daß die Teilnehmer – bezogen auf die jeweils individuell angstmachenden Aspekte der sozialen Situation – einen gemeinsamen Kompromiß finden müssen, oder – um mit Anneliese *Heigl-Evers* (1972) zu sprechen: Der *Gegner*, gegen den die Teilnehmer gemeinsam angehen, besteht in den jeweils angstmachenden Aspekten der prä-ödipalen, ödipalen bzw. reflexiv-interaktionellen Situation.

Unser Ansatz betont somit als Strukturierungsprinzip die jeweils von den einzelnen Teilnehmern her gesehene *ähnliche interpersonelle*

Problematik (Zweierbeziehung Mutter-Kind, Dreierbeziehung Mutter-Kind-Vater, Beziehung unter Gleichrangigen), mit der alle Teilnehmer gleichermaßen konfrontiert sind und der gegenüber sie eine gemeinsame Basis finden müssen, sich wechselseitig arrangieren.[45]

Aus diesen Überlegungen ergibt sich schließlich noch eine letzte Hypothese bezüglich der *gemeinsamen Progressionen* der Teilnehmer einer Selbstanalytischen Gruppe:

6. Die Teilnehmer werden in dem Maße von der prä-ödipalen zur ödipalen und von den ödipalen zur reflexiv-interaktionellen Ebene des Verhaltens fortschreiten, in dem sie in ihrer Gesamtheit *genötigt* und *dazu in der Lage* sind, sich mit der Problematik des jeweiligen Ausgangsniveaus zu konfrontieren und diese durchzuarbeiten.

Zu *Scheinprogressionen* dürfte es in solchen Gruppen dann kommen, wenn die Teilnehmer nicht genötigt sind, die unangenehmen Aspekte der jeweiligen Situation zu klären, vielmehr den Eindruck gewinnen, sie können durch vorgegeben selbständiges Verhalten den Gruppenleiter dazu bewegen, diese unangenehmen Aspekte für sie aus der Welt zu schaffen, z.B. indem sie scheinbar auf ihre Abhängigkeitswünsche verzichten, um den Gruppenleiter zu bewegen, die geforderte Versorgung zu übernehmen.

4.2. Ein hypothetisches Modell der Entwicklung Selbstanalytischer Gruppen

4.2.1. Vorbemerkung

Zentraler Bestandteil unserer in Kapitel 2 vorgelegten Modellüberlegung ist die Annahme, daß Selbstanalytische Gruppen eine natürliche Entwicklung durchlaufen, analog der Entwicklung des Kindes von der prä-ödipalen über die ödipale bis hin zur reflexiv-interaktionellen Problematik. Wir meinen, daß sich diese Annahme von unseren Befunden her erhärten läßt. Deshalb wollen wir in diesem Abschnitt eine inhaltlich weiter ausgearbeitete Modellüberlegung bezüglich der Entwicklung Selbstanalytischer Gruppen vorstellen, mit Hilfe derer die vielfältigen Befunde unserer Analysen und Überlegungen integriert werden können.

4.2.2. Darstellung des Modells

Selbstanalytische Gruppen durchlaufen nacheinander die Phase der prä-ödipalen, der ödipalen und der reflexiv-interaktionellen Problematik. Innerhalb dieser drei Hauptphasen unterscheiden wir jeweils zwei Unterphasen.

Zur besseren Veranschaulichung werden wir bei der nun folgenden Darstellung des Modells jede der insgesamt sechs Unterphasen durch eine Graphik zu verdeutlichen versuchen. Zugleich werden wir bei jeder Unterphase angeben, welche Problematik sich jeweils ergibt,

a) für die einzelnen Teilnehmer (intrapsychischer Aspekt),
b) für die Beziehungen zwischen den Teilnehmern (interpersonaler Aspekt) und
c) für die Gruppe insgesamt (Aspekt der Gruppe als Ganzer).

Phase I: Prä-ödipale Problematik

Subphase 1: Kampf und Flucht

Unserer Auffassung nach führt die weitgehend unstrukturierte Situation zu Beginn Selbstanalytischer Gruppen zu einem Verhalten, das mit *Bion, Thelen* und *Slater* als Kampf/Flucht-Kultur charakterisiert werden kann und genetisch der Situation des Säuglings entspricht, der noch wenig von der Mutterperson geschieden bzw. präziser: innerhalb der Mutter-Kind-Symbiose als eigenes Subjekt ausdifferenziert ist.

a) Für den einzelnen Teilnehmer entsteht eine Situation, in der seine Unterscheidung von innen und außen ins Wanken gerät; seine individuellen Grenzen drohen sich aufzulösen; Orientierungspunkte sind nicht in Sicht; es entsteht subjektiv der *Wunsch nach totaler Versorgung,* gleichzeitig wird die frühkindliche *Wut auf erlittene Nichtversorung* reaktiviert; analog der Situation des Kleinkindes wird beides überdimensional erlebt; es entsteht die häufig unbewuße Phantasie »fressen oder gefressen (d.h. vernichtet) werden«.
Intrapsychisch wird diese Situation durch die frühkindlichen Abwehrmechanismen der Aufspaltung der Wirklichkeit in einen guten und einen schlechten Teil zu bewältigen versucht: es gilt, die gute Wirklichkeit (versorgende Mutter) fein säuberlich von der bösen, schlechten (von allen die Versorgung behindernden, d.h., von allen widerständigen, disharmonischen Elementen = böse Mutter) zu trennen. Diese Trennung wird intrapsychisch vorgenommen, indem alles Gute introjiziert und alles Böse nach außen projiziert wird. Je nach der individuell vorherrschenden spezifischen Abwehrstrategie greift das einzelne Gruppenmitglied dieses nun scheinbar außen befindliche Böse an oder flieht davor.
b) Da die jeweils individuell bevorzugte Abwehrstrategie des Kampfes oder der Flucht in der Gruppensituation durch jeden, der nicht die eigene Strategie vertritt, bedroht scheint, entstehen rasch Versuche, *interpersonell* durch Koalition mit ähnlich strukturierten Teilnehmern die Basis für die Etabilierung der eigenen bewährten

Abwehrmaßnahmen gegen den gefürchteten Feind zu erweitern mit dem Ziel, eine Kampf- oder Flucht-Kultur zu etabilieren.

c) Auf der *Ebene der Gruppe als Ganzer* entsteht schließlich eine Kampf- oder Flucht-Kultur, wobei kollektiv eine Aufspaltung der undurchsichtigen Gruppenrealität in einen guten Anteil, der innerhalb der Gruppengrenze sich befindet und einen schlechten Anteil, der als außerhalb erlebt wird und als solcher bekämpft werden muß oder vor dem man kollektiv fliehen muß.

Graphisch läßt sich die geschilderte psychische Dynamik wie folgt darstellen (Abb. 2).

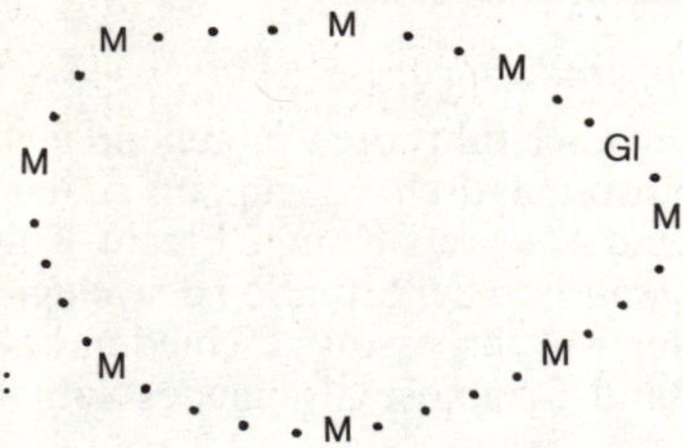

Abb. 2: Subphase 1: *Kampf/Flucht*

In dieser Graphik repräsentiert M jeweils ein Gruppenmitglied, Gl den Gruppenleiter; die gepunktete Linie soll andeuten, daß die Teilnehmer *unbewußt* bestimmte Beziehungen untereinander eingehen mit dem Ziel der Abgrenzung eines guten Binnenraumes von einer bösen Außenwelt, wobei die jeweils störenden Aspekte individuellen Verhaltens als nicht zur Gruppe gehörig betrachtet oder bekämpft werden.

Subphase 2: Abhängigkeit

Die stark angstmachende und nur durch Kampf oder Flucht in Schach zu haltende, weitgehend unstrukturierte Situation von Subphase 1 wird in Selbstanalytischen Gruppen häufig bald abgelöst durch eine sich anbietende Strukturierung: der Herausdifferenzierung des Gruppenleiters aus der undifferenzierten Gesamtgruppe. Er wird als fähig erachtet bzw. es entsteht der Wunsch, er möge fähig sein, das Gute zu mehren und das Böse in Schach zu halten.

a) Vom einzelnen Gruppenteilnehmer her gesehen wird der Gruppenleiter zum einzigen Fixpunkt, zu einem zugleich mütterlich und väterlichen Wesen, das in jeder Hinsicht versorgt (= gute Mutter) und gegen die als gefährlich, verschlingend erlebten Aspekte der Gruppensituation (= böse Mutter) beschützt (= guter Vater). An ihn wird jegliche Verantwortung und Aktivität delegiert.

b) Was die Beziehungen zwischen den Teilnehmern angeht, so fühlen sich alle gleichermaßen abhängig vom Gruppenleiter, empfinden sich alle in einem Boot sitzend; Rivalität ist weder nötig noch angebracht.

c) Auf Gruppenebene konstituiert sich eine sog. Abhängigkeitskultur; alle sind klein und hilflos, der Gruppenleiter ist allmächtig und omnipotent, die Gruppe als Ganze bedrohlich.

Graphisch läßt sich diese Situation so darstellen, daß der Gruppenleiter als einziges Gruppenmitglied eine feste Grenze erhält (was durch einen geschlossenen Kreis um das Symbol Gl ausgedrückt werden soll), ebenso wie die Gruppenteilnehmer in ihrer Gesamtheit zu einer Einheit verschmelzen, die als »abhängige Gruppe« dem Gruppenleiter gegenüber sich befindet. Es ist jetzt sowohl die gute als auch die böse Realität innerhalb der Gruppengrenze, wobei der Gruppenleiter der Garant des Guten ist und die Gruppe insgesamt als mit gefährlichen Tendenzen behaftet erlebt wird.

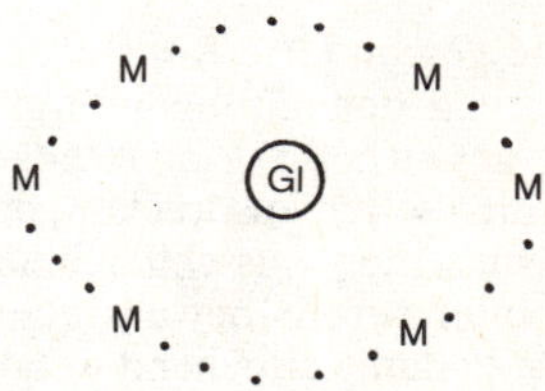

Abb. 3: Subphase 2: *Abhängigkeit*

Phase II: Ödipale Problematik

Subphase 3: Ödipale Rivalität und Ansprüche an den Gruppenleiter.

Sofern der Gruppenleiter die ihm angetragene Rolle als gute Mutter und zugleich als beschützender Vater für die Teilnehmer in ihrer Gesamtheit nicht übernimmt, verstärkt sich nach einiger Zeit für die einzelnen Teilnehmer der Druck, sich besonders hervorzutun, um vielleicht dadurch die besondere Gunst des allmächtigen Gruppenleiters zu erlangen. Es entsteht erstmalig eine echte *Dreiecksbeziehung* zwischen dem einzelnen Teilnehmer, dem Gruppenleiter (beschützender Vater und gute Mutter) und der Gruppe als Ganzer (potentiell böse Mutter), wobei die einzelnen Teilnehmer *individuell* von einer guten Beziehung zum Gruppenleiter, von seiner Gunst, die Befriedigung aller ihrer Bedürfnisse erwarten und deswegen Schritte unternehmen, um diese Gunst zu erlangen.

a) Für den einzelnen Teilnehmer entsteht das Bedürfnis, durch ein Verhalten, das dem Gruppenleiter gefällt und durch welches er die anderen Teilnehmer aussticht, das meistgeliebte Kind des Leiters zu werden. Bei diesen individuellen Aktivitäten zeigen sich erstmalig deutlich geschlechtsspezifische Unterschiede in der Art und

Weise, wie die einzelnen Teilnehmer ihr Ziel erreichen wollen (wie besonders *Slater* herausgearbeitet hat).

b) *Interpersonell* entsteht zwischen den Teilnehmern eine ausgesprochene Konkurrenz- bzw. Rivalitätssituation um das knappe Gut des Wohlwollens und des Versorgtwerdens durch den Gruppenleiter: hierbei ist die unter a) genannte Differenzierung wiederum feststellbar: es rivalisieren nicht einfach unterschiedslos alle Teilnehmer untereinander, sondern sowohl die männlichen Teilnehmer mit den weiblichen als auch die jeweilige Untergruppe (männlich/weiblich) untereinander.

c) Die Gruppenkultur als solche ist durchwegs durch diese Rivalität gekennzeichnet, durch weitgehend unsolidarisches Verhalten, welches allerdings möglichst nicht direkt sichtbar werden soll. Es herrscht die Gruppennorm: »jeder ist sich selbst der Nächste« bzw. »jeder andere Bewerber um die Gunst des Gruppenleiters schmälert in lebensbedrohlicher Weise die eigene Versorgung«.

Graphisch läßt sich die geschilderte Konstellation darstellen, indem die Beziehungen zwischen den Gruppenmitgliedern (M) und dem Gruppenleiter durch gestrichelte Linien gekennzeichnet werden. Diese gestrichelten Linien sollen ausdrücken, daß die von den einzelnen Teilnehmern gewünschten ausschließlichen Beziehungen zwischen sich und dem Leiter bereits bewußter zu etabilieren versucht werden (im Gegensatz zu den weitgehend unbewußten Beziehungen in Subphase 1 und 2, die wir durch gepunktete Linien gekennzeichnet haben), aber noch keine voll bewußte reflexiv-interaktionelle Auseinandersetzung zwischen den einzelnen Teilnehmern und dem Gruppenleiter darstellen (was wir später durch ausgezogene Linien zwischen den entsprechenden Gruppenmitgliedern kennzeichnen werden).

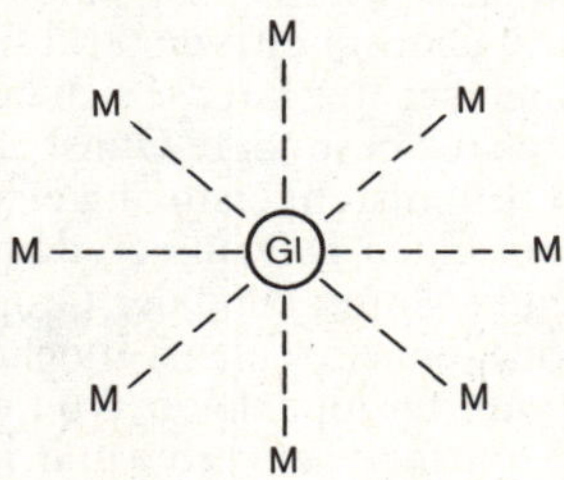

Abb. 4: Subphase 3:
Ödipale Konstellation
(Rivalität um die Gunst des Gruppenleiters)

Subphase 4: Der Gruppenleiter als autoritäre Vaterfigur (die alles vorenthält); Rekrutierung der Teilnehmer für die Revolte gegen den Leiter.

In dem Maße, in dem die Teilnehmer den Eindruck gewinnen, daß sie durch individuelle Anstrengungen die Gunst des Leiters nicht erringen können, schlägt die Verehrung und die Bewunderung des Gruppenleiters in Haß und Aggressivität um. Der Gruppenleiter wird zum bösen Vater, der weder beschützt noch versorgt, sondern *vorenthält*, sich *zwischen Gruppe und Teilnehmer stellt, und so die Eigenversorgung verhindert.*[46] Dieser Gruppenleiter muß mit vereinten Kräften gestürzt werden.

a) Der einzelne Teilnehmer fühlt sich ohnmächtig, gekränkt und wird nach und nach wütend; zugleich merkt er, daß es den anderen auch nicht besser geht, und daß die Gruppensituation an Bedrohlichkeit einbüßt.
b) *Interpersonell* führt dies zu einem Solidarisierungseffekt in der gemeinsamen Wut gegen den Gruppenleiter; dadurch treten die Unstimmigkeiten zwischen den Teilnehmern zurück bzw. es wird deutlich, daß nur eine *gemeinsame Aktion* den Leiter stürzen kann.
c) Auf der Ebene der Gesamtgruppe geht es darum, möglichst alle Teilnehmer für die Revolte gegen den Leiter zu rekrutieren. Individuelle und geschlechtsspezifisch unterschiedliche Interessen treten zunehmend in den Hintergrund zugunsten der Gruppennorm »nur gemeinsam sind wir stark«. Ziel dieser Solidarisierungsprozesse ist es, vom Gruppenleiter das zu holen, was er *allen Teilnehmern* vermeintlich vorenthält. Es gilt, den Gruppenleiter zu stürzen und damit denjenigen zu beseitigen, der nach Meinung der Teilnehmer die ganze Gruppe beherrscht.

Graphisch läßt sich diese Konstellation darstellen, indem die Beziehungen zwischen den Teilnehmern durch gestrichelte Linien symbolisiert werden. Damit soll ausgedrückt werden, daß die Teilnehmer ein mehr oder weniger bewußtes Zweckbündnis untereinander gegen den Gruppenleiter eingehen.

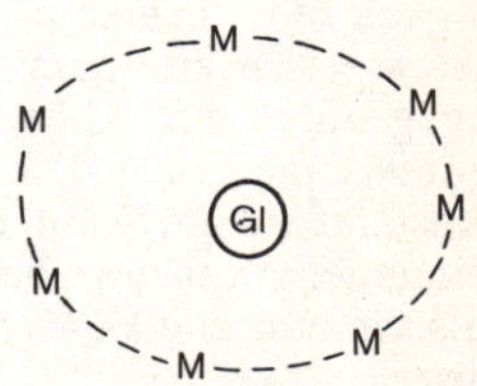

Abb. 5: Subphase 4: *Ödipale Konstellation* (Rekrutierung für die Revolte)

Phase III: Reflexiv-interaktionelle Problematik. (Auseinandersetzung unter grundsätzlich Gleichrangigen)

Subphase 5: Die Teilnehmer sind hinsichtlich der Befriedigung ihrer Bedürfnisse auf sich selbst verwiesen.

Nach dem symbolischen Sturz des Gruppenleiters entsteht für die Teilnehmer Selbstanalytischer Gruppen die Notwendigkeit, ihre Beziehungen untereinander so zu gestalten, daß sie ihre Bedürfnisse wechselseitig befriedigen können.

a) Für den einzelnen Teilnehmer entsteht die bange Frage, inwieweit die anderen ihn akzeptieren bzw. ob er wohl genügend beitragen kann, damit die anderen ihrerseits auf seine Bedürfnisse eingehen bzw. ob das, was er den anderen anbieten kann, für diese wertvoll genug ist (vgl. die Überlegungen von *Bennis* über die Angst der Teilnehmer, zurückgewiesen zu werden bzw. seine Ausführungen über Selbstachtung und die befürchtete Verachtung).

b) Auf der interpersonellen Ebene wird der Prozeß der wechselseitigen Klärung der Beziehungen bzw. der realen Möglichkeiten des Verhaltens der Teilnehmer zunächst zurückgestellt; während der Großteil der Gruppenmitglieder sich passiv und abwartend verhält, werden bestimmte – von ihrer Persönlichkeitsstruktur dafür prädisponierte Teilnehmer – zu einem hehren Paar hochstilisiert, welches exemplarisch eine gewisse Klärung der Beziehungen, allerdings in stark harmonisierender und idealistischer Art und Weise, vornehmen soll.[47] Daneben aber nimmt die Klärungsarbeit zwischen den anderen Teilnehmern im Vergleich zu den vorhergehenden Subphasen deutlich zu.

c) Auf der Ebene der Gesamtgruppe entsteht die für den Bestand der Gruppe existentielle Frage: trägt die Gemeinschaft der Gleichrangigen oder fällt die Gruppe aufgrund innerer Spannungen bzw. der Unfähigkeit der Teilnehmer, ein wechselseitig befriedigendes Austauschsystem zu organisieren, auseinander? Dieser Problematik gegenüber versuchen die Teilnehmer, durch die Schaffung der gemeinsamen Phantasie eines idealen Paares Zeit zu gewinnen, Abstand, um im Schutze dieser Phantasie die Klärungsarbeit untereinander voranzutreiben[48]; diese Phantasie dient vorübergehend als symbolische Versicherung der Tragfähigkeit der Gruppe als Ganzer.

Graphisch läßt sich die Beziehung zwischen den Teilnehmern in Subphase 5 veranschaulichen durch eine Vielzahl gestrichelter Linien (mehr oder weniger bewußter Klärungsversuche) zwischen den einzelnen Teilnehmern und ein Schwinden der zentralen Position des Gruppenleiters, indem er an den Rand der Gruppe rückt und auch seine besondere Abgegrenztheit gegenüber den anderen Teilnehmern verliert.

Abb. 6: Subphase 5: *Intimität; Anfänge einer egalitären Ordnung.*

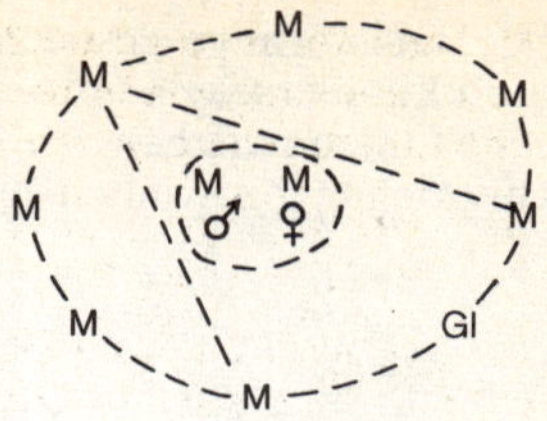

Subphase 6: Selbständige (von einander abgegrenzte) Individuen regeln ihre Beziehungen durch gegenseitige Übereinkunft.

In dem Maße, in dem die Klärungsarbeit zwischen den Teilnehmern der Gruppe – was die jeweiligen Wünsche und Befürchtungen angeht – fortschreitet, differenzieren sich die einzelnen Teilnehmer in ihrer Individualität und Selbständigkeit weiter heraus.

a) Für die einzelnen Teilnehmer tritt zunehmend die Frage, »was möchte ich und was kann ich geben«, in den Mittelpunkt des Interesses und wird zum wichtigsten Verhaltensregulans. Die Teilnehmer können sich diese Frage ohne allzu große Angst stellen, weil sie in den vorhergehenden Subphasen der Gruppenentwicklung fortschreitend dazu angehalten waren, die eigenen Kräfte zu erproben und sich unter Beteiligung an den verschiedenen Abgrenzungsleistungen im Rahmen der Gruppe sukzessive die Fähigkeit (psycho-soziale Kompetenz) erworben haben bzw. das Vertrauen in die eigenen Kräfte, sich gegenüber der undifferenzierten Mutter-Gruppe *abzugrenzen*, die Sicherheit gebende Autorität des Gruppenleiters *zu erobern* und die eigenen Kräfte als durchaus zureichend für die Befriedigung der anstehenden Bedürfnisse zu *erleben*.
b) Interpersonell differenzieren sich die Beziehungen der Teilnehmer zueinander in der Weise, daß sich nach und nach herauskristallisiert, wer mit wem sich näher einlassen möchte, wer was von wem erwartet und wie sich die Beteiligten wechselseitig darüber verständigen. Auch der Gruppenleiter wird in diese Überlegungen einbezogen.
c) Auf der Ebene der Gesamtgruppe entsteht die Frage, welche Normen und Werte günstig sind, um die Beziehungen zwischen den Teilnehmern optimal und flexibel zu gestalten.

Graphisch können wir die Konstellation in Subphase 6 veranschaulichen, indem wir alle Gruppenteilnehmer als individuell abgegrenzt darstellen (was wir durch einen Kreis um jeden Teilnehmer ausdrücken), den Gruppenleiter als Teilnehmer unter anderen betrachten, die in Subphase 5 eingezeichnete, alle Teilnehmer zusammenschließende kreisförmige gestrichelte Verbindungslinie durch eine ausgezogene Linie ersetzen (= bewußte, klare Gruppengrenze) und ausgezogene Linien zwischen den Teilnehmern einfügen, die bewußte Austauschbeziehungen symbolisieren sollen.

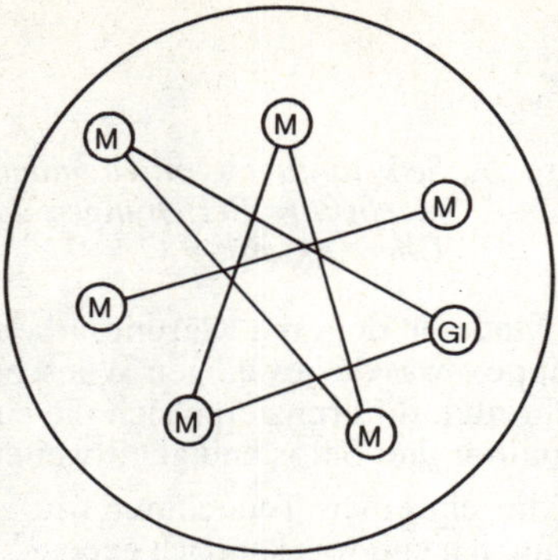

Abb. 7: Subphase 6:
Die Teilnehmer gestalten reflexiv-interaktionell ihre Beziehungen und bestimmen gemeinsam die für die Gruppenarbeit erforderlichen Gruppennormen.

Abschließend zu dieser Darstellung unseres Entwicklungsmodells in Selbstanalytischen Gruppen möchten wir darauf hinweisen, daß es sich natürlich um ein *idealtypisches Modell* handelt, dessen einzelne Subphasen zwar u.E. notwendige, aufeinander aufbauende Entwicklungsschritte enthalten, realiter aber selten eine *lineare* Entwicklung von Subphase 1 bis Subphase 6 festzustellen ist.[49] Die reale Entwicklung in Selbstanalytischen Gruppen dürfte vielmehr nach dem Prinzip »zwei Schritte voran, einen zurück« oder »einen Schritt zurück, zwei voran«, d.h., durch ein ständiges Wechselspiel von regressiven und progressiven Bewegungen vor sich gehen.

4.2.3. Zuordnung der untersuchten Konzepte zu unserem Entwicklungsmodell.

Nach der Darstellung des Entwicklungsmodells, welches sich uns aus den Überlegungen in dieser Arbeit ergeben hat, können wir jetzt daran gehen, die von uns untersuchten Autoren diesem Modell zuzuordnen:

- Das Konzept von *Thelen* bewegt sich ausschließlich im Bereich der Subphasen 1 und 2;
- *Slater* hat sich ausführlich mit den Subphasen 2 bis 5 befaßt, bezieht aber in seine Überlegungen auch die Subphasen 1 und 6 mit ein; er hat von allen untersuchten Autoren das umfassendste Konzept;
- *Gibbard/Hartman* bewegen sich mit ihren Ausführungen im Be-

reich der Subphasen 2 bis 5, wobei sie – wie wir eingehend dargelegt haben – vor allem regressive Phänomene beim Übergang von der ödipalen zur reflexiv-interaktionellen Problematik schildern, d.h., sich um eine Klärung der Subphase 5 bemühen;

– *Bennis* erfaßt konzeptionell die Subphasen 2 bis 6, wobei er allerdings eine Reihe von Phänomenen unberücksichtigt läßt, die wir als charakteristisch für die dritte Subphase betrachtet haben (*ödipale* Abhängigkeit und Rivalität), und über Subphase 6 nur einige wenige Vermutungen anstellt.

Die gerade vorgenommenen Zuordnungen lassen sich in folgender Übersicht zusammenstellen:

Subphasen:

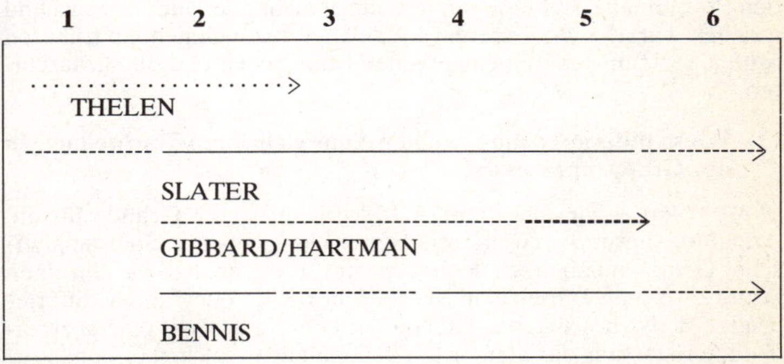

Zeichenerklärung: .... = unsystematische, aber reichhaltige Darstellung der Phänomene.

------------- = systematische, aber wenig ausgearbeitete Darstellung der Entwicklung.

__________ = ausgearbeitete Darstellung.

------------- = besonders ausgearbeitete Darstellung.

4.2.4. Eigenart und wissenschaftlicher Status des Modells

Das geschilderte Modell der Entwicklung Selbstanalytischer Gruppen wirft unseres Erachtens eine Reihe von Fragen auf, denen wir in diesem Abschnitt noch kurz nachgehen müssen:

(1) Inwiefern handelt es sich um ein epigenetisches Modell?
(2) Wieso differieren die einzelnen Autoren in ihren Beschreibungen des Gruppenprozesses?
(3) Was ist der Geltungsbereich des Modells?
(4) Welchen wissenschaftlichen Status hat das Modell?

(1) Inwiefern handelt es sich um ein epigenetisches Modell?

Aus unseren Analysen ist deutlich geworden, daß Selbstanalytische Gruppen sich *von selbst* von der prä-ödipalen über die ödipale zur reflexiv-interaktionellen Problematik hinbewegen, sofern die Teilnehmer

a) genügend Zeit haben,
b) individuell nicht übergroße Schwierigkeiten haben und
c) nicht übermäßig vom Gruppenleiter behindert werden.[50]

Unser Hauptargument für die Annahme einer epigenetischen Entwicklung Selbstanalytischer Gruppen liegt aber im Folgenden: wir konnten zeigen, daß sich für die Teilnehmer Selbstanalytischer Gruppen große Schwierigkeiten bei der Bearbeitung der gerade anstehenden Problematik ergaben, wenn es ihnen nicht oder nur unzureichend möglich war, die von unserem Modell her anzunehmenden früheren Stufen der Entwicklung entsprechend zuzulassen und durchzuarbeiten.[51]

(2) Wieso differieren die einzelnen Autoren in ihren Beschreibungen des Gruppenprozesses?

Obwohl wir – wie aus Punkt 1 hervorgeht – gute Gründe für die Annahme unseres erweiterten Entwicklungsmodells Selbstanalytischer Gruppen haben, ist doch nicht zu verkennen, daß die einzelnen Autoren diesen Entwicklungsverlauf in recht voneinander differierender Weise beschrieben haben. Wir können dies auf eine unzureichende Erfassung der komplexen Phänomene in solchen Gruppen zurückführen, glauben aber, daß dies den genannten Unterschieden nicht gerecht wird. Wenn nicht alles trügt, haben die untersuchten Autoren in der Tat eine Reihe von in Selbstanalytischen Gruppen zu erwartenden Phänomene *effektiv nicht beobachtet.* Dies führen wir darauf zurück, daß sie

a) bestimmte Phänomene nicht zugelassen haben (wie z.B. bei Thelen recht deutlich wird, aber auch bei den anderen Autoren feststellbar ist) oder
b) bestimmte Phänomene forciert hervorgerufen haben (wie wir bei Bennis und bei *Slater* gesehen haben) oder schließlich
c) durch das eigene Verhalten stark aggressive Phänomen ausgelöst haben (wie dies bei *Gibbard/Hartman* besonders deutlich zu sehen war).

Auf den ersten Blick scheint es, als ob diese Überlegungen unser Entwicklungsmodell in Frage stellen. Das ist aber durchaus nicht der Fall: wir konnten aufzeigen, wieso der jeweilige Gruppenprozeß von unserem Modell abgewichen ist und durch die Annahme unseres Modells diesen Prozeß erklären.[52]

(3) Was ist der Geltungsbereich unseres Modells?

Was den Geltungsbereich des von uns entwickelten epigenetischen Modells angeht, so müssen wir ihn beim derzeitigen Stand der Forschung einschränken auf Selbstanalytische Gruppen, in denen ähnliche Bedingungen herrschen wie in den von unseren Autoren geleiteten:

a) relativ große Gruppen (10-20 Teilnehmer) mit
b) nicht übermäßig gestörten Teilnehmern, in denen
c) der jeweilige Gruppenleiter sich bei seinen Interventionen um die *Aufhellung interpersoneller Vorgänge* oder *Vorgänge auf der Ebene der Gesamtgruppe* bemüht hat und in denen
d) die Zielsetzung der Gruppenarbeit in der Vergrößerung der individuellen emotionalen und kognitiven Fähigkeiten bezüglich der psychischen Dynamik in Kleingruppen besteht.

Obwohl einiges dafür spricht, daß die von uns geschilderte Modellüberlegung auch für eine ganze Reihe weiterer Formen der Gruppenarbeit von Bedeutung ist, gilt sie streng genommen nur für Gruppen, die unter den gerade geschilderten Bedingungen stattfinden.

(4) Wissenschaftlicher Status der Modellüberlegung

Das in diesem Abschnitt entfaltete epigenetische Modell der Entwicklung Selbstanalytischer Gruppen stellt u.E. seinen wissenschaftlichen Status nach ein nützliches *Paradigma*[53] dar für die Erarbeitung zweier grundsätzlich möglicher – und wir meinen nötiger – Theorien Selbstanalytischer Gruppen[54]:

a) Es ist einmal ein Paradigma, in dem vermutete wichtige Variablen, die das Geschehen in solchen Gruppen bestimmen, wechselseitig einander zugeordnet und in ein – in sich stimmiges – Variablengefüge gebracht werden. Hierdurch wird es möglich, das Geschehen in solchen Gruppen zu verstehen, zu erklären sowie prinzipiell empirisch zu untersuchen und vorauszusagen. Das Paradigma kann so *die Basis für die Entwicklung einer nomologisch-erfahrungswissenschaftlichen Theorie von Kleingruppen* abgeben.[55]
b) Zum anderen aber ist es auch denkbar, daß das von uns entwickelte Paradigma zum Ausgangspunkt für eine *kritisch hermeneutische Theorie* der Gruppe im Sinne von Alfred *Lorenzer* (1974) genommen wird. Es stellt dann den Entwurf sog. »lebenspraktischer Vorannahmen« dar, mit Hilfe derer ein erstes Verständnis der vielfach wenig überschaubaren Vorgänge in Selbstanalytischen Gruppen gewonnen werden kann, ein Verständnis dafür, was hinter den offiziell in solchen Gruppen verhandelten Vorgängen latent vor sich geht, was überhaupt nur wahrgenommen werden kann, wenn Vorstellungen – eben lebenspraktische Vorannahmen – vorhanden sind über dasjenige, was grundsätzlich in solchen Gruppen zu erwarten wäre.[56]

Wir sind der Meinung, daß mit unserem Paradigma beide Wege der Theoriebildung beschritten werden könnten und müßten.[57]

4.3. Einschätzung der Befunde

Wenn wir eine Bilanz der in diesem Kapitel zusammengestellten Befunde und Einsichten erstellen wollen, so können wir sagen:

(1) Die in Kapitel 2 entwickelte Modellüberlegung hat sich als gut geeignet erwiesen für die Klärung und wechselseitige Zuordnung der konzeptionellen Überlegungen der untersuchten Autoren (vgl. Abschnitt 4.1.1.).

(2) Wir konnten auf dem Hintergrund der Modellüberlegung und anhand der uns vorliegenden Überlegungen eine Reihe von Grundkonzepten ausarbeiten und deren zentrale Bedeutung bei der Erfassung und Klärung der psychischen Dynamik in Selbstanalytischen Gruppen aufzeigen. Die wichtigsten Konzepte waren:
- die Ebenen des Funktionierens von Selbstanalytischen Gruppen,
- das Leiterverfahren,
- die psycho-soziale Kompetenz der Teilnehmer,
- die objektive soziale Situation in solchen Gruppen,
- Regression und Progression (vgl. Abschnitt 4.1.2. bis 4.1.6.).

(3) Es war uns möglich, die *wechselseitige Verflochtenheit der genannten Grundkonzepte* (bzw. zentralen Variablen) in eine Reihe von Hypothesen bzw. Hypothesengeflechten zu formulieren (vgl. Abschnitt 4.1.3. bis 4.1.6.).

(4) Schließlich haben wir in einer zusammenfassenden Modellüberlegung zur Entwicklung Selbstanalytischer Gruppen eine vorläufige Gesamtsicht, eine Zusammenschau aller angestellten Überlegungen angestellt unter dem dreifachen Aspekt *intrapsychischer, interpersoneller und gesamtgruppaler Vorgänge* (vgl. Abschnitt 4.2.).

Wir halten es nicht für sinnvoll, die vielfältigen Befunde dieses Kapitels hier noch einmal zusammenzustellen, wohl aber wollen wir auf einige Fragen eingehen, die sich auf den *Stand der Ausarbeitung unserer Modellüberlegung* beziehen:

(1) Welche Fragen sind im Rahmen unserer Modellüberlegung nicht weiter verfolgt worden, bedürfen aber dringend einer Klärung?
   (a) Systematische *Überlegungen zur Rollenentwicklung der Teilnehmer* auf den drei angenommenen Niveaus des Verhaltens;

(b) Herausarbeitung der *spezifischen Abwehrvorgänge* auf den drei Ebenen des Verhaltens;
(c) Die Bedeutung des *psychoanalytischen Konzepts der Übertragung* für die psychische Dynamik in Gruppen;[58]
(d) die Frage der Entstehungsbedingungen und der psychischen Dynamik *destruktiver Vorgänge* in Selbstanalytischen Gruppen[59];
(e) die Ausarbeitung der *wechselseitigen Beziehungen zwischen der psychischen Dynamik und der Soziodynamik* in Selbstanalytischen Gruppen auf den drei Niveaus des Verhaltens[60];
(f) die weitere konzeptionelle Klärung und *Bedeutung der Geschlechtsdifferenzierung* bzw. der Geschlechtsproblematik in Selbstanalytischen Gruppen[61].

(2) Wir halten es für sehr wichtig, *von unserer Modellvorstellung aus* die Überlegungen und die Ergebnisse von Autoren zu analysieren, die in erster Linie *mit einzelnen Teilnehmern in Gruppen arbeiten*. Aus einer solchen Analyse ließen sich wahrscheinlich wichtige Aufschlüsse über die in Gruppen vor sich gehenden Prozesse erzielen, die sich auch dann ergeben, wenn sie als solche nicht im Mittelpunkt des Interesses des Untersuchers stehen.[62]

5. Bedeutung der Untersuchung für ausgewählte Bereiche der Arbeit mit und der Erforschung von Kleingruppen

In Kapitel 1 (Abschnitt 1.3.) haben wir als *eine* Zielsetzung dieser Arbeit formuliert, sie solle Beiträge zu folgenden ausgewählten Bereichen der theoretischen Klärung von und der praktischen Arbeit mit Kleingruppen ermöglichen:

1. **dem Bereich der T-Gruppenbewegung;**
2. **dem Feld der (analytischen) Gruppenpsychotherapie:**
3. **für eine kritische Betrachtung des Geschehens in Selbsterfahrungsgruppen;**
4. **für die empirische Erforschung des Geschehens in Selbsterfahrungsgruppen und schließlich**
5. **für das gesamte Feld der Erforschung von Kleingruppen.**

Diesen fünf Bereichen wollen wir uns in diesem Kapitel nun zuwenden und dabei zu skizzieren versuchen, welche Bedeutung unsere Überlegungen und Befunde für die jeweils spezifischen Fragestellungen haben.

5.1. Der Bereich der T-Gruppenbewegung

In Kapitel 1.1. haben wir fünf Teilrichtungen innerhalb der heutigen T-Gruppenbewegung[1] unterschieden. Wenn wir von der Teiltradition der Selbstanalytischen Gruppen einmal absehen, so lassen sich für die restlichen vier Richtungen innerhalb der Gesamtbewegung folgende Aussagen machen[2]:

(1) Bei der überwiegenden Mehrzahl der Praktiker, die in Fachzeitschriften publizieren, aber auch bei Autoren, die sich explizit als Wissenschaftler verstehen, ist weitgehend unklar, auf welcher theoretischen Basis sie mit T-Gruppen arbeiten bzw. empirische Untersuchungen über solche Gruppen anstellen[3].

(2) Soweit überhaupt theoretische Arbeiten über Vorgänge in T-Gruppen publiziert werden, handelt es sich in erster Linie um Konzepte, die sich auf den *didaktisch geschickten Umgang* mit Trainingsgruppen beziehen; sie stellen eher Handreichungen dar zur *Erzielung bestimmter Lerneffekte* in solchen Gruppen bzw. mehr oder weniger ausgearbeitete, aus der individuellen Erfah-

rung des jeweiligen Autors stammende, Vorschläge für eine Trainingsmethodologie.[4]

(3) Bei den empirischen Arbeiten, die über T-Gruppen veröffentlicht werden, entsteht vielfach der Eindruck, es handele sich mehr darum, zu demonstrieren, daß T-Gruppen *überhaupt* erwünschte Veränderungen von Teilnehmern bewirken[5], und daß darüber empirisch geforscht wird, welche methodisch-technischen Vorkehrungen solche Lernerfolge begünstigen[6]. Die methodische Exaktheit dieser Untersuchungen läßt zu wünschen übrig, und ihre theoretische Aussagekraft ist in der Regel gering.[7]

(4) Überlegungen aus der Tradition der Selbstanalytischen Gruppen, die sich auf eine theoretische Klärung der spezifischen psychischen Dynamik in T-Gruppen beziehen, werden von den übrigen Vertretern der T-Gruppen-Arbeit praktisch nicht zur Kenntnis genommen.[8] Diese Überlegungen werden in Fachzeitschriften über Gruppendynamik praktisch nicht diskutiert und sind auch kaum in diesen Zeitschriften publiziert worden.[9]

Bei dieser Situation im Bereich der theoretischen Erforschung von und der praktischen Arbeit mit T-Gruppen verwundert es nicht, daß bei Autoren, die sich um eine kritische Bilanz bemühen, eine zunehmende Konfusion im Bereich der empirischen Arbeiten über T-Gruppen deutlich wird (*Lieberman,* 1976), ein erschütternder Mangel an Theorie[10] und ein völlig unüberschaubarer Wildwuchs von polipragmatischen praktischen Ansätzen in der T-Gruppenarbeit[11], dem man zurecht den Vorwurf der Quacksalberei, der Unverantwortlichkeit oder der Unwissenschaftlichkeit machen kann.[12]

Bei allen Versuchen, das Terrain der T-Gruppenarbeit zu klären, fällt auf, daß diese Klärung in erster Linie von einer Explikation der Vorgehensweise des jeweiligen Trainers erwartet wird. Es werden keine Versuche unternommen, die Klärung des psychischen Geschehens in T-Gruppen durch konzeptionelle Überlegungen voranzutreiben bzw. Modellüberlegungen zur psychischen Dynamik in T-Gruppen anzustellen, auf deren Hintergrund eine Bestimmung und Einordnung der jeweils unterschiedlichen praktischen Ansätze und Arbeitsweisen vorgenommen werden könnte.[13] Es fällt weiterhin auf, daß praktisch keine Auseinandersetzung mit psychoanalytischen Theorien des Geschehens in T-Gruppen stattfindet und – so seltsam es klingt – auch keine Auseinandersetzung mit den Vertretern der Selbstanalytischen Gruppen.[14]

Für die wechselseitige Zuordnung unterschiedlicher Überlegungen über das Geschehen in T-Gruppen, für die Einschätzung des jeweiligen Betrages empirischer Untersuchungen zur Klärung dieser Phänomene oder schließlich für die Abschätzung des dynamischen Umfeldes bestimmter praktischer Vorgehensweisen ist es u.E. unerläßlich, *über eine ausgearbeitete Modellüberlegung zum psychodynami-*

schen Geschehen in T-Gruppen zu verfügen, auf welche die einzelnen Überlegungen, empirischen Befunde und praktische Vorschläge bezogen und so einer weiteren Klärung zugeführt werden können.[15]

Dabei scheint es uns besonders wichtig, die offensichtlich auf Seiten vieler T-Gruppen-Theoretiker und Praktiker faktisch vorhandene Auffassung in Frage zu stellen, wonach es zur Erklärung der Vorgänge in T-Gruppen nicht erforderlich wäre, sich psychoanalytischer Überlegungen zu bedienen[16]. Es ist zu erwarten, und die vorliegende Untersuchung ebenso wie unsere praktischen Erfahrungen bestärken uns in dieser Auffassung, daß es in jeder T-Gruppe, ja in jeder Kleingruppe, zu mehr oder weniger ausgeprägten Regressionen der Teilnehmer auf frühkindliches Verhalten kommt, für deren Verständnis und deren Handhabung die weitgehend auf der Ebene bewußten Verhaltens angesiedelten Konzepte der Sozialpsychologie oder der Lernpsychologie auf Seiten des Trainers nicht ausreichen[17] (vgl. *Sandner* 1976 A). Andererseits dürfte in den Ausführungen dieser Arbeit deutlich geworden sein, daß psychoanalytische Konzepte über das Geschehen in Kleingruppen in einer Reihe ganz wesentlicher Punkte von sozialpsychologischen, auf die konkret hier und jetzt vorfindliche Situation der Teilnehmer bezogenen Gesichtspunkte ergänzt werden müßten (vgl. z.B. unsere Konzepte der objektiven sozialen Situation, der psycho-sozialen Kompetenz der Teilnehmer und des Gruppenleiters, der expliziten Einführung des reflexiv-interaktionellen Niveaus des Verhaltens).

Auf dem Hintergrund eines paradigmatischen Entwicklungsmodells und der Identifikation wichtiger Variablen innerhalb eines solchen Modells, wie wir sie in Kapitel 4 herauszuarbeiten versuchten, kann erst die Frage gestellt werden, was in T-Gruppen (psycho-) dynamisch geschieht, und der Versuch unternommen werden, die vielfältigen Erfahrungsberichte aus der Praxis einander zuzuordnen sowie die empirischen Befunde einzuordnen bzw. einzuschätzen. Es ist auf dieser Basis überhaupt erst sinnvoll, die ständig schwelende Frage nach der Unterscheidung von Training und Therapie zu stellen und *psychodynamische Kriterien* bzw. Bedingungskonstellationen für Therapie und Training anzugeben anstelle von äußeren »technischen« Abgrenzungen.[18] Erst auf dem Hintergrund eines solchen Modells wird es möglich, empirisch zu prüfen, welche konkreten Variablen-Konstellationen, welche konkreten Phänomene bzw. Psychodynamik entstehen lassen[19] und – was wir für sehr wünschenswert halten – Querverbindungen zur experimentellen Gruppenforschung herzustellen.[20]

5.2. Das Gebiet der analytischen Gruppen-Psychotherapie

5.2.1. Stand der Überlegungen zur Psychodynamik

Während im Bereich der T-Gruppenbewegung Überlegungen zur psychischen Dynamik eher die Ausnahme bilden, gibt es im Bereich der analytischen Gruppentherapie eine Vielzahl von Ansätzen zur konzeptionellen Erfassung des psychodynamischen Geschehens.[21] Bei näherem Hinsehen wird aber auch in diesem Bereich erkennbar, daß die vorliegenden Konzepte relativ beziehungslos nebeneinander stehen.[22] Obwohl verschiedene Autoren durchaus aufeinander Bezug nehmen, fehlt eine echte begriffliche Klärung der Unterschiede und der möglichen Gemeinsamkeiten.[23] Insbesondere läßt sich bislang noch kein ernsthafter Versuch feststellen, ein übergreifendes Paradigma zu erarbeiten, welches eine wechselseitige Zuordnung der unterschiedlichen Betrachtungsweisen erlauben würde.[24]

Nach wie vor stehen die drei großen Teiltraditionen analytischer Gruppentherapie relativ beziehungslos gegenüber:

- *Psychoanalyse in der Gruppe,* d.h., die Behandlung einzelner und die Klärung ihrer individuellen Psychodynamik im Rahmen einer Kleingruppe, ein Ansatz, der vor allem von *Wolf* und *Schwartz (1962) vertreten wird;*
- *Psychoanalyse durch die Gruppe bzw. Gruppenanalyse,* ein Ansatz, den S.H. *Foulkes* (1974) entwickelt hat. Dabei geht es vor allem darum, die in jeder Kleingruppe entstehende individuelle psychische Dynamik auf dem Hintergrund des in der Gesamtgruppe ablaufenden Geschehens, des so entstehenden Beziehungsgeflechtes zwischen den Teilnehmern zu begreifen; und schließlich
- *Psychoanalyse der Gruppe,* eine Arbeitsweise, die vor allem von Bion (1971) entwickelt wurde, bei der es darum geht, die Geschehnisse in einer Gruppe analog der psychodynamischen Vorgänge innerhalb einer Person zu begreifen, d.h., die Gruppe als Organismus zu verstehen, der dem Analytiker gegenüber überträgt, Widerstand leistet, regrediert usw. [26]

Obwohl gerade im deutschen Sprachraum neuerdings eine Reihe von Autoren (vor allem *Heigl-Evers/Heigl* 1973, 1975, 1976; Günter *Ammon* 1976 a, Karl *König* 1976) Versuche zur Intregration dieser drei Richtungen unternommen haben, ist eine begriffliche Integration und die Klärung des Stellenwertes der drei genannten Betrachtungsweisen im Rahmen eines *ausgearbeiteten* gemeinsamen Modells noch nicht geglückt[27].

5.2.2. Anwendung unserer Modellüberlegung auf Therapiegruppen

Mit Hilfe unserer Modellüberlegung wird es möglich, eine Reihe von Problemen der analytischen Gruppentherapie einer Klärung näherzubringen, die bislang schwer angehbar war:

1. Das Problem der Vermittlung von unverbunden nebeneinander stehenden Theorieansätzen.

Aus unserer Modellüberlegung wird deutlich, daß es möglich ist, die bislang vielfach miteinander konkurrierenden Einzelkonzepte wie »Gruppe als Mutter«, »Gruppe als Ganzes«, »Gruppe als Familie«, »Gruppe als Peer-Group« usw. als Betrachtungsweisen zu begreifen, die jeweils *während bestimmter Entwicklungsphasen einer Therapiegruppe* gut geeignet sind, die ablaufenden psychodynamischen Prozesse zu charakterisieren und zu erfassen, während anderer Phasen weniger gut[28]: wir konnten herausarbeiten, daß in den Anfangsphasen eine Konzeption wie »Gruppe als Mutter« die Vorgänge in der Gruppe verstehbar macht, in der Mittelphase (ödipale Problematik) schwerpunktmäßig eine Betrachtungsweise wie »die Gruppe als Familie« sinnvoll ist, und in späteren Phasen der Entwicklung das Konzept einer »Peer-Group« mit den damit verbundenen spezifischen Problemen.

Was die Wahrnehmung der Gruppenteilnehmer angeht, so haben wir Grund zu der Annahme, daß die Teilnehmer die Gruppe in verschiedenen Phasen ihrer Entwicklung als etwas Verschiedenes erleben (eben als Mutter, als Familie etc.). Eine Modellüberlegung, wie wir sie angestellt haben, eröffnet demnach eine Perspektive, die es ermöglicht, bestimmte miteinander konkurrierende »Theorien« des Gruppenprozesses in Therapiegruppen in einer Gesamtbetrachtung zu integrieren, den Stellenwert bzw. den Erklärungswert innerhalb einer solchen Gesamtüberlegung herauszuarbeiten und auch an realen Gruppenverläufen zu überprüfen, an welchen Stellen welche Teilkonzeption realiter sinnvoll die Vorgänge erklärt.

2. Das Problem der Uneinheitlichkeit des Geschehens in Therapiegruppen.

Beim Studium der Literatur über Therapiegruppen fällt immer wieder auf, daß unterschiedliche Autoren implizit die Ansicht vertreten, ihr Konzept sei geeignet, Vorgänge in Therapiegruppen *umfassend und schlechthin* zu erklären. Nur bei ganz wenigen Autoren taucht die Frage auf, daß in ihren Gruppen, nicht zuletzt unter ihrem Einfluß als Gruppenleiter, ganz bestimmte Gruppenkulturen entstehen, die sie dann konzeptionell zu erfassen suchen. Anders ausgedrückt: die jeweils spezifischen Erfahrungen in und mit Gruppen werden häufig zu *Gruppentheorien* schlechthin hochstilisiert. Als Ergebnis der Überlegungen dieser Untersuchung konnten wir demgegenüber deutlich herausarbeiten, wie wichtig die Klärung der Bedingungen ist, unter denen jeweils bestimmte Phänomene in Gruppen in Erscheinung treten, und daß es für die Erarbeitung einer Gesamttheorie von Therapiegruppen vermutlich äußerst wichtig ist, die *konkreten Bedingungen zu untersuchen,* unter denen die von den einzelnen Autoren konzeptionell erfaßten Phänomene in Erscheinung getreten sind. Von diesem Standpunkt aus hat sich uns das Geschehen in Selbstanalytischen Gruppen als mehrdimensional erwiesen, im Sinne des Hervortretens unterschiedlicher *zu bearbeitender Probleme* (prädipaler, ödipaler und reflexiv-interaktioneller Art) unter unterschiedlichen Bedingungen bzw. in verschiedenen Phasen der Entwicklung *ein- und derselben Gruppe.*

3. Das Problem des Beziehungsgefüges, in dem der Gruppenleiter sich befindet.

In der gruppentherapeutischen Literatur ist viel die Rede von Steuerungsaufgaben des Gruppenleiters, – manchmal sieht es so aus, als ob der Gruppenleiter mit einer Art Werkzeugkoffer von Interventionen ausgestattet ist – aber es ist relativ wenig die Rede von dem psychodynamische Geschehen, in das er eingebettet ist und das er – so meinen wir – kennen müßte, um seine Möglichkeiten und Grenzen realistisch abschätzen zu können.

Unsere Modellüberlegung und die verschiedenen darin hypothetisch angenommenen Variablen könnten dazu beitragen, einen »voluntaristischen« Standpunkt in der Arbeit mit Therapiegruppen zu ersetzen durch die Betrachtung des Wechselspiels zwischen

a) den Bedingungen, die der Gruppenleiter setzt,
b) der Zusammensetzung der Gruppe (soziale Kompetenzen der Teilnehmer),
c) der realen Konstellation, die in der Gruppe entsteht und
d) den Steuerungsmaßnahmen, welche der Therapeut daraufhin ergreift im Rahmen *seiner* psycho-sozialen Kompetenzen.

4. Das Problem der Unterscheidung von Therapie und Training.

In den USA gibt es schon seit den 50er Jahren eine intensive Diskussion über die Frage der Unterscheidung von Therapie- und Trainingsgruppen[29]. Bei uns hat diese Diskussion erst in den 70er Jahren eingesetzt[30], ist inzwischen aber in den Mittelpunkt des Interesses sowohl von Gruppentherapeuten als auch von Gruppentrainern gerückt[31]. Obwohl die genannte Frage in einer Vielzahl von Arbeiten behandelt worden ist, zeichnet sich bislang keine Klärung ab. Dies ist auch nicht verwunderlich, wenn wir die Kriterien näher ansehen, die dem Großteil der Abgrenzungsversuche von Therapie und Training zugrunde liegen. Als Beispiel wollen wir hier die Überlegungen von *Däumling* (1973) anführen:

Unterschiede zwischen Therapiegruppen und Trainingsgruppen nach *Däumling* (1973, 10 f)

Trainingsgruppe		*Therapiegruppe*
Lernende, nicht-leidend, sehr verschieden motiviert		Patienten, leidend, gehemmt, verletzbar
Geschicklichkeit (skills) Verbesserung der Kooperation	*Ziele*	Heilung, Kontaktherstellung
Trainer, kein Rangunterschied, Prestige muß erworben werden	*Leiter-Status*	Therapeut, kein Gruppenmitglied, da nicht Patient, Prestige automatisch
passiv, angstregulierend fokussierend	*Leiter-verhalten*	beschützend, lenkend interpretierend
1–3 Wochen, permanent in Klausur	*Abfolge*	monatelang, wöchentlich
funktional begrenzt, neue »patterns« erlernen	*Aufgabe*	unbegrenzt, alte »patterns« abbauen
unstrukturiert, selbst Gegenstand Aktions-Feld.	*Gruppe*	unterschiedlich strukturiert subsidiär

In dieser Gegenüberstellung von *Däumling* wird gut sichtbar, was beinahe allen Versuchen, Therapie von Training in Gruppen zu unterscheiden, eigentümlich ist: die Autoren versuchen– unter weitgehender Ausklammerung psychologischer bzw. psychodynamischer Überlegungen –, in einer relativ willkürlichen Art eine Reihe von Kriterien zu entwickeln, die mehr durch definitorische bzw. voluntaristisch-didaktische Zielsetzungen charakterisiert sind als durch Kenntnis und Benennung des jeweiligen psychodynamischen Geschehens und der Möglichkeiten seiner Beeinflussung. Die Problematik z.B. der Unterscheidung von leidenden, gehemmten, verletzbaren Patienten einerseits und von nichtleidenden, verschieden motivierten Lernenden andererseits wird deutlich, wenn wir uns einer Gruppe von Autoren zuwenden, die versuchen, die Vorgänge in T-Gruppen und Therapie-Gruppen psychodynamisch zu betrachten:

Diese Autoren (z.B. *Brocher* 1973, *Heigl* 1970, *Horwitz* 1976, *Kaplan* 1974) stellen durchwegs in beiden Arten von Gruppen eine ähnliche Psychodynamik fest, die sich ledigleich

a) in einem unterschiedlichen Tempo der Gruppenentwicklung manifestiert (*Kaplan* 1974) sowie möglicherweise
b) in einem unterschiedlichen Regressionsgrad der Teilnehmer in ihrer Gesamtheit (z.B. *Ammon/Moldenhauer* 1973, *Heigl* 1970, Horwitz 1976).[32]

Wir können von den Befunden der vorliegenden Arbeit her die Überlegungen dieser Autoren nur bestätigen: aller Wahrscheinlichkeit nach laufen in Therapie- wie in T-Gruppen ähnliche psychodynamische Vorgänge ab. Diese Prozesse begrifflich zu erfassen ist u.E. die Voraussetzung für jegliche Theorie der Interventionstätigkeit und für etwaige Unterscheidungen therapeutischer und nichttherapeutischer Maßnahmen.

Wir sind mit der Mehrheit der Autoren, die sich um eine Unterscheidung von Therapie und Training bemühen, der Auffassung, daß die Interventionstechniken des Gruppenleiters, sein fortwährendes Bemühen, bestimmte Bereich als zentral und andere als peripher auszugrenzen (boundary management), für das Geschehen in T-Gruppen wie auch in Therapie-Gruppen außerordentlich bedeutsam ist. Wir meinen aber, daß diese Interventionen erfolgen sollten auf der Basis eines theoretisch ausgewiesenen und reflektierten Verständnisses für und eines Wissens um die Psychodynamik in Kleingruppen, die unter bestimmten Bedingungskonstellationen mit großer Wahrscheinlichkeit sich einstellt, d.h., auf der Basis einer Theorie der Psychodynamik in Selbstanalytischen Gruppen.

Bei einer solchen Betrachtungsweise dürfte rasch deutlich werden, daß die Unterscheidung von Therapie und Training bzw. von »psychologischer Änderung« und »Lernen«, wie *Singer* et al (1975) es ausdrücken, problematisch ist[33]: wahrscheinlich ist es sinnvoller, *von unterschiedlichen Arten des psycho-sozialen Lernens zu sprechen* und herauszuarbeiten, unter welchen Bedingungen in Gruppen in welchen Teilnehmern welche Lernprozesse mit welcher Wahrscheinlichkeit und unter welchen Widerständen zu erwarten sind.

Als übergreifende Bezeichnung für Therapie- und Trainingsgruppen, *in denen kein Thema vorgegeben ist und deren Ziel unterschiedliche Formen des sozialen Lernens durch die Klärung der in der Gruppe vor sich gehenden Prozesse* sind, bietet sich der Terminus *Selbsterfahrungsgruppe* an.[34]

5.2.3. Einzelfragestellungen für Theorie und Praxis der analytischen Gruppentherapie

Aus unserer Modellüberlegung für Selbsterfahrungsgruppen[35] ergeben sich für Theorie und Praxis der analytischen Gruppentherapie im einzelnen folgende spezielle Fragenkomplexe:

1. Das Problem destruktiver Dynamik in Therapiegruppen

Es müßte unter folgenden Gesichtspunkten untersucht werden:

a) Welcher Art ist die destruktive Dynamik, welches interpersonelle Problem liegt ihr zugrunde (vgl. unsere drei Ebenen des Verhaltens)?
b) Welche konkrete psychodynamische Situation ist in der Gruppe insgesamt? Welches Kräfteverhältnis zwischen den Verhaltenstendenzen der Teilnehmer, die diese Dynamik verstärken bzw. abschwächen?
c) Welche Situation entsteht für ganz bestimmte Teilnehmer?
d) Welche Möglichkeiten hat der Gruppenleiter, die jeweilige destruktive Dynamik zu steuern (d.h., die Spannungen zu verringern bzw. produktiv zu kanalisieren)?

2. Die Erfassung der psycho-sozialen Kompetenzen der Gruppenteilnehmer auf den unterschiedlichen Niveaus des Verhaltens.

Für eine optimale Zusammenstellung von Therapiegruppen, für die Planung einer ganz bestimmten Gruppenerfahrung (prä-ödipal, ödipal, reflexiv-interaktionell) ebenso wie für die Prognose und Ermittlung des Erfolges einer Gruppentherapie ist es wichtig, die psycho-sozialen Kompetenzen der einzelnen Teilnehmer (in dem von uns definierten Sinne) erfassen zu können. Sowohl die theoretischen Überlegungen über die in Selbsterfahrungsgruppen erforderlichen psycho-sozialen Kompetenzen als auch die Entwicklung von Meßinstrumenten für deren Bestimmung sollte vorangetrieben werden.

3. Untersuchungen über die psycho-soziale Kompetenz des Gruppenleiters.

Gerade weil der Leiter einer Therapiegruppe einen großen Einfluß auf das Geschehen in der Gruppe hat, sollten vermehrt Untersuchungen und theoretische Klärungsversuche angestrengt werden über *sein konkretes Verhalten.* Als zentrale Fragestellung bietet sich an: was tun Theoretiker konkret, die zwar völlig unterschiedliche Konzepte haben, aber ähnliche Behandlungserfolge erzielen? Passen sie ihr Verhalten optimal dem Entwicklungsprozeß in Gruppen und den daraus resultierenden Erfordernissen an und gehen dabei von ihrer Konzeption ab oder lassen sich mit unterschiedlichen konkreten Arbeitsweisen ähnliche Erfolge erzielen?[36] Und weiter: ist es für Gruppentherapeuten erforderlich, auf allen drei von uns genannten Ebenen des Verhaltens sozial kompetent zu handeln?

4. Die weitere Ausarbeitung psycho-sozialer Grundprobleme in Therapiegruppen.

Obwohl wir in Anlehnung an verschiedene Autoren in unserer Modellüberlegung eine Reihe von psycho-sozialen Grundproblemen in Selbsterfahrungsgruppen herausgearbeitet haben, kann dies nur ein

Anfang sein. Welche weiteren typischen Konstellationen treten häufig auf, welche psycho-sozialen Kompetenzen sind zu ihrer Bewältigung bei den Teilnehmern erforderlich und auf welchen Wegen bzw. unter welchen Bedingungen können diese Kompetenzen in Selbsterfahrungsgruppen erworben werden?

5. *Therapiegruppen als Feld der Erforschung grundlegender psychodynamischer Mechanismen in Kleingruppen.*

Wie besonders *Foulkes* (1974) immer wieder betont hat, bieten Therapie- bzw. Selbsterfahrungsgruppen geradezu ideale Möglichkeiten der Erforschung psychodynamischer Vorgänge als *sozialer Vorgänge.* In ihnen treten sowohl Probleme und Mechanismen frühkindlicher Auseinandersetzung mit der sozialen Umwelt als auch die Schwierigkeiten und Wege der psychodynamischen Bewältigung der konkreten Situation im Hier und Jetzt der Gruppe zutage.

Es wäre deshalb sicherlich fruchtbar, eingehend zu untersuchen, welchen Erklärungswert Überlegungen aus *den verschiedenen Schulen* psychoanalytischer Entwicklungspsychologie für das Geschehen in Selbsterfahrungs- bzw. Therapiegruppen haben[37], und umgekehrt, welche neuen Aspekte sich aus der Analyse des Geschehens in solchen Gruppen (d.h., aus der Gruppenanalyse) für die psychoanalytische Entwicklungspsychologie als *Sozialpsychologie* bzw. als *Sozialisationstheorie* (vgl. z.B. *Lorenzer* 1974)[38] ergeben.

5.3. Ansatzpunkte für eine kritische Betrachtung des Geschehens in Selbsterfahrungsgruppen

In Kapitel 1 haben wir als Ziel unserer Untersuchung die Entwicklung einer Modellüberlegung genannt, mit Hilfe derer die psychische Dynamik in Selbsterfahrungsgruppen unter unseren *gesellchaftlichen Bedingungen* verstehbar wird. In den darauffolgenden Kapiteln haben wir versucht, ein hypothetisches, idealtypisches Modell des psychodynamischen Entwicklungsprozesses in solchen Gruppen zu erarbeiten. Als Ergebnis der Untersuchung konnten wir eine Reihe von Beobachtungen festhalten und als Hypothesen ausformulieren, die auf bestimmte, in Selbsterfahrungsgruppen häufig auftretende *Akzentuierungen innerhalb der nach unserer Modellüberlegung zu erwartenden Phänomene* hindeuten: offenbar gibt es innerhalb einer – unter unseren gesellschaftlichen Verhältnissen erwartbaren – psychodynamischen Entwicklung in Selbsterfahrungsgruppen[39] eine Reihe von empirisch deutlich hervortretende Entwicklungsstörungen und -schwierigkeiten, die zum Ausgangspunkt einer kritischen Reflexion des Geschehens in diesen Gruppen gemacht werden könnten und müßten.

Eine *ausführliche* kritische Würdigung des Geschehens in und der Arbeit mit Selbsterfahrungsgruppen unter gesellschaftlichem bzw. politischem Aspekt ist im Rahmen dieser Arbeit nicht möglich.[40] Wir können hier nur einige Gedanken skizzieren, die sich uns aus den Analysen aufdrängen:

Es wird eine gewisse Differenz deutlich zwischen

a) *den grundsätzlichen Möglichkeiten,* welche Selbsterfahrungsgruppen bieten für die »Nachreifung« bzw. Entwicklung der von uns herausgearbeiteten psycho-sozialen Kompetenzen von Individuen und
b) den häufig – *empirisch feststellbaren* – Schwierigkeiten bzw. Hindernissen bezüglich dieser grundsätzlichen Entwicklungsmöglichkeiten in Selbsterfahrungsgruppen.

Damit ist der *emanzipatorische Anspruch,* den wir mit Selbsterfahrungsgruppen verbinden, formuliert: wir betrachten die Vergrößerung der psycho-sozialen Kompetenz zu reflexiv-interaktionellem Verhalten (und die dafür erforderlichen Grundlegungen auf der prä-ödipalen und der ödipalen Verhaltensebene) als hinreichendes Ziel der Arbeit mit solchen Gruppen und *beanspruchen im Rahmen dieser Gruppenarbeit keinerlei umfassendere politisch-emanzipatorische Zielsetzungen.*[41]

Wir können aufgrund unserer Analysen eine Reihe von Feststellungen machen, die große Bedeutung für die praktische Realisierung des genannten emanzipatorischen Anspruchs haben (und zugleich zum Ausgangspunkt einer sog. Tiefenhermeneutik von Selbsterfahrungsgruppen genommen werden könnten[42]):

1. Wir haben ausgeführt, daß vom Setting von Selbsterfahrungsgruppen her bzw. von der sozialen Situation, die in ihnen gegebenen ist, eine starke Regression der Teilnehmer in ihrer Gesamtheit auf die prä-ödipale Ebene des Verhaltens entsteht.[43] Durch die zusätzliche, außerordentlich zurückhaltende und permissive Haltung des Gruppenleiters entsteht aller Wahrscheinlichkeit nach für die Teilnehmer ein unwiderstehtlicher »Sog« in Richtung auf kleinkindliche Möglichkeiten des Verhaltens. Es findet eine mehr oder weniger ausgeprägte Entdifferenzierung statt, eine Haltung, in der die Teilnehmer vollständig vom Gruppenleiter versorgt werden wollen.[44] Hier setzt – vor allem von politisch engagierten Autoren – vielfach eine heftige Kritik an Selbsterfahrungsgruppen an, die besagt, solche Gruppen hätten lediglich die Funktion, für die Teilnehmer ein Ventil zu schaffen, eine vorübergehende Möglichkeit, all die sonst massiv unterdrückten Impulse auszuleben mit dem Effekt, daß sie sich danach wieder besser an die repressiven Bedingungen unserer Gesellschaft anpassen. Hier-

durch werde subjektives Leiden in einigermaßen erträglichen Grenzen gehalten und aller nur möglichen Energie beraubt, welche dazu führen könnte, eben dieses subjektive Leiden in gemeinsame politische Aktivitäten zu überführen.[45]

Diese Argumentation trifft sicher zu für alle Bestrebungen, in SE-Gruppen *lediglich* prä-ödipale Verhaltensweisen zu ermöglichen, d.h., wenn der Sinn und Zweck solcher Gruppen in erster Linie im Aufkommen und Abreagieren ansonsten nicht zugelassener Impulse und Wünsche gesehen wird, in einem Ausagieren dieser Impulse[46] und nicht in einer vorübergehenden Freisetzung, Klärung und Bearbeitung derselben. Aber auch, wenn von der Konzeption von SE-Gruppen her der Erwerb individueller psycho-sozialer Kompetenzen angestrebt wird und nicht einfach ein Ausagieren von Impulsen, so ist in unseren Analysen deutlich geworden, daß die konkrete Gruppenarbeit häufig in der unzureichend geklärten prä-ödipalen Problematik steckenbleibt. Auch in diesem Fall könnte eingewendet werden, es finde letztlich eher eine Entdifferenzierung, Infantilisierung als eine nachholende Ich-Entwicklung statt.

Es hieße allerdings das Kind mit dem Bade ausschütten, wenn aus diesem empirisch feststellbaren Verbleiben vieler SE-Gruppen in prä-ödipalen Schwierigkeiten die Schlußfolgerung gezogen würde, daß damit die geringen, wenn überhaupt vorhandenen Möglichkeiten der individuellen Nachreifung im Kontext solcher Gruppen hinreichend erwiesen sei: die Teilnehmer vergeuden nicht nur wertvolle, möglicherweise zu politischem Handeln aktivierende Energie, sie erwerben nicht einmal subjektiv gewisse, weniger schmerzvoll Weisen der Auseinandersetzung, des Austausches mit der sozialen Umwelt (vgl. *Horn* 1969, 272). Wir halten einen solchen Standpunkt nicht nur für unnötig resignativ, sondern auch für wenig reflektiert. Gerade wenn sich empirisch herausstellt, daß viele Gruppen in prä-ödipalen Problemen steckenbleiben, so wäre es außerordentlich wichtig, zu untersuchen, warum das so ist, *und unter welchen Bedingungen in manchen Gruppen ein kontinuierlicher Prozeß hin zur reflexiv-interaktionellen Verhaltensebene feststellbar ist.*

2. Bei näherem Hinsehen erweist sich als weniger problematisch, *daß die Teilnehmer auf prä-ödipale Probleme und Verhaltensweisen regredieren* und dort eine gewisse Entdifferenzierung erfahren, sondern vielmehr, *daß sie so hartnäckig und sehnsüchtig eine Situation der völligen Wunscherfüllung verlangen* (sozusagen eine völlig »gute Mutter«), *während zugleich massive Aggressionen deutlich werden und extreme Ängste vor den eigenen Klärungsaktivitäten bzw. Konflikten* (vor allem was die Harmonie stört und als »böse Mutter« empfunden wird)[47]. Wie wir zeigen konnten, dienen Angriffe auf den Gruppenleiter in dieser Phase der Entwicklung vielfach weniger dazu, eine unterdrückende, repressive Figur zu stürzen, sondern eher Wut und

zugleich den Wunsch nach Versorgung auszudrücken und nach Schaffung idealer, paradiesischer Zustände. Ebenso dient ein scheinbares Nachlassen dieser Forderung häufig dazu, auf den Gruppenleiter Druck auszuüben, *doch* die mütterlich-väterliche Rolle zu übernehmen.[48]

Wenn nicht alles trügt, haben wir es bei dieser ins Auge springenden Tendenz zu prä-ödipalem Verhalten mit einem Phänomen zu tun, das seit dem 2. Weltkrieg zunehmend von Psychotherapeuten registriert wird und als massives Uberhandnehmen sog. narzißtischer Störungen (vgl. *Kohut* 1974, *Kutter* 1975) in der Literatur immer häufiger auftaucht.[49] Es ist im Rahmen dieser Arbeit nicht möglich, den gesellschaftlichen Ursachen dieser Erscheinungen nachzugehen.[50] Für eine kritische Betrachtung von SE-Gruppen ist hier von Bedeutung, daß das massive Verharren im prä-ödipalen Verhaltensbereich sehr wahrscheinlich eine reale Problematik ist, die sich von der Struktur der Teilnehmer und den sozialen Beziehungsformen unserer Gesellschaft her ergibt und vermutlich zum geringeren Teil der bislang unzureichenden theoretischen Durchdringung und praktischen Handhabung der Vorgänge in SE-Gruppen angelastet werden kann.

3. Das heißt keinesfalls, daß wir die Möglichkeiten, die sich aus einer wissenschaftlichen Klärung des Geschehens in SE-Gruppen und aus dem Erwerb hinreichender psycho-sozialer Interventionskompetenz des Gruppenleiters ergeben, gering schätzen. Im Gegenteil, wir konnten zeigen, daß in SE-Gruppen von den Teilnehmern her immer wieder spontane, progressive Bewegungen ausgehen, und daß der Gruppenleiter eine ganze Reihe von Möglichkeiten besitzt, den Gruppenprozeß zu fördern. Wir mußten allerdings immer wieder feststellen, daß der Gruppenleiter – empirisch gesprochen – vielfach nicht über genügend eigene psycho-soziale Kompetenz verfügt den in der Gruppe jeweils anstehenden Problemen gegenüber und deshalb vielfach die Progression der Gruppe behindert oder stark erschwert. Wie schon mehrfach betont, läßt sich diese unzureichende psycho-soziale Kompetenz im Umgang mit Gruppenproblemen nicht einfach den einzelnen Gruppenleitern anlasten. Zu einem guten Teil besteht den Gruppenphänomenen gegenüber aus Mangel an wissenschaftlicher Erklärung eine echte Ratlosigkeit, die durch individuelle Ad hoc-Konstruktion nur notdürftig überdeckt wird.[51] Es wäre aber gefährlich, diesen Zustand weiterhin beizubehalten[52]: aufgrund unserer Analysen drängt sich der Gedanke auf, daß möglicherweise bestimmte Persönlichkeiten vermehrt dazu tendieren, SE-Gruppen zu leiten, die selbst nicht unerhebliche Schwierigkeiten haben, was ihre psycho-sozialen Kompetenzen in Gruppensituationen angeht.[53]

4. Trotz der bislang geschilderten Schwierigkeiten, die sich im Prozeß der Fortentwicklung von SE-Gruppen von der prä-ödipalen bis

zur reflexiv-interaktionellen Ebene des Verhaltens ergeben, geht aus unseren Analysen hervor, daß solche Gruppen *grundsätzlich* günstige Möglichkeiten der nachholenden Ich-Entwicklung, des Erwerbs bislang wenig ausgebildeter psycho-sozialer Kompetenzen bieten, *gerade weil in ihnen in der geschilderten Weise die Stadien der kindlichen Sozialentwicklung wieder durchlebt werden* und die in der individuellen Sozialisation der Teilnehmer entstandenen »Notarrangements« bzw. ungünstig verlaufenden Sozialisationsprozesse einer Korrektur zugänglich werden.

Beim derzeitigen Stand unseres Wissens über die Vorgänge in solchen Gruppen ist es allerdings – im Hinblick auf den nachholenden Erwerb dieser psycho-sozialen Kompetenzen – dringend erforderlich,

a) eine *sorgfältige Zusammenstellung* der jeweiligen Gruppe vorzunehmen unter dem Aspekt der zu erwartenden psycho-sozialen Kompetenzen der Teilnehmer;[54]
b) solche Gruppen möglichst überschaubar zu halten und die Eigendynamik der Gruppe nicht übergroß werden zu lassen; hierfür empfiehlt es sich, – nach unserer Erfahrung – eine *Gruppengröße von acht bis zwölf Teilnehmern* einzuhalten;
c) *der zeitliche Rahmen* solcher Gruppen sollte so bemessen sein, daß genügend Zeit für die Teilnehmer ist, sich in Auseinandersetzung mit der prä-ödipalen Problematik weiterzuentwickeln; dies erfordert nach unserer Erfahrung wenigstens eine zeitliche Erstreckung der Arbeit über 40-50 Doppelstunden[55] und
d) genauer zu erforschen, welche psycho-sozialen Kompetenzen ein Gruppenleiter realiter braucht, um den Gruppenprozeß fördern zu können und eine hinreichende dementsprechende Ausbildung der Gruppenleiter.

5. Offen bleibt bei all diesen Überlegungen die empirisch zu prüfende Frage, ob nicht unter unseren gesellschaftlichen Bedingungen der Druck auf das einmal erreicht individuelle reflexiv-interaktionelle Niveau des Verhaltens so stark und die gesellschaftliche Realität strukturell so widersprüchlich und fragmentarisierend ist, daß es nur relativ wenigen Menschen in relativ günstigen »sozial-ökologischen Nischen« gelingt, auf Dauer das reflexiv-interaktionelle Niveau des Verhaltens beizubehalten.[56] Aber auch wenn das so sein sollte, bietet das Studium der in SE-Gruppen gehäuft auftretende psycho- und soziodynamischen Konstellationen, insbesondere die Analyse des dabei Thematisierbaren oder aber überstark Abgewehrten (vgl. Shepard/Bennis 1956) und eine daraus zu entwickelnde Strukturanalyse typischerweise mißglückender bzw. glückender Kommunikationsprozesse, eine einzigartige Möglichkeit, sozialpathologische Tendenzen innerhalb unserer Gesellschaft zu erforschen, wie sie sich in Kleingruppen zeigen.[57] Die Arbeit mit SE-Gruppen hätte damit wieder

den Anschluß an die von Trigant *Burrow,* einem frühen Pionier der Gruppenanalyse, vehement vertretenen Fragestellungen:

Leiden z.B. die Teilnehmer von Therapiegruppen *lediglich* an individuellen Verhaltensdefiziten oder wird in unserer Gesellschaft kollektiv und systematisch die Entwicklung bestimmter grundlegender psychosozialer Kompetenzen außerordentlich erschwert und die Diskussion darüber unterbunden bzw. tabuisiert? Menschen mit manifesten Störungen prä-ödipaler Art, z.B. sog. »Psychotiker«, »Borderline-Persönlichkeiten« oder »stark narzißtisch gestörte Menschen« stellen vermutlich nur die Spitze des Eisbergs dar, diejenige Personengruppe, der es nicht mehr gelingt, das geforderte durchschnittliche Sozialverhalten zu zeigen und die Verleugnung der *kollektiven Hilflosigkeit* vorzunehmen.[58]

Während in der Zeit von *Freud* in erster Linie der sexuell-erotische Bereich tabuisiert war (bzw. sog. ödipale Probleme; vgl. *Kutter* 1975), scheint heute – mindestens in der Öffentlichkeit und im Berufsleben – die Problematik der individuellen Ohnmacht und Hilflosigkeit angesichts einer in erster Linie nach Profitgesichtspunkten organisierten und funktionierenden Gesellschaft der öffentlichen Diskussion entzogen (d.h., eine psychodynamisch als prä-ödipal zu bezeichnende Problematik).[59] Die stark ansteigenden Zahlen von sog. narzißtisch gestörten Menschen werden lediglich einigen Psychoanalytikern oder dann letztlich den zentralen Nervenkrankenhäusern zum Problem, ansonsten wird in der Öffentlichkeit der Mantel des Schweigens über diese Problematik gelegt. Sozial akzeptabel ist sie lediglich im Gewand der sog. psychosomatischen Beschwerden: bei körperlichen Leiden, auch wenn kein organischer Befund feststellbar ist, wird dem Betroffenen der Status des Leidenden und Hilfsbedürftigen zugestanden (vgl. *Pohl* 1976).

Die gerade aufgeworfenen Fragen sind noch weitgehend ungeklärt. Ihre Bearbeitung war auch nicht Gegenstand unserer Untersuchung. In einer kritischen Theorie emanzipatorischer Möglichkeiten und Grenzen von SE-Gruppen müßten sie unbedingt berücksichtigt werden: dabei scheint uns von zentraler Bedeutung, eine Vermittlung psychologischer und soziologischer Überlegungen anzustreben,[60] wobei die Vermittlungsebene die Psycho- und Soziodynamik in Kleingruppen sein dürfte.[61]

5.4. Die empirisch-psychologische Erforschung des Geschehens in SE-Gruppen

Obwohl inzwischen 30 Jahre empirische Forschung im Bereich von SE-Gruppen betrieben wird, ist der *theoretische Ertrag* dieser Arbeiten recht bescheiden:

(1) Die empirische Forschung im Bereich der Gruppentherapie bietet in dieser Hinsicht ein besonders beklagenswertes Bild. Wir greifen – als sicherlich repräsentativ – zwei Arbeiten von Jerome D. *Frank* heraus: die erste Arbeit ist im 1. Jahrgang des *Int. J. Group Psychother.* (1951) als eine Art programmatischer Ermunterung zur Erforschung der psychischen Dynamik in Therapiegruppen erschienen, die zweite 25 Jahre später (1975). In dieser Arbeit zieht der Verfasser eine erschütternde Bilanz: insgesamt lassen nur 38 von 382 Arbeiten, die von 1955-1973 erschienen sind, »eine wenigstens rudimentäre Anstrengung erkennen, eine numerische Analyse der Daten vorzunehmen« (vgl. 160); davon wird lediglich in zwei (!!!) Arbeiten versucht, »die Forschungsfrage anzugehen, die wahrscheinlich für die praktische Arbeit am relevantesten ist, nämlich die Beziehung zwischen dem Prozeß bzw. Aspekten des Prozesses und dem Resultat« (161)[62].

(2) Was die empirische Erforschung der Psychodynamik in T-Gruppen angeht, so konstatiert *Lieberman* (1975) in der Jubiläumsnummer zum 10-jährigen Bestehen des *J. Appl. Behav. Science,* daß seit dem 1. Jahrgang (1965) kein wesentlicher Fortschritt zu verzeichnen ist (241 ff; vgl. auch *Back* 1974 sowie *Cooper* 1971).[63]

(3) Was bisher über den Stand der Forschung in der englischsprachigen Literatur ausgeführt wurde, gilt im Prinzip auch für die Situation im deutschen Sprachraum. Die bisher umfassendste empirische Untersuchung über SE-Gruppen von W. *Speierer* (1976) beinhaltet in erster Linie eine sorgfältige Analyse des subjektiven Erlebens der Gruppenteilnehmer, vernachlässigt aber völlig die Analyse des konkreten Gruppenprozesses und die diesen zugrunde liegenden psychodynamischen Vorgänge.[64]

Mit viel Mühe lassen sich aus den Ausführungen der genannten Rezensenten der empirischen Forschung im Bereich von SE-Gruppen einige Vermutungen identifizieren, warum die empirische Forschung bislang so wenig ergiebig war und seit Jahren auf der Stellt tritt:[65]

(1) Es werden in der Regel recht ungenaue Angaben über die Bedingungen gemacht, unter denen die SE-Gruppen durchgeführt werden (vgl. z.B. *Lieberman* 1975, 242);

(2) häufig werden aus dem komplexen Geflecht der Beziehungen in solchen Gruppen relativ willkürlich einige wenige Variablen herausgegriffen, ohne Bezugnahme auf vorliegende übergreifende theoretische Ansätze über das Geschehen in diesen Gruppen (vgl. *Back* 1974, 377 ff sowie *Gibb* 1972 A, 842, 850);

(3) wird die Gesamtsituation, in der bestimmte Phänomene auftreten und empirisch gemessen werden, vielfach nicht mit in die Betrachtung einbezogen bzw. es ist nicht klar, um welche Situation es sich handelt (vgl. *Lieberman* 1976, 242 f)[66];

(4) schließlich ermangeln die in den empirischen Arbeiten verwendeten Grundbegriffe einer präzisen Explikation, sodaß empirische Befunde, auf welche sie sich beziehen, nicht miteinander vergleichbar sind (vgl. *Lieberman* 1976, 246).

Seltsamerweise haben fast alle Autoren, die sich kritisch mit dem Stand der empirischen Forschung im Bereich von SE-Gruppen auseinandergesetzt haben, bis auf *Back* (1974, 381), die von uns in dieser Arbeit untersuchten Vertreter der Tradition der Selbstanalytischen Gruppen und deren intensive Bemühungen um eine empirische Klärung des Geschehens in SE-Gruppen nicht einmal erwähnt (!). Dabei haben diese Autoren, vor allem Th. *Mills* (1964), D.C. *Dunphy* (1968), R.D. *Mann* (1966, 1967, 1970) sowie G.S. *Gibbard* und J.J. *Hartman* (1973 A) in verdienstvoller Weise versucht, die o.g. vier Grundmängel der empirischen Forschung in diesem Bereich anzugehen.[67]

Aus der vielversprechenden Methodik der empirischen Forschung der Autoren der Selbstanalytischen Tradition und aus den von uns in dieser Arbeit gewonnenen theoretischen und methodologischen Ein sichten lassen sich folgende Forderungen für die empirische Forschung im Bereich von SE-Gruppen ziehen:

(1) Für die empirische Erforschung der psychischen Dynamik in SE-Gruppen ist es außerordentlich wichtig, sich vorgängig das Verstehen und die Erfassung des *»szenischen Geschehens«* zum Ziel zu setzen.[68] Hierfür empfiehlt es sich, einerseits sich an einer relativ umfassenden Modellüberlegung (wie z.B. der unsrigen) zu orientieren, um die Vielfalt des Geschehens vorläufig einer bestimmten Szene zuordnen zu können und es als prä-ödipal, ödipal oder reflexiv-interaktionell zu identifizieren. Andererseits ist es erforderlich, über eine detaillierte statistische Analyse konkreter Tonbandprotokolle zu ermitteln, inwieweit die mehr intuitiv gewonnene, vermutete Szene von den konkreten Aussagen der Teilnehmer her empirisch bestätigt wird. Für eine solche empirische Analyse bieten sich als theoretische Bezugspunkte die von uns angenommenen *Ebenen der Analyse an*.

(2) Wenn es darum geht, die wichtigsten Variablen zu bestimmen, die ein bestimmtes, empirisch identifiziertes psychodynamisches Geschehen, eine bestimmte »Szene« entstehen lassen, so dürfte es günstig sein, die herausgearbeiteten Variablen »Leiterverhalten«, »psycho-soziale Kompetenz der Teilnehmer«, »objektive soziale Situation« sowie »Progression und Regression« in den von uns hypothetisch angenommenen wechselseitigen Abhängigkeiten zum Ausgangspunkt eines evtl. noch zu erweiternden *Sets von Grundvariablen* zu nehmen.

(3) Wir meinen, daß in empirischen Forschungsvorhaben *wenigstens* die von uns identifizierten Variablen und Ebenen des Geschehens berücksichtigt werden sollten. Einzelne Variablen isoliert zu

untersuchten, halten wir nur für ergiebig, wenn zugleich Angaben oder Aussagen über die anderen Variablen gemacht werden.

(4) Die empirische Erforschung der Psychodynamik in SE-Gruppen steht und fällt mit der zureichenden Operationanlisierung der identifizierten Variablen. Hier haben vor allem *Mann* und *Gibbard/Hartmann* respektable Versuche unternommen, auf denen aufgebaut werden kann. Im einzelnen scheinen uns für die Operationalisierung wichtiger Variablen unserer Modellüberlegung folgende Verfahren günstig:

a) für die Erfassung der psycho-sozialen Kompetenz in Gruppen die Weiterentwicklung des »reaction to group-situation test«[69];

b) für die Ermittlung der objektiven sozialen Situation die präzise Beschreibung der wichtigsten Elemente des *Settings* der jeweiligen Gruppe;

c) für die Operationalisierung des Leitverhaltens das »act by act scoring system«[70] und für die Ermittlung seiner psycho-sozialen Kompetenzen ebenfalls den weiter zu entwickelnden »reaction to group-situation test«;

d) für die Erfassung der Ebene des Verhaltens, auf welcher die gesamte Gruppe sich bewegt, könnte neben der weiter zu führenden Explikation eben dieser Ebenen die Ermittlung statistischer Cluster von Verhaltensmerkmalen, die diesen Ebenen zugeordnet werden können, bedeutsam sein.

e) Das konkrete Verhalten der Teilnehmer schließlich läßt sich wohl am ehesten über eine genaue Operationalisierung der Grundbegriffe des »act by act scoring system« empirisch erfassen.

(5) Schließlich sind wir der Auffassung, daß es im Bereich der empirischen Erforschung des psychodynamischen Geschehens in SE-Gruppen besser ist, *einige ganz wenige Gruppenverläufe eingehend* anhand von Tonband- oder Videoprotokollen *mikropsychologisch* zu *analysieren,* anstatt mehr oder weniger groß angelegte Forschungsobjekte mit unterschiedlichen Gruppen durchzuführen.[71]

5.5. Anregungen für das Gebiet der Kleingruppenforschung generell

Ausgangspunkt unserer Überlegungen in der Einleitung dieser Untersuchung war das Unbehagen über den derzeitigen Stand der Kleingruppentheorie, insbesondere das Fehlen einer umfassenden Theorie des psychodynamischen Geschehens in Kleingruppen. Wir haben dort die Hoffnung geäußert, daß eine Analyse der wichtigsten Konzepte, die aus der Arbeit mit Selbstanalytischen Gruppen entstanden sind, der erste Schritt sein könnte zur Entwicklung einer *Theorie des affektiven Geschehens in Kleingruppen.*

In diesem letzten Abschnitt wollen wir nun rückblickend fragen, welche Beiträge bzw. Gesichtspunkte sich aus unseren Überlegungen – über den Bereich von SE-Gruppen hinaus – für die sozialpsychologische Kleingruppentheorie ergeben:

1. Wir konnten in dieser Arbeit eine in der Gruppenforschung und -theorie weitgehend ausgeklammerte Fragestellung ein Stück weit verfolgen, und zwar die Frage nach den *affektiven Vorgängen*[72] zwischen den Gruppenteilnehmern im Kontext der Gruppe in ihrer (psycho-) dynamischen wechselseitigen Verflochtenheit.[73] Zu vermuten ist, daß diese affektiven Prozesse in jeder Kleingruppe eine große – wenn nicht überhaupt eine ausschlaggebende – Rolle spielen. Ihre Vernachlässigung dürfte wesentlich dazu beigetragen haben, daß in der sozialpsychologischen Gruppenforschung eine Vielzahl von Einzelbefunden, z.T. widersprüchlichster Art, angehäuft wurden, ohne den inneren Zusammenhang dieser Teilaspekte erkennen zu können.[74]

Wir sind der Auffassung, daß die weitere Erforschung und Klärung der psycho-dynamischen bzw. affektiven Vorgänge zwischen den Mitgliedern von Kleingruppen für die gesamte theoretische und praktische Beschäftigung mit Kleingruppen einen vielversprechenden Weg zur Überwindung sowohl der Kluft zwischen Theorie und Praxis als auch der Integration scheinbar widersprüchlicher empirischer Forschungsergebnisse eröffnet.[75]

2. Theorie und Praxis der Arbeit mit Kleingruppen wird durch eine vermehrte Klärung psycho-dynamischer Prozesse, allerdings u.E. nur dann vorangetrieben werden, wenn hierbei die Anstrengungen der Forscher und Praktiker sich auf *eine umfassende, ganzheitliche Erfassung des psycho-dynamischen Geschehens* konzentrieren. Die in der bisherigen Forschung beschrittenen Wege der Entwicklung einer psychologischen Theorie von Gruppen über

a) die Erfassung relativ einfacher Beziehungen und der Kombination der dabei gewonnen Befunde (*Thibant/Kelly* 1967) und
b) das mehr logisch konstruierende Erstellen von Gruppentheorien auf der Basis bestimmter Prämissen und die nachträgliche Einbeziehung »passender« empirischer Befunde (*Hare* 1967) haben beide von der ganzheitlichen Klärung des affektiven Geschehens in Kleingruppen weggeführt.[76]

3. Die *Brauchbarkeit psychoanalytischer Konzepte und Gedankengänge* – gerade über das psycho-dynamische Geschehen in der frühen Kindheit – für das zunächst mehr intuitive Verstehen, dann aber auch für die Erklärung des affektiven Geschehens in SE-Gruppen hat in

uns die Auffassung bestärkt, daß es notwendig ist, diese Konzepte, welche in der sozialpsychologischen Gruppenforschung bisher praktisch keine Rolle gespielt haben[77], verstärkt in die theoretischen Bemühungen auf diesem Gebiet einzubeziehen.

Sozialpsychologen haben bisher weitgehend mit erwachsenen, vernünftigen, bewußt handelnden Individuen operiert und zu wenig berücksichtigt, *inwieweit unbewußte Vorgänge das Verhalten bestimmen.* Dieser Mangel wird bei der Betrachtung des Geschehens in Kleingruppen besonders deutlich: die Forscher und Theoretiker finden sich dort häufig weitgehend irrationalem und unüberschaubarem Verhalten gegenüber, welches durch das Konzept des »bewußt-utilitaristisch« handelnden Individuums *(Thibaut/Kelly* 1967) nicht hinreichend theoretisch erfaßt werden kann. Der Übergang vom psychologischen auf das soziologische Niveau der Betrachtung, d.h., der Versuch, das unüberschaubare Geschehen in Kleingruppen über soziologische Konzepte wie Status, Rolle, Gruppennorm, Gruppenkultur usw. zu erfassen, hat wenig beigetragen zur *psychologischen* Klärung des vielfach wenig rationalen Geschehens in Kleingruppen.[78] Wir meinen, *daß die psychoanalytische Betrachtungsweise* – so sehr es vielfach den Anschein haben mag, daß ihre Konzepte sich lediglich auf »intrapsychische« Tatbestände anwenden lassen – sich nicht nur für die Klärung interpersoneller psychodynamischer Prozesse fruchtbar machen läßt, sondern darüberhinaus bei näherer Betrachtung *im Ansatz sozialpsychologisch ist,* d.h., individuelle Aktionen und Reaktionen im interpersonellen Bereich psychodynamisch erklärt und abbildet.[79]

Besonders fruchtbar hat sich die psychoanalytische Betrachtungsweise erwiesen hinsichtlich des Verstehens und der Klärung des Geschehens in Gruppen unter dem Aspekt der *Regression:* die Annahme einer prä-ödipalen und einer ödipalen Ebene des Verhaltens, auf denen das Verhalten der Teilnehmer analog zu kindlichem Verhalten verstanden wird, hat sich in unserer Untersuchung als weiterführende Konzeptualisierung erwiesen.

4. Die Befunde unserer Untersuchung geben zu der Vermutung Anlaß, *daß das Geschehen in Kleingruppen sich nicht auf einem einzigen Niveau des Verhaltens bewegt* und demzufolge auch nicht mit Konzepten hinreichend erfaßt werden kann, die von der impliziten Annahme von im Grunde ähnlichen Mechanismen in Kleingruppen schlechthin ausgehen. Für unsere Überlegungen zur Klärung der Psychodynamik in SE-Gruppen hat es sich als nützlich erwiesen, *unterschiedliche Niveaus des Verhaltens* in Relation zu unterschiedlichen sozialen Problemen oder Aufgabensituationen zu unterscheiden, denen sich die Teilnehmer in ihrer Gesamtheit gegenübergestellt sehen.

Unserer Auffassung nach eröffnet *die Annahme einer jeweils spezi-*

fischen psychischen Dynamik in Kleingruppen in Relation zu der jeweils vorhandenen spezifischen sozialen (d.h., allen gemeinsamen bzw. für alle Teilnehmer als Problem vorgegebenen) *Problemsituation* eine neue Perspektive für die Integration der bisher weitgehend praxisfernen Laborexperimente und dem Bereich der Erforschung der Vorgänge in sog. natürlichen (Arbeits-) Gruppen.

5. In unserer Untersuchung hat es sich als sinnvoll erwiesen, *Vorgänge in Gruppen in Analogie zu genetischen bzw. epigenetischen Überlegungen* zu betrachten bzw. psychodynamische Prozesse in Kleingruppen in Bezugssystemen zu sehen, die aus der (vor allem psychoanalytisch orientierten) Entwicklungspsychologie stammen. Ob diese Betrachtungsweise, wonach sich die Teilnehmer von Kleingruppen auf den Niveaus von Kindern, Jugendlichen und Erwachsenen verschiedenen Alters bewegen, über den Bereich von SE-Gruppen hinaus sich als hermeneutisch fruchtbar erweisen wird, muß die weitere Forschung zeigen. Jedenfalls sollte im Bereich der Kleingruppentheorie ausgelotet werden, inwieweit epigenetische Überlegungen zum Entwicklungsniveau des Geschehens in einer Kleingruppe in Anlehnung an entwicklungspsychologische Überlegungen Erklärungskraft besitzen. Allerdings wäre es hierfür erforderlich, die vorliegenden psychoanalytischen entwicklungspsychologischen Ansätze unter dem Aspekt der kontinuierlichen Auseinandersetzung des Kindes mit seinen Primärgruppen (und umgekehrt) weiter zu entwickeln, d.h., psychoanalytische Entwicklungspsychologie als Sozialisationstheorie zu verstehen unter besonderer Berücksichtigung psychodynamischer und soziodynamischer Prozesse.[80]

6. Schließlich geht aus unserer Untersuchung hervor, daß in der sozialpsychologischen Gruppenforschung das Problem sog. *Gruppenphänomene* nicht mehr länger ausgeklammert werden kann. Wir konnten zeigen, daß sich in SE-Gruppen vielfach *unbewußte Gruppennormen, gemeinsame Mythen, gemeinsame Abwehrmaßnahmen* gegen bedrohlich empfundene Aspekte der Situation und *gemeinsame Phantasien* einstellen, die von den einzelnen Teilnehmern nicht beabsichtigt sind, nichtsdestoweniger aber das gesamte Geschehen und die individuelle Handlungsmöglichkeiten der Teilnehmer stark beeinflussen.[81]

Die Klärung sog. Gruppenphänomene dürfte auch wichtige Aufschlüsse über das Ineinander von psychodynamischen und soziodynamischen Faktoren in Kleingruppen geben, da hierbei sowohl eine Berücksichtigung der individuellen psychischen Dynamik als auch eine gewisse Gleichrichtung dieser psychischen Dynamik stattfindet unter dem Aspekt einer gemeinsamen, als Gruppe zu bewältigenden Problemsituation, die durch innere (d.h., individuell psychodynamische Faktoren) und äußere (die gesetzte Aufgabe, die gemeinsame soziale Situation) Momente gekennzeichnet ist. Wir sehen hier günstige Ansatzpunkte für eine psychologisch fundierte Mikrosoziologie und eine soziologisch fundierte Theorie der Psychodynamik in Kleingruppen.[82]

Schlußbemerkung

Abschließend möchten wir nicht versäumen, auf ein ganz zentrales Problem der Kleingruppentheorie hinzuweisen, das in dieser Untersuchung nahezu völlig ausgeklammert worden ist: die Frage der *Arbeit an einem gemeinsamen Gegenstand, die über die Beziehungsproblematik der Teilnehmer* angesichts unklarer Verhältnisse in der Gruppe *hinausgeht.* Anders ausgedrückt: die psychodynamische Problematik, welche durch das Vorhandensein einer konkreten *inhaltlichen Arbeitsaufgabe* in Kleingruppen entsteht.[1]

Auf den ersten Blick in die sozialpsychologische Forschungsliteratur scheint es, als ob eine Fülle von Überlegungen und Forschungsbefunden über *Arbeit in Kleingruppen* vorliegt, bei näherer Betrachtung aber erweist es sich, daß in den meisten dieser Beiträge wesentliche psychologische Probleme ausgeklammert werden.

Wir wollen dies an A. Paul *Hare* (1967) verdeutlichen, der sich wohl am intensivsten bemüht hat, die bisher vorliegenden Forschungsbefunde über Kleingruppen zu integrieren:

Hare geht in Anlehnung an Überlegungen von *F. Bales* (1950) davon aus, daß alle wichtigen psychologischen Probleme in Arbeitsgruppen sich in folgender 4-Felder-Tafel schematisch darstellen lassen (*Hare* 1967, 19):

	Aufgabe	Sozial-emotionaler Bereich
Gruppe	I	III
Individuum	II	IV

In jeder Arbeitsgruppe besteht das Problem der Teilnehmer darin, die gemeinsame Aufgabe zu definieren (I), und zwar so, daß die einzelnen Teilnehmer in dieser Definition miteinander übereinstimmen (II). Dabei ist es für die Teilnehmer erforderlich, gemeinsame Normen zu entwickeln, wie sie diese Aufgabe gemeinsam angehen sollen (III), und es entsteht notwendigerweise das Problem, alle Teilnehmer dazu zu bewegen, diesen Normen zuzustimmen, was nicht ohne individuelle Anpassungsprobleme sozio-emotionaler Art geschehen kann (IV).

Die Problematik dieses Ansatzes besteht darin, daß *die gesamte psychologische Dynamik,* die in einer Arbeitsgruppe entsteht, bezogen wird auf eine *bewußt und explizit als Aufgabe* (task) *der Gruppe gestellte Zielsetzung.* Sozial-emotionale Probleme der einzelnen Teilnehmer bzw. der Gruppe als Ganzer werden immer bezogen auf das gemeinsame, explizit formulierte Gruppenziel, die Gruppenaufgabe.[2] Dabei bleibt unberücksichtigt, daß sowohl bei den einzelnen Teilnehmern als auch bei den Teilnehmern in ihrer Gesamtheit *versteckte Zielsetzungen affektiver Art* vorhanden sein können und in der Regel sind.[3] Die hierdurch entstehende Psychodynamik und ihre Bedeutung für die Bewältigung der erklärten Arbeitsaufgabe der Gruppe wird nicht in Betracht gezogen.[4]

Eine Theorie des psychodynamischen Geschehens in Arbeitsgruppen müßte u. E. neben den oben erläuterten vier Problembereichen I – IV für die – durch die »offizielle« *Sachthematik* entstehende – Psychodynamik vier weitere Problembereiche I' – IV' für die versteckt, unbewußt vorhandene *affektive Beziehungsthematik* bzw. Psychodynamik berücksichtigen und zusätzlich die Beziehungen zwischen diesen beiden Ebenen des psychodynamischen Geschehens zu klären suchen.

In dieser Untersuchung haben wir versucht, die unter I' – IV' genannten psychodynamischen Prozesse etwas zu erhellen, die mit den affektiven Problemen der Teilnehmer in Kleingruppen verbunden sind und zu kollektiven Gruppenarrangements bzw. -abwehrmaßnahmen führen, zu *allen Teilnehmern gemeinsamen affektiven Problemen,* die als solche angegangen und gelöst werden müssen. Aufgabe weiterer Forschung wird es sein, diese Überlegungen mit der spezifischen zusätzlichen Problematik zu konfrontieren, die durch das Vorhandensein einer gemeinsamen Arbeitsaufgabe entsteht und zu einer *Theorie der Psychodynamik in Arbeitsgruppen* weiterzuführen.[5]

Anmerkungen

Zur Einleitung

[1] Am ehesten läßt sich eine solche Theorie noch bei *Bonner* (1959) erkennen.
[2] Die Übersetzung aller englischen Texte, die in dieser Arbeit zitiert werden, wurde von uns vorgenommen.
[3] Die Entfernung der sozialpsychologischen Forschung von der sozialen Wirklichkeit und die zunehmende Einengung des Forschungsdesigns, die *Mertens* (1975, 33 ff) in seiner Übersicht über die in der Sozialpsychologie verwendeten Forschungsmethoden konstatiert, gilt ebenso für den Bereich der Gruppendynamik bzw. die Gruppenpsychologie (vgl. *Gerard/Miller* 1967).
[4] Vgl. die Publikationen, die aus der Arbeit mit Selbsterfahrungs-, Therapie-, Unterrichts- und echt arbeitenden Arbeitsgruppen stammen (z.B. *Bradford* et al, 1972).
[5] Vgl. die unüberschaubare Menge von Arbeiten aus dem Bereich der experimentellen Sozialpsychologie und Gruppenforschung.
[6] Vgl. z.B. die verschiedenen Theorien über interpersonelle Anziehung in *Secord/Backman* (1964, 247 – 65) sowie die Theorie von *Homans* (1960; 1968).
[7] In sehr plastischer Weise hat Richard D. *Mann* (1974) die Situation der Forscher dargestellt, die praktische Probleme in den Mittelpunkt ihrer Forschungsbemühungen stellen wollen, in seinem Aufsatz über die »Identität des Gruppenforschers« (vgl. hierzu auch *Barker* 1971, 149 – 153).
[8] Vgl. auch die Präzisierung dieser Art von Gruppen unter 1.1.4. sowie im Kap. III.
[9] Die Bedeutung des Arbeitsfeldes der Selbstanalytischen Gruppen für die Erforschung der psychischen Dynamik in Kleingruppen und darüber hinaus für die gesamte Sozialpsychologie arbeitet *Glass* heraus (1973).
[10] Es sei hier schon angemerkt, daß wichtige Vertreter aus der Tradition der sogenannten Selbstanalytischen Gruppen ihre Theorien aus empirischen Untersuchungen der psychischen Dynamik in den von ihnen geleiteten Gruppen gewonnen haben (vlg. z.B. das Standardwerk von *Mann* 1967).

Zu Kapitel 1:

[1] Wie schon aus der obigen Aufzählung deutlich geworden sein dürfte, werden die Bezeichnungen Sensitivitätstraining, T-Gruppe, gruppendynamisches Training usw. weitgehend ohne definitorische Abgrenzung unterschiedslos füreinander gebraucht, was zu einer beträchtlichen Konfusion in der wissenschaftlichen Literatur geführt hat.
[2] Dieses Seminar ist detailliert beschrieben in *Lippitt* 1949 (vgl. auch *Benne* 1972 sowie zur Vorgeschichte dieses Seminars *Marrow* 1970).
[3] Da in diesem historischen Teil viele bzw. die meisten Angaben sich auf die Ausführungen von *Benne* (1972) beziehen, werden wir Hinweise aus diesem Aufsatz lediglich durch Seitenangaben in Klammern ausweisen.

[4] Interessant ist in diesem Zusammenhang, daß lediglich 44 % der gesamten Trainingszeit in den sogenannten kleinen Diskussionsgruppen verbracht wurde. Ebensoviel Zeit (44 %) wurde in der Gesamtgruppe von 41 Teilnehmern gearbeitet (vgl. *Lippitt* 1949, 73).

[5] Den wissenschaftlichen Werdegang dieser drei Pioniere der NTL und die Geschichte ihrer Zusammenarbeit mit Kurt *Lewin* schildert *Bradford* (1967, 129 – 134).

[6] An dieser Stelle der Entwicklung der NTL erfolgte in etwa die Rezeption durch deutsche Autoren (vgl. *Sbandi* 1971). Hierbei lag der Akzent vor allem auf der Variante des Sensitivitätstrainings (vgl. *Däumling* 1968, 1970).

[7] Zwischen dieser Arbeitsrichtung innerhalb der NTL und den mehr orthodoxen Ansätzen ist es seit 1967 immer wieder zu heftigen Auseinandersetzungen gekommen (vgl. Gruppendynamik Bd. 1, 20 – 44).

[8] Eine detaillierte Darstellung des Inhalts und Aufbaus einer solchen Lehrveranstaltung gibt *Bales* (1970, S. 511 – 525).

[9] Der Begriff Selbstanalytische Gruppe wird zum erstenmal von *Dunphy* (1964) gebraucht, dann von *Mann* (1966), schließlich ab 1969 von *Gibbard* und *Hartman* (vgl. *Gibbard* 1969, *Hartman* 1969 sowie besonders *Gibbard* u.a. 1974). 1970 betont auch der Altmeister der Kleingruppenforschung *Bales* die Bedeutung dieser Art von Gruppen, wobei auch er den Terminus Selbstanalytische Gruppe gebraucht (*Bales* 1970).

[10] Vgl. besonders die detaillierte Schilderung in der Monographie von *Mann* 1967, Kap. 2.

[11] Vgl. hierzu die Veröffentlichungen im I. appl. beh. science, das 1965 gegründet wurde, in dem etwa 80 % der Beiträge diese Themen behandeln.

[12] Davon handeln lediglich z.B. etwa 10 % der Beiträge im Journal for applied behavioral science.

[13] In der sozialpsychologischen Literatur taucht der Begriff der Psychodynamik auch kaum auf. Eine Ausnahme bilden lediglich *Deutsch/Krauss* (1976).

[14] Zum Begriff der Psychodynamik ist anzumerken, daß er in keinem uns zugänglichen psychoanalytischen Wörterbuch definiert wird, obwohl er von vielen Autoren ständig gebraucht wird. Lediglich *Guntrip* (1961, 1974) hat bislang versucht, den verschiedenartigen Bedeutungen dieses Begriffes im Verlaufe der Entwicklung der Psychoanalyse nachzugehen (vgl. 1974, 117 ff). Der Begriff der Psychodynamik ist auch im Gesamtregister von *Freud*s gesammelten Werken nicht enthalten.

[15] Zu ähnlichen Überlegungen kamen *Ackerman* (1944, 1958, 1963) und vor allem *Foulkes* (vgl. besonders 1974, 28 ff) schon Ende der 40er Jahre (vgl. auch *Rosenbaum* 1963). Beide verwenden den Begriff Psychodynamik für die Analyse des psychischen Geschehens in Kleingruppen (vgl. z.B. *Foulkes/Anthony* 1965, 21; *Ackerman* 1963). Besonders deutlich wird dies bei *Foulkes* (1974, 18): »Die gruppenanalytische Sicht betrachtet Psychodynamik als ursprünglich multipersonal, zumindestens zweipersonal, letzten Endes auf die Gruppe (Stamm, Familie, Gemeinschaft, Art) bezogen und primär als Gruppenphänomen«.
Die Verwendung der Bezeichnung »bewußt« und »unbewußt« verweist darauf, daß die psychodynamischen Prozesse nicht nur aus der aktuellen Situation der Teilnehmer in der Gruppe sich ergeben, sondern zusätzlich aus der Aktivierung verinnerlichter Beziehungsmuster (vgl. oben die Über-

legungen zur psychoanalytischen Theorie der Objektbeziehungen sowie unsere Modellüberlegung in Kapitel 2).

[16] Die Aufspaltung der sozialen Beziehungen in Sympathie- und Arbeitsbeziehungen, die das Autorenkollektiv Wissenschafts-Psychologie (1975, 271 f) vornimmt, wobei nach Meinung dieser Autoren die gruppendynamischen Theorien lediglich den Sympathiebereich erfassen, erscheint uns nicht differenziert genug.
Die Autoren schränken ihre Aufteilung zwar selbst ein, indem sie betonen, daß es sich bei dieser im Grunde um unterschiedliche Aspekte sozialer Beziehungen handelt (272), aber sie versuchen nicht, die empirisch vorfindlichen Mischformen näher zu betrachten: was geschieht in Unterrichtsgruppen, in Therapiegruppen, in Aktionsgruppen? Handelt es sich dabei um Sympathie- oder um Arbeitsbeziehungen? Lassen sich die Probleme in Selbstanalytischen Gruppen, z.B. der emotionalen Abgrenzung, der Auseinandersetzung mit Autoritäten, der Entwicklung emotionaler Distanz oder Nähe usw. einfach unter Sympathiebeziehung fassen? Ist die Klärung verfilzter zwischenmenschlicher Beziehungen oder der Erwerb der Fähigkeit, psychodynamische Prozesse in Gruppen wahrzunehmen, Arbeit?

[17] Zur Unterscheidung psychologischer und soziologischer Analyse kleiner Gruppen vgl. *Lukasczyk* (1965).

[18] Vgl. zum Folgenden *Sandner* (1973 a, 29 – 49).

[19] Vgl. hierzu den zentralen Begriff der – aus der marxistischen Soziologie stammenden – »Materiellen gesellschaftlichen Verhältnisse« (*Hahn* 1968, 57 ff; *Sandner* 1973 a, 29 ff).

[20] Die Bedeutung unserer Untersuchung für diese fünf Bereiche wird in Kapitel 5 eingehend erörtert werden.

Zu Kapitel 2

[1] Zum Konzept der Gruppe als Familie vgl. Walter *Schindler* (1951, 1966, 1975). Er hat als erster (1951) diese Betrachtungsweise vorgeschlagen.

[2] *Foulkes* (1970, 79 f) unterscheidet fünf Ebenen des Geschehens in Gruppen, von denen die ersten drei, die sogenannte *aktuelle Ebene*, die *Übertragungsebene* und die *Projektionsebene* stark den von uns angenommenen drei Ebenen des Geschehens ähneln (vgl. auch *Foulkes* 1974, 170 ff; *Sandner* 1976 A).

[3] Zu einer ähnlichen Annahme kommt *Kutter* (1971) aufgrund seiner Erfahrungen mit Therapiegruppen.

[4] Der Begriff der Verhaltenskompetenz gewinnt in der sozialwissenschaftlich orientierten Diskussion der kindlichen Entwicklung zunehmend an Bedeutung (vgl. z.B. die Sammelreferate von *White* 1959 und *Wertheim* 1975 a – d). Hinsichtlich des Begriffes der sozialen bzw. interpersonellen Verhaltenskompetenz sind sich diese Autoren in der Sache, nicht aber in der Benennung, einig. Während *White* den Begriff der Verhaltenskompetenz auf das Verhalten des Kindes gegenüber gegenständlicher (1959) wie sozialer Umwelt (1960) bezieht, spricht *Wertheim* lediglich bei ersterem Verhalten von Kompetenz, letzteres bezeichnet sie mit dem Begriff *Autonomie*. Beide Autoren sind stark von *Erikson* (1971) beeinflußt.
Auf T-Gruppen bezogen verwendet *Argyris* (1969) den Begriff *interpersonelle Kompetenz*. Er versteht darunter »die Fähigkeit, zufriedenstellend (effective) mit interpersonellen Beziehungen zurechtzukommen« bzw.

»interpersonelle Probleme zu lösen« (vgl. 749 f). *Argyle* (1967) gebraucht den Begriff soziale Kompetenz in ähnlicher Weise wie *Argyris*.

5 Mit dieser Definition der individuellen Verhaltenskompetenz unterscheiden wir uns von den in Anmerkung 3 genannten Autoren nicht grundsätzlich, wohl aber in der Betonung, die wir auf den Zusammenhang zwischen spezifischen psycho-sozialen Kompetenzen und spezifischen Phasen der kindlichen Entwicklung legen.

6 Diese Überlegungen sind besonders in der Auseinandersetzung mit dem Ansatz von Dieter *Ohlmeier* (1974, 1975 a/b, 1976) vorangetrieben worden. *Ohlmeier* plädiert für die Unterscheidung zweier Entwicklungslinien des Kleinkindes: einer in Richtung auf eine persönliche, abgegrenzte Ich-Identität (vgl. *Erikson* 1966) und eine andere, die er als »die Ausbildung von Gruppen-Ich-Funktionen« bezeichnet. Wir sind der Auffassung, daß es sich dabei weniger um zwei getrennte Entwicklungslinien handelt als vielmehr um die allmähliche Entwicklung verschiedener grundlegender Modi der Auseinandersetzung mit bedeutsamen anderen, was die Abgrenzung des eigenen Ichs als einen Pol dieser Dynamik einschließt (vgl. unten die Charakterisierung der prä-ödipalen Problematik).

7 Die Aussage, eine Gruppe pendle sich auf eines der drei Niveaus des Verhaltens ein, impliziert nicht, daß es sich um eine homogene Gruppe handelt, d.h., daß die Gruppe sich aus Teilnehmern zusammensetzt, die ähnliche Probleme haben. Sie besagt lediglich, daß die Gruppe sich als solche auf einem gemeinsamen *Problemniveau* bewegt, an dem die einzelnen Teilnehmer Anteil haben, mit dem sie sich auseinandersetzen müssen.

8 Mit dem etwas technisch klingenden Ausdruck »Funktionieren« wollen wir hervorheben, daß es *qualitativ* voneinander verschiedene Konstellationen der psychischen Dynamik um bestimmte Probleme in Selbstanalytischen Gruppen gibt, innerhalb derer unterschiedliche Mechanismen den Gruppenprozeß bestimmen.

9 Besonders zu Dank verpflichtet sind wir hierbei Frau Brigitte *Schwinert* und Dieter *Ohlmeier*.

10 Vgl. die Ausführungen unter 4.1.6.

11 Für das weibliche Kind vgl. Melanie *Klein* (1973, 169).

12 Zum Ursprung und zu frühen Formulierungen des Ödipus-Komplexes bei *Freud* vgl. *Calogeras/Schupper* (1972), zum heutigen Stand der Diskussion hierüber *Calogeras* et al (1976).

13 So unwahrscheinlich diese Überlegungen *Freud*s klingen, so können wir aus unserer praktischen Erfahrung mit Selbstanalytischen Gruppen die geschilderten Vorgänge vielfach bestätigen. *Freud* fügt nicht ohne Grund seiner Arbeit »Totem und Tabu« den Untertitel »Einige Übereinstimmungen im Seelenleben der Wilden und der Neurotiker« an. Er will damit ausdrücken, daß in der Phantasiewelt des Kindes und in der des an die ödipale Problematik gebundenen Erwachsenen das Problem des phantasierten Vater-Mordes außerordentlich häufig auftaucht (vgl. z.B. *Slater* 1970).

14 Vgl. hierzu auch die Überlegungen von Walter *Schindler* (1951) über »die Gruppe als Familie«.

15 Es gibt auch Mehrpersonenkonstellationen, aus denen keine Gruppe entsteht, obwohl dies erwünscht ist (vgl. *Heigl-Evers* 1968).

16 In der Literatur ist vielfach polemisch angemerkt worden, daß solche Phänomene in Gruppen garnicht beobachtet werden können. Wir sind mit *Whitacker/Lieberman* (1974) sowie *Stock/Thelen* (1958) der Auffassung, daß die Einführung solcher Als-Ob-Konstrukte dann sinnvoll ist, wenn da-

mit die verwirrende Vielfalt von Verhaltensweisen der Mitglieder einer Gruppe geordnet und auf einen gemeinsamen Nenner gebracht werden können (vgl. *Stock/Thelen* 1958, 14).

17 Diese prä-ödipalen passiven Ansprüche sollten streng geschieden werden von den noch zu schildernden ödipalen, bei denen es darum geht, keine Rivalität unter den Gruppenmitgliedern aufkommen zu lassen und deshalb vom Gruppenleiter ordnendes, normierendes Verhalten erwartet wird; zum Konzept »Gruppe als Mutter« vgl. *W. Schindler* (1966), *Scheidlinger* (1974) sowie *Arensberg* (1973).

18 Die Übertragung des ödipalen Paradigmas auf die Situation in Kleingruppen in der gerade geschilderten vollständigen Ausprägung (Gruppenleiter als Vater, Gruppenleiterin als Mutter, die Gruppenteilnehmer als Geschwister) ist erst in allerletzter Zeit versucht worden (vgl. *König* 1976, und besonders *Heising/Wolff* 1976, 91 ff). Bei den vielfachen Versuchen, die Vorgänge in Kleingruppen in Anlehnung an die Situation in der Kernfamilie zu betrachten (»Gruppe als Familie«), wurde der Gruppenleiter zwar häufig als Vater, aber die *Gruppe als Ganzes* als Mutter betrachtet (vgl. z.B. *W. Schindler* 1951, 1966; *Scheidlinger* 1974; *Battegay* 1976). Diese Betrachtungsweise dürfte keinesfalls zufällig entstanden sein: wie wir noch zeigen werden, wird beim Übergang von der prä-ödipalen zur ödipalen Phase der Entwicklung in Selbstanalytischen Gruppen der Gruppenleiter in der Tat als Vater und die Gesamtgruppe als Mutter erlebt (vgl. unten auch die Überlegungen von *Slater* 1970).
Andererseits besteht eine große Wahrscheinlichkeit, daß die von uns im Folgenden zu skizzierende ödipale Konstellation in einer Selbstanalytischen Gruppe überhaupt weniger deutlich in Erscheinung treten wird, wenn kein Elternpaar, sondern nur ein (männlicher) Gruppenleiter vorhanden ist. Die Tatsache, daß Selbstanalytische Gruppen oder Therapiegruppen häufig nur von einem (männlichen) Gruppenleiter durchgeführt werden, ist vielleicht auch ein Grund, warum die vollständige ödipale Konstellation in Kleingruppen so selten in der Literatur geschildert wird. Wie die Untersuchung von *Heising/Wolff* (1976, besonders 91 ff) zeigt, springt diese Konstellation beim Vorhandensein eines *Therapeutenpaares* richtiggehend ins Auge.

19 Wie wir oben schon angemerkt haben, dürfte diese Befürchtung mehr der Gruppe als Ganzer gegenüber vorhanden sein als der real vorhandenen Gruppenleiterin; unserer Erfahrung nach wird diese häufig eher positiv gesehen, idealisiert.

20 Dies entspricht genau der Überlegung in *Freuds* Massenpsychologie und Ich-Analyse (GW XIII): die Gruppenteilnehmer identifizieren sich mit der vermuteten Forderung des Gruppenleiters und eliminieren die untereinander vorhandenen Rivalitäten (vgl. hierzu auch die Überlegungen von *Slater* 1970, 174 ff).

21 Unserer Auffassung nach versucht *Bales* (1950) mit dem von ihm entwickelten Schema der Klassifikation von Beiträgen in Gruppen gerade diese Ebene des Funktionierens von Gruppen zu erfassen.

Zu Kapitel 3

1 Einige Bemerkungen zur *Form der Darstellung:*
(1.) Die einzelnen Konzepte werden von uns relativ ausführlich dargestellt werden. Wir halten dies aus vier Gründen für geboten:

(a) weil im deutschen Sprachraum bislang keine ausführlichen Erörterungen der Konzepte der psychischen Dynamik in Selbstanalytischen Gruppen vorliegen;
(b) weil nur durch eine gewisse Anschaulichkeit und Ausführlichkeit die komplexen Gedanken der von uns ausgewählten Autoren einigermaßen verständlich und nicht allzu mißverständlich dargestellt werden können;
(c) weil es dann eher möglich ist, diese Konzepte kritisch zu würdigen und vielleicht auch zu von uns abweichenden Ergebnissen zu kommen.

(2.) Die Überlegungen der von uns vorgestellten Theoretiker basieren durchwegs entweder auf ausführlichen empirischen Untersuchungen oder aber Beschreibungen, Protokollen von Gruppensitzungen. Es würde den Umfang dieses Kapitels unnötig vergrößeren, wenn wir des öfteren aus diesen Protokollen zitieren oder die konkreten empirischen Daten anführen würden.

2 In Zukunft abgekürzt als EC.

3 Wir geben hier die Schilderung des Ansatzes von *Bion* durch *Thelen* relativ ausführlich wieder, weil sie ein gutes Bild von der Entstehung dieses Ansatzes und der Denkweise von *Bion* vermittelt, auf den sich praktisch alle Theoretiker Selbstanalytischer Gruppen beziehen.

4 Da das Buch »Emotional dynamics and group culture« (EC) bei uns praktisch nicht zu bekommen ist, zitieren wir nach Möglichkeit nach einem Auszug aus diesem Buch, der in einem Reader von *Rosenbaum/Berger* (1963) abgedruckt und dort leichter zugänglich ist. Wir kürzen diesen Aufsatz mit »EC 1963« ab.

5 Wenn man bedenkt, wie essayistisch und aphoristisch *Bion* seine Konzepte entwickelt, kann man die Klarheit der *Thelen*schen Zusammenfassung dieser Ideen nur bewundern.

6 Hier weicht *Thelen* etwas von *Bion* ab. Nach *Bion* besteht das wesentliche in der Grundannahmen-Kultur Paarbildung darin, daß die Gruppenteilnehmer einem Paar über längere Zeit die Bühne überlassen, so als ob sie von den symbolischen Handlungen dieses Paares die Beseitigung aller Schwierigkeiten in der Gruppe erwarteten (vgl. *Sandner* 1975).

7 Vgl. seinen Versuch der näheren Bestimmung des Konzeptes der Arbeitsgruppe (*Thelen* 1959, 578) und seine oben vorgenommene Bestimmung der Charakteristika der drei von *Bion* herausgearbeiteten Grundannahmen in Gruppen.

8 Zur Messung der drei genannten Bestandteile der Valenz-Struktur eines Gruppenteilnehmers haben *Thelen* und seine Mitarbeiter eine Reihe von Meßverfahren, unter anderem den »reactions to group situations test« entwickelt (vgl. EC 24 f sowie Kapitel 7).

9 *Thelen* und seine Mitarbeiter konnten diese Annahme in verschiedenen Untersuchungen der Tendenz nach deutlich belegen, wenn auch dabei noch eine ganze Reihe von methodischen und theoretischen Problemen ungelöst geblieben sind.

10 DW = Dynamics of groups at work.

11 Auch wenn *Thelen* selbst diese Gruppe nicht geleitet haben sollte, was unwahrscheinlich ist, so können wir aus der Schilderung entnehmen, daß er sich stark mit dem dort beschriebenen Gruppenleiter identifizierte.

12 Wie wir in Kapitel 5 erörtern werden, ist die Regression der Gruppenmitglieder auf diese Ebene des Verhaltens für therapeutische und pädagogische

Zwecke, aber auch für die wissenschaftliche Erforschung der psychischen Dynamik in Kleingruppen recht vorteilhaft.

13 vgl. hierzu die einzelnen Beiträge in dem Hauptwerk von *Thelen,* EC.

14 Alle Angaben, die sich auf das Hauptwerk von *Slater* (1970) beziehen, werden wir im Folgenden lediglich durch Seitenangaben in Klammern ausweisen.

15 vgl. hierzu auch die Ausführungen in unserem Aufsatz »Zur Psychologie des religiösen Verhaltens« (*Sandner* 1973, 761-765).

16 Nicht umsonst enthält der Horden-Vater im *Freud*schen Mythos den Söhnen sämtliche Frauen vor, d.h., unter dem uns hier interessierenden Gesichtpunkt: alle *Mütter.*

17 Zum Begriff der Übertragung vgl. *Laplanche/Pontalis* (1973, 550 ff).

18 Aus diesen Überlegungen wird auch deutlich, warum sich aller Wahrscheinlichkeit nach bei den Gruppen von *Thelen* weder eine Revolte noch eine Ablösung vom Grupenleiter entwickeln konnte: wenn der Gruppenleiter übermäßig auf die Wünsche der Gruppenmitglieder eingeht, besteht weder ein Grund noch eine Möglichkeit, sich zusammenzuschließen und den Gruppenleiter seiner Macht zu berauben. Die Gruppenmitglieder bleiben an den Gruppenleiter sozusagen oral fixiert.

19 Zum Begriff der Libido vgl. *Laplanche/Pontalis* (1973, 284 ff).

20 Es erscheint paradox, daß erwachsene Menschen in Selbstanalytischen Gruppen sich diese Frage stellen. Warum entschließen sie sich nicht von Anfang an, auf ihre eigenen Kräfte zu vertrauen und ihre Bedürfnisse im Austausch von Geben und Nehmen wechselseitig zu befriedigen? Vielleicht hilft hier eine Unterscheidung von *Schultz-Hencke* (1951) weiter: die Mitglieder einer beginnenden Selbstanalytischen Gruppe sind grundsätzlich sowohl in einer potentiellen *Versuchungssituation* als auch in einer *Versagungssituation.* Es ist für sie unklar, ob sie in der konkreten Gruppe ihre emotionale Bedürfnisbefriedigungsbalance, die in ihrem sonstigen Leben mehr oder weniger günstig durch bestimmte Impuls/Abwehr-Maßnahmen aufrecht erhalten werden kann, in der Gruppe nicht empfindlich gestört wird: entweder, indem sie schlechter wegkommen (frustriert werden, Versagungen erleiden) oder aber, indem sie in Versuchung geführt werden, eine bessere Balance anzustreben, was ebenfalls als recht bedrohlich und angstmachend erlebt werden dürfte. In dieser Situation ist es effektiv zunächst das beste, vom Gruppenleiter nur Gutes und die gesamte Versorgung zu erwarten, und selber nichts zu tun, um die individuelle Balance nicht zu stören. Dies empfiehlt sich umso mehr als durch das spezifische Setting der Selbstanalytischen Gruppe in der Phantasie der Teilnehmer eine Situation entsteht, die der frühkindlichen Situation stark ähnelt: intellektuelle, rationale, sachbezogene, kurz sekundärprozeßhafte Möglichkeiten des Handelns (vgl. *Brenner* 1968, 61-66) »greifen« in der unstrukturierten Situation wenig; dadurch drängen bisher verdrängte oder sonstwie abgewehrte Impulse und Ängste, d.h., primärprozeßhafte Vorgänge ins Bewußtsein (ibid 58-64).

21 Zum Begriff der phallischen Phase vergl. *Laplanche/Pontalis* (1973, 383 ff).

22 vgl. hierzu unten die Überlegungen von *Gibbard/Hartman* sowie besonders von W.G. *Bennis.*

23 Mit Theodore *Mills* ist er allerdings der Auffassung, daß es sich bei der Theorie der Ur-Horde von *Freud weniger um ein historisches* als vielmehr um ein *systematisches* Problem handeln dürfte (4; sowie 177 ff): um die Problematik der Loslösung der Kinder von einer beschützenden, aber zugleich

frustrierenden Vater-Figur, von der man im Grunde am liebsten das ganze Leben lang beschützt werden möchte, schließlich aber sich von ihr betrogen und eingeengt fühlt, weil sie den Erwartungen nicht gerecht wird und sich durch den »Vater-Mord« bzw. Leitersturz symbolisch all das aneignet, was einem anscheinend vorenthalten wird.

24 *Slater* gibt die Position von *Bion* hinsichtlich der Paarbildung bedeutend präziser wieder als *Thelen* (vgl. 153).

25 Es ist schwierig, diese Stadien aus der Schilderung von *Slater* zu rekonstruieren bzw. begrifflich zu fassen. *Slater* schildert die Überlegungen *Neumanns* in einer ausgesprochen essayistischen Weise, einmal auf den Seiten 217-235 unter der Überschrift »Mythologische Parallelen«, zum anderen in seinen Schlußbemerkungen (Seite 278-290).

26 Hier wird der Charakter des von Melanie *Klein* beschriebenen Phänomens der oralen Gier der Gruppenteilnehmer und die Projektion dieser Gier auf den Gruppenleiter bzw. die Gesamtgruppe deutlich. Es ist eine völlig unbegründete und irrationale Annahme, der Gruppenleiter möchte die Gruppenteilnehmer sich einverleiben. Vom Standpunkt eines Säuglings, der noch nicht zwischen innen und außen unterscheiden kann, ist es aber durchaus einleuchtend.

27 Wie oben im einzelnen ausgeführt, werden die Gruppenmitglieder in gewisser Weise gezwungen, den Leiter zu stürzen: weil er sie nicht in jeder Hinsicht versorgt. Im Grunde wäre ihnen viel lieber, wenn sie ohne eigene Aktivität alles bekämen, was sie benötigen. Am liebsten verblieben sie überhaupt in dem in Phase 1 beschriebenen Zustand der Urharmonie, wenn sie nicht dort schmerzlich erlebt hätten, daß auf die Umwelt kein Verlaß ist.

28 Diese Beschreibung stellt u.E. auch eine recht gute Illustration dessen dar, was wir als den Unterschied zwischen der ödipalen und der reflexiv-interaktionellen Ebene des Funktionierens von Gruppen verstehen.

29 Wäre er als Gruppenleiter überfürsorglich, wie wir das bei *Thelen* gesehen haben, so würden die Gruppenmitglieder kaum revoltieren.

30 *Slater* schreibt auf Seite 309 seines Hauptwerkes, daß alle Gruppenprotokolle, die mit Ziffer II bezeichnet sind, sich auf von ihm geleitete Gruppen beziehen.

31 Hier wird auch deutlich, daß die Gruppenmitglieder vor der Revolte, d.h., auf dem prä-ödipalen Verhaltensniveau, schon hinreichend viele reflexiv *interaktionelle* Klärungen und Realitätsprüfungen untereinander vorgenommen haben müssen, um überhaupt echt revoltieren zu können. Ist dies nicht der Fall, so kommt es vielfach zu Revolten, die eher die Schwäche und Zerrissenheit der Gruppe als ihre Stärke ausdrücken. Nach dem Motto: die Gruppe ist ja gar nicht in verschiedene Parteien gespalten, sondern einig.

32 Weitere biographische Daten und Informationen über die Interessenschwerpunkte dieser Autoren vgl. behavioral science, 18, 1973, 391 f.

33 Das wissenschaftliche Klima, in dem sie sich entwickeln konnten, begünstigte dieses Unterfangen sicherlich. Ihr Lehrer, R.D. *Mann*, hat jahrelang mit allen wichtigen Vertretern des sog. »self analytic classroom« (*Bales, Slater, Mills, Dunphy*) eng zusammengearbeitet (vgl. *Mann* 1967, VIII).

34 vgl. hierzu auch *Ohlmeier* (1976).

35 Alle Angaben, die sich auf die drei Aufsätze in »analysis of groups« beziehen (*Gibbard/Hartman/Mann* 1974) werden lediglich durch eine Seitenangabe in Klammern ausgewiesen.

36 Dabei ist zu berücksichtigen, daß dieser Vorgang der Grenzziehung weitgehend unbewußt vor sich geht. Die psychodynamischen Vorgänge, die

dabei in den einzelnen Gruppenteilnehmern ablaufen, sind wenig geklärt. Auch *Gibbard* und *Hartman* geben keine genauere Erklärung dieser Prozesse. Lediglich *Thelen* und neuerdings *Grinberg* (1973) mit seinem Konzept der projektiven Identifikation bzw. Gegenidentifikation bieten gewisse Ansätze, um diese individuelle psychische Dynamik zu erfassen, die bei der Entstehung der kollektiven Phänomene in Gruppen zugrunde liegt.

[37] Es fällt auf, daß *Gibbard* und *Hartman* sich wenig über die Vorgänge *vor* der Revolte gegen den Gruppenleiter äußern bzw. als erste Phase der Gruppenentwicklung bereits die Revolte gegen den Leiter ansetzen. Offenbar interessieren sie sich für die Prozesse, die zum Leitersturz führen – im Gegensatz zu *Slater* – recht wenig. Wir werden unten bei der Schilderung der Mythenbildung in Selbstanalytischen Gruppen und bei der Würdigung des Gesamtansatzes auf diesen Punkt zurückkommen.

[38] Am weitesten fortgeschritten sind die Überlegungen zur psychodynamischen Bedeutung der Rollendifferenzierung und den konkreten in Selbstanalytischen Gruppen auftauchenden typischen Rollen bei *Bennis* und *Shepard* (1956). Wir werden diesen Ansatz im letzten Abschnitt dieses Kapitels eingehend darstellen.

[39] Zur Definition des Mythos vgl. auch die Überlegungen von *Dunphy* (1974, 311 ff).

[40] *Gibbard* und *Hartman* selbst widmen diesen beiden Mythen jeweils einen besonderen Aufsatz (*Hartman* und *Gibbard* 1973, *Gibbard* und *Hartman* 1973 b).

[41] Aufgrund gewisser Übereinstimmungen der Schilderungen der beiden Gruppen in zwei Aufsätzen von *Gibbard* und *Hartman* (*Hartman* und Gibbard 1973 sowie *Gibbard* und *Hartman* 1973 c) läßt sich *Gibbard* als Leiter der Gruppe 1 identifizieren und *Hartman* als Leiter der Gruppe 2.

[42] Die Zuordnung der Sitzungen zu den einzelnen Phasen läßt sich aus den Angaben des Aufsatzes über die Entwicklung der Gruppengrenzen entnehmen (vgl. *Hartman* und *Gibbard* 1974, 163). Beide Gruppen hatten 25 Teilnehmer, jeweils zur Hälfte Männer und Frauen. Es fanden insgesamt 40 Sitzungen zu jeweils 50 Minuten statt, wöchentlich drei Sitzungen (ibid 162).

[43] Es ist nicht recht verständlich, warum *Gibbard* und *Hartman* trotz des unterschiedlichen Verlaufs der beiden Gruppen, den eher atypischen Verlauf der Gruppe 2 zur Grundlage ihrer mythologischen Systematisierung gemacht haben.

[44] Es mag erstaunen, daß wir bei einer so schmalen empirischen Basis, wie es die beiden Gruppen von *Gibbard/Hartman* sind, so weitreichende theoretische Schlußfolgerungen ziehen. Hierzu ist zu sagen:

1. Alle Überlegungen dieser Arbeit haben *hypothetischen Charakter,*
2. wir meinen, die wissenschaftliche Hypothesen- und Theoriebildung läßt sich genauso gut vorantreiben durch eine sorgfältige Analyse und Klärung *einzelner* Fälle, wie durch umfangreiche, breit angelegte Untersuchungen (vgl. hierzu *Lewin* 1931).

[45] Der Unterschied zwischen beiden Arten von Theoriebildung besteht vor allem in der unterschiedlichen Bedeutung, die der Klärung der psychischen Dynamik innerhalb der didaktischen Realisierung vielfältiger Trainingsziele beigemessen wird. Im Rahmen einer Theorie des Trainings interessiert die in T-Gruppen entstehende psychische Dynamik nur insofern als sie als Hindernis oder Medium betrachtet wird, bestimmte konkrete Trainingsziele für die Mitglieder einer solchen Gruppe zu erreichen.

[46] Alle Angaben, die sich auf diesen Aufsatz beziehen, werden lediglich durch Seitenangaben in Klammern ausgewiesen.

[47] Es bleibt unklar, *wovor* die Gruppenteilnehmer Angst haben.

[48] Aufgrund unserer bisherigen Überlegungen können wir aber eine Hypothese aufstellen:
Es handelt sich bei der Problematik dieser Phase offenbar um die Konstellation, die *Slater* (1970) als die Phase der Abhängigkeit charakterisiert hat, in welcher der Gruppenleiter zugleich mütterlicher Versorger und väterlicher Beschützer vor den negativen, verschlingenden mütterlichen Aspekten der Gesamtgruppe sein soll, wobei zugleich dem Gruppenleiter in seiner erwünschten Eigenschaft als gute Mutter in gewisser Weise in der Phantasie gerade der Kontradependenten verschlingende, vergewaltigende Tendenzen zugeschrieben werden.

[49] Anders ausgedrückt: Angst vor der verschlingenden Mutter. Wie wir bei der Konzeption von *Slater* schon versucht haben herauszuarbeiten, entsteht die Phantasie der verschlingenden Mutter vermutlich vor allem deshalb, weil bei den Gruppenteilnehmern starke orale Wünsche in der wenig strukturierten Situation reaktiviert werden: es entsteht die frühkindliche Verheißung totaler Versorgung durch die Mutter und zugleich Wut, wenn diese Versorgung nicht hinreichend erfolgt. Da das Kind alles Gute sich zurechnet und alles Böse der Mutter, erscheint dann diese als gierig und aggressiv-verschlingend. Die im Kinde vorhandenen Impulse werden auf die Mutter projiziert.

[50] Der Leser bleibt weiterhin im unklaren, ob die Gruppenteilnehmer Angst davor haben, vom Gruppenleiter bestraft oder abgelehnt zu werden und deshalb ihn drängen, klare Regeln zu geben, oder aber Angst haben vor den andrängenden Impulsen.

[51] Wenn diese Revolte aufgrund der spezifischen Konstellation zwischen den drei genannten Untergruppen nicht rasch vor sich gehen kann, »so kommt es wahrscheinlich zu einem langwierigen und mühsamen Prozeß unsicheren Schwankens zwischen den Phasen 1 und 2« (280). Diese Aussage von Bennis ist für unsere Überlegungen besonders bedeutsam, weil sie unterstreicht, welch wichtige Rolle die Revolte für die Weiterentwicklung von Selbstanalytischen Gruppen spielt.

[52] Diesen Überlegungen zur *Binnendifferenzierung der Gruppe* mißt auch Slater eine wichtige Bedeutung bei bezüglich der Ermöglichung einer Revolte gegen den Leiter.

[53] »1. Lösung« deshalb, weil nach *Bennis* dieses Problem nie vollständig und in einem Anlauf gelöst werden kann (vgl. 288 f).

[54] Obwohl *Bennis* hier wieder ohne weitere Erläuterung von Autoritäts- und Dependenzproblematik spricht, wird in seiner abschließenden Bemerkung (282) deutlich, daß es in der ersten Hauptphase vor allem um »die Auflösung der Abhängigkeitsbedürfnisse« geht. Wir kommen auf die wenig geklärte Verwendung der Termini Autorität und Dependenz bei *Bennis* in der abschließenden Würdigung dieses Ansatzes zurück.

[55] *Bennis* gibt auch hier wiederum keine Gründe für die Heftigkeit dieser Spekulationen an. Wir meinen, daß diese phantastischen Befürchtungen vor allem entstehen aus den überstarken individuellen oralen Tendenzen, die in der Versuchungssituation der Gruppe entstehen und den aggressiven Impulsen, die sich aus der Frustration durch den Leiter ergeben, aus den Versagungen durch ihn.

[56] Dies ist eine recht gute Schilderung der Werte bzw. Normen in Gruppen, die unserer Auffassung nach die sog. reflexiv-interaktionelle Ebene des Verhaltens in Gruppen charakterisieren.

[57] Wir bezeichnen die Trainingsmethodologie von *Bennis* hier als Ideologie, weil es durchaus andere Formen bzw. Theorien des wünschbaren Verhaltens von Gruppenleitern gibt, *Bennis* aber so tut, als ob seine Methodologie die beste wäre (vgl. 299 f sowie das im Text unten folgende Zitat).

[58] Zum Problem der Regression in Selbstanalytischen Gruppen vgl. unten den Abschnitt 4.1.2.6.

[59] Die Teilnehmer sind sich noch nicht darüber im klaren, ob sie weiterhin den Gruppenleiter drängen sollen, sie in jeder Hinsicht zu versorgen, oder ob sie die Versorgung selbst in die Hand nehmen können und den frustrierenden Leiter absetzen, entmachten, seine Macht sich aneignen.

[60] Wir gehen auf die Problematik eines epigenetischen Entwicklungsmodells von Selbstanalytischen Gruppen in Kapitel 4, Abschnitt 4.2. ein.

[61] Diese Frage wird uns in Kapitel 4 bei der Erörterung der Natur der sog. Regression in Gruppen noch beschäftigen.

[62] Wir werden dieses Problem bei der Behandlung der Frage der unterschiedlichen individuellen psycho-sozialen Verhaltenskompetenzen im Kapitel 4 aufgreifen.

[63] Diese Aussage bezieht sich vor allem auf die Phase 1 (Dependenz). Was Phase 2 (Interdependenz) angeht, so macht *Bennis* einige Angaben (vgl. 284 ff)

Zu Kapitel 4

[1] Welches denkbare *Modell der Entwicklung Selbstanalytischer Gruppen* sich für uns aus diesen vielfältigen Beiträgen zu den drei Ebenen ergibt, werden wir im Abschnitt 4.2.2. ausführen.

[2] Hierfür bieten sich drei Erklärungen an: einmal ist aus der Analyse des Leiterverhaltens der untersuchten Autoren deutlich geworden, daß hierdurch aller Wahrscheinlichkeit nach vor allem prä-ödipale bzw. ödipale Phänomene hervorgerufen wurden. Zum zweiten dürfte der Zeitraum, in dem die Gruppen stattgefunden haben, durchwegs zu kurz gewesen sein, um nach erfolgter Regression auf prä-ödipale bzw. ödipale Probleme zur reflexiv-interaktionellen Ebene fortzuschreiten (die längste Gruppe dauerte 40 Sitzungen zu 50 Minuten). Schließlich ist auch denkbar, daß die Mitglieder der Bevölkerungsgruppe, mit denen die Autoren vorwiegend gearbeitet haben, nämlich amerikanische Studenten der 50er und 60er Jahre, vermehrt zu starken Regressionen auf die prä-ödipale Ebene des Verhaltens neigen, worauf verschiedene Autoren hinweisen: z.B. *Erikson* (1971) oder Calogeras/ Schupper (1972).

[3] Der Begriff der projektiven Indentifikation stammt von Melanie *Klein,* die ihn 1946 zum erstenmal zur Charakterisierung des spezifischen Abwehrverhaltens des Kleinkindes der paranoid-schizoiden Position gebraucht hat (vgl. Melanie *Klein,* 1972, 101-125, sowie zur Geschichte dieses Begriffes *Jaffe* 1968).

[4] Besonders *Zinner/Shapiro* (1972) weisen darauf hin, daß es sich bei dem Konzept der projektiven Identifikation um ein interaktionelles Konzept handelt. Es charakterisiert einen Vorgang, bei dem intrapsychische Probleme *interpersonell* angegangen werden.

[5] Zur Ebene des Verhaltens, auf der die Gruppe als Mutter erscheint, vgl. besonders *Scheidliner* (1964; 1974) sowie Walter *Schindler* (1966, 1973); Arensberg (1973) weist auf den engen Zusammenhang zwischen der Encounter-Gruppen-Bewegung und dem Bedürfnis nach nähernder Mütterlichkeit bzw. auf die Gefahren, die aus einem – von der Methodik her – implizierten übermäßigen Provozieren stark prä-ödipaler Wünsche entstehen.

[6] Vgl. auch die obigen Ausführungen über projektive Identifikation und projektive Gegenidentifikation. Durch die Projektion abgewehrter Impulse auf einen Gruppenteilnehmer und dessen Übernahme der erwünschten Rolle erfüllt dieser Teilnehmer eine eminent wichtige Funktion für das seelische Gleichgewicht der anderen Gruppenteilnehmer. Die »gute Mutter« ist dann gleichsam in allen anderen Gruppenteilnehmern, d.h., im Großteil der Gruppe bewahrt, die böse Mutter in einem Teilnehmer oder einer Untergruppe lokalisiert und kann als solche bekämpft und in Schach gehalten werden.

[7] Damit wird erstmalig die ödipale Konstellation bzw. Dreierbeziehung *vom einzelnen Gruppenmitglied her gesehen* deutlich.

[8] Wenn der Gruppenleiter die *mütterliche Funktion der Versorgung der Gruppenteilnehmer* mit dem von ihnen Gewünschten (Zuwendung, Ermunterung, Leitung, Aufklärung usw.) nicht übernimmt, so zwingt er sie, sich auf die eigenen Kräfte zu verlassen. Aus der kollektiven Frustration entsteht die Gruppenrevolte, die zugleich ein erstes *Kräftemessen* mit dem Gruppenleiter darstellt. Wir haben schon bei der Analyse von *Slater, Gibbard/Hartman* und *Bennis* darauf hingewiesen, wie wichtig es ist, zu klären, was eine *echte Revolte* darstellt. Wir werden diese Frage im Zusammenhang mit dem Leiterverhalten im nächsten Abschnitt weiter zu klären versuchen. Hier möchten wir nur anmerken, daß weitere wichtige Autoren aus der Tradition Selbstanalytischer Gruppen ebenfalls die Bedeutung der Revolte gegen den Gruppenleiter für die Entwicklung dieser Gruppen betonen: R.D. *Mann (1967), Th. Millis* (1964), R. *Whitman* (1971), R. *O'Day* (1974, 407) sowie ebenfalls die drei Altmeister des Sensivitätstrainings Tannenbaum/Weschler/Massarik (1970, 204).

[9] Nachdem der Gruppenleiter der drängenden Bitte nach Versorgung nicht nachkommt, *schlägt die Abhängigkeitsproblematik in Autoritätsproblematik um:* nach Meinung der Teilnehmer verweigert der Gruppenleiter aktiv, was er besitzt und geben könnte und beherrscht sie dadurch in autoritärer Weise.

[10] Was charakteristisch ist für die reflexiv-interaktionelle Ebene des Verhaltens. Wir werden diesen Sachverhalt im Abschnitt 4.2.2. im Rahmen der Entwicklung eines epigenetischen Modells graphisch darstellen.

[11] Wie *Slater* (1970, 122 ff) ausführt, besteht das Charakteristische der ödipalen Phase gerade darin, daß Abhängigkeit und Sexualität noch nicht hin reichend voneinander geschieden werden. Daraus erklärt sich auch, warum die Lösung der Abhängigkeitsproblematik vielfach als Akt der sexuellen Befreiung erlebt wird bzw. alle verselbständigenden Leistungen sexuell-erotische Analogien nahelegen.

[12] Vgl. die Definition der psycho-sozialen Kompetenz in Kapitel 2 sowie die Ausführungen in Abschnitt 4.1.5.

[13] Wir sind der Auffassung, daß diese Problematik mit der Bezeichnung Autoritätskonflikt bzw. Machtkonflikt nicht hinreichend erfaßt wird: hinter dem Autoritätskonflikt des Gruppenleiters wie der Gruppenteilnehmer vermuten wir tiefgehende soziale Ängste auf den drei von uns abgegrenzten

Niveaus des Verhaltens bzw. nicht entwickelte psycho-soziale Verhaltenskompetenzen in Gruppen.

[15] Die Verweise dieses Exkurses, die sich auf diesen Aufsatz von *O'Day* beziehen, werden im Folgenden lediglich durch eine Seitenzahl in Klammern ausgewiesen.

[16] Auf das im Anschluß an R.D. *Mann* (1967) von *O'Day* entwickelte »Training style scoring system« können wir hier leider nicht weiter eingehen (vgl. hierzu *O'Day* 1973, 1974, 392-394 sowie 1976).

[17] Vgl. hierzu *Foulkes* (1974, 81 ff): der Gruppenleiter »... muß der schweren Versuchung gewachsen sein, den lieben Gott zu spielen. Er muß immun werden gegen die Gefahr, die Gruppe zu seiner eigenen Befriedigung zu mißbrauchen. Das bedeutet, daß er seinen Ödipuskomplex befriedigend gelöst hat. Er liebt und achtet die Gruppe und will ihre Mitglieder zu selbstverantwortlichen Individuen machen. Er möchte Unterwerfung durch Zusammenarbeit von Gleichen unter gleichen Bedingungen ersetzen. Trotz seiner emotionalen Sensitivität hat er das Selbstvertrauen, das aus Bescheidenheit entspringt. Sein Mut zu führen, entsteht aus sozialer Verantwortung« (92).

[18] Auf die Gefahr von Omnipotenzphantasien bei Gruppenleitern weist besonders *Brocher* (1973) hin. Vgl. auch die plastischen Ausführungen von *Schuller* (1975) sowie verschiedene ansonsten ganz ausgezeichnete Arbeiten über »Boundary Management« duch den Gruppenleiter, wie z.B. die von *Astrachan* (1970) oder *Singer* et al (1975): aus diesen Arbeiten gewinnt man oft den Eindruck, der Gruppenleiter habe lediglich ein guter Sozialingenieur zu sein, und die Gruppe sorgfältig auszusteuern. Es gibt nur wenige Arbeiten über den *Einfluß der Gruppe auf das Verhalten* des Gruppenleiters (vgl. hier z.B. *Lundgren* 1974, *Grotjahn* 1950 sowie *O'Day* 1974). Zur Frage, wie Gruppentrainer sich selber einschätzen vgl. *Kelly* (1974).

[19] Eine gute Zusammenstellung der vielfältigen Faktoren, die auf den Gruppenleiter im Verlaufe eines Trainings einwirken, und wichtiger Probleme, denen er sich regelmäßig gegenübersieht, geben *Lippitt/This* (1970). Eine feinsinnige Darstellung der für den Gruppenleiter auftauchenden Probleme finden sich bei *Powell* (1952).

[20] R.D. *Mann,* D.C. *Dunphy,* R.F. *Bales,* Th. *Mills.*

[21] Z.B.: L.P. *Bradford,* K.D. *Benne* (vgl. *Bradford* et al 1972), W.C. *Schutz.* Eine Ausnahme bildet hier lediglich J.R. *Gibb,* der explizit die Frage nach den Bedingungen des Vertrauensklimas in T-Gruppen stellt. Aber auch er fragt nicht, in welche reale soziale Situation die Teilnehmer gelangen, sondern wie das von ihnen gewünschte Vertrauensklima durch den Gruppenleiter und die Beachtung gewisser Grundprobleme in T-Gruppen, wie Akzeptierung, Datenfluß, Kontrolle am ehesten erzeugt werden kann.

[22] Vgl. hierzu die zusammenfassende Darstellung der wichtigsten Konzepte von *Heigl-Evers* (1972).

[23] Vgl. hierzu die klassische Darstellung der *Freud*'schen Gruppenpsychologie von Saul *Scheidlinger* (1952), in der auch die Fortentwicklungen dieses Ansatzes bis 1952 enthalten sind.

[24] Auf die Bedeutung der situativen Auslöser unterschiedlicher Regressionsniveaus in Gruppen verweist auch *Argelander* (1972, 52).

[25] Wir wählen nicht ohne Grund zur Charakterisierung dieser drei Situationen die Zahl von 25, 10 bzw. 8 Teilnehmern. *Lindsay* (1972) hat in einem Aufsatz »On the number in a group« interessante psychologische Überlegungen in Anlehnung an *Freud* und *Simmel* angestellt über strukturelle bzw. funktionale Erfordernisse in Gruppen in Relation zur Anzahl der Teilnehmer:

– bei bis zu 8 Teilnehmern tritt seiner Meinung nach keine ausgeprägte Untergruppenbildung auf, ein Leiter ist nicht unbedingt erforderlich, ebensowenig ausgeprägte Mitgliedschaftsrollen. Besonders stabil ist eine Gruppe von 8 Teilnehmern,
– bei 9-16 Teilnehmern treten deutlich Untergruppen auf, ein koordinierender Leiter ist wünschenswert, funktionale Mitgliedschaftsrollen werden erforderlich,
– bei Gruppen mit mehr als 16 Teilnehmern wird ein Gruppenleiter für eine effektive Zusammenarbeit *unabdingbar;* es ist eine deutliche Teilung in stabile Untergruppen feststellbar, und es entsteht die *Notwendigkeit* der Ausbildung funktionaler Mitgliedschaftsrollen (vgl. besonders 59 f). Wird diesen funktionalen Erfordernissen nicht Genüge geleistet, so kann eine solche Gruppe nicht oder nur wenig arbeiten.

26 Mit dieser Frage haben sich darüber hinaus vor allem William C. *Schutz* (1955, 1961, 1966) und Roger *Harrison* (1965; *Harrison/Lubin* 1965) sowie *Kilman/Tayler* befaßt. Allen diesen Autoren ging es allerdings in erster Linie um die Zusammenhänge zwischen spezifischen interpersonellen Verhaltenstendenzen der Gruppenteilnehmer, der spezifischen Konstellation von Teilnehmern in einer Gruppe (Gruppenkomposition), der Gruppen-Kultur, die dadurch entsteht und dem *individuellen Lernerfolg.*

27 Daneben betont *Mathis,* daß es zusätzlich bedeutsam ist, inwieweit ein Teilnehmer bestimmte Konflikte zulassen bzw. bewußt werden lassen kann oder sie rigide verleugnen muß.

28 Wie wir gezeigt haben, bewegen sich die Gruppen dieses Autors anfänglich ebenfalls auf prä-ödipalem Niveau.

29 Vgl. die Charakterisierung der sog. Unabhängigen; vor allem die Art und Weise, wie sie sich an welchem Punkt der Gruppenentwicklung einschalten: sie treten längere Zeit nicht hervor, beteiligen sich dann aber aktiv und beharrlich.

30 Sie werden im allgemeinen als die besonders problematischen Teilnehmer in Selbstanalytischen Gruppen betrachtet. Wie *Bennis* aber recht anschaulich gezeigt hat, sind die ständig passiven oder harmonisierenden Mitglieder nicht minder problematisch (vgl. besonders auch *O'Day* 1974, 403 ff.) Wahrscheinlich drückt sich in der Etikettierung der aggressiven Gruppenteilnehmer als »besonders problematisch« die Schwierigkeit vieler Gruppenleiter bei der Handhabung der aggressiven Problematik aus. Wir sind der Auffassung, daß es gerade das aggressive Potential in einer solchen Gruppe ist, welches die Gruppenteilnehmer reifen läßt und die Gruppenentwicklung vorantreibt, sofern es für den Entwicklungsprozeß fruchtbar gemacht werden kann.

31 Hierbei stellt sich die Frage, ob dieser Befund nicht lediglich ein Artefakt ist, der sich notwendigerweise aus der Situation und der Arbeitsweise in Selbstanalytischen Gruppen ergibt. Wir glauben, daß das nicht der Fall ist: von der sozialen Situation her betrachtet, wäre lediglich zu erwarten, *daß sich den Teilnehmern die prä-ödipale Abgrenzungsproblematik stellt.* Wenn die Teilnehmer genügend Verhaltenskompetenzen in diesem Bereich besitzten würden, kämen sie relativ rasch mit dieser Situation zurecht. Dabei könnten sie allerdings, wie in Abschnitt 4.1.3. gezeigt, vom Gruppenleiter behindert werden, was möglicherweise zu einer Beeinträchtigung ihrer psycho-sozialen Kompetenz auf diesem Verhaltensniveau führen kann. Da die Gruppenteilnehmer aber vielfach über ein gewisses, vom Gruppenleiter her bedingtes, Maß an Behinderung hinaus ausgesprochen starke Ängste, Abhängig-

keitsbedürfnisse, kollektive Abwehrphantasien *über längere Zeit hinweg* entwickeln, können wir annehmen, daß sie in diesem Bereich nur über ungenügende Verhaltenskompetenzen verfügen.

32 Für die weitere Ausarbeitung unseres Konzeptes der psycho-sozialen Kompetenz wäre die Auseinandersetzung mit der Theorie der »Fundamental interpersonal relations orientations« (FIRO) von W.C. *Schutz* (1966) sicherlich recht fruchtbar.
Heiner *Keupp* verdanken wir den Hinweis, daß in den Ausführungen von *Habermas* (1971) zur kommunikativen Kompetenz und von *Krappman* (1973) zur sozialen Identität eine Reihe von Gesichtspunkten enthalten sind, die in weitere Überlegungen zur psycho-sozialen Kompetenz auf der reflexiv-interaktionellen Ebene des Verhaltens einbezogen werden müßten. Einen mehr verhaltenstherapeutischen Ansatz für die Vergrößerung interaktiver Kompetenz in Gruppen entwickeln *Sader/Sieland/Theis* (1976).

33 Seitenangaben, die sich auf diesen Aufsatz beziehen, werden im Folgenden lediglich durch eine Zahl in Klammern ausgewiesen.

34 Die nun folgende Gruppierung der Befunde stammt von uns. *Scheidlinger* selbst nimmt eine solche Zusammenstellung nicht vor.

35 Zur Klärung dieses regressiven Sogs liefert *Thelen* u.E. eine recht gute Erklärung (vgl. oben 66 ff).

36 Vgl. hierzu Sigmund *Freud* (GW/IX, 335) sowie *Laplanche/Pontalis* (1973, 438).

37 Wir stützen uns dabei vor allem auf die Ausführungen in der 22. und 23. Vorlesung zur Einführung in die Psychoanalyse (*Freud* GW IX, 351), aber auch auf *Brenner* (1968, 39 f, 172), *Laplanche/Pontalis* (1973, Stichworte: Fixierung und Regression) sowie *Nagara* (ebenfalls die Stichworte Regression und Fixierung).

38 Vgl. hierzu *Nagara* (1974, 430) sowie Anna *Freud* (1968, 95).

39 Es fällt auf, daß *Freud* in erster Linie die Bedeutung der äußeren *Versagung* bezüglich der Regression hervorhebt. Unserer Meinung nach führt eine besondere *Versuchungssituation,* in der die Beschränkungen des Erwachsenendaseins abgeworfen werden können, ebenso zu starken Regressionen. Vgl. weiter unter die Überlegungen zur Regression im Dienste des Ichs.

40 Zum Begriff der Ergänzungsreihe vgl. *Freud* (GW IX, 360, 377 f.).

41 Vgl. hierzu die Überlegungen von Anna *Freud* (1968, 93-105) über die Regression als psychischer Entwicklungsfaktor, *Schafer* (1958), der auch eine Reihe von Bedingungen im jeweiligen Individuum aufzählt, die solche Regressionen im Dienste des Ichs begünstigen sowie *Houben* (1975, 80 f, 100 ff).

42 Diese Aussagen scheinen zunächst im Widerspruch zu stehen zu den Überlegungen im Abschnitt über die *soziale Situation,* in welche die Teilnehmer gebracht werden: wir haben dort die Hypothese aufgestellt, daß die Teilnehmer deshalb auf prä-ödipale bzw. ödipale Verhaltensweisen regredieren, weil sie sich in einer sozialen Situation vorfinden, *die strukturell der prä-ödipalen bzw. ödipalen Situation des Kindes ähnelt.* Hier behaupten wir, daß die Teilnehmer auf prä-ödipale Verhaltensweisen regredieren, weil die einzelnen Teilnehmer *auf diese Verhaltensniveaus fixiert sind bzw. in eine spezifische Versuchungs- bzw. Versagungssituation gelangen.*
Bei näherer Betrachtung erweisen sich die letzteren Aussagen aber als eine Differenzierung der ersteren: gerade wenn eine Gruppensituation große strukturelle Ähnlichkeit aufweist mit prä-ödipalen oder ödipalen Konstellationen, werden die Teilnehmer, die auf diese Verhaltensweisen fixiert

sind, auf diese Ebene des Verhaltens regredieren bzw. sie werden von ihrer Erwachsenenidentität her diese Situationen als Versuchung empfinden (sie dürfen sozusagen zu ehemals übermäßig befriedigenden Positionen zurückkehren) oder aber als Versagung (sie können das reflexiv-interaktionelle Verhalten nicht mehr aufrecht erhalten, weil ihr latenter prä-ödipaler oder ödipaler Konflikt wieder deutlich sich im Bewußtsein meldet und manifest wird).

43 Die unter 1 bzw. 2 a und b genannten Faktoren stellen jeweils eine *Ergänzungsreihe* im Sinne von *Freud* dar.

44 Zur Bedeutung der Phantasie bei der Regression vgl. *Arlow* (1963/64) sowie *Loch* (1963/64).

45 Anneliese *Heigl-Evers* betont demgegenüber als Strukturierungsprinzip in Therapiegruppen den jeweils hauptsächlich abgewehrten individuellen *Impulsbereich.* Insofern bleibt sie in ihrer Betrachtungsweise der *intrapersonellen Betrachtung* verhaftet.

46 Wir haben oben bei der Schilderung des Entwicklungsmodells von *Slater* schon festgestellt, daß dieser Umschlag nur erfolgen kann, wenn im Schutz der Phantasie des Gruppenleiters als gutem Vater, der die böse Mutter (Gesamtgruppe) in Schach hält, die Teilnehmer untereinander die diffuse Gruppensituation (= bedrohliche Mutter) soweit strukturieren können, daß sie ihre Bedrohlichkeit weitgehend einbüßt.

47 In dieser Situation weichen die einzelnen Teilnehmer vielfach der anstehenden Realitätsprüfung vorübergehend aus und phantasieren sich ideale Beziehungen zwischen den Teilnehmern in Form eines hehren Paares, das alle Schwierigkeiten bereits gelöst hat oder lösen wird.
Dieses Phänomen entspricht präzise dem, was *Bion,* und mit ihm *Slater,* unter Paarbildung versteht; bei *Gibbard/Hartman* ist dieses Phänomen in die drei Mythen Utopianismus, Bi-Sexualität und Messianismus ausgefaltet; *Bennis* faßt dieses Phänomen unter dem Begriff der Harmonie (Subphase 4 seines Modells). Das geschilderte Phänomen entspricht aber nicht dem, was *Thelen* unter Paarbildung versteht (vgl. Anmerkung 6 zu Kap. 3).

48 Zur Bedeutung gemeinsamer Abwehrmaßnahmen der Gruppenteilnehmer im Dienste der Schaffung eines vorübergehenden Schutzraumes vgl. *Lindt/Pennal* (1962).

49 Während z.B. *Apelbaum* (1963) einen – seiner Meinung nach typischen – Verlauf in Selbstanalytischen Gruppen schildert, der mit unseren Subphasen 2-5 nahezu identisch ist, vermutet *Kutter* (1971, 867 ff) einen Entwicklungsverlauf, der von der reflexiv-interaktionellen Ebene des Verhaltens über die ödipale zur prä-ödipalen Ebene sich bewegt und von dort wieder über die ödipale zur reflexiv-interaktionellen Ebene »aufsteigt«.

50 Unsere diesbezüglichen Hypothesen haben wir im Abschnitt 4.1. dargelegt.

51 Dies wird von *Slater* und *Gibbard/Hartman* sowie von *Bennis* direkt behauptet und läßt sich auch für *Thelen* annehmen.

52 Vgl. besonders unsere Überlegungen hinsichtlich der Entwicklungstheorien von *Bennis* sowie der von *Gibbard/Hartman.*

53 In neuester Zeit hat besonders *Sader* (1976, 32 f, 41 ff) mit Nachdruck darauf hingewiesen, daß es für die Entwicklung einer »Psychologie der Gruppe« wichtig wäre, eine Reihe von Paradigmen herauszuarbeiten und miteinander in Beziehung zu setzen, d.h., auch: *die verschiedenen Ansätze als Paradigmen und nicht als ausgearbeitete Theorien zu verstehen.*

54 Bei der nun folgenden Unterscheidung lehnen wir uns stark an die Ausführungen von *Lorenzer* (1974) an.

[55] Wir sind uns darüber im Klaren, daß eine solche erkenntnistheoretische und wissenschaftstheoretische Position leicht in Gefahr gerät,
– instrumentell in jeder Hinsicht verwertbares Wissen zu produzieren,
– sowie empirisch vorfindliche Zusammenhänge zu immer und überall gültigen Aussagen hochzustilisieren.
Die erste Gefahr muß u.E. in Kauf genommen werden, letztere verringert sich beträchtlich, wenn man bei der Entwicklung einer nomologischen Theorie Selbstanalytischer Gruppen davon ausgeht, daß
a) psychodynamische Prozesse abgebildet werden, wie sie unter unseren gesellschaftlichen Bedingungen im Bereich der Mittelschicht gehäuft auftreten,
b) es nicht erforderlich ist, die Befunde zu verdinglichen, sondern im auch im Rahmen einer solchen wissenschaftstheoretischen Position die Frage aufgeworfen und gekläft werden kann, warum bestimmte Phänomene bzw. Beziehungen gehäuft und andere relativ wenig auftreten (vgl. z.B. die Überlegungen von *Argyris* 1969) und
c) daß es schließlich möglich ist, als Untersucher und Theoretiker empirisch zu klären, welche Phänomene unter welchen Bedingungen auftreten.
In jedem Fall ist es erforderlich, *eine Vorstellung, von geglückten Prozessen in Gruppen* zu haben, auf deren Hintergrund die empirisch vorfindlichen Beziehungen relativiert werden können.

[56] Wir halten es für eine außerordentlich wichtige Aufgabe, in Fortführung der Überlegungen von Alfred *Lorenzer* (1974) – analog zu dem von diesem Autor gemachten Versuch, Psychoanalyse als kritisch hermeneutische Erfahrungswissenschaft zu verstehen und auszuweisen – eine *Tiefenhermeneutik Selbstanalytischer Gruppen* zu entwickeln. Ein günstiger Ansatzpunkt für solche Überlegungen ist unserer Meinung nach die Gruppenanalyse von S.H. *Foulkes*, besonders sein Konzept der Gruppenmatrix (vgl. *Foulkes* 1973, *Sandner* 1976 A und C).

[57] Wir sind im Gegensatz zu Alfred *Lorenzer nicht der Auffassung, daß eine nomologische Erfahrungswissenschaft grundsätzlich* nicht zu einer theoretischen Erfassung und Klärung subjektiver Strukturen des Verhaltens in unserer Gesellschaft, in unserem Falle der Tiefenstruktur von Kleingruppen, vordringen kann. Vgl. hierzu auch die Überlegungen unter 5.4. und 5.5. in Kapitel 5.

[58] Hierfür finden sich gute Ansatzpunkte bei *König* (1976).

[59] Diese, für die praktische Arbeit so wichtige Frage, ist in der Literatur wenig behandelt worden. Hinweise auf diese Dynamik finden sich bei Autoren, die sich mit Aggressionen bzw. Feindseligkeit in T-Gruppen befassen (vgl. *Flescher* 1957, *Worchel* 1957, *Brocher* 1973, 1975). Überlegungen zum Zusammenhang zwischen individueller psychischer Dynamik, spezifischen Gruppenkulturen und destruktiver Dynamik in der Gesamtgruppe stellt besonders *Bach* an (1956, 1957). Einige Gesichtspunkte hierzu liefern auch Leder/Kosewska (1976). Besonders hinweisen wollen wir hier auf die vielfältigen Überlegungen zur destruktiven Dynamik in Therapiegruppen von Günther *Ammon* (1973, 1976).

[60] Hierfür bietet sich als günstiger Ansatzpunkt die Darstellung der sechs angenommenen Subphasen in unserem Entwicklungsmodell (vgl. Abschnitt 4.2.).

[61] Hierbei müßten die Überlegungen von *Slater* weitergeführt werden sowie eine Aufarbeitung der vorhanden Literatur im Anschluß an die Überlegungen zur prä-ödipalen Problematik von Melanie *Klein* und ihren Anhängern

sowie der Arbeiten zur ödipalen Problematik bei *Freud* und seinen Nachfolgern (vgl. z.B. *Kutter* 1976).

[62] Hier bietet sich besonders die Analyse folgender Theorieansätze an:
(1.) Die Vertreter der sog. *Psychoanalyse in der Gruppe* (*Slavson* 1958, Wolf und *Schwartz* 1962, *Locke* 1961) sowie
(2.) eine Reihe von Autoren aus der Tradition von *Rogers* wie z.B. *Clark* (1963) und *Hampden-Turner* (1966), die sich die Klärung der Bedingungen *individueller Veränderung* bzw. *individuellen Lernens* in T-Gruppen zum Ziel gesetzt haben.
(3.) Die Überlegungen von *Spanjaard* (1959). Er ist der Auffassung, daß in Therapiegruppen die Teilnehmer nicht bis zur ödipalen Konstellation regredieren, sondern sich auf der Ebene des Verhaltens von Pubertierenden bewegen (41).

Zu Kapitel 5

[1] Wir verwenden den Ausdruck T-Gruppen hier zur Bezeichnung der Gesamtheit aller Richtungen der Arbeit in Kleingruppen, die sich aus den NTL-Laboratorien von 1946 und 1947 heraus entwickelt haben (vgl. 1.1.).

[2] Diese vier Teiltraditionen sind jeweils gemeint, wenn wir im Folgenden von T-Gruppen sprechen.

[3] Vgl. besonders das seit 1965 erscheinende offizielle Organ der NTL, das »Journal of applied behavioral science«, sowie im deutschen Sprachraum die Zeitschrift »Gruppendynamik«, die seit 1970 erscheint.

[4] Vgl. z.B. den Reader von *Bradford* et al (1972), die Arbeit von *Bennis/Schein* (1965), aber auch die Überlegungen von *Argyris* (1967, 1968, 1969 A). Eine Ausnahme bilden lediglich einige Autoren aus der Schule der humanistischen Psychologie wie *Clark* (1963) oder *Hampden-Turner* (1966), die sich um die Klärung *individueller Bedingungen der Veränderungen* in T-Gruppen bemühen.

[5] *Wahrman* (1974) meint z.B., daß die Verfasser von empirischen Arbeiten über Sensitivitäts- bzw. T-Gruppen sagen möchten: »ich möchte zeigen, daß meine Teilnehmer sich veränderten als Ergebnis meiner Gestalt-Therapie-Gruppen oder meiner T-Gruppen oder meiner Encounter-Gruppen, und daß es deshalb sinnvoll ist, solche Gruppen weiterhin durchzuführen« (322). Nach *Wahrman* finden sich aber praktisch keine Forschungsbeiträge, aus denen ersichtlich wird, was in solchen Gruppen psychologisch gesehen vor sich geht (»how does it work?«). Vgl. auch *Gibb* (1972 A, 841 – 850) sowie *Back* (1974).

[6] Vgl. *Gibb* (1972 A, 850 – 855), *Stock* (1964) sowie *Harrison* (1972).

[7] Z.B. stellt *Lieberman* (1975) bei seinem Rückblick auf das 10-jährige Bestehen des J. appl. beh. science fest, daß in diesen 10 Jahren seiner Meinung nach keine Weiterentwicklung der theoretischen und der methodischen Grundlagen der Forschung im Bereich der T-Gruppenarbeit zu verzeichnen ist. Vgl. auch *Gibb* (1972 A), *Lieberman* (1976).

[8] Diese Autoren scheinen auch nicht sonderlich an der Klärung psychodynamischer Probleme interessiert zu sein: z.B. wird in dem Überblick über den Stand des »human relations training« von *Miles* (1962) die Klärung der psychodynamischen Vorgänge in T-Gruppen unter den Rubriken »past research« bzw. »needed research« nicht einmal erwähnt.
Back (1974) ist der Auffassung, daß die T-Gruppenarbeit sich gegen Ende

der 60er Jahre zunehmend zu einer Bewegung entwickelt hat, in der es weniger um wissenschaftliche Erforschung der in T-Gruppen entstehenden Prozesse, sondern vielmehr um das *emotionale Erlebnis* geht (vgl. 381).

[9] Bei der Rezeption der Tradition der T-Gruppen-Bewegung im deutschen Sprachraum in den 70er Jahren wurde im wesentlichen der damalige Stand der amerikanischen T-Gruppen-Bewegung übernommen. Keine der bisher bei uns erschienenen Arbeiten über T-Gruppen-Arbeit bzw. »Gruppendynamik«, enthält umfangreichere Überlegungen über das psychodynamische Geschehen in T-Gruppen (vgl. z.B. *Däumling* et al 1974. *Fengler* 1975, *Sbandi* 1973, *Spangenberg* 1974). In der Zeitschrift »Gruppendynamik« zeigt sich das Theoriedefizit in besonders kraser Weise: im Zeitraum von 1970 – 1974 erschienen ganze drei (!!!) Arbeiten, in denen die theoretische Klärung des psychodynamischen Geschehens in T-Gruppen überhaupt *als Problem gesehen wird.*

[10] Nach *Lubin/Eddy* (1973) blieb die Ausarbeitung solider theoretischer Grundlagen für die T-Gruppen-Arbeit immer schon hinter der praktischen Arbeit zurück; diese Kluft zwischen Theorie und Praxis hat sich ihrer Auffassung nach in den letzten Jahren noch vergrößert (1066). Vgl. auch *Lieberman* (1975, 1976), *McCormick* (1957) sowie im deutschen Sprachraum *Vogl/Sbandi* (1976).

[11] Ein Lichtblick ist nach *Lieberman* (1975) lediglich die Arbeit von *Singer* et al (1975); vgl. auch *Sader/Sieland/Theis* (1976, 7).

[12] Vgl. z.B. den provozierenden Artikel von Christoph *Ohm* (1973) mit der Überschrift »Ziellosigkeit als Ziel der Gruppendynamik«.

[13] Überspitzt ausgedrückt könnte man bei dieser Situation im Bereich der T-Gruppen-Arbeit von *Gruppendynamik ohne Gruppendynamik* sprechen, d.h., ohne Klärung der (psycho-) dynamischen Prozesse in T-Gruppen.

[14] Die Vertreter der Tradition Selbstanalytischer Gruppen nehmen ihrerseits sehr wohl Bezug auf die anderen Autoren der T-Gruppen-Bewegung (vgl. z.B. *Mann* 1967).

[15] Zu einem ähnlichen Ergebnis kommt auch *Lieberman* (1976).

[16] Vgl. z.B. im deutschen Sprachraum die Arbeiten von *Däumling* et al (1974), *Sbandi* (1973), *Spangenberg* (1974), *Sader/Sieland/Theis* (1976).

[17] Vgl. z.B. den detaillierten Bericht über den subjektiv empfundenen Verlauf eines Trainings von *Menne* (1976) oder die Überlegungen von *Mahler* (1976). Schon sehr früh (1966) und dann immer wieder (1970, 1973) hat darauf *Brocher* hingewiesen.

[18] Vgl. zu dieser Frage besonders den folgenden Abschnitt 5.2. über analytische Gruppentherapie.

[19] Es wäre eine dringliche und zugleich reizvolle Aufgabe, die vorhandenen Überlegungen zur Trainingsmethodologie und die empirischen Arbeiten über T-Gruppen auf dem Hintergrund unserer Modellüberlegung einer systematischen Untersuchung zu unterziehen.

[20] Solche Querverbindungen sind trotz der verdienstvollen Arbeit von *Cartwright/Zander* (1968) bislang kaum versucht worden. Eine ganze Reihe von Ansatzpunkten bieten die Überlegungen von *Sader* (1976). *Däumling* et al (1974) versuchen in ihrer Arbeit eine solche Verbindung herzustellen. Da sie aber über kein Konzept des psychischen Geschehens in T-Gruppen verfügen, auf welches sie die von ihnen herangezogenen Arbeiten aus der empirischen Gruppenforschung beziehen könnten, gelangen sie in ihren Bemühungen nicht über die relativ willkürliche Verknüpfung von Befunden hinaus, welches die Crux der empirischen Gruppenforschung überhaupt

darstellt. (Vgl. auch die Überlegungen zur empirischen Forschung in Abschnitt 5.4.).

[21] Vgl. z.B. die übersichtliche Zusammenstellung der wichtigsten Konzepte bei *Heigl-Evers* (1972).

[22] Vgl. *Heigl-Evers* (1972).

[23] Die Begründer der drei Hauptrichtungen *W.R. Bion, S.H. Foulkes* und *A. Wolf* zitieren einander kaum, ebenso verfahren die Anhänger der jeweiligen Richtung.

[24] Am ehesten zeichnet sich ein solches Modell noch bei *Foulkes* ab (vgl. 1970, 1974 sowie *Sandner* 1976, A, C).

[26] Vertreter dieser Richtung im deutschen Sprachraum sind vor allem *Argelander* (1972) sowie *Ohlmeier* (1974, 1975, A, B, 1976).
Wir sehen hier von einer Schilderung von weiteren Ansätzen, die von diesen drei Grundrichtungen abweichen, ab. Die wichtigsten Autoren sind: Günther *Ammon,* Helen *Durkin,* S. *Scheidlinger,* Walter *Schindler* sowie die in dem Sammelwerk von *Heigl-Evers* (1972) dargestellten Autoren Raul *Schindler,* Henry *Ezriel* und *Whitaker/Lieberman.*

[27] Die Problematik des Integrationsversuchs von *Heigl-Evers/Heigl* liegt u. E. vor allem darin, daß hierbei versucht wird, den mehr sozialpsychologischen Ansatz von Raul *Schindler* mit dem neoanalytischen Ansatz von Harald *Schultz-Hencke* und dem orthodox-psychoanalytischen Gedankengut von *Freud ohne hinreichend begriffliche Auseinandersetzung und Abklärung* in einem Modell zu kombinieren.

[28] Es mag hier überraschen, daß wir ohne weitere Erörterung die von uns an Selbstanalytischen Gruppen gewonnenen Befunde auf Therapiegruppen übertragen. Wir holen dies unter (4.) bei der Diskussion des Unterschiedes von Therapie und Training ausführlich nach.

[29] Vgl. *Arensberg* (1973), *Argyris* (1968), *Arsenian* (1967), *Bach* (1957), *Blake* (1957), *Blay Neto* (1970), *Bonner* (1959), *Bugental* (1962), *Bugental/Tannenbaum* (1963), *Fink* (1969), *Frank* (1976), *Gibb* (1972), *Gottschalk/Pattison* (1972), *Horwitz* (1964), *Jenkins* (1962), *Kernberg* (1975), *Kaplan* (1974), *Leopold* (1973), *Lieberman* (1967, 1972), *Reisel* (1962), *Scheidlinger* (1960), *Semrad* u.a. (1963), *Levine* (1972), *Singer* u.a. (1975), *Worchel* (1957).

[30] Vgl. *Brocher* (1973), *Däumling* (1973), *Heigl* (1970).

[31] Die Arbeitstagung des Deutschen Arbeitskreises für Gruppenpsychotherapie und Gruppendynamik (DAGG), dem Dachverband der meisten praktizierenden Gruppentherapeuten und Gruppentrainer im deutschsprachigen Raum, vom Oktober 1976 in Stuttgart, war der Frage »Gruppentherapie und Gruppenarbeit – Übergänge und Unterschiede« gewidmet. Auf die standespolitische und *finanzielle* Bedeutung (Kassenzulassung!) dieser Frage können wir hier nur hinweisen.

[32] Zudem zeigt sich beim Studium der Literatur über Gruppentherapie, daß praktisch alle Angaben, die *Däumling* zur Charakterisierung der Arbeit in T-Gruppen macht, von bestimmten Gruppentherapeuten als spezifisch therapeutisch betrachtet werden, z.B. was das Leiterverhalten »passiv, angstregulierend, fokussierend« angeht oder das Ziel »Verbesserung der Kooperation«, Erwerb sozialer Fertigkeiten, das Erlernen neuer Patterns usw. (vgl. z.B. *Yalom* 1975).

[33] *Singer* et al unterscheiden *Lernen* (im Sinne von kognitiver bzw. wahrnehmungsmäßiger Änderung) von *psychologischer Änderung* (im Sinne von

veränderter Bewältigungskapazität, Persönlichkeitsstruktur oder verändertem Verhaltensrepetoire) (vgl. 141).

[34] Der Ausdruck Selbsterfahrungsgruppe (SE-Gruppe) bürgert sich zunehmend ein für die Bezeichnung von Ausbildungsgruppen für Gruppentherapeuten, aber auch zur Bezeichnung von Therapiegruppen (vgl. z.B. *Speierer* 1975, 5). Wir möchten darauf hinweisen, daß durch die Verwendung von relativ strukturierten Settings in SE-Gruppen (z.B. durch Interaktionsübungen, starke Konzentration auf die Probleme einzelner Teilnehmer oder die Ermutigung von Berichten von außerhalb der Gruppe) bedeutsame – noch zu untersuchende – Abweichungen von unserem Modell zu erwarten sind.

[35] Da wir annehmen können, daß die Psychodynamik in Selbstanalytischen Gruppen (T-Gruppen) und Therapiegruppen weitgehend identisch ist, und unser Modell für beide Arten von Gruppen zutrifft, werden wir im Folgenden, wenn es um eben dieses übergreifende Modell geht, die Bezeichnung Psychodynamik in SE-Gruppen verwenden. Die Psychodynamik in Therapiegruppen stellt dann einen Spezialfall der Psychodynamik in SE-Gruppen dar.

[36] Es gibt nur ganz wenige publizierte wörtliche Protokolle von Gruppensitzungen. Aber es würde sich gewiß lohnen, die wenigen verfügbaren Gruppenprotokolle zu analysieren (vgl. z.B. *Ohlmeier* 1973).

[37] Voraussetzung hierfür wäre allerdings die Entwicklung eines, diese vielfältigen Ansätze ordnenden, gemeinsamen Paradigmas.

[38] Ansätze für eine solche psychoanalytische Entwicklungspsychologie als »Mehrpersonenpsychologie« (vgl. *Rickman* 1957 A/B) liegen bei *Foulkes* vor und auch bei dem bislang völlig in Vergessenheit geratenen Klassiker der Gruppenanalyse, *Burrow* (1928, 1950, 1963 sowie *SYZ* 1963, *Lawrence* 1963), von dem *Foulkes* selbst wesentliche Impulse für seine Überlegungen erhalten hat (vgl. *Foulkes* 1974, 13).

[39] Wir gebrauchen im Folgenden die Bezeichnung SE-Gruppe, wenn wir meinen, daß die jeweilige Aussage über den Rahmen der von uns untersuchten Selbstanalytischen Gruppen hinaus auch für T-Gruppen und psychoanalytische Therapiegruppen zutrifft (vgl. auch oben Anmerkung 34 und 35).

[40] Die Diskussion dieser Problematik wurde von Klaus *Horn* (1969) in der Zeitschrift »Das Argument« eröffnet. Ihr folgte eine Entgegnung von Tobias *Brocher* (1970), ein Sammelband mit verschiedenen Arbeiten zur Gruppendynamik und einer ausführlichen Stellungnahme von Klaus *Horn* (1972). Daraufhin wurde die Diskussion in verschärfter Form von Christoph *Ohm* (1973) wieder aufgenommen unter der polemischen Überschrift »Ziellosigkeit als Ziel der Gruppendynamik«. Schließlich erfolgte auf einen Aufsatz von Peter *Heintel* (1975) zur Präzisierung des gesellschaftlichen und politischen Stellenwertes der Gruppendynamik noch eine Replik von Christoph *Ohm*. Interessant ist, daß diese ganze Diskussion im wesentlichen in der gesellschaftskritisch engagierten sozialwissenschaftlichen Zeitschrift »Das Argument« erfolgte und praktisch keinen Widerhall gefunden hat in den beiden wichtigsten deutschsprachigen Zeitschriften »Gruppenpsychotherapie und Gruppendynamik« und »Gruppendynamik«. Dort wurde diese Frage erst in allerletzter Zeit und sehr zögernd aufgegriffen (vgl. *Geissler* 1976, *Sieland* 1976, *Schuller* 1975, *Vogl/Sbandi* 1976).

Eine sehr ausgewogene Auseinandersetzung mit den verschiedenen Kritikern der Gruppendynamik hat *Theis* (1976) vorgelegt.

41 U.E. haben zu hohe politisch-emanzipatorische Erwartungen an die Gruppendynamik, und zwar sowohl von den Gegnern als auch den Vertretern dieser Arbeitsrichtung bisher eine fruchtbare Diskussion über emanzipatorische Möglichkeiten und Grenzen von SE-Gruppen stark behindert (vgl. die in Anmerkung 40 genannte Literatur sowie *Theis* 1976).

42 Unter Tiefenhermeneutik von SE-Gruppen verstehen wir in Anlehnung an die Überlegungen von *Lorenzer* (1974) die Herausarbeitung des den widersprüchlichen Vorgängen in solchen Gruppen zugrunde liegenden Sinngehaltes bzw. der szenischen Arrangements, die in solchen Gruppen gehäuft entstehen. Der hermeneutische Prozeß besteht dann unter anderem darin, die lebenspraktischen Vorannahmen, mit denen der Beobachter zunächst das Geschehen in der Gruppe zu verstehen sucht, zu überprüfen an dem, was sich der vermuteten Szene einfügt und was nicht (vgl. auch die Anmerkungen 56 und 57 von Kapitel 4).

43 Dies trifft vor allem für SE-Gruppen zu, in denen wenig Struktur vorgegeben wird. Inwiefern diese starke Regression auch bei der Vorgabe eines relativ strukturierten Settings entsteht, muß noch weiter geklärt werden.

44 Gerade weil es in unserer Gesellschaft vielfach schwierig ist, sich als Individiuum mit hinreichender sozialer Identität und genügendem Eigenmachtgefühl heraus zu differenzieren, sind viele Teilnehmer von Selbstanalytischen Gruppen vermutlich geradezu fasziniert von oder süchtig nach einer sozialen Situation, in der sie wie im Lustmeer des Mythos aufgehen können.

45 Vgl. z.B. *Horn* (1969, 279), das redaktionelle Nachwort in *Brochers* Kritik an *Horn* in der Zeitschrift »Das Argument« (Nr. 60, 1970, 237 f) sowie die Ausführungen von *Ohm* (1973 und besonders: 1975, 516 ff).

46 Vgl. hierzu die Kritik von *Arensberg* (1973) an der Encounterbewegung sowie *Schmidbauer* (1973, 141 ff).

47 Eine Bearbeitung dieser prä-ödipalen Problematik ist auch vom Blickwinkel der politischen Psychologie aus gesehen sehr wichtig: wie sich in einer während des 2. Weltkrieges in England an einer Population von 1000 unausgelesenen deutschen Kriegsgefangenen vorgenommenen psychoanalytischen Untersuchung deutlich ergab, waren unter den besonders dem faschistischen Denken anhängenden Gefangenen vor allem Persönlichkeiten, die vermehrt prä-ödipale Schwierigkeiten hatten (vgl. *Dicks* 1950, besonders 113 f).

48 Vgl. hierzu unsere Ausführungen über die Befunde von *O'Day,* aus denen hervorgeht, daß die Gruppenleiter *dann* geneigt sind, die leitende Rolle zu übernehmen (*O'Day* 1974, 399 f).

49 Schon 1950 hat *Erikson* (1971) auf dieses Phänomen hingewiesen (vgl. auch *Ackerman* 1973). Eine gute Schilderung des Erscheinungsbildes dieser frühen Persönlichkeitsstörungen geben *Calogeras/Schupper* (1972). Im deutschen Sprachraum hat seit Anfang der 70er Jahre Günter *Ammon* in zahlreichen Publikationen auf diese Problematik hingewiesen. Neuerdings verweisen auch andere deutsche Autoren auf die starke Zunahme prä-ödipaler bzw. narzißtischer Störungen: vgl. z.B. die knappe Zusammenfassung von *Quint* (1975), *Kutter* (1975, 1976, 81 ff und die dort angegebene Literatur) sowie *Thomae/Kaechele* (1976).

50 Es gibt hierzu auch nur ganz wenige Vermutungen (*Quint* 1975, *Kutter* 1975 *W. Schindler* 1977).

51 Am ehrlichsten drückt dies immer noch *Bion* aus (vgl. 1971, z.B. 44).

[52] Vgl. die Ausführungen im Abschnitt 5.1. und 5.2. Wir verkennen nicht, daß gerade mit der empirischen Erforschung der Vorgänge in solchen Gruppen unter Einbeziehung des Leiterverhaltens erhebliche »narzißtische« Kränkungen für den jeweiligen Gruppenleiter verbunden sein können.

[53] Vgl. die Ausführungen zum Leiterverhalten im Abschnitt 4.1.3. Wenn diese Schwierigkeiten nicht hinreichend theoretisch geklärt, empirisch untersucht und durch die praktische Ausbildung von Gruppenleitern verringert werden, wird gegen diese Arbeit von SE-Gruppen *zurecht* der Vorwurf »antiemanzipatorisch« (in dem von uns gemeinten Sinne) zu erheben sein.

[54] Hierzu ist es erforderlich, Meßinstrumente zur Erfassung der psycho-sozialen Kompetenz der potentiellen Teilnehmer zu entwickeln. Zu denken wäre an eine Weiterentwicklung des »reaction to group-situations test« von *Thelen* (vgl. Anmerkung 13 in Kapitel 2).

[55] Eine ähnliche Minimalforderung stellt *Foulkes* (1975, 73).

[56] Vgl. z.B. die diesbezüglichen Ausführungen von *Ottomeyer* (1974).

[57] Hierfür ist in jedem Falle die Erstellung einer Bestandsaufnahme des Ist-Zustandes des Geschehens in SE-Gruppen Voraussetzung, wie wir sie in dieser Arbeit versucht haben.

[58] Vgl. hierzu Trigant *Burrow* (1928, 1950, 1963) sowie die zusammenfassende Darstellung der Überlegungen *Burrow*s von SYZ (1963).

[59] Es entsteht eine Situation, in der hilflose Einzelindividuen einer übermächtigen und unberechenbaren Gesellschaft (= Mutter) gegenüberstehen, die umfassende Verwöhnung (Konsummöglichkeiten) verheißt, von der aber auch völlige (z.B. berufliche) Vernichtung droht, wenn die einzelnen sich nicht konform verhalten und den gesellschaftlichen Anforderungen sich anpassen (vgl. z.B. *W. Schindler* 1977).

[60] Um eine solche Vermittlung bemüht sich z.B. *B. Mendel* (1972 A/B).

[61] Was z.B. den Bereich seelischer Schwierigkeiten angeht, führen weder individualpsychologisch-biologische noch soziologische Überlegungen über Normen in sozialen Systemen für sich genommen zu einer hinreichenden Erklärungsgrundlage (vgl. *Keupp* 1972), sofern es nicht gelingt, die individuelle Problematik in ihrer konkreten psychodynamischen Vermitteltheit in und durch Kleingruppen zureichend konzeptionell zu erfassen.

[62] Sinnigerweise ist der 1951 erschienene Aufsatz von *Frank* in der Jubiläumsnummer von 1975 auch gleich nochmals abgedruckt.

[63] Vor 1965 gab es außer dem einsamen Versuch von *H.A. Thelen (Stock/Thelen* 1958) keine nennenswerten empirischen Bemühungen zur Klärung der Psychodynamik in SE-Gruppen. Auch die breit angelegte empirische Studie über SE-Gruppen von *Lieberman* et al (1973) berücksichtigt nur am Rande die in den Gruppen ablaufenden psychodynamischen Prozesse (vgl. die deutsche Zusammenfassung in *Lieberman* et al, 1974).

[64] Die bisher umfangreichste Darstellung der »angewandten Gruppendynamik« von *Däumling* et al (1974) beinhaltet lediglich eine lose Aneinanderreihung von empirischen Befunden ohne Bezug zu einer psychodynamischen Theorie der Gruppenentwicklung.

[65] Diese Vermutungen sind oft nur in Spurenelementen vorhanden. Die vier nun folgenden Gesichtspunkte beinhalten deshalb im wesentlichen *unseren eigenen Eindruck* von der Forschungsliteratur.

[66] Dabei hat *Frank* 1951 schon eindringlich darauf hingewiesen, daß es unsinnig ist, ohne eingehende Analyse der Gesamtsituation bzw. eines daraus gewonnenen vertieften Verständnisses der Phänomene in Gruppen einen

Großteil der Energie zur Klassifikation von Beobachtungsdaten zu verwenden, deren Nützlichkeit weitgehend unklar ist.

67 Diese Autoren legen durchwegs umfangreiche Monographien über den Gesamtverlauf von jeweils ganz wenigen (1 – 2) SE-Gruppen vor, den sie mit Hilfe eines komplexen theoretischen Forschungsansatzes *empirisch* zu erfassen suchen.
Wir möchten hier exemplarisch auf die ausgezeichnete Arbeit von *R.D. Mann* (1967) hinweisen.

68 Vgl. zu diesem Begriff *Lorenzer* (1974, 110 ff) sowie *Sandner* (1976 A).

69 Vgl. *Stock/Thelen* (1958, 24 f sowie Kapitel 7).

70 Die »act by act scoring«-Methode stammt von *Mann* (1967): jeder Beitrag eines Gruppenteilnehmers und des Gruppenleiters wird nach bestimmten explizierten interpretativen Gesichtspunkten von geschulten Beobachtern im nachhinein aufgrund der Tonbandprotokolle eingestuft (vgl. 35 – 67).

71 Vgl. hierzu die grundlegenden Ausführungen von *Lewin* (1931) über die Notwendigkeit der »galiläischen Denkweise« in der Psychologie, wonach es für die psychologische Forschung ergiebiger ist, das psychische Geschehen in *einem* Menschen oder *einer* Gruppe von Menschen zu studieren und zu erfassen als umfangreiche statistische Untersuchungen über durchschnittlich sich zeigendes Verhalten anzustellen.
Die Forderung nach umfassender empirischer Erforschung von relativ wenigen »Interaktionsprotokollen« (*Anger* 1966), die von verschiedenen Autoren als Ausweg aus der mißlichen Forschungssituation im Bereich der Kleingruppenforschung generell gestellt wird (vgl. z.B. *Golembiewski* 1962), steht nach wie vor als solche im Raum.

72 Die Bezeichnung »affektive Vorgänge« in Gruppen ist in der Sozialpsychologie wenig gebräuchlich. Die hier gemeinten Phänomene werden dort – wenn überhaupt – als »*Beziehungsaspekt* der Teilnehmer untereinander« (vgl. z.B. *Bennis* 1972, 299) oder »*sozial-emotionale* Problematik« (*Bales* 1950) in Gruppen bezeichnet. Wir ziehen den Ausdruck affektive Vorgänge in Gruppen vor, weil darin die psychische Dynamik des Geschehens – schon vom Wort »affektiv« her – deutlich hervortritt.

73 *Cartwright* hat schon 1950 eindringlich auf die Notwendigkeit der Erforschung der emotionalen bzw. affektiven Dimensionen des Gruppenlebens hingewiesen. Den Standardwerken der Gruppenpsychologie nach zu schließen hat diese Aufforderung wenig Resonanz gefunden: vgl. *Hare* (1967), *Cartwright/Zander* (1968), *Thibaut/Kelley* (1967), *Shaw* (1971), *Golembiewski* (1962), aber auch die neueste Arbeit von *Sader* (1976). Eine Ausnahme bildet hier lediglich *Bonner* (1959).

74 Vgl. besonders die kritischen Würdigungen der Kleingruppenforschung von *Shaw* (1971, 357 ff) und *Sader* (1975).

75 Vgl. hierzu auch die Überlegungen in der Schlußbemerkung.

76 Eine Ausnahme stellt *Bonner* (1959) dar, der sich stark an *Lewin* orientiert.

77 Wir greifen die beiden wichtigsten Arbeiten zur Theorie der Gruppenpsychologie heraus: *Cartwright/Zander* (1968) betonten in der Einleitung zu ihrem Reader die Bedeutung psychoanalytischer Ansätze, besonders der Konzepte *Regression, Abwehrmechanismen* und des *Unbewußten* für die Gruppenpsychologie (vgl. 27); auf diese Konzepte wird aber in den Beiträgen des Readers lediglich an drei (!!!) unwesentlichen Stellen Bezug genommen. Bei *Hare* (1967) finden sich ebenfalls nur ganz wenige Hinweise auf psychoanalytische Autoren.

78 Hier geht es der Kleingruppentheorie vermutlich ähnlich wie der Volks-

wirtschaftstheorie. Als axiomatisch aufgebautes System des Handelns der sogenannten Wirtschaftssubjekte ist diese Theorie bestechend, sie läßt sich nur selten auf das wirkliche Geschehen anwenden.

[79] Vgl. hierzu besonders den Reader von *Gibbard* et al (1974) sowie unser hypothetisches Modell der Gruppenentwicklung. Hierbei wird zum erstenmal unter systematischen Gesichtspunkten versucht, psychoanalytisches Gedankengut mit sozial-psychologischen Überlegungen zu verknüpfen und auf Gruppen anzuwenden. *Ammon* (1976), der eine ähnliche Zielsetzung verfolgt, gelangt in seinem Reader leider nicht über eine relativ unverbindliche Aneinanderreihung von Aufsätzen hinaus.

[80] Hierzu müßte versucht werden, die in Kapitel 2 geforderte Integration der vielfältigen inzwischen vorliegenden psychoanalytischen Überlegungen zur frühen Kindheit unter diesem Aspekt der Sozialisation anzustreben.

[81] Die Erforschung dieser Gruppenphänomene unter psychodynamischem Aspekt ist bislang in der sozialpsychologischen Gruppenforschung vermutlich auch schon deshalb nicht versucht worden, weil sie in den relativ kurzlebigen, experimentell geschaffenen Laborgruppen wenig in Erscheinung treten. Z.B. hat *Bales*, der zunächst ein Kategoriensystem auf interaktioneller Grundlage entwickelt hat, – mit der Ausnahme von in erster Linie bewußtseinsnahen Aktionen und Reaktionen der einzelnen Teilnehmer – in dem Maße, in dem er vermehrt mit Selbstanalytischen Langzeitgruppen gearbeitet hat, den sogenannten Gruppenmythen immer breiteren Raum eingeräumt (vgl. *Bales* 1970).

[82] Es wäre hierbei sowohl reizvoll als auch notwendig, die in den 20er Jahren entstandene Kontroverse um den »group mind« von *McDougall* (1921) noch einmal zu studieren, auf den *Bion* (1971) deutlich sich bezieht.

Zu Schlußbemerkung

[1] Unseres Wissens weist von den Theoretikern der T-Gruppenbewegung lediglich *Schutz* (1966, VII) deutlich darauf hin, daß diese Fragestellung in einer Theorie, die aus der Arbeit mit SE-Gruppen gewonnen wurde, nicht berücksichtigt ist.

[2] So expliziert *Hare* (1967) jedenfalls seinen auf Seite 19 f skizzierten Ansatz auf den Seiten 246 f.

[3] Vgl. hierzu die Ausführungen von *Shepard/Bennis* (1956).

[4] *Hare* ahnt diese Problematik offenbar, wenn er davon spricht, daß die sozial-emotionalen Schwierigkeiten auf der Gruppenebene »oft die Form einer ›verborgenen Agenda‹ annehmen, bei der es um die gemeinsamen Ängste der Teilnehmer geht, die nicht explizit geäußert werden« (20). Aber er mißt diesen Problemen nicht den Wert einer für die Gruppe gleichermaßen zu lösenden *sozio-emotionalen Aufgabe* bei, die möglicherweise von der gestellten expliziten Arbeitsaufgabe stark differiert, sondern betrachtet sie lediglich als sozio-emotionale Probleme, die sich aus der expliziten Arbeitsaufgabe ergeben.

[5] Erste – mehr skizzenhafte – Überlegungen hierzu finden sich in *Sandner* (1976 B).

Literaturverzeichnis

Ackerman, N.W. (1944): Dynamic patterns in group psychotherapy. Psychiatry 7, 341-348.

– (1958): The psychodynamics of family life: diagnosis and treatment of family relationships. New York.

– (1961): Symptom, defense, and growth in group process. Int. J. Group Psychother. *11*, 131-142.

– (1963): Psychoanalysis and group psychotherapy. In: *Rosenbaum, M., Berger, M.* (1963): Group Psychotherapy and Group Function. 250-260.

– (1973): Die Aufgaben eines Familientherapeuten. In: *Ammon, G.* (Hrsg.): Gruppenpsychotherapy, Hamburg 1973, 338-353.

Adler, A. (1972): Über den nervösen Charakter. Frankfurt.

– (1973): Schicksale von Aggression und die emanzipatorische Funktion der Entwicklung von Ich-Autonomie in der psychotherapeutischen Gruppe. In: *Ammon, G.* Gruppendynamik der Aggressiion. München 1973, 86-105.

Ammon, G. (1973 a): Dynamische Psychiatrie. Darmstadt und Neuwied.

– (1974): Psychoanalyse und Psychosomatik. München.

– (Hrsg.) (1976): Analytische Gruppendynamik. Hamburg.

– (1976 a): Gruppendynamik der Aggression. In: *Ammon, G.* 1976, 73-84.

– */Moldenhauer, P.* (1973): Warum analytische Gruppendynamik? Gruppendynamik *4*, 448-453.

Anger, H. (1966): Kleingruppenforschung heute. In: *Lüschen, G.* (Hrsg.): Kleingruppenforschung und Gruppe im Sport. Sonderheft *10* der Kölner Ztschr. f. Soz. u. Soz. Ps., 15-43.

Antons, K. (1973): Praxis der Gruppendynamik. Göttingen.

Apelbaum, S.A. (1963): The pleasure and reality principles in group process teaching. Brit. J. Med. Ps. *36*, 49-55.

Appley, D.G./Winder, A.E (1973): T-groups and therapy groups in a changing society. London.

Arensberg, F. (1973): The encounter group as a quest for the nurturant mother. Group Process 5, 161-172.

Argelander, H. (1972): Gruppenprozesse – Wege zur Anwendung der Psychoanalyse in Behandlung, Lehre und Forschung. Hamburg.

Argyle, M. (1967): The psychology of interpersonal behaviour. Harmondsworth (Penguin Books).

Argyris, Ch. (1965): Explorations in interpersonal competence II. J. Appl. Behav. Science *1*, 255-269.

– (1967): On the future of laboratory education. J. Appl. Behav. Science *3*, 153-183.

Argyris, C. (1968): Conditions for competence acquisition and therapy. J. Appl. Behav. Science *4*, 147-177.

– (1969 a): The nature of competence acquisition activities and their relationship to therapy. In: *Bennis, W.G.* u.a. (1969): Interpersonal dynamics, revised edition, Homewood, Ill., 749-766.

– (1969 b): The incompleteness of social psychological theory. American Psychologist *24*, 893-908.

– (1970): die Zukunft des gruppendynamischen Laboratoriums. Gruppendynamik *1*, 20-40.

– (1972): Unerwartete Folgen »strenger« Forschung. Gruppendynamik *3,* 5-22 (engl. 1968).
– (1975): Dangers in applying results from experimental social psychology. American Psychologist *30,* 469-485.
– (1976): Gefahren bei der Anwendung von Ergebnissen aus der experimentellen Sozialpsychologie. In: *Gottwald, P./Kraiker, Ch.* (Hrsg.) Zum Verhältnis von Theorie und Praxis in der Psychologie. Sonderheft I/76 der »Mitteilungen der GVT e.V.«, 121-151.
Arlow, J.A. (1963/64) Konflikt, Regression und Symptombildung. Psyche *17,* 23-43.
Arsenian, J./Semrad, E.V. (1967): Individual and group manifestations. Int. J. Group Psychother. *17,* 82-98.
– /– /*Shapiro, D.* (1962): An analysis of integral functions in small groups. Int. J. Group Psychother. *12,* 421 ff.
Astrachan, B.M. (1970): Towards a social system model of therapeutic groups. Soc. Psychiatry 5, 110-119.
Autorenkollektiv Wissenschaftspsychologie (1975). Materialistische Wissenschaft und Psychologie. Köln.
Bach, G.R. (1956): Pathological aspects of therapeutic groups. Group Psychotherapy *9,* 133-148.
– (1956 a): *Freud*'s time bounded group concepts. Group Psychotherapy *9,* 301-304.
– (1957): Specific group cultures as release mechanisms for individual behavior patterns. Group Psychotherapy *10,* 277-286.
Back, K.W. (1974): Intervention techniques: small groups. In: Annual Review of Psychology Vol. *25,* 367-387.
Bales, R.F. (1950): Interaction process analysis. A method for the study of small groups. Cambridge (Mass.).
– (1970): Personality and interpersonal behavior. New York.
– (1970 a): A course format for an academic self-analytic group. In: *Bales* 1970, 511-525.
Balint, M. (1973): Therapeutische Aspekte der Regression. Hamburg.
Barker, E.N. (1971/72): Humanistic psychology and scientific method. Interpers. Dev. *2,* 137-172.
Barron, M.E./Krulee, G.K. (1948): Case study of a Basic Skill Training Group. In: *Bradford, L.P./French, J.R.P.* (1948), 10-30.
Battegay, R. (1976): Ödipuskomplex, Rivalitätskonflikt, narzißtisches Gruppenselbst: drei Kernprobleme. Dyn. Psychiatrie *9,* 300-313.
Beckmann, D. (1972): Die Abhängigkeit des einzelnen von Gruppenprozessen. Gruppendynamik *3,* 62-79.
Benne, K.D. (1969): The uses of fraternity. In: *Bennis, W.G.* u.a. Interpersonal Dynamics (1969), 274-287.
– (1972): Geschichte der Trainingsgruppe im Laboratorium. In: *Bradford, L.P.* u.a. Gruppentraining (1972), 95-155.
– (1972 a): Von der Polarisierung zur Paradoxie. In: *Bradford, L.P.* u.a. Gruppentraining (1972), 235-269.
– *Bradford, L.P./Lippitt, R.* (1972): Die Laboratoriumsmethode. In: *Bradford, L.P.* u.a. Gruppentraining (1972), 35-67.
– /*Sheats, P.* (1948): Functional roles of group members. J. Soc. Issues *4,* 41-49.
Bennis, W.G. (1957): Decision-making in groups: some specific aboulias. Group Psychotherapy *10,* 287-299.

– (1961): Defenses against »depressive anxiety« in groups: the case of the absent leader. Merill-Palmer Quarterly 7.
– (1966): Changing organizations; essays on the development and evolution of human organization. New York.
– (1968): Toward a genetic theory of group development. Group Process *1*, 23-36.
– (1972): Entwicklungsmuster in T-Gruppen. In: *Bradford* u.a. Gruppentraining (1972), 267-300.
– */Shepard, H.A.* (1956): A theory of group development. Human Relations *9*, 415-437.
– */Schein, E.H.* (1965): Personal and organizational change through group methods: the laboratory approach. New York.
– */Schein, E.H./Berlew, D.E./Steele, F.J.* (1969²): Interpersonal dynamics. Essays and readings on human interaction. Homewood, Ill.
– */Benne, K.D./Chin, R.* (1975): Änderung des Sozialverhaltens. Stuttgart.
Berger, M./Rosenbaum, M. (1963): Group psychotherapy and group function. New York.
Berkel, K. (1975): Normbildung in Kleingruppen. Unveröffentl. Diss. München.
Bilden, H. (1975): Zur Kritik sozialisationstheoretischer Konzepte bei *Habermas*. Unveröffentl. Diss. München.
Bion, W.R. (1971): Erfahrungen in Gruppen und andere Schriften. Stuttgart.
Blake, R.R. (1957): Group training vs. group therapy. Group Psychotherapy *10*, 271-276.
– (1972): Das Gruppenhandeln. In: *Bradford* u.a. Gruppentraining (1972), 364-396.
Blay Neto, B. (1970): Das Verschleiern von Gruppenphantasievorstellungen. Z. Psychosom. Med. *16*, 277-282.
Bonner, H. (1959): Group dynamics. Principles and applications. New York.
Bonney, W.C. (1974): The maturations of groups. Small Group Beh. *5*, 445-461.
Borgotta, E.F./Cottrell, L.S./Meyer, H.J. (1956): On the dimensions of group behavior. Sociometry *19*, 223 ff.
Bödiker, M.L./Lange, W. (1975): Gruppendynamische Trainingsformen. Hamburg.
Braaten, L.J. (1974/75): Developmental phases of encounter groups and related intensive groups. – A critical review of models and a new proposal. Interpers. Dev. *5*, 112-129.
Bradford, L.P. (1962): Theory and method in laboratory training, adapted from: Explorations in human relations training: An assessment of experience 1947-1953. In: *Weschler, J.R./Schein, E.H.* (1962), 14-32.
– (1972): Trainer-Interventionen: Fallepisoden. In: *Bradford* u.a. Gruppentraining. Stuttgart, 157-182.
– (1972 a): Gruppenmitgliedschaft und Lernprozeß. In: *Bradford* u.a. Gruppentraining. Stuttgart, 207-234.
– */French, J.R.P.* (1948): The dynamics of the discussion group. J. Soc. Issues *4*, No. 2.
– */Gibb, J.R./Benne, K.D.* (1964): T-Group theory and laboratory method. New York.
– / – / – (1972): Gruppentraining. T-Gruppentheorie und Laboratoriumsmethode. Stuttgart.
– */Stock, D./Horwitz, M.* (1970): How to diagnose group problems. In: *Golembiewski/Blumberg* (1970), 141-156.

Brenner, C. (1968): Grundzüge der Psychoanalyse. Frankfurt.

Brocher, T. (1967): Gruppendynamik und Erwachsenenbildung. Braunschweig.

– (1970): Bemerkungen zum Artikel von *Klaus Horn.* In: Das Argument *60,* 223-235.

– (1973): Umgang mit Angst und Aggression in der therapeutischen Gruppe und im gruppendynamischen Setting (T-Gruppe) Gr. Ther. Gr. Dyn. *6,* 253-265.

Bugental, J.F.T./Tannenbaum, R. (1963): Sensitivity Training and being motivation. J. Humanist. Ps. *3,* 76-85.

Burrow, T. (1928): The basis of group analysis or the reactions of normal and neurotic individuals. Brit. J. Med. Psychol. *8,* 198-206.

– (1950): Emotion and social crisis: a problem in phylobiology. In: *Reymert, M.L.* (ed.): Feelings and emotions. New York, 465-486.

– (1963): The group method of analysis. In: *Rosenbaum/Berger* (1963), 143-153. (Deutsch: Imago *12,* 1926, 211 ff).

Burton, A (ed.) (1969): Encounter. San Francisco.

Butkovich, P./Carlisle, J./Duncan, R./Moss M. (1975): Social system and psychoanalytic approaches to group dynamics: complementary or contradictory? Int. J. Group Psychother. *25,* 3-31.

Calogeras, R.C./Schupper, F.X. (1972): Verschiebung der Abwehrform und einige ihrer Konsequenzen für die analytische Arbeit. In: *Horn, K.* (Hrsg.): Gruppendynamik und der subjektive Faktor. Frankfurt, 312-348.

– /– (1972 a): Origins and early formulations of the oedipus complex. J. Am. Psychoanal. Assoc. *20,* 751-775.

– */Alston, T.E./Schupper, F.X.* (1976): Der Ödipus-Komplex in der heutigen psychoanalytischen Theorie. Psyche *30,* 201-216.

Cartwright, D. (1950): Emotional dimensions of group life. In: *Reymert, M.L.* (Ed.): Feelings and emotions. New York, 439-447.

– (1972): Wie es zu Veränderungen im Menschen kommt: Einige Anwendungsmöglichkeiten der Theorie der Gruppendynamik. In: *Horn, K.* (Hrsg.): Gruppendynamik und der subjektive Faktor. Frankfurt, 119-138 (engl. 1951).

– */Zander, A.* (1968³): Group dynamics. Research and theory. New York.

Caruso, I.A./Frank-Rieser, E./Rubner, E. u. *A.* (1976): Das Verhältnis von Psychoanalyse und Gruppendynamik als Sozialisationsmethode. Z. f. Klin. Psych. u. Psychother. *24,* 49-55.

Casey, N./Salomon, L. (1971/72): The effect of seating arrangements on T-group interaction and sociometric choices. Interpers. Dev. 2, 9-20.

Clark, J.V. (1963): Authentic interaction and personal growth in sensitivity training groups. J. Humanist. Psychol. *3,* 1-13.

– (1970): Some troublesome dichotomies in human relations training. In: *Golembiewski/Blumberg,* 247-252.

Cooper, C.L. (1969): The influence of the trainer on participant change in T-groups. Human Relations *22,* 515-530.

– (1971/72): A bibliography of current sensitivity or T-group training research: 1969-1971. Interpers. Dev. *2,* 61-64.

– (1972): The methods and aims of group training. Interpers. Dev. *3,* 7-12.

– */Mangham, I.L.* (1971): T-groups. A survey of research. London.

Corsini, R.J./Rosenberg, B. (1963): Mechanisms of group psychotherapy processes and dynamics.

Culbert, S.A. (1970): The interpersonal process of self disclosure: it takes two to see one. In: *Golembiewski/Blumberg* 73-79.
Däumling, A.M. (1968): Sensitivity-Training. Gr. Ther. Gr. Dyn. *2,* 113-123.
– (1970): Die Herausforderung des Sensitivitätstrainings. Gr. Ther. Gr. Dyn. *4,* 1-16.
– (1973): Sensitivity Training. In: *Heigl-Evers, A.* (Hrsg.): Gruppendynamik. Göttingen, 7-24.
– */Fengler, J./Nellessen, L./Svensson, A.* (1974): Angewandte Gruppendynamik. Stuttgart.
Deutsch, M. (1949): A theory of co-operation and competition. Human Relations *2,* 129-152.
– */Krauss, R.M.* (1976): Theorien der Sozialpsychologie. Frankfurt.
Dicks, H.V. (1950): Personality traits and national-socialist ideology. A wartime study of German prisoners of war. Human Relations *3,* 111-154.
Dinkmeyer, D.C./Muro, J.J. (1975): Theoretische Ansätze zur Gruppenarbeit (Group counseling). Gruppendynamik *6,* 156-175.
Dunphy, D.C. (1968): Phases, roles, and myths in self-analytic groups. J. Appl. Behav. Science *4,* 195-225. Abgedruckt in: *Gibbard, G.S.* u.a. Analysis of groups. San Francisco, 1974, 300-314.
Durkin, H. (1973[5]): The group in depth. New York.
Dyer, W.G. (1969): An inventory of trainer interventions. In: *Mill, C.R.* (ed.): Selections from human relations training news. *Washington, D.C.,* 41-44.
– (Ed.) (1972): Modern theory and method in group training. New York (NTL learning resources series).
Eaton, A. (1962): Some implications and effects of intra-group acting out of pre-genital conflicts. Int. J. Group Psychother. *12,* 435-447.
Erikson, E.H. (1971): Kindheit und Gesellschaft. Stuttgart.
– (1973): Identität und Lebenszyklus. Frankfurt.
Ezriel, H. (1960/61): Übertragung und psychoanalytische Deutung in der Einzel- und Gruppensituation. Psyche XVI, 496-523.
– (1973): Bemerkungen zur psychoanalytischen Gruppentherapie II. – Interpretation und Forschung. In: *G. Ammon* (Hrsg.): Gruppenpsychotherapie. Hamburg, 108-122.
Fairbairn, W.R.D. (1952): Psychoanalytic studies of the personality. London.
Fengler, J. (1975): Verhaltensänderung in Gruppenprozessen. Heidelberg.
Fenichel, O. (1974): Spezialformen des Ödipuskomplexes. In: *Fürstenau, P.* (Hrsg.): Der psychoanalytische Beitrag zur Erziehungswissenschaft. Darmstadt, 51-71 (verfaßt 1930).
Ferenczi, S. (1972): Schriften zur Psychoanalyse. Bd. II, Frankfurt.
Fidler, J.W. (1967): Discussion: bridge building in group therapy research. Int. J. Group Psychother. *17,* 99-104.
Fiebert, M.S. (1968): Sensitivity training: An analysis of trainer intervention and group process. Psychol. Reports *22,* 829-838.
Fink, S.L. (1969): Group climate and interpersonal communication. In: *Mill, C.R.* (Ed.): Selections from human relations training news. *Washington, D.C.* 19-25.
Flescher, J. (1957): The economy of aggression and anxiety in group formation. Int. J. Group Psychother. *7,* 31-39.
Foulkes, S.H. (1948): Introduction to group-analytic psychotherapy. London.
– (1970): Dynamische Prozesse in der gruppenanalytischen Situation. Gr. Ther. Gr. Dyn. *4,* 70-81.

– (1972): Oedipus conflict and regression. Int. J. Group Psychother. *22*, 3-15.
– (1973): Über die Interpretation in der analytischen Gruppentherapie. In: *Ammon, G.* (Hrsg.): Gruppenpsychotherapie. Hamburg, 273-287.
– (1973 a): The group as matrix of the individual's mental life. In: *Wolberg, L.R./Schwartz, E.K.* Group Therapy 1973. New York, 211-220.
– (1974): Gruppenanalytische Psychotherapie. München. (engl. 1964).
– (1975): Some personal observations (zum 25. Geburtstag des Int. J. Group Psychother.). Int. J. Group Psychother. *25*, 169-172.
– (1975 a): Group-analytic psychotherapy. Method and principles. London.
– (1978): Praxis der gruppenanalytischen Psychotherapie. München (engl. 1975).
– /*Anthony, E.J.* (1973³): Group Psychotherapy. Penguin Books.
Frank, J.D. (1951): Some problems of research in group psychotherapy. Int. J. Group Psychother. *1*, 78-81.
– (1975): Group psychotherapy research 25 years later. Int. J. Group Psychother. *25*, 159-162.
– (1976): Gruppendynamische Selbsterfahrung und Therapie. In: *Ammon, G.* (Hrsg.): Analytische Gruppendynamik. Hamburg, 207-217 (engl. 1964).
Freud, A. (1968): Wege und Irrwege in der Kindesentwicklung. Stuttgart.
Freud, S. (1911): Formulierungen über die zwei Prinzipien des psychischen Geschehens. GW VIII, 229-238.
– (1912/13): Totem und Tabu (Einige Übereinstimmungen im Seelenleben des Wilden und der Neurotiker). GW IX.
– (1916/17): Vorlesungen zur Einführung in die Psychoanalyse. GW XI.
– (1921): Massenpsychologie und Ich-Analyse. GW XIII, 71-161.
– (1924): Der Untergang des Ödipus-Komplexes. GW XIII, 393-402.
– (1933): Neue Folge der Vorlesungen zur Einführung in die Psychoanalyse. GW XI.
Fried, E. (1965): Some aspects of group dynamics and the analysis of transference and defenses. Int. J. Group Psychother. *15*, 44-56.
Friedrichs, J. (1974): Situation als soziologische Erhebungseinheit. Ztschr. f. Soziologie *3*, 44-53.
Fritz, J. (1974): Emanzipatorische Gruppendynamik. München.
Ganzarain, R. (1974/75): A psychoanalytic study of sensitivity training. Interpers. Dev. *5*, 60-70.
Gebert, D. (1972): Gruppendynamik in der betrieblichen Führerschulung. Berlin.
Geissler, K.A. (1976): Programmatische Notizen zum Begründungs-, Rechtfertigungs- und Legitimationsproblem der Gruppendynamik – Zur Analyse des Theoriedefizits in der Gruppendynamik. Gr. Ther. Gr. Dyn. *10*, 249-268.
Geller, J.J. (1962): Parataxic distortions in the initial stages of group relationships. Int. J. Group Psychother. *12*, 27-34.
Gerard, H.B./Miller, N. (1967): Group dynamics. In: Annual Review of Psychology, Vol. *18*, 287-332.
Gibb, J.R. (1969): Defensive communication. In: *Bennis, W.G.* u.a. (Eds.): Interpersonal dynamics, 606-612.
– (1972): Der gegenwärtige Stand der T-Gruppentheorie. In: *Bradford* u.a. Gruppentraining, 183-206.
– (1972 a): The effects of human relations training. In: *Bergin, A.E./Garfield, S.L.* (Eds.): Handbook of Psychotherapy and Behavior Change. New York, 839-862.

– (1972 b): Das Vertrauensklima. In: *Bradford* u.a. Gruppentraining, 301-336.
– (1972 c): Sensitivitätstraining als Mittel zur Förderung individueller Bildungsprozesse und Verbesserung zwischenmenschlicher Beziehungen. In: *Horn, K.* (Hrsg.): Gruppendynamik und der subjektive Faktor, 139-181.
Gibbard, G.S. (1974): Individuation, fusion, and role specialization. In: *Gibbard, G.S.* u.a. Analysis of groups. San Francisco, 247-266.
– */Hartman, J.J.* (1973 a): Relationship patterns in self-analytic groups: A clinical and empirical study. Behavioral Science *18,* 335-353.
– / – (1973 b): The significance of utopian fantasies in smal groups. Int. J. Group Psychother. *23,* 125-147.
– / – (1973 b): The oedipal paradigm in group development. A clinical and empirical study. Small Group Behavior *4,* 305-354.
– / – */Mann, R.D.* (1974): Analysis of groups. San Francisco.
Glass, J.F. (1973): The presentation of self and the encounter culture – notes on the sociology of T-groups. Small Group Behavior *4,* 449-458.
Glatzer, H.T. (1965): Aspects of transference in group psychotherapy. Int. J. Group Psychother. *15,* 167-176.
Golembiewski, Robert T. (1962): The small group. An analysis of research concepts and operations. Chicago.
– */Blumenberg, A.* (1970): Sensitivity training and the laboratory approach. Illinois.
Gottschalk, L.A. (1971): Psychoanalytic note on T-groups at the human relations laboratory, Bethel, Maine. In: *Siroka, W.* u.a. (Eds.): Sensitivity Training and Group Encounter. An Introduction. New York, 58-75.
Gottschalk, L.A./Pattison, E.M. (1972): Psychiatrische Aspekte der T-Gruppen und die Laboratoriumsbewegung: Eine Übersicht. In: *Horn, K.* (Hrsg.): Gruppendynamik und der subjektive Faktor. Frankfurt, 239-280.
Grinberg, L./Langer, M./Rodrigué, E. (1972): Psychoanalytische Gruppentherapie. München (spanisch 1957).
– (1973): Projective identification and projective counter-identification in the dynamics of groups. In: *Wolberg, L.R./Schwartz, E.K.* (Eds.): Group Therapy 1973. New York, 145-153.
Groskurt, P./Volpert, W. (1975): Lohnarbeitspsychologie. Frankfurt.
Grotjahn, M. (1950): The process of maturation in group psychotherapy and in group therapists. Psychiatry *13,* 63-67.
Grunebaum, H. (1975): A soft-hearted review of hard-nosed research on groups. Int. J. Group Psychother. *25,* 185-197.
Guntrip, H. (1961): Personality structure and human interaction. The developing synthesis of psycho-dynamic theory. London.
– (1974²): Schiziod phenomena object-relations and the self. London.
Habermas, J. (1971): Vorbereitende Bemerkungen zu einer Theorie der kommunikativen Kompetenz. In: *Habermas, J./Luhmann, N.:* Theorie der Gesellschaft oder Sozialtechnologie. Frankfurt, 101-141.
Hahn, E. (1968): Historischer Materialismus und marxistische Soziologie. Berlin (Dietz Verlag).
Hampden-Turner, C.M. (1966): An existential »learning theory« and the integration of T-group research. J. Appl. Behav. Science *2,* 367-386.
Hare, A.P. (1967): Handbook of small group research. New York.
– (1973): Theories of group development and categories for interaction analysis. Small Group Behavior *4,* 259-304.

Harrison, R. (1965): Group composition models for laboratory design. J. Appl. Behav. Science *1,* 409-432.
Harrison, R. (1970): Defenses and the need to know. In: *Golembiewski, R.T./ Blumberg, A.:* Sensitivity training and the laboratory approach. Illinois, 80-86.
– (1972): Forschung über Trainingslaboratorien. Gruppendynamik *3,* 80-91.
– */Gold, J.* (1969): A research model for college leadership workshops. In: *Mill, C.R.* (Ed.): Selections from human relations training news, 11-13.
– */Lubin, B.* (1965): Personal style, group composition, and learning. J. Appl. Behav. Science *1,* 286-301.
Hartman, J.J./Gibbard, G.S. (1973): Bisexual fantasy and group process. Contemporary Psychoanalysis *9,* 303-322.
– / – (1974 b): Anxiety, boundary evolution and social change. In: *Gibbard, G.S./Hartman, J.J./Mann, R.D.:* Analysis of groups. San Francisco, 154-176.
– / – (1974 c): A note on fantasy themes in the evolution group culture. In: *Gibbard, G.S./Hartman, J.J./Mann, R.D.:* Analysis of groups. San Francisco, 315-335.
Hartmann, H. (1972): Ich-Psychologie. Stuttgart.
Heigl, F. (1970): Einige Gedanken zur Gruppendynamik. Z. psychosom. Med. *16,* 80-98.
– (1971): Verhaltens- und Prozeß-Sequenzen einer Minoritätsgruppe in einem gruppendynamischen Praktikum. Gr. Ther. Gr. Dyn. *5,* 17-38.
Heigl-Evers, A. (1968): Prägruppale Bezogenheiten in der analytischen Gruppenpsychotherapie. Gr. Ther. Gr. Dyn. *1,* 9-27.
– (1972): Konzepte der analytischen Gruppentherapie. Göttingen.
– (1972 a): Die Gruppe unter soziodynamischem und antriebspsychologischem Aspekt. In: *Preuss* (Hrsg.): Analytische Gruppenpsychotherapie. Hamburg, 44-72 (Erstveröffentlichung 1966).
– (1973): Gruppendynamik. Göttingen.
– (1974): Die Gruppe als Medium im Unterricht und in der Psychotherapie. Gr. Ther. Gr. Dyn. *8,* 227-243.
– */Heigl, F.* (1968): Analytische Einzel- und Gruppenpsychotherapie: Differentia specifica. Gr. Ther. Gr. Dyn. *2,* 21-52.
– / – (1971): Gruppenposition und Lernmotivation. Gr. Ther. Gr. Dyn. *4,* 236-247.
– / – (1973): Gruppentherapie: interaktionell – tiefenpsychologisch fundiert (analytisch orientiert) – psychoanalytisch. Gr. Ther. Gr. Dyn. *7,* 132-157.
– / – (1975): Zur tiefenpsychologisch fundierten oder analytisch orientierten Gruppenpsychotherapie des Göttinger Modells. Gr. Ther. Gr. Dyn. *9,* 237-266.
– / –(1976): Zum Konzept der unbewußten Phantasie in der psychoanalytischen Gruppentherapie des Göttinger Modells. Gr. Ther. Gr. Dyn. *11,* 6-22.
Heintel, P. (1974): Das ist Gruppendynamik. München.
– (1975): Zum Wissenschaftsbegriff der Gruppendynamik. Das Argument *91,* 494-515.
Heising, G. (1972): Bemerkungen zum Gegenübertragungsproblem des Gruppentherapeuten. Gr. Ther. Gr. Dyn. *5,* 172-185.
– */Wolff, E.* (1976): Kotherapie in Gruppen. Göttingen.
Hellwig, K./Memmott, R.J. (1974): Co-Therapy. The balancing act. Small Group Behavior *5,* 175-181.

Henseler, H. (1974): Narzißtische Krisen. Zur Psychodynamik des Selbstmords. Hamburg.

Hill, W.F. (1974): Systematic group development – SGD therapy. In: *Jacobs, A./Spradlin, W.W.:* The group as agent of change. New York, 252-271.

Hirschowitz, R.G. (1974): Small group methods in the promotion of change within interagency networks: leadership models. In: *Jacobs, A./Spradlin, W.W.:* The group as agent of change. New York, 228-251.

Höck, K. (Hrsg.) (1976): Gruppenpsychotherapie. Einführung und Aspekte. VEB Deutscher Verlag der Wissenschaften, Berlin.

Hoffmann, J./Arsenian, S. (1965): An examination of some models applied to group structure and process. Int. J. Group Psychother. *15,* 131-153.

Hofstätter, P.R. (1971): Gruppendynamik. Kritik der Massenpsychologie. Hamburg.

Homans, G.C. (1960): Theorie der sozialen Gruppe. Köln (engl. 1950).

– (1968): Elementarformen des sozialen Verhaltens. Köln (engl. 1961).

– (1968 a): Social behavior as exchange. In: *Bennis, W.G.* u.a. (eds.): Interpersonal dynamics. Homewood, Ill., 523-539.

Horn, K. (1969): Politische und methodologische Aspekte gruppendynamischer Verfahren. Das Argument *50.* Berlin 261-283.

– (Hrsg.) (1972): Gruppendynamik und der subjektive Faktor. Repressive Entsublimierung oder politisierende Praxis. Frankfurt.

Horwitz, L. (1971): Group-centered interventions in therapy groups. Comp. group studies *2,* 311-331.

– (1976): Übertragung in T-Gruppen und in Therapiegruppen. In: *Ammon, G.* (Hrsg.): Analytische Gruppendynamik. Hamburg, 152-163 (engl. 1964).

Horwitz, M. (1972): Konfliktlösung. In: *Bradford, L.P.* u.a.: Gruppentraining. Stuttgart, 397-411.

Houben, A. (1975): Klinisch-psychologische Beratung. München.

Jacobs, A./Spradlin, W.W. (1974): The group as agent of change. New York.

Jacobson, E. (1973): Das Selbst und die Welt der Objekte. Frankfurt.

Jaffe, D.S. (1968): The mechanisms of projection: its dual role in object relations. Int. J. Psycho-Anal. *49,* 662-677.

Janis, I.L. (1972): Victims of groupthink. A psychological study of foreign policy decisions and fiascoes. Boston.

Jaques, E. (1974): Social systems as a defense against persecutory and depressive anxiety. In: *Gibbard, G.S.* u.a.: Analysis of groups. San Francisco, 277-299.

Jenkins, D.H. (1962): Ethics and responsibility in human relations training. In: *Weschler, I.R./Schein, E.A.* (eds.): Issues in human relations training. Washington, 108-113.

– (1970): Excerpts from a letter. In: *Golembiewski, R.T./Blumberg, A.:* Sensitivity training and the laboratory approach, 245-247.

Kaplan, S.R. (1974): Therapy groups and training groups: similarities and differences. In: *Gibbard, G.S.* u.a. (eds.): Analysis of groups. San Francisco, 94-126.

Kelly, W.L. (1974): Group training – perspectives of professional trainees on group dynamics. Small group behavior *5,* 427-444.

Kelnar, J. (1947): Treatment of inter-personal relations in groups. J. Soc. Issues *3,* 29-34.

Kemper, W.W. (1964): Zum Problem der Ausbildung von Gruppentherapeuten. Z. Psychosom. Med. *10,* 191-198.

Kernberg, O.F. (1973): Psychoanalytic object-relations theory, group processes and administration: toward an integrative theory of hospital treatment. In: The Annual of Psychoanalysis Vol. I (Chicago Institute of Psychoanalysis), 363-386.

– (1975): A system approach to priority setting of interventions in groups. Int. J. Group Psychother. *25,* 251-275.

Keupp, H. (1972 a): Sind psychische Störungen Krankheiten? – Einführung in eine Kontroverse. In: ders. (Hrsg.): Der Krankheitsmythos in der Psychopathologie. München, 1-43.

– (1972 b): Psychische Störungen als abweichendes Verhalten. München.

– (1976): Abweichung und Alltagsroutine. Die Labeling-Perspektive in Theorie und Praxis. Hamburg.

– */Bergold, J.B.* (1972): Probleme der Macht in der Psychotherapie unter spezieller Berücksichtigung der Verhaltenstherapie. In: *Bachmann, C.H.* (Hrsg.): Psychoanalyse und Verhaltenstherapie. Frankfurt, 105-140.

Kilman, R.H./Taylor, V. (1974): A contingency approach to laboratory learning: psychological types versus experiential norms. Human Relations *27,* 891-909.

Klein, Melanie (1972): Das Seelenleben des Kleinkindes und andere Beiträge zur Psychoanalyse. Hamburg.

– (1973): Die Psychoanalyse des Kindes. München (engl. 1932).

– */Riviere, J.* (1974): Seelische Urkonflikte. Liebe, Haß und Schuldgefühle. München.

Kohler, A.T./Miller, J.C./Klein, E.B. (1973): Some effects of intergroup experience on study group phenomena. Human Relations *26,* 293-305.

Kohut, H. (1974): Narzißmus. Eine Theorie der psychoanalytischen Behandlung narzißtischer Persönlichkeitsstörungen. Frankfurt.

König, K. (1973): Theoretisches Konzept und Interventionstechnik des Gruppentherapeuten unter Berücksichtigung seiner gruppendynamischen Position. Gr. Ther. Gr. Dyn. *7,* 158-179.

– (1976): Übertragungsauslöser – Übertragung – Regression in der analytischen Gruppe. Gr. Ther. Gr. Dyn. *10,* 220-232.

Krappmann, L. (1973): Soziologische Dimensionen der Identität. Stuttgart.

Kutter, P. (1970): Aspekte der Gruppentherapie. Psyche *24,* 721-738.

– (1971): Übertragung und Prozeß in der psychoanalytischen Gruppentherapie. Psyche *25,* 856-873.

– (1973 a/b): Methoden psychoanalytischer Gruppenarbeit. Teil I und II. Z. Psychother. Med. Psychol. *23,* 15-23, 51-54.

– (1975): Über moderne Neurose-Formen und ihre gesellschaftliche Bedingtheit. In: *Goeppert, S.* (Hrsg.): Die Beziehung zwischen Arzt und Patient. München, 215-226.

– (1976): Probleme der Vermittlung von Psychoanalyse an der Hochschule. Gr. Ther. Gr. Dyn. *11,* 60-88.

Lakin, M./Carson, R.C. (1966): A therapeutic vehicle in search of a theory of therapy. J. Appl. Behav. Science *2,* 27-40.

Laplanche, J./Pontalis, J.B. (1973): Das Vokabular der Psychoanalyse. Bd. I und II. Frankfurt.

Lawrence, D.H. (1963): A new theory of neurosis (a review of »the social basis of consciousnes« by *T. Burrow*). In: *Rosenbaum, M./Berger, M.: Group psychotherapy and group function. New York, 162-167.*

Leber, A. (1975): Der Beziehungsaspekt in der Hochschuldidaktik. Gr. Ther. Gr. Dyn. *9,* 129-141.

Leder, S./Kosewska, A. (1976): Gruppendynamik und Gruppenpsychotherapie. In: *Höck, K.* (Hrsg.): Gruppenpsychotherapie. Berlin 22-45.

Lennung, S. (1974/55): Implicit theories in experiential group practices – a pedagogical approach. Interpers. Dev. *5,* 37-49.

– (1976): On classification of experiential social processes. Unveröffentl. Manuskript, Lund.

Leopold, H.S. (1973): Training and therapy groups. Group process *5,* 145-151.

Levine, N. (1972): Group training with students in higher education. Interpers. Dev. *3,* 40-67.

– */Cooper, C.L.* (1976): T-groups – twenty years on. A prophecy. Human Relations, 1-23.

Lewin, K. (1931): The conflict between the aristotelian and galileian mode of thought in contemprary psychology. J. Gen. Psychol. *5,* 141-177.

– (1943): Psycholgy and the process of group living. J. Soc. Ps. 17, 113-131.

– (1945): The research center for group dynamics at Massachusetts Institute of Technology. Sociometry *8,* 126-136.

– (1947 a): Frontiers in group dynamics I – concept, method and theory in social science; social equilibrium. Human Relations *1,* 5-40.

– (1947 b): Frontiers in group dynamics II – channels of group life and social planning and action research. Human Relations *1,* 143-153.

– Regression, Retrogression und Entwicklung. In: ders. (1963): Feldtheorie in den Sozialwissenschaften. Stuttgart, 126-167.

– */Grabbe, P.* (1945): Conduct, knowledge, and acceptance of new values. J. Soc. Issues *1,* 53-64.

Lieberman, M.A. (1967): Current conceptual and methodological issues in group therapy research implications of total group phenomena analyses for patients and therapists. Int. J. Group Psychother. *17,* 71-81.

– (1975): Some limits to research on T-groups. J. Appl. Behav. Science *11,* 241-249.

– (1976): Change induction in small groups. In: *Rosenzweig, M.R./Porter, L.W.* (eds.): Annual Review of Psychology Vol. 27, 217-250.

– */Lakin, M./Stock-Whitaker, D.* (1972): Probleme und Perspektiven psychoanalytischer und gruppendynamischer Theorien für die Gruppenpsychotherapie. In: *Horn, K.* (Hrsg.): Gruppendynamik und der subjektive Faktor. Frankfurt, 281-294.

– */Yalom, I.D./Miles, M.B.* (1973): Encounter groups: first facts. New York.

– u.a. (1974): Die Wirkung von Encounter-Gruppen auf die Teilnehmer – einige vorläufige Hinweise. Gruppendynamik *5,* 231-248.

Lindsay, J.S.B. (1972): On the number in a group. Human Relations *25,* 47-64.

Lindt, H./Pennal, H.A. (1962): On the defensive quality of groups. A commentary on the use of the group as a tool to control reality. Int. J. Group Psychother. *12,* 171-179.

Lindzey, G./Aronson, E. (1969): The Handbook of Social Psychology Vol. IV 2nd edition: group psychology and phenomena of interaction. London.

Lippitt, G.L./This, L.E. (1962): Is training a profession? In: *Weschler, I.R./Schein, E.H.* (eds.): Issues in human relations training. Washington, 114-121.

– / – (1970): Leaders for laboratory training. Selected guidelines for group trainers utilizing the laboratory method. In: *Golembiewski, R.T./Blumberg, A.* (eds.): Sensitivity training and the laboratory approach, 167-179.

Lippitt, R. (1946): Techniques for research in group living. J. Soc. Issues *2,* 55-61.

– (1949): Training in community relations. New York.
Loch, W. (1963/64): Regression. Psyche *17*, 516-545.
Locke, N. (1961): Group psychoanalysis: theory and technique. New York.
Loeser, L.H. (1957): Some aspects of group dynamics. Int. J. Group Psychother. *7*, 5-19.
Lomranz, J./Lakin, M./Schiffman, H. (1973): a three-valued typology for sensitivity training and encounter groups. Human Relations *26*, 339-358.
Lorenzer, A. (1974): Die Wahrheit der psychoanalytischen Erkenntnis. – Ein historisch-materialistischer Entwurf. Frankfurt.
Lubin, B./Eddy, W. (1973): Das Labor-Trainingsmodell: wissenschaftliche Grundlagen, Methoden und einige Gedanken zu einer Weiterentwicklung. In: *Heigl-Evers, A.* (Hrsg.): Handbuch der Ehe-, Familien- und Gruppentherapie Bd. 3, 1054-1096.
Luft, J. (1969): Structural intervention. In: *Mill, C.R.* (ed.): Selections from human relations training news. Washington, 27-29.
Lück, H.E. (1972): Zum Begriff der Gruppendynamik. Gruppendynamik *3*, 123-126.
Lukasczyk, K. (1958): Gruppenstruktur und Gruppenprozeß. In: *Wellek, A.* (Hrsg.): Bericht über den 21. Kongreß der Deutschen Gesellschaft f. Psychologie. Göttingen, 80-95.
– (1960): Zur Theorie der Führer-Rolle. In: *Thomas, H.* (Hrsg.): Bericht über den 22. Kongreß der Deutschen Gesellschaft f. Psychologie. Göttingen, 257-259.
– (1965): Zum Unterschied psychologischer und soziologischer Analyse kleiner Gruppen. In: *Heckhausen, H.* (Hrsg.): Biologische und kulturelle Grundlagen des Verhaltens. Göttingen, 29-32.
Lundgren, D.C. (1974): Trainer-member influence in T-groups: one-way or two-way? Human Relations *27*, 755-766.
Lutz, M./Ronellenfitsch, W. (1971): Gruppendynamisches Training in der Lehrerfortbildung. Ulm.
McCormick, C.G. (1957): Group dynamics: homeopathic treatment. Int. J. Group Psychother. *7*, 103-112.
McDougall, W. (1920): The group mind. Cambridge.
Mahler, E. (1976): Interdependenz von Klein- und Großgruppenprozessen aus psychoanalytischer Sicht. – Am Beispiel einer Gruppenarbeit in der Lehrerausbildung. Gr. Ther. Gr. Dyn. *10*, 25-49.
Mahler, M.S. (1972): Symbiose und Individuation. Stuttgart.
Mann, J. (1962): Psychoanalytic observations regarding conformity in groups. Int. J. Group Psychother. *12*, 3-13.
Mann, R.D. (1966): The development of the member-trainer relationship in self-analytic groups. Human Relations *19*, 85-115.
– (1967): Interpersonal styles and group development. New York.
– (1974): The identity of the group researcher. In: *Gibbard, G.S.* u.a. (eds.): Analysis of groups. San Francisco, 13-41.
Marrow, A.J. (1969): The practical theorist. The life and work of *Kurt Lewin*. New York.
– (1970): Aus der Vorgeschichte der National Training Laboratories. Gruppendynamik *1*, 45-49.
Martin, E.A./Hill, W.F. (1957): Toward a theory of group development. Int. J. Group Psychother. *7*, 20-30.
Mendel, G. (1972 a): Die Revolte gegen den Vater. Eine Einführung in die Soziopsychoanalyse. Frankfurt (franz. 1968).

– (1972 b): Generationskrise. Eine soziopsychoanalytische Studie. Frankfurt (franz. 1969).

Menne, K. (1976): Interaktionen – Bilder aus der Gruppendynamik. Gr. Ther. Gr. Dyn. *10,* 269-292.

Mertens, W. (1975): Sozialpsychologie des Experiments. Hamburg.

Miles, M.B. (1962): Human relations training: current status. In: *Weschler, I.R./Schein, E.H.* (eds.): Issues in human relations training. Washington, 3-13.

– (1965): Learning processes and outcomes in human relations training: a clinical-experimental study. In: *Bennis, W.G./Schein, E.H.:* Personal and organizational change through group methods: the laboratory approach. New York, 244-254.

Mill, C.R. (Ed.) (1969): Selections from human relations training news. Washington.

Mills, T.M. (1964): Group transformation: an analysis of a learning group. Englewood Cliffs.

– (1970²): Soziologie der Gruppe. München.

Mitscherlich, A. (1973): Auf dem Weg zur vaterlosen Gesellschaft. München.

– */Muck, M.* (1969): Der psychoanalytische Ansatz in der Sozialpsychologie. In: *Graumann, C.F.* (Hrsg.): Handbuch der Psychologie Bd. 7, 1. Halbband, 108-132.

Mitscherlich, M. (1970): Identifikation und Aggression in einer Gruppensitzung. Gr. Ther. Gr. Dyn. *3,* 221-231.

Moeller, M.L. (1977): Zum therapeutischen Prozeß in Selbsthilfegruppen. Gr. Ther. Gr. Dyn. *12,* 127-150.

Money-Kyrle, R. (1950): Varieties of group formation. In: *Roheim, G.* (ed.): Psychoanalysis and the social sciences Vol. II, 313-329.

Montgomery, L.J. (1973): The sensitivity movement – questions to be researched. Small group behavior *4,* 387-407.

Moosbruker, J. (1971/72): Effects to T-group experiences on some attitudinal and personality dimensions. Interpers. Dev. *2,* 173-193.

Moreno, J.L. (1953): How *Kurt Lewin's* »research center for group dynamics« started (a secession from the sociometric movement). Sociometry *16,* 101-104.

– (1957): Group Psychotherapy Vol. X, number 4: special issue on »group training« (group training vs. group therapy).

Moscovici, F. (1971/72): A study of perceptions in sensitivity training in Brazil. Interpers. Dev. 2, 130-136.

Moscovici, S./Paichelier, G. (1976): Arbeit, Einzelner und Gruppe. In: *Moscovici, S.* (Hrsg.): Forschungsgebiete der Sozialpsychologie 2. Kronberg, 1-52.

Nadler, E.B. (1969): A theory of disconfirmation. In: *Mill, C.R.* (ed.): Selections from human relations training news, 15-17.

Nagera, Humberto (1974): Psychoanalytische Grundbegriffe. Frankfurt.

Nagl, L. (1974): T-Gruppe, Organisation, Institution. In: *Heintel, P.* (Hrsg.): Das ist Gruppendynamik. München, 38-59.

Neumann, E. (1974²): Ursprungsgeschichte des Bewußtseins. München.

– (1975): Zur Psychologie des Weiblichen. München.

Newcomb, T. (1959): Sozialpsychologie. Meisenheim.

North, A.J. (1957): Language and communication in group functioning. Group Psychotherapy *10,* 300-318.

NTL Institute for applied behavioral science (1970): Feedback and the helping relationship; What to observe in a T-group? In: *Golembiewski, R.T./Blumberg, A.* (eds.): Sensitivity training and the laboratory approach, 69-73; 86-90.

O'Day, R. (1973): Training style: a content-analytic assessment. Human Relations *26,* 599-637.

– (1974): The T-group trainer: a study of conflict in the exercise of authority. In: *Gibbard, G.S.* u.a. (Hrsg.): Analysis of groups. San Francisco, 387-410.

– (1976): Individual training styles. An empirically derived typology. Small group behavior *7,* 147-182.

Odiorne, G.S. (1970): The trouble with sensitivity training. In: *Golembiewski, R.T./Blumberg, A.* (eds.): Sensitivity training and the laboratory approach, 273-287.

Ohlmeier, D. (1973): Angst und Aggression in einer psychoanalytischen Gruppe bei der Bearbeitung ödipaler Konflikte. Göttingen 1973.

– (1973 a): Die Psychoanalyse als Entwicklungspsychologie. In: ders. (Hrsg.): Psychoanalytische Entwicklungspsychologie. Freiburg, 11-30.

– (1973 b): Gruppe und Familie als psychische Entwicklungsfaktoren. In: ders. (Hrsg.): Psychoanalytische Entwicklungspsychologie. Freiburg, 31-50.

– (1974): Zur Theorie der psychoanalytischen Gruppe. Unveröffentl. Manuskript. Ulm.

– (1975 a): Gruppentherapie und psychoanalytische Theorie. In: *Uchtenhagen, A./Battegay, R./Friedemann, A.* (Hrsg.): Gruppenpsychotherapie und soziale Umwelt. Bern/Stuttgart/Wien, 548-557.

– (1975 b): Gruppenanalyse. Unveröffentl. Manuskript. Ulm.

– (1976): Gruppeneigenschaften des psychischen Apparates. In: *Eicke, D.* (Hrsg.): Die Psychologie im 20. Jahrhundert Bd. 2. Zürich, 1133-1144.

Ohm, C. (1973): Ziellosigkeit als Ziel der Gruppendynamik. Das Argument *78,* 94-122.

– (1975): Anmerkungen zu *Heintel.* Das Argument *91,* 516-520.

Ottomeyer, K. (1974): Soziales Verhalten und Ökonomie im Kapitalismus. Gaiganz.

Pagès, M. (1974): Das affektive Leben der Gruppen. Stuttgart.

Peters, D.R. (1973): Identification and personal learning in T-groups. Human Relations *26,* 1-22.

– */Joslin, L.* (1970): Transference phenomena in laboratory training groups. Interpers. Dev. *1,* 203-215.

Pohl, H. (1976): Krankheit und soziale Interaktion. Unveröffentl. Manuskript. München.

Pohlen, M. (1972): Versuch einer systemkritischen Analyse der Gruppenkonzepte. Gr. Ther. Gr. Dyn. *5,* 135-151.

– (1972 a): Gruppenanalyse. Göttingen.

– (1975): Theorie der Gruppenarbeit gegen Ideologie der Gruppenarbeit. Unveröffentl. Manuskript. Marburg.

Powell, J.W. (1952): Process Analysis as content: a suggested basis for group classification. J. Soc. Issues *8,* 54-64.

Quint, H. (1975): Bemerkungen über die Wandlung psychogener Krankheitsformen. Praxis der Psychotherapie *20,* 286-289.

Rapaport, D. (1970): Die Struktur der psychoanalytischen Theorie. Stuttgart.

Rapoport, R.N. (1972): Drei Probleme der Aktionsforschung. Gruppendynamik *3,* 44-61.

Redl, F. (1971): Gruppenemotionen und Führerschaft. In: ders.: Erziehung schwieriger Kinder. München, 99-133.

Reisel, J. (1962): Observations on the trainer role: a case study. In: *Weschler, I.R./Schein, E.A.* (Eds.): Issues in human relations training. Washington, 93-107.
Rice, A.K. (1969): Individual, group and intergroup processes. Human Relations *22,* 565-584.
Rickman, J. (1957 a): The factor of number in individual and group dynamics. In: ders.: Selected contributions to psychoanalysis. London, 165-169.
– (1957 b): Number and the human sciences. In: Selected contributions to psychoanalysis. London, 218-223.
Rogers, C.R. (1970): The interpersonal relationship: the core of guidance. In: *Golembiewski, R.T./Blumberg, A.:* Sensitivity training and the laboratory approach, 157-167.
– (1974): Encounter Gruppen. München.
Rosenbaum, M. (1963): The callenge of group psychoanalysis. In: *Rosenbaum, M./Berger, M.* (eds.): Group psychotherapy and group function. New York, 362-369.
– */Berger, M.* (1963): Group psychotherapy and group function. New York.
Ruiz, P. (1972): On the perception of the mother-group in T-groups. Int. J. Group Psychother. *22,* 488-491.
Sader, M. (1972): Psychologische Anmerkungen zur Theorie der Gruppendynamik. Gruppendynamik *3,* 111-122.
– (1975): Zurück zu *Lewin*? Methodologische Reflexionen zum gegenwärtigen Stand der Kleingruppenforschung. In: *Ertel, S./Kemmler, L./Stadler, M.* (Hrsg.): Gestalttheorie in der modernen Psychologie. Darmstadt, 256-265.
– (1976): Psychologie der Gruppe. München.
– */Schäuble, W.* (1972): Zur Zielexplikation bei gruppendynamischen Veranstaltungen. Gruppendynamik *3,* 423-428.
– / –*/Theis, W.* (Hrsg.): Verbesserung von Interaktion durch Gruppendynamik. Psychologische Grundlagen und pragmatische Strukturierung. Münster, 1976.
– */Sieland, B./Theis, W.* (1976): Ein Grundkonzept für ein Interaktionstraining. In: *Sader, M./Schäuble, W./Theis, W.:* Verbesserung von Interaktion durch Gruppendynamik. Münster, 1-58.
Sandner, D. (1973 a): Die Bedeutung des historischen Materialismus für die Konzeption einer marxistischen Soziologie bei *Erich Hahn.* Unveröffentl. Magisterarbeit im Fach Soziologie. München.
– (1973 b): Zur Psychologie des religiösen Verhaltens. Katechetische Blätter (Ztschr. f. Religionspädagogik und Jugendarbeit) *98,* 759-768.
– (1975): Die analytische Theorie der Gruppe von *W.R. Bion.* Gr. Ther. Gr. Dyn. *9,* 1-17.
– (1976 a): Der Beitrag von *S.H. Foulkes* zur Entwicklung einer analytisch fundierten Gruppendynamik. Gr. Ther. Gr. Dyn. *10,* 203-219.
– (1976 b): Zur Psychodynamik in Arbeitsgruppen. Ein Beitrag zur Theorie der angewandten Gruppendynamik. Z. f. Gruppenpädagogik *2,* Heft 4, 2-25.
– (1976 c): In Memoriam *S.H. Foulkes.* Gr. Ther. Gr. Dyn. *11,* 2-5.
Sbandi, P. (1970): »Feedback« im Sensitivity-Training. Gr. Ther. Gr. Dyn. *4,* 17-32.
– (1971/72): Zur Entwicklung gruppendynamischer Laboratorien im deutschen Sprachraum. Gr. Ther. Gr. Dyn. *5,* 1-16.
– (1973): Gruppenpsychologie. München.

Secord, P./Backman, C. (1964): Social psychology.

Seeley, J.R. (1965): Social psychology, self and society. J. Appl. Behav. Science *1*, 311-326.

Segal, H. (1974): Melanie Klein. Eine Einführung in ihr Werk. München.

Seifert, W. (1975): Gruppendynamik – Veränderung durch Selbsterfahrung. Köln.

Semrad, E.V./Arsenian, J./Standish, C.T. (1957): Experiences with small groups in teaching group psychology. Group Psychotherapy *10*, 191-197.

Shaffer, J.B.P./Galinsky, M.D. (1974): Models of group therapy and sensitivity-training. New Jersey.

Shaw, M.E. (1971): Group dynamics. The psychology of small group behavior. New York.

Shepard, H.A./Bennis, W.G. (1956): A theory of training by group methods. Human Relations *9*, 403-414.

Sherwood, M. (1964): Bion's experiences in groups, a critical evaluation. Human Relations *17*, 113-130.

Sieland, B. (1976): Zur Kritik an gruppendynamischen Laboratorien. Gruppendynamik 7, 441-454.

Singer, D.L./Astrachan, B.M./Gould, L.J./Klein, E.B. (1975): Boundary management in psychological work with groups. J. Appl. Behav. Science *11*, 137-176.

Siroka, R.W./Siroka, E.K./Schloss, G.A. (eds.) (1971): Sensitivity training and group encounter. New York.

Slater, P.E. (1961): Parental role differentiation. American J. of Sociology *67*, 296-308.

– (1963): On social regression. American. sociol. Rev. *28*.

– (1970 a): Role differentiation in small groups. In: *Smith, P.B.* (ed.): Group processes. Selected readings. Hammondsworth, 223-244.

– (1970): Mikrokosmos. Eine Studie über Gruppendynamik. Frankfurt.

Slavson, S.R. (1958): Gruppenpsychotherapie. In: *Stern, E.* (Hrsg.): Die Psychotherapie in der Gegenwart Bd. 2. Zürich, 240-264.

Spangenberg, K. (1974[5]): Chancen der Gruppenpädagogik – Gruppendynamische Modelle für Erziehung und Unterricht. Weinheim.

Spanjaard, J. (1959): Transference neurosis and psychoanalytic group psychotherapy. Int. J. Group Psychother. *9*, 31-42.

Speierer, G. (1976): Dimensionen des Erlebens in Selbsterfahrungsgruppen. Göttingen.

Spitz, R. (1972): Vom Säugling zum Kleinkind. Naturgeschichte der Mutter-Kind-Beziehungen im ersten Lebensjahr. Stuttgart 1972.

Sullivan, H.S. (1976): Das psychotherapeutische Gespräch. Frankfurt.

Sutherland, J.D. (1963): Object-relations theory and the conceptual model of psychoanalysis. Brit. J. Med. Psychol. *36*, 109-124.

Svensson, A. (1971): Bemerkungen zum Dependenz-Konzept und zu Interaktionsformen in Gruppen. Gr. Ther. Gr. Dyn. *4*, 217-235.

Syz, H. (1963): A summary note on the work of Trigant Burrow. In: *Rosenbaum, M./Berger, M.* (eds.): Group psychotherapy and group function. New York, 154-161.

Schafer, R. (1958): Regression in the service of the ego: the relevance of a psychoanalytic concept for personality assessment. In: *Lindzey, G.* (ed.): Assessment of human motives. New York, 122 ff.

Scheidlinger, S. (1952): Psychoanalysis and group behavior. A study of Freudian group psychology. New York.

– (1952 a): Freudian group psychology and group psychotherapy. Am. J. Orthopsychiatry *22*, 710-717.
– (1960): Group process in group psychotherapy (I + II). Am. J. of Psychotherapy *24*, 346-363.
– (1964): Identification, the sense of belonging and of identity in small groups. Int. J. Group Psychother. *14*, 291-301.
– (1973): Der Begriff der Regression in der Gruppenpsychotherapie. In: *Ammon, G.* (Hrsg.): Gruppenpsychotherapie. Hamburg, 123-142.
– (1974): On the concept of the »mother-group«. Int. J. Group Psychother. *24*, 417-428.
Schein, E.H. (1960): Interpesonal communication, group solidarity, and social influence. Sociometry *23*, 148-161.
Schindler, R. (1957/58): Grundprinzipien der Psychodynamik in der Gruppe. Psyche *11*, 308-314.
Schindler, S. (1976): Die Situationsdefinition und ihre Bedeutung für Diagnose, Therapie und Rehabilitation. Z. f. Klin. Psych. u. Psychother. *24*, 56-62.
Schindler, W. (1951): Family pattern in group formation and therapy. Int. J. Group Psychother. *1*, 100-105.
– (1952): The »group personality« concept in group psychotherapy. Int. J. Group Psychother. *2*, No. 4.
– (1966): The role of the mother in group psychotherapy. Int. J. Group Psychother. *16*, 198-202.
– (1972): Gefahrenmomente in gruppenanalytischer Theorie und Technik. Gr. Ther. Gr. Dyn. *5*, 237-244.
– (1973): Kontroverse Aspekte der gruppenanalytischen Theorie und Technik. In: *Ammon, G.* (Hrsg.): Gruppenpsychotherapie. Hamburg, 324-337.
– (1975): Gruppenanalytische Psychotherapie und das Selbst. Gr. Ther. Gr. Dyn. *9*, 227-236.
– (1977): The borderland syndrome a sign of our time. Unveröffentlichtes Manuskript. London.
Schmidbauer, W. (1973): Sensitivitätstraining und analytische Gruppendynamik. München.
Schneider, P.K. (1968): Grundlegung der Soziologie. Stuttgart.
Schuller, A. (1975): Das Legitimationsproblem in der Gruppendynamik. Gruppendynamik *6*, 332-348.
Schultz-Hencke, H. (1951): Lehrbuch der analytischen Psychotherapie. Stuttgart.
Schutz, W.C. (1955): What makes groups productive? Human Relations *8*, 429-465.
– (1961): On group composition. J. Abn. Soc. Ps. *62*, 275-281.
– (1966[5]): The interpesonal underworld. A reprint edition of: FIRO. A three-dimensional theory of interpesonal behavior. Palo Alto.
Schwidder, W. (1959): Neopsychoanalyse (Harald Schultz-Hencke). In: Hdb. d. Neurosenlehre und Psychotherapie Bd. III. München.
Stierlin, H. (1976): Das Tun des Einen ist das Tun des Anderen. Eine Dynamik menschlicher Beziehungen. Frankfurt.
Stock, D. (1964): A survey of research on T-groups. In: *Bradford, L.P.* u.a.: T-group theory and laboratory method. New York, 395-441.
– /*Thelen, H.A.* (1958): Emotional dynamics and group culture. New York.
– / – (1963): Emotional dynamics and group culture. In: *Rosenbaum, M./ Berger, M.* (eds.): Group psychotherapy and group function. New York, 71-91.

Stock-Whitaker, D./Lieberman, M.A. (1974): Strategy, position, and power. In: *Gibbard, G.S.* u.a., Analysis of groups. San Francisco. 372-386.

– / – (1974 a): Methodological issues in the assessment of total-group phenomena in group therapy. In: *Gibbard, G.S.* u.a. (eds.): Analysis of groups. San Francisco, 57-74.

Stone, G.P. (1966): Begriffliche Probleme in der Kleingruppenforschung. In: *Lüschen, G.* (Hrsg.): Kleingruppenforschung und Gruppe im Sport. Sonderheft 10 der Köln. Z. f. Soz. u. Soz. Ps., 44-65.

Tannenbaum, R./Weschler, I.R./Massarik, F. (1961): Leadership and organization: a behavioral science approach. New York.

– / – / – (1970): The role of the trainer: In: *Golembiewski, R.T./Blumberg, A.* (eds.): Sensitivity training and the laboratory approach, 139-140.

Theis, W. (1976): Zur Kritik an der Gruppendynamik. In: *Sader, M./Schäuble, W./Theis, W.* (Hrsg.): Verbesserung von Interaktion durch Gruppendynamik. Münster, 241-266.

Thelen, H.A. (1950): Human dynamics: a proposed conceptual framework. J. Soc. Issues *7,* 5-29.

– (1959): Work-emotionality theory of the group as organism. In: *Koch, S.* (Ed.): Psychology: A study of science, Vol. *3,* New York. 544-611.

– (1967): Comment on *Argyris, C.:* The future of laboratory education. J. Appl. Behav. Science *3,* 207-208.

– (1970[10]): Dynamics of groups at work. Chicago (1954[1]).

– */Whithall, J.* (1949): Three frames of reference: the study of climate. Human Relations *2,* No 2.

Thibaut, J.W./Kelley, H.H. (1967[5]): The social psychology of groups. New York.

Thomä, H./Kächele, H. (1976): Bemerkungen zum Wandel neurotischer Krankheitsbilder. Psychother. Med. Psychol. *26,* 183-190.

Toker, E. (1972): The scapegoat as an essential group phenomenon. Int. J. Group Psychother. *22,* 320-332.

Tuckman, B.W. (1965): Developmental sequence in small groups. Psychol. Bulletin *63,* 384-399.

Turquet, P.M. (1974): Leadership: the individual and the group. In: *Gibbard, G.S.* u.a. (eds.): Analysis of groups. San Francisco, 349-371.

Vogl, A./Sbandi, P. (1976): Reflektierte oder unreflektierte Gruppenarbeit. Gr. Ther. Gr. Dyn. *10,* 1-19.

Volpert, W. (1975): Die Lohnarbeitswissenschaft und die Psychologie der Arbeitstätigkeit. In: *Groskurt, P./Volpert, W.:* Lohnarbeiterpsychologe. Frankfurt, 11-196.

Vraa, C.W. (1974): Emotional climate as a function of group composition. Small group behavior *5,* 105-120.

Wahrman, R. (1974): Some observations on sensitivity training research. Small group behavior *5,* 321-330.

Walton, H. (ed.) (1975): Kleingruppen-Psychotherapie. Hamburg.

Walton, R.E. (1970): How to chose between strategies of conflict and collaboration. In: *Golembiewski, R.T./Blumberg, A.* (eds.): Sensitivity training and the laboratory approach, 335-341.

Wertheim, E.S. (1975): Person-environment interaction: the epigenesis of autonomy and competence. Br. J. Med. Psychol. *48,* 1-8, 95-111.

Weschler, I.R./Schein, E.H. (eds.) (1962): Issues in human relations training. Washington.

– */Massarik, F./Tannenbaum, R.* (1962): The self in process: a sensitivity

training emphasis. In: *Weschler, I.R./Schein, E.H.* (eds.): Issues in human relations training. Washington, 33-46.
Whitaker, D.S./Lieberman, M.A. (1964): Psychotherapy through the group process. New York.
White, R.W. (1959): Motivation reconsidered: the concept of competence. Psychol. Review *9*, 297-334.
– (1960): Competence and the psychosexual stages of development. In: *Jones, M.R.* (ed.): Nebraska Symposium on Motivation. Lincoln, 97-144.
Whitman, R.M./Stock, D. (1958): The group focal conflict. Psychiatry *21*, 269 ff.
Whitman, R.M. (1972): Psychodynamische Prinzipien der T-Gruppenprozesse. In: *Bradford, L.P.* u.a.: Gruppentraining. Stuttgart, 337-363.
Winnicott, D.W. (1974): Reifungsprozesse und fördernde Umwelt. München.
– (1976): Von der Kinderheilkunde zur Psychoanalyse. München.
Wolf, A. (1971): Psychoanalyse in Gruppen. In: *De Schill, S.* (Hrsg.): Psychoanalytische Therapie in Gruppen. Stuttgart, 145-199.
– */Schwartz, K.E.* (1962): Psychoanalysis in groups. New York.
Worchel, P. (1957): The control of hostility in group training. Group psychother. *10*, 319-327.
Yalom, I.D. (1974): Gruppenpsychotherapie. Grundlagen und Methoden. München.
Zinner, J./Shapiro, R. (1972): Projective identification as a mode of perception and behavior in families of adolescents. Int. J. Psycho-Analysis *53*, 523-530.

Abkürzungen (Zeitschriften)

Amer.soc.rev.	=	American sociological review
Brit.J.Med.Ps.	=	British Journal of Medical Psychology
Comp.group studies	=	Comparative group studies
GrTherGrDyn	=	Gruppenpsychotherapie und Gruppendynamik
Int.J.Group Psychother.	=	International Journal of Group Psychotherapy
Interpers.Dev.	=	Interpersonal Development.
J.Appl.Behav. Science	=	Journal of Applied Behavioral Science
J.Humanist.Ps.	=	Journal of Humanistic Psychology
J.Soc.Issues	=	Journal of Social Issues
J.Soc.Ps.	=	Journal of Social Psychology
Z.Klin.Psych.u. PsychTher.	=	Zeitschrift für Klinische Psychologie und Psychotherapie.
Z.Psychosom.Med.	=	Zeitschrift für Psychosomatische Medizin

Sachverzeichnis